Karl H. Grabbe

Mensch,
Markt,
Macht,
Moral

Ein Beitrag zur kapitalistischen Synthese

Anregungen und Diskussionsbeiträge an: denkstop.blogspot.com

Bibliografische Information der Deutschen Nationalbibliothek:
Die Deutsche Nationalbibliothek verzeichnet diese Publikation in der Deutschen Nationalbibliografie; detaillierte bibliografische Daten sind im Internet über dnb.d-nb.de abrufbar.

ISBN-Nr. 9 783740 748760

TWENTYSIX – der Self-Publishing-Verlag
Eine Kooperation zwischen der Verlagsgruppe Random House und
BoD – Books on Demand
Herstellung und Verlag:
BoD – Books on Demand, Norderstedt

Karl H. Grabbe: Mensch, Markt, Macht, Moral – Ein Beitrag zur kapitalistischen Synthese

Inhalt

In der Hoffnung auf eine gerechtere Welt
meinen Enkeln Aylin und Enver gewidmet.

Die Blinden führen die Blinden, und alle
stürzen in den Abgrund.

Nate Silver (*1978),
amerikanischer Statistiker

Vorwort

Glaube allein ist der Bankrott des Wissens

Wer nichts weiß, muss alles glauben

Mit zunehmendem Alter stelle ich fest, dass alles, was mir von Jugend auf an Ethik, Moral, Ideologie und Religion vermittelt wurde, nur die Wahrnehmung der Wirklichkeit verzerrt. Die Verwalter dieser Strukturen sehen sie als Mittel zu Disziplinierung der Masse, um den eigenen Vorteil zu fördern. Die Masse hält dann für eine Selbstverständlichkeit, was hinter der dekorativen Fassade viel komplizierter ist, als es erscheint.

$2 + 2 = 4$

Eine Selbstverständlichkeit. Oder?

Wenn Sie mit dieser Schulweisheit zufrieden sind, legen Sie das Buch aus der Hand. Ich bedanke mich bei Ihnen, dass Sie es gekauft haben.

Für jene, die weiterlesen: Kaufmännisch wird auf- und abgerundet. Die Ziffer 2 kann dann im täglichen Leben zwischen 1,51 und 2,49 liegen. 2 + 2 ergibt dann nicht 4, sondern – kaufmännisch gerechnet – irgendeine Zahl zwischen 3,02 und 4,98. Überraschend, aber wahr – und im politischen Bereich gern genutzt, um Millionen Euro verschwinden zu lassen. 4 Milliarden, zum Beispiel für Subventionen, können dann entweder 3.020 oder 4.980 Millionen sein. Der kleine Unterschied von 1.960 Millionen wird hinter der Abrundung versteckt. Hätten Sie's gewusst?

Ich möchte nicht für mich in Anspruch nehmen, dass ich über die Weisheit verfüge, hinter allem die Wahrheit zu erkennen. Aber ich möchte in diesem Buch Fragen stellen und Sie und andere zum Denken anregen. Wer aber schon Fragen als unangenehm empfindet, weil er sich damit auseinandersetzen muss, der delegiert die Bestimmung über das eigene Leben an Dritte.

Glaube ist nicht Erkenntnis, sondern nur ein beruhigendes Gefühl für diejenigen, die auf grundlegende Fragen keine eigene Antwort haben. Er sollte uns nicht daran hindern, eigene Antworten zu suchen. Eine eigene Antwort kann sowohl Bestätigung als auch Widerlegung der bisherigen Meinung sein. Der Verzicht auf die Suche nach einer eigenen Antwort ist der Verlust des eigenen

Ichs. Ideologien sind nur Illusionen, die es uns ermöglichen, das Unerklärliche erträglich zu gestalten. Religionen sind der Versuch, das Unbekannte zu vermenschlichen.

Wie Goethe im Faust schreibt:»Wer immer strebend sich bemüht, den können wir erlösen.«

Utopien töten mehr Menschen als der Markt. Glauben allein ist der Bankrott des Wissens.

Bled, im April 2018

Karl H. Grabbe

Der eigene Standpunkt ist ein Gesichtskreis
mit dem Radius null.

Prof. Horst Geyer (1907-1958),
deutscher Psychiater, Neurologe und
Hirnforscher

Kapitel 1

Zur Konstruktion der Art

Religion und Wissenschaft

Die Geschichte des Menschen ist durch die Suche nach einem einheitlichen Weltbild bestimmt. Intuitive Ansätze suchen nach philosophischen und religiösen Lösungen, rationelle Ansätze versuchen empirisch, Bewusstes in allgemeingültige Formeln zu kleiden. Die Suche nach der Weltformel gleicht der Suche nach dem Stein der Weisen. Ausgangspunkt bei dieser Suche ist die unausgesprochene Annahme, dass das Sein sich auf unserer Bewusstseinsebene exakt definieren lässt. Das Herunterbrechen auf menschliche Denkkategorien soll einen Maßstab für die Schöpfung liefern, der für uns begreifbar ist.

Vorausgesetzt wird dabei, dass die Schöpfung menschlichen Kategorien unterliegt und von ergründbarer Genauigkeit gekennzeichnet ist. Selbst bei der Suche nach dem Absoluten macht sich der Mensch auf diese Weise zum Mittelpunkt der Schöpfung. Religionen definieren Gott oder das Endziel der Realität als absolut. Die Wissenschaft ist auf der Suche nach der absoluten Wahrheit. Im Grunde genommen sind das die gleichen Denkmuster. Am Ende der Gedankenkette steht eine mit menschlichen Mitteln nicht angreifbare Definition der eigenen Existenz, eine Erklärung des Seins. Damit beschränkt sich menschliche Suche auf die physische Komponente individuellen Seins, denn als Maßstab für jede Erklärung gilt die empirisch wahrgenommene eigene Existenz.

Die Hilfsmittel menschlicher Suche allerdings sind, gemessen am absoluten Ziel, kümmerlich: die Sprache, der Wortschatz, die Schrift. Komplizierte mathematische Rechnungsgänge verlagern die Grenzen logischen Denkens immer mehr in physische Bereiche, die mit normalen gedanklichen Mitteln kaum erfassbar sind. Die Qualität des Denkens wird zum Teil ersetzt durch die Quantität des Zahlenerfassens, erleichtert durch Maschinen. 1200 Computerstunden waren erforderlich, nur um einen kaum nachvollziehbaren Beweis des Farbproblems der Topologie zu erbringen[1]. Die

---

[1] Scientific American

menschliche Logik der Zahl und ihrer Verknüpfung triumphiert über die Ungenauigkeit des Absoluten. Die ideale Ordnung des Seins soll dem Menschen helfen, das Chaos des Bewusstseins zu überwinden.

Als absolut im Sinne der Wissenschaft wie auch der Religion gilt der Begriff »Gott«. Auch die Wissenschaft, die die Existenz eines Gottes leugnet, bemüht sich um eine absolute Erklärung der Existenz, die sie an die Stelle eines göttlichen Wirkens setzen kann. Das Ziel von Wissenschaft und Religion ist | Wissenschaft und Religion suchen das Gleiche: das Absolute. |
also gleich: Es ist die Erklärung der individuellen Existenz, relativiert in einem größeren Zusammenhang, der mit menschlichen Mitteln begreifbar ist. Dabei wird vorausgesetzt, dass dieser Zusammenhang logisch ist.

Mit dieser Annahme, dass die Logik der Schöpfung die Logik der menschlichen Art ist, macht sich der Mensch zum Mittelpunkt des Universums. Religiöse Philosophien bieten in sich geschlossene Systeme an. Die Absicht der Wissenschaft ist es, derartige Systeme mit physisch wahrnehmbaren Maßstäben zu begründen. Beide Systemansätze haben ihre Wurzeln in empirischen Wahrnehmungen, die im Menschen Fragen aufwerfen – Fragen nach dem Sinn individueller Existenz. Die Individualität des Seins wird der Antrieb der Suche nach einer gemeinsamen Wahrheit, einer nach menschlichen Maßstäben absoluten Wahrheit. Für das Absolute hat der Mensch sich die Grenzsymbole »Null« und »Unendlich« geschaffen, sie umklammern ein Gedankengebäude, das durch menschlichen Geist ständig verbreitert wird, ohne die Grenzen je überschreiten zu können.

Die Grenzen der Erkenntnis

Es gibt Milliarden Universen, die bereits viele Milliarden Jahre existieren. Es ist schon mehr als arrogant, wenn der Mensch – nach höchstens 20.000 Jahren Existenz nicht einmal ein Staubkorn im Zeitablauf – glaubt, er sei der Erkenntnis des Seins fähig.

Der jeweilige Erkenntnisstand des Menschen entspricht zeitgenössischen Maßstäben und Emotionen. In dieser Beziehung ist Philosophie nicht mehr als eine esoterische Diskussion zwischen Intellektuellen, die den Menschen als Mittelpunkt des Denkens sehen. Selbst der Atheismus geht davon aus, dass der Mensch die Konstante der Beurteilung ist – mit der vollen Möglichkeit der Erkenntnis, dass es keinen Gott gibt. Dass der Mensch auf einer niedrigeren Stufe steht und nicht der Mittel- oder gar Referenzpunkt des Geschehens ist, erkennt keine der üblichen Philosophien. Sie sind genauso humanozentrisch wie die Aussage, dass die Sonne sich um die Erde dreht.

Der Mensch ist im Käfig der ihm zugänglichen Logik gefangen. Gott, Big Bang, Big Rip, Urknall, Schöpfung, Singularität, Null, Unendlichkeit: Damit beschreibt der Mensch die Grenzen seines Wissens und die Unmöglichkeit weiterer Erkenntnis beziehungsweise der Überschreitung der ihm gesetzten natürlichen und logischen Grenzen. Emotionell schreibt er die ihm fehlenden Eigenschaften entweder einem Gott oder Göttern zu, oder er streitet deren Existenz grundsätzlich ab.

> Der Mensch ist im Käfig der ihm zugänglichen Logik gefangen.

Die Grundsatzfrage ist nicht, ob es Gott gibt, sondern ob der Mensch in der Lage ist, ihn zu erkennen. Nach menschlicher, auf Erfahrung aufbauender Logik muss alles einen Anfang und ein Ende haben. Dass es eine darüber hinaus gehende Logik auf höherer Ebene gibt, ist zu vermuten. Denn der Mensch kann – ebenfalls eine Erfahrung – keine logische Ebene entwickeln, die die ihm gesetzten Grenzen überschreitet und den Beginn allen Seins logisch erklärt. Andernfalls wäre es möglich, die Grenzen des Wissens in das Unendliche zu erweitern und den Beginn des Daseins zu erklären.

Daraus folgt, dass der Mensch nicht das Ziel der Schöpfung ist, sondern ein – im Gesamtzusammenhang unwichtiges – evolutionäres Zufallsprodukt mit begrenztem Erkenntnishorizont. Im bisher erkennbaren Fluss zum Ziel der Evolution wird er früher oder später, wie andere vor ihm, durch eine neue Variante des Seins abgelöst. Die dazu erforderlichen Zeiträume und natürlichen Kräfte liegen außerhalb des menschlichen Erkenntnishorizonts.

So gesehen ist der Mensch in dem »schwarzen Loch« einer größeren Wirklichkeit gefangen, dessen Rand er nicht überblicken kann. Er befindet sich in einem Goldfischglas, ohne das, was er außerhalb schattenhaft durch die Glaswand wahrnimmt, deuten zu können. Es gibt nur Vermutungen auf Basis der eigenen Existenzerfahrungen. Wie soll der Goldfisch das, was vor der Zimmertür liegt, auch nur erahnen?

Der Mensch weigert sich anzuerkennen, dass er Teil eines physikalischen Systems ist, das nach den Gesetzen der Physik oder der Quantenmechanik auf Zufallsbasis eine Weiterentwicklung hin auf ein ihm unbekanntes Ziel verfolgt. Er hält sich – trotz einer Erfahrung, deren Umfang in Bezug auf die Dauer der bekannten Wirklichkeit lächerlich ist – für die Krone der Schöpfung.

Aber die Fliege sieht besser, der Fisch hält höheren Wasserdruck aus, die Fledermaus orientiert sich mit Ultraschall im Dunkeln, die Ameise ist besser organisiert, das Chamäleon und der Plattfisch blenden sich in die Umgebung ein, der Vogel kann fliegen, der Computer lernt zu denken: Die Evolution verfügt noch über viele Werkzeuge zur Optimierung der Zukunft und hat unbegrenzt Zeit, um auf des richtige Ergebnis zu warten.

In einem physikalischen System gelten mathematische Grundgesetze. Eines dieser Gesetze ist das Abstandsgesetz[1]. Daraus lässt sich auch die Erkenntnisfähigkeit des Menschen in seinem geschlossenen System ableiten. Dabei lässt sich erkennen, dass das Weltbild des Menschen weitgehend von Glauben und Ideologie geprägt ist, die für das fehlende Wissen die Platzhalter spielen. Die Füllung des entfernten Raums und der entfernten Zeit mit Unwissen verleitet den Menschen zu Spekulationen, deren Maßstab er selbst und seine begrenzte Erfahrung ist. Nicht nur

> Glaube und Ideologie treten an die Stelle fehlenden Wissens.

---

[1] Abnahme einer physikalischen Größe mit zunehmender Entfernung von der Quelle

$$\infty \qquad i = \dfrac{1}{d^2}$$

Entfernung x 2 = 1/4
Entfernung x 3 = 1/9
Entfernung x 4 = 1/16
Entfernung x 5 = 1/25

Menge an Informationen (vertikale Achse, 0–9)

Physik

Information = Realität

Imagination = Glaube

Metaphysik

∞

räumliche oder zeitliche Distanz (1–6)

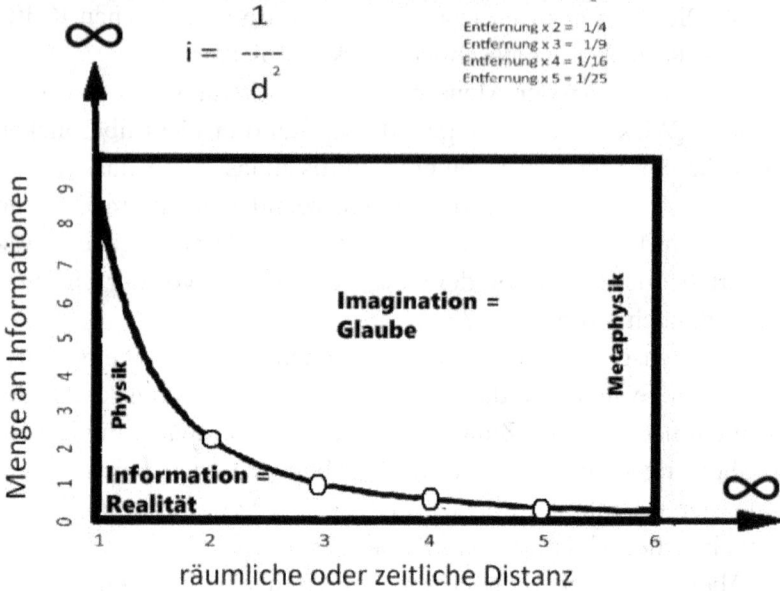

Das Weltbild der Menschheit folgt dem Abstandsgesetz: Die Information nimmt mit dem Quadrat der Entfernung ab. Der Rahmen stellt die Grenzen der menschlichen Logik (= Erkenntnisfähigkeit) dar.

zufällig haben Götter menschliche Eigenschaften und gleichen in ihrer Darstellung meist dem Menschenbild.

Utopien und Ideologien, deren Erfolge sich im Diesseits messen lassen, haben nur kurzfristig Erfolg, weil sie irgendwann an der Wirklichkeit gemessen werden und deshalb scheitern müssen. Religionen, die das Ziel der menschlichen Existenz in das unkontrollierbare Jenseits des Nichtwissens verlegen, haben mangels Überprüfungsmöglichkeit eine längere Haltbarkeitsdauer.

Imagination und auf zufälligen Erfahrungen basierende Vorstellungskraft sowie die Extrapolation von Emotionen beschreiben im Bereich des Nichtwissens übergeordnete, nicht erfassbare Zustände. Eine Bürokratie, die sich derartiger Gedankengebäude zur Verwaltung bemächtigt, trägt zur Festigung der Ideen bei. So entstehen Religionen, die um die Deutungshoheit im Ungewissen konkurrieren und die das Unerklärliche erklären sollen, weil der Mensch seine durch Wissensmangel definierte Minderwertigkeit nicht erträgt. Die Entropie in Bereichen außerhalb des möglichen Wissens wird nicht akzeptiert, weil damit Hoffnungslosigkeit und Abwertung der eigenen Existenz verbunden wären. Deshalb werden diese Bereiche zum Raum, in dem der Mensch sich Götter bastelt, die ihm ähneln, statt daran die eigene Unwichtigkeit im Gesamtzusammenhang des Existenziellen abzulesen. Die Zusammenhänge lassen sich, wie in der Abbildung zu sehen, mathematisch darstellen.

Die durch die Imagination vermittelte tröstende Illusion verhindert, dass die Menschheit sich selbst aufgibt. Sie schafft sich Maßstäbe, an denen sie den eigenen Wert ablesen kann, zu dessen Verteidigung sie im Zweifelsfall Andersdenkende tötet. Sum, ergo cogito.

Bewusstsein zwischen »Null« und »Unendlich«

Unsicherheiten werden auf diese Grenzsymbole des mathematischen Systems konzentriert. Die erwünschte Logik des Systems kann sich so – ohne Störung durch die Ungenauigkeiten der Schöpfung – innerhalb der vom Menschen vorgegebenen Bahnen frei entfalten. »Null« und »Unendlich« werden zu Schnittstellen zwischen Systemen, hier weicht mathematische Logik den Vermutungen philosophischer Gedankensysteme oder religiöser Erklärung. Gleich ob Religion oder Wissenschaft, beide Gedankensysteme relativieren die Schöpfung auf den Menschen, statt den Menschen auf die Schöpfung zu beziehen. Seit Einstein ist die Relativität menschlicher Maßstäbe nachgewiesen, die Fragwürdigkeit des Seins entlarvt. Das dreidimensionale Kontinuum[1] wurde von Einstein um die Dimension der Zeit erweitert. Dafür gilt die Ge-

---

[1] Minkowski, 1908

schwindigkeit des Lichts jetzt als absoluter Maßstab. Aber schon tauchen leise Zweifel auf.

Menschliche Maßstäbe erscheinen zur Erklärung des Seins als nicht ausreichend. Die Lebensdauer des Menschen ist begrenzt, sein Bewusstsein durch individuell-physische Zwänge beschränkt. Der Mensch empfindet Zeit relativ zur individuellen Lebensdauer, daher ist es ihm unmöglich, langfristige Zusammenhänge auf die eigene Existenz zu kondensieren. Erkenntnis beruht auf Vergleich mit empirisch Erfahrbarem. Wenn der Mensch in der Lage ist, das Universum zu erklären, dann muss auch die Mikrobe in der Lage sein, den Menschen und seine Umwelt zu erklären, obwohl beide durch Bewusstseinsebenen voneinander getrennt sind. Dabei wird die Mikrobe die Existenz des Menschen auf ihre eigene Lebensdauer beziehen, Zeit wird so zu einem nicht vergleichbaren relativen Begriff. Analog ist auch der Zeitbegriff des Menschen relativ zur eigenen Existenz und nicht kompatibel mit dem Zeitbegriff denkbarer höherer Daseinsformen.

Die Suche nach dem physikalisch einwandfreien Zeitbegriff verstellt die Sicht auf die psychischen Eigenschaften der Zeit; das Sein hindert die Erklärung des Bewusstseins. Aber nur das Bewusstsein schafft aus chemischen Verbindungen menschliches Leben. Ohne Bewusstsein wäre der Mensch nicht in der Lage, sich selbst zu erfahren, sich seiner bewusst zu sein, Vergleiche mit empirischen Erfahrungen herzustellen. Das Sein ist der individuellen Existenz verbunden, erst das Bewusstsein bindet die individuelle Existenz in die Gruppe Menschheit, ermöglicht die Relativierung der eigenen Existenz in Raum und Zeit. Zeit ist deshalb nicht statisch, sondern bezogen auf die Bewusstseinsebene der Art und ihre logischen Grenzen.

Begrenzung durch Sinnesorgane

Nur austauschbares Bewusstsein gleicher Art verfügt über einen einheitlichen Zeitbegriff im gleichen physischen Inertialsystem. Auf diesen subjektiven Zeitbegriff ist die Art ausgelegt. So fehlt dem Menschen ein Organ zur Aufnahme langer Zeiträume. Er ist nicht in der Lage, kleine Ursachen auf ihre langfristige Wirkung hin intuitiv gedanklich zu analysieren. Als Erklärung bietet sich ein natürliches Prinzip an, den Energieaufwand biologischer Konstruktionen möglichst gering zu halten. Die Speicherkapazität des Menschen ist seiner konstruktiven Lebensdauer angepasst. Auch für die Analyse kleinster Zeiträume ist der Mensch auf Hilfsmittel angewiesen. Das Auflösungsvermögen des biologischen Systems Mensch reicht dafür nicht aus.

Die persönliche empirische Erfahrung des Menschen wird durch die Auslegung seiner Sensoren und Speicher auf ein subjektives Zeitgefüge beschränkt. Deshalb ist auch die Logik des Menschen an dieses Zeitgefüge gebunden. Die Logik ist Grundlage menschlicher Wissenschaft und bestimmt die Grenzen menschlicher Erkenntnismöglichkeit. Das vermeintlich objektive Weltbild des Menschen ist daher stets ein subjektives, obwohl er sich verzweifelt bemüht, allgemeingültige Gesetze zu finden. Die objektive Welt des Menschen beschränkt sich auf vorgegebene Bandbreiten der Wahrnehmung.

Andere Fragen träten auf, wenn die Augen und Ohren des Menschen auf andere Wellenlängen abgestimmt wären, sein Tastsinn andere Toleranzen aufwiese. Die menschlichen Sinne werden durch mittelbare empirische Wahrnehmungen erweitert. Apparate werden zu Informations-Transformatoren auf die durch die Sinne beschränkte menschliche Wahrnehmungs-

| Das Weltbild des Menschen ist abhängig von seinen Sinnen.

ebene. Mittelbare Information wird durch das Bewusstsein zur Komponente des Seins. Die Symbiose von Sein und Bewusstsein beim Menschen begründet eine untrennbare Beziehung zwischen physischen und psychischen Werten. Es erscheint daher verfehlt, beide gedanklich voneinander zu trennen. Die Erklärung der Welt muss vielmehr eine Erklärung von Sein und Bewusstsein sein, eine bestimmbare Subjektivität des Weltbildes.

Der einzige dem Menschen bekannte absolute Begriff ist der Begriff »Energie«; »Masse« beispielsweise lässt sich nach Einstein

(E = mc²) aus Energie herleiten. Zwangsläufig muss sich daher die Suche nach einer absoluten Erklärung diesen Begriff zum Ausgangspunkt wählen. Individuell menschliches Sein und Bewusstsein sind nach heutigem Wissensstand – man denke an die Rolle des Computers bei der Informationsvorhaltung – physisch unteilbar. Energiereaktionen wirken sich also auf Sein und Bewusstsein gemeinsam aus. Beide werden von einem bestehenden Energiegefälle beeinflusst. Damit sind Sein und Bewusstsein integriert in das physikalisch definierte Konzept absoluter Energie. Die Grenzen zwischen Sein und Bewusstsein werden fließend. Sein ist ohne Bewusstsein nicht wahrnehmbar, Bewusstsein ohne Sein erfordert Maßstäbe, die mit menschlichen Mitteln nicht definiert werden können.

Evolution verbessert den Wirkungsgrad

Bewusstsein ermöglicht die Frage nach dem Unterschied zwischen Sein und Sollen, nach dem Postulat menschlicher Ethik des bewussten Seins. Das erkennbare Prinzip der Natur, den Energieaufwand natürlicher Systeme im Rahmen der Evolution zu minimieren, bietet sich als Prinzip des Sollens an. Das Streben nach einer Verbesserung des Wirkungsgrades bei der Transformation von Energie zieht sich wie ein roter Faden durch die Evolution der menschlichen Art. Die Zehn Gebote sind ein früher Versuch, den Wirkungsgrad einer Art zu verbessern, die beim Übergang von der individuellen zur Gruppenexistenz zu hohe Reibungsverluste aufweist. Auch die Gebote »Du sollst nicht töten« und »Du sollt nicht die Ehe brechen« entsprechen insofern dem Wesen der Evolution, als dass sie unnötigen Energieaufwand im System verhindern. Schon hier ist die Trennung von Sein und Bewusstsein aufgehoben. Das ethische Prinzip bezieht sich auf die ganzheitliche Existenz. Gesellschaftliche Erkenntnis definiert mit den Zehn Geboten die Überlebens-

| Die Zehn Gebote: Verbesserung des Wirkungsgrades der Spezies Mensch |

chancen der Art in einem evolutionären System, das Energieersparnis fördert. Welchen Zweck hätte es, das Rad zu erfinden, wenn der dadurch gewonnene physische Vorteil im Wirkungsgrad durch psychisch bedingte zwischenmenschliche Reibung vernichtet wird? Wenn Energie absolut ist und durch Transformation nicht vernichtet, sondern nur anders verteilt wird, dann ist das evolutionäre Prinzip der Minimierung zweckgebundenen Energieaufwandes schwer zu begründen. Ziel kann ein Idealzustand des Wesens Menschheit sein, als Zielprojektion der Evolution zu einer höheren Existenzebene ohne vermeidbare Energieverschwendung.

Die Alternative liegt in der Frage nach der Definition des Begriffes »absolut« in Bezug auf die Energie in der von uns als objektiv verstandenen Welt. Die objektive Welt subjektiver menschlicher Definition ist die Welt unserer Existenzebene, in der Sein und Bewusstsein in Symbiose miteinander bestehen und sich ständig regenerieren. Vermutet wird in vielen Ansätzen eine transzendente Funktion, die Zielvorgabe und Regelungsmechanismus in einem System vereinigt. Diese Funktion wäre im menschlichen Sinne gottgleich absolut, da sie, vom Sein getrennt, unabhängiges Bewusstsein an sich beinhaltet.

Sein dient der Transformation von Energie zur Erhaltung evolutionsfähigen Bewusstseins. Die Verbesserung des Wirkungsgrades beim Transfer von Energie erlaubt die Unterhaltung von mehr Bewusstsein mit weniger Sein. Abstrahiert auf ein Extrem ist volles Bewusstsein ohne Sein möglich, wenn der Wirkungsgrad beim Energietransfer 100 % beträgt. Nach den Gesetzen der Thermodynamik ist das Perpetuum mobile in unserem Erkenntnissystem allerdings nicht möglich. Ein hundertprozentiger Wirkungsgrad beim Transfer von Energie würde das Bewusstsein zwingen, sich einer Existenzebene mit anderen Naturgesetzen und höher stehender Logik anzupassen.

Ein solches Kontinuum könnte auf den Erhalt des Seins verzichten und über Naturgesetze anderer Subjektivität verfügen. Eine derartige Annahme – Bewusstsein ohne Sein – erscheint uns absurd. Empirische Vergleichswerte liegen nicht vor. Unsere Erfahrung versagt, unser subjektiver Maßstab reicht nicht aus. Dort, wo Stoffliches nicht mehr existiert, stoßen wir an die Grenzen unserer Denkfähigkeit. Die Definition des Absoluten entzieht sich unseren beschränkten Mitteln. Es wäre verfehlt anzunehmen, die Schöpfung unterwürfe sich willig unserem Erfahrungsbereich und ließe sich mit menschlichen Regeln kodifizieren. Selbst die Logik der Mathematik ist menschliche Logik.

> Die Schöpfung unterwirft sich keinen menschlichen Regeln.

Normalverteilung als Prinzip der Schöpfung

Nur der Mensch ist auf die Genauigkeit der Zahl angewiesen, der Schöpfung reicht der Zentralwert einer Normalverteilung möglicher Werte, da sich die Genauigkeit der Schöpfung auf die Zeitstruktur der Ewigkeit[1] bezieht. Die Genauigkeit der Zahl menschlicher Definition ist der menschlichen Erkenntnisspanne angepasst. Ein starres System lässt Abweichungen nicht zu, denn jede Abweichung würde zu mehrwertiger mathematischer Logik führen. Die Speicherkapazität des Menschen und seiner Hilfsmittel ist zur Verarbeitung derartiger Begriffe nicht ausgelegt, sein Auflösungsvermögen ist seiner limitierten Wahrnehmung angepasst.

Im Gegensatz dazu ist das Prinzip der Schöpfung dynamisch. Die Gaußsche Normalverteilung der Wahrscheinlichkeitsrechnung reicht der Natur als Beschreibung der Genauigkeit. Bestimmbare Wertgruppen ersetzen Zahlen. In der Zeitstruktur der Schöpfung haben Zahlen andere Eigenschaften, verdichtet sich die Gruppe zum materiellen Punkt in einem Bezugssystem nichtmenschlicher Definition. Mit der normal verteilten Anordnung natürlicher Werte schafft sich die Schöpfung ein Sparsamkeitsprinzip. Statt eine gro-

---

[1] siehe Doppelspalt-Experiment; Thomas Young, 1802

ße Anzahl von Werten ständig zu prüfen, genügt die Kontrolle von Extremwerten der Normalverteilung und gegebenenfalls ihre Beeinflussung im System der Evolution durch dem Menschen nicht erkennbare Kräfte.

Zeit im menschlichen Sinn wird unbedeutend, die Dimension der Energie genügt als Parameter der Steuerung des dem Menschen erkennbaren Teilsystems. Dieses vom Menschen erfassbare und empirisch nachvollziehbare Teilsystem ist durch die Wahrnehmungsfähigkeit begrenzt. Die Lichtgeschwindigkeit wird nach menschlicher Logik zum konstanten Grenzwert des Systems. Auch hier definiert der Mensch sich selbst zum Maßstab des Systems. Lichtgeschwindigkeit ist in seinem System eine Naturkonstante, doch schon kommen in der Quantenphysik Zweifel auf. Er erklärt die Grenzen des Gesamtsystems mit den Grenzen seiner unmittelbaren und mittelbaren Wahrnehmungsfähigkeit. Unausgesprochen steht dahinter die Annahme, dass das physische System des Seins keinen fließenden Übergang zum Bewusstsein aufweist, sondern dass beide in einem polaren Spannungsverhältnis miteinander koexistieren. Die Wahrnehmung des Bewusstseins geschieht beim Menschen mittelbar durch die Sensoren des Seins. Ein Organ zur Aufnahme der Gedankenströme Dritter ist bisher nicht nachgewiesen.

Die Natur gedanklicher Selbstwahrnehmung ist unbekannt. Sein und Bewusstsein werden immer noch als getrennte Bereiche definiert. Dennoch beschränken sich alle Versuche wissenschaftlicher Erklärungen allein auf den Bereich des Seins, das zahlenmäßig und experimentell nachprüfbare Feld so genannter objektiver wissenschaftlicher Erkenntnisse.

Weniger Sein, mehr Bewusstsein

Damit beschränkt sich Erklärung des Seins auf die Grenzen menschlicher Konstruktion, kann im Sinne höherer Existenz nur subjektiv menschlich sein. Wenn die Annahme richtig ist – und vieles spricht dafür –, dass der Mensch als denkendes Wesen die

Spitze der uns erkennbaren Evolution darstellt, dann liegt das Ziel der Evolution im Geistigen und ist nicht dem Sein verhaftet. Angebote der Evolution an das Sein sind vielfältig, nur der Mensch ist einmalig. Der Mensch wird so zum einzigen uns bekannten Bindeglied zwischen »intelligentem« Sein und Bewusstsein.

Die Transformation der Art von weniger Sein zu mehr Bewusstsein geschieht parallel zu der Verbesserung des Wirkungsgrades bei der Nutzung von Energie. Wenn dieser Trend anhält, dann ist das Extrem die fortdauernde Existenz von Bewusstsein, das auf Sein als Basis seiner Existenz verzichten kann. Dieses Ziel der Evolution kann nur erreicht werden, wenn das Bewusstsein stark genug ist, während der Schwankungen des evolutionären Prozesses in der kohärenten Masse Menschheit die Oberhand zu behalten. Mit der Zunahme der Menschheit ist eine Zunahme an Wissen verbunden. Es ist vorstellbar, dass synthetische DNA oder neue Quantencomputer Wege eröffnen, Bewusstsein und Sein in ihrer Abhängigkeit voneinander zu beeinflussen.

Das System Menschheit versagt im Sinne der Evolution, wenn das Sein sich gegen das Bewusstsein in der Masse durchsetzt. Wenn die Überbewertung des Seins zu einseitig ausgerichtetem hohen Energieeinsatz führt, dann wird der Weg der Evolution verzögert, wenn nicht sogar verhindert.

Derartiger einseitiger Energieeinsatz kann durch eine Atombombe erfolgen, aber auch die Verteilung kleiner Energiewerte an das Sein einer großen Menge von Masseteilchen ohne Gegenleistung kann zum Verlust der gleichen Menge Energie zum Nachteil menschlicher Evolution führen. Im Sinne der Evolution ist das Risiko durch die Verteilung des Bewusstseins auf eine große Menge Masseteilchen der menschlichen Art vermindert.

Krieg ist Streit auf Gruppenebene. Er lässt sich auf das Gleichnis von Adam und Eva reduzieren, deren Glück im Paradies erst zerstört wurde, als ein dritter Einfluss, die Schlange, sich einschaltete. Unterordnung versus (Neu-) Gier, der Apfel der Erkenntnis schillert immer noch in attraktiven Farben. Heute sind es Nationalhymnen und Fahnen und Politiker statt Schlangen, die den Untergang einläuten. Betriebswirtschaftlich gesehen ist Krieg eine sprungproportionale statt eine harmonische Veränderung der Wirklichkeit. Nur der Mensch ist ein Tier, das Millionen seiner Artgenossen ohne Not umbringt[1]. Katastrophen des Seins können nur unter sehr negativen Voraussetzungen die Art Mensch vollständig auslöschen. Wahrscheinlich verbleibt auch nach einer Katastrophe ein evolutionsfähiger Rest, der auf dem richtigen Nährboden den Weg der Evolution fortsetzen kann, ohne dass eine neue Art diesen mühseligen Weg neu beginnen muss.

Die Individualität des Menschen geht immer mehr in Bewusstseinsinhalten auf, die von vielen als gemeinsames Eigentum betrachtet werden. Der Kampf um das Überleben ist in vielen Gebieten zum Kampf um ein zielgerichtetes gemeinsames Bewusstsein geworden. Die Individualität des einzelnen Masseteilchens hindert allerdings die Erkenntnis höherer Zusammenhänge. Noch verlangt die Arterfahrung die Sicherung des eigenen Seins als Vorbedingung für die Existenz des Individuums. Noch ist das Individuum als Teil der Masse suspekt, weil sich die Regelungsmechanismen der Masse auf das Sein und nicht auf das Bewusstsein konzentrieren.

Abzulesen aber ist schon in verschiedenen Bereichen eine aus dem Bewusstsein definierte Souveränität von Gruppen, die geografische Bezüge der Souveränität aufzugeben bereit ist. Seien es Religionen oder Ideologien: Seit das Sein mit geringem Aufwand an Energie zu unterhalten ist, nimmt der Einfluss des Bewusstseins – vermutlich proportional – zu.

Gemeinsames Bewusstsein der Menschheit

Was außer dem individuellen Selbstbehauptungstrieb verbietet uns, statt des Systems Mensch das System Menschheit als die ob-

---

[1] Johannes Sachslehner: Zwei Millionen ham'ma erledigt: Odilo Globocnik, Hitlers Manager des Todes; Verlag Styria Premium, 2014

jektive Form unseres Seins zu postulieren? Nicht die Entwicklung der Art Mensch, sondern des Systems Menschheit wäre dann Ziel der Evolution. Gedanklich ist die Abstraktion des Bewusstseins ohne Sein möglich. Warum nicht auch in der Wirklichkeit der Evolution des Systems Menschheit? Das Endprodukt wäre ein gemeinsames Bewusstsein, das in der Lage ist, ohne das Sein zu existieren, ohne den Bezug zum Sein aufzugeben. Ein derartiges Wesen entspräche dem Gott bisheriger menschlicher Definition.

Dieser Gedanke ist nicht neu. Schon Jesus hat ihn vertreten. Auf dem begrenzten Erfahrungshintergrund seiner Zeit hat er mit sprachlichen Mitteln, die der Verständnismöglichkeit seiner Zeitgenossen angepasst waren, derselben Erkenntnis Ausdruck verliehen und eine Sozialtheorie für das System Menschheit entwickelt. Er ist gründlich missverstanden worden, denn seine gedankliche Leistung war mit dem Wissen seiner Zeitgenossen zu intelligentem Austausch mangels ausreichend differenzierter sprachlicher Mittel kaum in der Lage.

Die Dimensionen des Raumes weichen der Dimension der Energie in einem Koordinatensystem unbekannter logischer Zwänge. Die Art Mensch ist auf ein Ziel hin konstruiert, denn weder Anfang noch Ende individueller Existenz liegen in der eigenen Entscheidung des Individuums. Das Ziel ist nicht im Sein verankert, sonst würde die Evolution nicht so eindeutig eine Entwicklung des Bewusstseins fördern. Immerhin nimmt geistige Arbeit – unterstützt durch Maschinen – zu, körperliche Arbeit ab. Zum Erreichen des Zieles ist Energie erforderlich, sonst würde der Trend der Einsparung von Energie durch Verbesserung des Wirkungsgrades sich nicht so zweifelsfrei erkennen lassen.

Der Mensch ist eine evolutionäre, durch Triebe gesteuerte biologische Maschine, in der Trieb und Erkenntnis im Widerspruch zueinander stehen. Der Trieb ordnet den Menschen in die Tierwelt ein, die Erkenntnisfähigkeit hebt ihn von der allgemeinen Tierwelt ab. Ob dies im Sinne der Evolution positiv oder negativ zu werten ist, sei dahingestellt. Das Vakuum fehlender Erkenntnisse führt, soweit es vom Menschen wahrgenommen wird, zu Forschung und diese zu einem vom Menschen definierten »Fortschritt« und gleichzeitig zu einem Wachstum der Population. Es steht noch nicht fest, ob dieses Wachstum die Grundlagen der Menschheit zerstört, oder ob die Arbeit von mehr Menschen zu mehr Produktivitätsfortschritten auf vielen Gebieten führt und in der Lage ist, die durch den Verbrauch von Ressourcen entstehenden Gefahren für das Überleben der Menschheit zu neutralisieren.

Im Grunde ist der Mensch einer von vielen auf Zufallsbasis angelegten biologischen Versuchen der Natur, um ein uns unbekanntes Ziel zu erreichen. Die Feststellung der Astronomen, dass das uns zugängliche Weltall aus nichtbiologischer Materie besteht, kann sowohl ein Hinweis darauf sein, dass der Mensch in diesem Zusammenhang im Erfolgsfall eine Aufgabe wahrzunehmen hat, als auch ein Hinweis darauf, dass der Endzustand unseres Planeten noch nicht erreicht ist.

Schlussfolgerungen aus diesen Tatsachen bleiben Spekulationen. Ist die Menschheit der Embryo einer höheren Existenz, ausgeschlossen von der unbegrenzten Erkenntnis bis zur Geburt? Ist das Sein der Katalysator zur Entwicklung des Bewusstseins? Ist das Bewusstsein in der Lage, das Sein zu definieren, oder verhindert die Konstruktion des Seins eine volle Information des Bewusstseins? Ist das Sein auf eine biologische Basis angewiesen? Schon heute können wir Information menschlichen Denkens auf einem nicht-biologischen Speichermedium bearbeiten lassen. Wie viele Evolutionsebenen liegen noch vor uns?

Das Megawesen Menschheit scheint in seiner geistigen Struktur auf der Grundlage von Normalverteilungen aufgebaut. Die Informationsverteilung eines spezialisierten Masseteilchens ist durch eine enge Glockenkurve mit hohem Scheitel gekennzeichnet. Eine flache Verteilung mit weit auseinander liegenden Standardabweichungen kennzeichnet den Generalisten.

Wahrscheinlich unterliegt auch die Verteilung der verschiedenen Typen der Verteilung wieder der Normalverteilung. Die Natur ist auf den Zufall als Bereicherung evolutionärer Entwicklungswege ausgewichen. Es ist deshalb sicher keine aus der Luft gegriffene

Annahme, die in der Wahrscheinlichkeitsrechnung als Ordnungsrahmen natürlicher Zusammenhänge nachgewiesene Normalverteilung als Ordnungsprinzip der Natur anzunehmen, solange keine andere Verteilung bekannt ist, die diese Aufgabe besser erfüllt.
Der Wahrscheinlichkeitsverteilung liegt der Zufall zugrunde.
»Gott« würfelt wohl doch; die Quantenphysik geht davon aus.

Für diese Annahme spricht die Unmöglichkeit, die Normalverteilung in exakte Grenzen zu zwängen. Weder endet sie in einem
uns bekannten Koordinatensystem, noch kann ein materieller
Punkt als Vorstufe zur ideellen Linie der Kurve exakt bestimmt
werden. Die Ungenauigkeit der Schöpfung widersteht allen

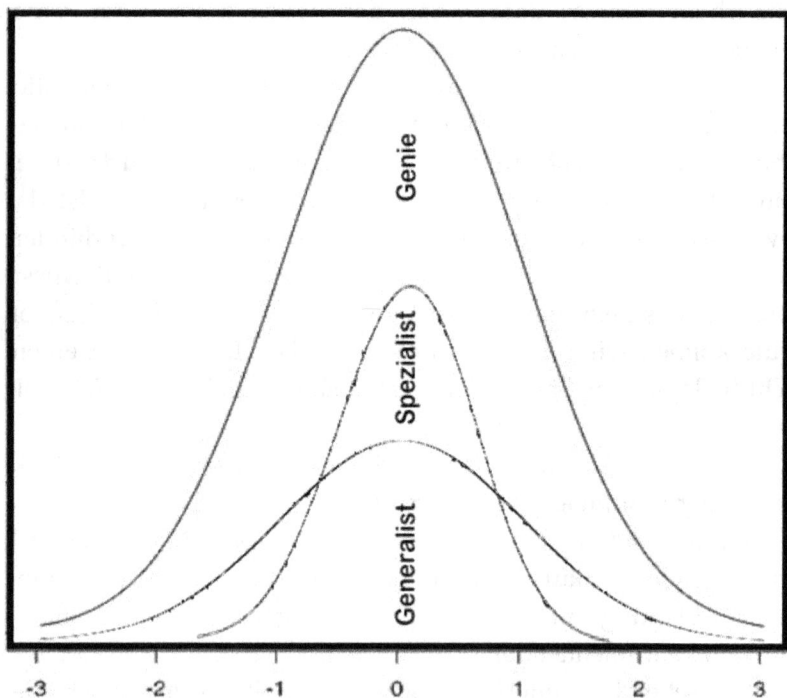

*Je spezialisierter das Wissen, umso enger die Basis der Informations-
verteilung*

menschlich subjektiven Festlegungsversuchen. Die schöpferische Freiheit lässt sich mit Mitteln des Seins nicht eindeutig bestimmen.

Relative Realität

Die Logik der Schöpfung beruht auf einer anderen Relativstruktur der Zeit. In dieser Struktur schrumpft die zeitliche Existenz der Menschheit zum Punkt in einem Inertialsystem, für das andere Bezüge gelten.

Zu vermuten ist, dass die Relativitätstheorie sich auch auf die Ebene des Bewusstseins erstreckt. Das Leben eines Einzellers erscheint uns relativ kurz, die Bewusstseinsebene dieses Wesens ist uns nicht erfassbar, obwohl wir eine gewisse zweckgebundene Steuerung vermuten.

Die Anzahl von Einzellern ist um ein Vielfaches größer als die Anzahl von Menschen. Sehr viel kleinere Bewusstseinseinheiten je Einzeller genügen, um die Summe der Einzeller mit einem Bewusstsein auszustatten, das in der Größe dem Bewusstsein des Systems Mensch entspricht. Die Relativität der Zeitstruktur trennt das Bewusstsein des Systems Einzeller vom System Mensch und das System Mensch vorn Bewusstsein übergeordneter Ebene. Aber auch der Einzeller ist, als Gruppe wie die Menschheit, zur Weiterentwicklung seiner Schwarmintelligenz im Rahmen der Evolution befähigt.

Selbst nichtbiologisches Bewusstsein erscheint, vielleicht in der feindlichen Umwelt anderer Welten, als Angebot der Natur an die Evolution möglich. Schon heute gibt es Solid-State-Computer, die bei ihrer Denkleistung ohne bewegliche Teile auskommen.

Die hier angebotenen gedanklichen Konstruktionen widersprechen weder den Erkenntnissen der Wissenschaft noch den religiösen Systemen verschiedener Kulturkreise. Sie beruhen auf analogen Schlüssen zu empirischen Erfahrungen. Ihre Absicht ist, Katalysator für das individuelle Denken anderer zu sein. Die grundsätzliche Frage ist, ob der Übergang von einem Inertialsystem des Bewusstseins zu einem anderen, vielleicht auf höherer Ebene, möglich oder als Ziel der Art im Rahmen der Evolution vorgegeben ist.

Der Blick von einem langsamen Inertialsystem auf ein schnelles lässt die Zeit schrumpfen. Der Blick von einem langsamen Bewusstseinssystem auf ein schnelles erfasst aufgrund der Relativität der Zeit eine zum System relativ normale Zeitspanne als kurze Episode der Existenz. Beim Übergang von einem langsamen auf ein schnelles System ist Energie erforderlich. Strebt deshalb die Evolution nach einer Verbesserung des Wirkungsgrades beim Transfer von Energie? Wir wissen es nicht.

| Strebt die Evolution nach einer Optimierung beim Energie-Transfer?

Die Erkenntnisfähigkeit der Menschheit ist relativ. Sie wird bestimmt durch die Wahrnehmung der Zeit und die Kapazität zur Verfügung stehender Informationsspeicher. Die Informationsstruktur ist der Gegenwart am dichtesten. Sie sinkt in noch nicht bestimmter Proportion in Richtung auf Vergangenheit und Zukunft, eventuell in der Form einer Normalverteilung, in deren Zentrum die Menschheit und ihre Gegenwart stehen.

Die vom Bewusstsein wahrgenommene Zeit verdichtet sich mit ihrer Entfernung von der Gegenwart immer mehr. Diese Verdichtung ist in der menschlichen Konstruktion angelegt und geschieht in Relation zur Informationsstrukturdichte. Von vergangenen Jahrmillionen steht uns vielleicht eine Information je Jahr im Raster des Gesamterkenntnisbildes zur Verfügung, um unsere Speicherfähigkeit nicht zu überfordern.

Die Gegenwart erzeugt mit menschlichen Informationen ein scharfes Bild der objektiven Welt. Information je Zeiteinheit ist ein Maß für die Struktur psychisch wahrgenommener Zeit. Benutzen wir die Informationsdichte als Konstante, indem wir die Erkenntnisfähigkeit als absoluten gedanklichen Ausgangspunkt setzen, dann lassen sich Vergleiche zwischen Entfernung und Zeit ziehen. Aber auch diese Vergleiche sind relativ, denn die Wahrnehmung der Informationen je Zeiteinheit wird vom individuellen Auflösungsvermögen begrenzt. Je höher das Auflösungsvermögen, die

Informationsstruktur-Speicherdichte, desto intelligenter das Individuum.

Lange Zeitdistanzen gleichen in der Menge der Informationen relativ zur Zeiteinheit langen Entfernungsdistanzen. Auch hier sinkt die Menge der Informationen relativ zur erkenntnisfähigen Entfernung.

Kann Objektivität gelingen?

Bezogen auf das Bewusstsein aber treten Fragen auf, die den Fragen der Physik gleichen. Befinden wir uns auf dem Weg in eine Zukunft oder wird uns die Zukunft übergestülpt? Ist die Antwort darauf genau so wenig möglich, wie die Unterscheidung zwischen träger und schwerer Masse in der Physik?

Menschliches Bewusstsein ist durch die Grenzen der unmittelbaren und mittelbaren Wahrnehmungsfähigkeit beschränkt. Im Sinn der Psychologie ist das Bewusstsein der Mittelpunkt der individuellen Welt. Die objektive Welt wird im Verhältnis zum individuellen Bewusstsein relativ gewertet. Die Unwichtigkeit des Einzelnen wird kompensiert durch die Relativität der Erkenntnis. Das Bewusstsein ist individuell nur Festpunkt in Raum und Zeit.

Objektivität ist der Versuch, gemeinsame Bewusstseinsbereiche verschiedener Individuen als gemeinsamen Maßstab subjektiver Feststellungen zu benutzen. Oft scheitert der Ansatz dazu schon über als »political correctness« ausgeübten Druck der Masse. Diese gemeinsame Subjektivität definiert das Sein als Bestandteil des Bewusstseins, denn ohne das Bewusstsein wären wir nicht in der Lage, das Sein zu erfassen und subjektiv zu werten. Objektivität der Situation ist die Objektivität des Zeitpunktes. Subjektives Zeitempfinden dehnt sich bei Schmerz und zieht sich bei positiven Empfindungen zusammen.

Objektive Zeit wird durch die Normaluhr gemessen. Im Sinne der Physik ist auch dieser Zeitbegriff relativ. Zeit ist abhängig von Gravitation und Geschwindigkeit. Die Relativität der Physik erklärt sich aus der Subjektivität der Maßstäbe des individuellen

Systems ebenso wie die Relativität der vom Bewusstsein wahrgenommenen Zeit. Lässt sich daraus der Schluss ziehen, dass sich für Sein und Bewusstsein eventuell verbindende Maßstäbe finden lassen? Die Antwort muss offen bleiben.

Geschwindigkeit wird bewusst in Relation zum dem Betrachter sensorisch zugänglichen Horizont wahrgenommen. Bei kleinem Horizont sind eine große Menge sich ändernder Detailinformationen zugänglich. Bei astronomischen Abständen verteilen sich die Einzelinformationen auf ein weit größeres Koordinatensystem. Die relative Erkenntnisfähigkeit der Detailinformation sinkt, wie auch die Lehre der zeichnerischen Perspektiven beweist, mit zunehmender Entfernung.

Die Wahrnehmung der Zeit bezieht sich auf den geistigen Horizont, die Erkenntnisfähigkeit im Verhältnis zum persönlichen Betroffensein. Entweder wird Zeit nah und detailliert wahrgenommen oder weit und ohne Erkenntnismöglichkeit für Veränderung und Struktur. Dieser Analogschluss beschreibt die Grenzen der Erlebnisstruktur individuellen Bewusstseins in ihrer Auswirkung auf das physische Weltbild.

Das Jetzt ist der informationsreichste Zeitbestandteil. Vergangenheit und Zukunft lassen sich physisch durch ihre Informationsgehalte beschreiben und theoretisch in Kurvenform fassen. Die Informationen des Jetzt sind nach menschlichen Maßstäben infinit, bezogen auf Vergangenheit und Zukunft wird es die Zeit. Der Einzelne irrt in der Entropie der Informationen umher.

Die unendlichen Informationen des Jetzt müssen vom Individuum zueinander in Beziehung gesetzt, im Hinblick auf die eigene Existenz relativiert werden. Die eigene Erkenntnis muss in die Gruppe eingebunden werden. Abstimmungsprozesse müssen erfolgen, ehe Evolution eine Richtung findet. Das Instrument dieser Abstimmung ist der universale, unbegrenzte Markt. Markt ohne administrative Eingriffe ist kapitalistisch. Kapitalismus gilt vielen Ideologen als unmenschlich, sie versuchen kapitalistische Prozesse administrativ zu beeinflussen. Kommt es deshalb zu menschliche-

| Markt ohne administrative Eingriffe ist kapitalistisch.

ren Systemen? Noch fließt ein Großteil menschlicher Produktivität in Waffensysteme, sind Folter und Demütigung aus ideologischen Gründen Alltagspraxis. Selbst in den USA, dem »Land der Freien«, werden bei echter oder imaginärer Gefährdung Menschenrechte verzichtbar. Guantanamo steht noch 2017 außerhalb aller Gesetze, Waterboarding war legal, Entführungen im Ausland (renditions) und Geheimgefängnisse üblich. Die fast 3.000 Toten des 11. September 2001 in den USA waren ein nationales traumatisches Erlebnis. Hundertausende Getötete als Folgen militärischer Eingriffe der Amerikaner im Vorderen Orient werden kaum wahrgenommen; sie schaffen Arbeitslätze.

Markt bewertet Leistung zugunsten des Gesamtsystems Menschheit, nicht zugunsten des einzelnen Individuums. Bei der freien Wahl im Markt wird Leistung gegen Leistung getauscht. Der Wert der Tauschgüter wird durch gemeinsame intelligente Übereinkunft festgestellt. Erfolg im Markt hängt – wie bei politischen Wahlmöglichkeiten – von individueller Intelligenz zur Informationsbeschaffung ab. Markt ist auf Folter und Zwang nicht angewiesen. Als System des Interessenausgleiches erscheint er daher vorteilhaft. Doch was ist Markt? Allein diese Frage scheint den Versuch einer kapitalistischen Synthese zu rechtfertigen.

Der Zufall ist eigentlich Gott.

Anatole France (1844-1924)
französischer Schriftsteller,
Nobelpreis für Literatur 1921

Kapitel 2

Warum eine kapitalistische Synthese?

Ismen

Unser Denken ist gesättigt mit »Ismen«. Je mehr ideologische Systeme versuchen, die uns bekannte Welt zu interpretieren, desto verwirrender wird die Weltsicht des kritischen Betrachters. Unbewusst fühlen wir, dass sich hinter dem Chaos unserer Erkenntnis eine Ordnung verbirgt, die sich uns entzieht. Einsteins Suche nach der Weltformel, der Übergang der Individualbiologie in die Sozio-Biologie, die Entwicklung der Gruppendynamik: Was sind sie anderes als neue Formulierungen der alten Frage nach dem Dasein des Menschen in der Welt.

Die Wahrscheinlichkeitsrechnung beweist uns, dass selbst das Chaos des Zufalls bestimmten Gesetzen unterliegt, sich höherer Ordnung nicht entziehen kann. Der Analogschluss liegt nahe, dass auch das Vexierbild unserer Existenz trotz aller individuellen Abweichungen, bestimmten Naturgesetzen gehorcht:

> Die **Sozio-Biologie**[1] versucht, derartige Ansätze zu isolieren. Sie schließt dabei bisher den Menschen aus, verspricht uns aber im Gegensatz zur Soziologie nicht standardisierte Intuition, sondern mathematisch nachprüfbare Modelle.

> Die **Gruppendynamik**[2] versucht, die Interaktion menschlicher Individuen mit den Mitteln psychologischer Forschung aufzuhellen.

> Die **Ethnologie**[3] versucht, aus noch vorhandenen primitiven Beispielen Hinweise auf grundsätzliche soziale Komponenten der menschlichen Existenz zu gewinnen.

> Die **Rechtswissenschaft**[4] hofft, durch vergleichende Analysen der idealen menschlichen Organisation auf die Spur zu kommen.

---

[1] Wilson, 1978
[2] Hofstätter, 1960
[3] Mead 1935, Fromm 1973
[4] Berger 1973

In der neueren Geschichte tat Jesus aus westlicher Sicht den ersten gewaltigen Schritt vorwärts. Aufbauend auf den Überlieferungen des Alten Testaments vollzog er einen gedanklichen Sprung, der Jahrtausende überbrückte. Die Rede ist hier nicht von Jesus, dem Religionsgründer. Die Rede ist von einer außerordentlichen Persönlichkeit, deren geistige Gaben den Möglichkeiten ihrer Mitmenschen um Jahrtausende vorauseilten.

> Jesus vollzog einen gedanklichen Sprung, der Jahrtausende überbrückte.

In geschichtlichen Abständen hat die Menschheit das Glück, große Geister mit überragenden geistigen Fähigkeiten hervorzubringen. Moses, Jesus, Laotse, Platon, Leonardo da Vinci, Einstein: Es sind nur wenige Namen, die Reihe ist klein. Diese großen Geister sind eingebunden in das intellektuelle Umfeld ihrer Zeit, eingezwängt in Denken minderen Potentials, das geistige Resonanz kaum ermöglicht. Sie werden von ihren Zeitgenossen gemessen an Kategorien, deren Grenzen sie längst hinter sich gelassen haben. Die Sprache, und sei es die Mathematik, ist ihnen nur unvollkommenes Instrument der Kommunikation gedanklicher Prozesse. Ihnen fehlt oft befruchtender geistiger Austausch auf ebenbürtiger Ebene, sie sind allein in einer Welt von Debilen, deren Ordnungsregeln sie sich anpassen müssen, wenn sie überleben wollen.

Jede neue wissenschaftliche Erkenntnis und jeder produktive Fortschritt gefährden bestehende Machtstrukturen. Ein aktuelles Beispiel ist der von vielen Seiten mehr oder weniger offen unternommene politische Versuch, die Informationsverbreitung über das Internet aktiv oder passiv unter Kontrolle zu bringen. Information im Internet wird so zu einer leicht verderblichen Ware, deren Ursprung und Bearbeitung zweifelhaft sind.

Von allen großen Geistern war Jesus der gewaltigste und einflussreichste. Noch heute sind moralische Kategorien menschlichen Denkens in der westlichen Welt ohne seinen Einfluss kaum vorstellbar. Jesus befasste sich mit denselben Fragen, die Soziobiologie, Gruppenpsychologie, Demografie und andere Disziplinen heute zu beantworten versuchen. Ihm fehlten Instrumente und

Verfahren, Kommunikationsmittel und Grundlagen, Diskussionspartner und standardisierte, geordnete gedankliche Kategorien, die ihm rationelles Denken gestatteten. Er überwand Kraft seines Geistes alle Barrieren und fasste seine Erkenntnisse mit verständlichen Worten in Gleichnisse, die sich auf die vertraute Umwelt seiner Hörer bezogen. Durch die zwölf Apostel und die vier Evangelisten stellte er sicher, dass seine mündlichen Lehren – als Religion getarnt – möglichst unverfälscht die Zeiten überdauerten.

Hätte eine dieser Quellen versagt, wären parallele Übertragungssysteme als Reserve vorhanden gewesen. Wenn der Inhalt des Kommunikationsprozesses im Laufe der Zeit durch Übertragungsfehler leidet, steht unabhängig voneinander vier Mal die gleiche Botschaft zu Vergleichs- und Berichtigungszwecken zur Verfügung. Diese Methode hat sich bewährt.

Wir können die Gleichnisse Jesu heute als Erkenntnisse interaktiver menschlicher Interaktion in die Sprache unserer Denkweisen übersetzen, wenn wir versuchen, die ganzheitliche Botschaft zu entziffern, statt an der Auslegung des Wortes zu kleben. Auch im Fernsehbild ist nicht der einzelne Bildpunkt maßgebend, sondern die Matrix von Zeilen und Punkten vermittelt eine Gesamtinformation.

Jesus als gesellschaftlicher Visionär

Wie beeindruckend die soziodemografischen Überlegungen Jesu für seine Zeitgenossen gewesen sind, beweist die große Gruppe Menschen, für die sie damals, ja selbst noch heute, zur Richtschnur wurden. Auch der Islam ist nach der Ansicht verschiedener Autoren[1] nach dem Christentum geformt. Beide wurden zu Ordnungsstrukturen der Masse, weit über ihren Entstehungsbereich hinaus.

Religion und Wissenschaft waren zur Zeit Jesu das Gleiche. Wo wissenschaftliche Erklärungen im neuzeitlichen Sinne fehlten, wurden Götter als Erklärung der wahrnehmbaren Wirklichkeit be-

---

[1] u.a. Waldenfels, 1979

nötigt. Später haben sich Religion und Wissenschaft auseinander »ent-wickelt«, bis zur heutigen Auffächerung in Hunderte Spezialwissenschaften. Die Theorie Christi ist auch heute noch modern, unabhängig davon, ob wir sie Soziologie, Marxismus, Kommunismus oder Religion nennen.

Vater, Sohn und Heiliger Geist, die Dreieinigkeit: Erscheint sie nicht als Gleichnis für die Art Mensch und ihre Möglichkeiten? Der Vater, das Wesen höherer Existenzebene, in das die Art eingehen kann; der Sohn, der dem Irdischen verhaftete Mensch; der Heilige Geist als das, was den Menschen vom Tier unterscheidet, ihn zur Evolution auf eine höhere Existenzebene befähigt.

Wir haben heute Worte für das, was Jesus in Gleichnissen ausdrücken musste. Das ändert nichts an der fundamentalen Gültigkeit seiner Gedanken. Jesus sah die Welt als Synthese von Körper und Geist; für ihn war der Einfluss wirtschaftlicher Prozesse auf unsere geistige Konstitution selbstverständlich. Der Tempel war für ihn das wissenschaftliche Zentrum der Welt. Deshalb kritisierte er die verkrusteten administrativen Strukturen der Pharisäer und versuchte, die Wissenschaft von den demografischen Zusammenhängen gegen das Beharrungsvermögen der Überlieferung fortzuschreiben.

Schon damals waren Beharrungsvermögen und Tradition die Feinde schneller Änderung. Auch das ist wahrscheinlich evolutionär vorprogrammiert, um die Entwicklungsresultierenden demografischer Gruppen nicht ungedämpft abzulenken. Starke Ideen setzen sich immer durch, wenn die Summe der Alternativen schwächer ist. Christliche Religionen sind seit 2.000 Jahren bestimmendes Element westlichen Denkens, so wie griechische und arabische Mathematik noch heute die Fundamente unserer Schulbildung sind.

Die von Jesus angebotene Synthese von Physis und Psyche ist heute noch gültig. Religion ist ein im Emotionellen und Intuitiven verankerter Ordnungsrahmen. Ideologie ist das Gleiche, nur ohne überirdische Bezüge. Es erscheint daher notwendig, in der Sprache unserer Zeit und unter Einbeziehung von Ergebnissen und Ansätzen heutiger Wissenschaft eine Hypothese zu entwickeln, die Wissenschaft und Wirtschaft in einem ganzheitlichen Bild zusammenfasst.

Die hier angebotene Variante dieser Hypothese macht den Versuch, in einer kapitalistischen Synthese den Fluss von Energie in menschlich-demografischen Systemen aufzuzeigen. Kapital ist in diesem Zusammenhang ein Wort für die Speicherung von Energie in geistiger Form. Das Wort Synthese beinhaltet den synthetischen Ansatz, die Sammlung blutleerer Worte, da wo es um unser Leben und um unsere geistige Zukunft geht.

Die kapitalistische Synthese ist der Versuch der Antwort auf eine Frage, die heute noch nicht genau gestellt werden kann.

Physis und Psyche

Der Entwurf einer Synthese kann nicht aus einer einzigen wissenschaftlichen Disziplin heraus entwickelt werden. Heute, in einer

| Der Mensch ist eine Alternative unter vielen. |

Zeit, in der der Begriff »Wissenschaft« von Ideologien okkupiert wird, kann echte Wissenschaft nur durch extreme Sauberkeit in Ansatz und Definition überleben. Die Ergebnisse dieser Wissenschaft sind Bausteine für ein sehr viel unschärferes Weltbild, das sich nicht an wünschenswerten Zielvorstellungen, sondern an empirischen Erfahrungen orientiert. Im Rahmen dieser Erfahrungen ist der Mensch eine Alternative unter vielen, nicht der privilegierte Mittelpunkt der Schöpfung.

Dieser Ansatz der Soziobiologie ist wissenschaftlich sauber, solange nicht die Teilergebnisse unserer Überlegungen eine abweichende Interpretation zulassen. Gemessen an den von der überwiegenden Anzahl der Menschen akzeptierten moralischen Grundwerten erfüllt die Art »Mensch« ihre Rolle nur unzureichend. Im ständigen Bemühen, einen Ausgleich zwischen Physis und Psyche zu finden, werden weder die moralischen Grundpostulate der Religion noch die Wertevorgaben der Ideologien erreicht. Beide definieren daher eine mögliche Zukunft, keine konkrete Gegenwart. Sie geraten so in den Zwiespalt des Individuums, zugunsten einer möglichen »besseren« Zukunft die Gegenwart negativ zu beeinflussen. Die Gruppe und der ihr angehörende Mensch ist auf die Erhaltung der wirtschaftlichen Basis, der Physis, angewiesen. Im Gegensatz dazu kann gedankliche Emanzipation nur im Geistigen stattfinden.

In der psychosomatischen Medizin gibt es erste Ansätze einer ganzheitlichen Betrachtungsweise von Physis und Psyche. Auf unserer Bewusstseinsebene existieren beide in wechselseitiger Abhängigkeit. Beide theoretisch voneinander zu trennen, hieße den Menschen in einen triebhaften und einen geistigen Teil aufzulösen, den ganzheitlichen Menschen im Sinne eigener latenter Vorurteile und Erfahrungen neu zu definieren. Das Ergebnis ist ein ideologischer Wunschtraum, aber keine Realität.

Im uns bekannten materiellen Umfeld kann der Mensch nur existieren, wenn seine körperliche Grundlage gesichert ist. Die Evolution der Menschheit in Richtung auf ein uns bisher unbekanntes Ziel ist nur möglich im Rahmen eines Ausleseprozesses. Da wir erwarten, dass dieser Ausleseprozess im Geistigen stattfindet – denn das Denken unterscheidet uns nach unserer Auffassung von den Tieren –, ist der Prozess auf die Optimierung unserer geistigen Fähigkeiten ausgerichtet. Denken ohne körperliche Basis ist auf unserer Existenzebene erfahrungsgemäß unmöglich.

In den Optimierungsprozess muss also die körperliche Komponente einbezogen werden. Im Sinne der Optimierung des Evolutionsproduktes Menschheit muss der zur Erhaltung der geistigen Entwicklungsmöglichkeiten erforderliche körperliche Anteil gewährleistet sein. Uns fehlen Maßstäbe, geistige Leistung zu messen. Trotzdem können wir feststellen, dass immer weniger körperlicher Energieverbrauch immer mehr geistige Leistung trägt.

Krone der Schöpfung?

Die Produktivität der Weltwirtschaft steigt. Die dabei entstehenden Prozesse sind für den Einzelnen schwer zu interpretieren. Wir

erwarten von der Schöpfung – ganz gleich, was wir darunter verstehen – einen begreifbaren Entwurf, eine nachvollziehbare Logik.
Individuelle Ungerechtigkeit im Rahmen eines übergeordneten
Gesamtplans der Schöpfung akzeptieren wir nur, wenn Religionen
oder Ideologien uns dazu eine Erklärung liefern. Unsere eigene
Erkenntnis ist nicht weit genug entwickelt, unsere Logik nur begrenzt allgemeingültig, um den Gesamtplan der Schöpfung und
die Ziele der Evolution zu verstehen. Kurzum: Wir halten uns für
unentbehrlich und sehen nicht, dass wir nur ein mikroskopisch
kleines Bauteil evolutionärer Entwicklung sind, unbedeutend und
sehr wohl entbehrlich. Wir erwarten, dass die Logik der Schöpfung
der individuellen Logik des Menschen und unserem Selbstwert-
empfinden entspricht.

Diese Überschätzung unserer Rolle in der Natur führt uns in
eine gedankliche Sackgasse. Wir hoffen, dass die Schöpfung dort
differenziert zu unseren Gunsten agiert, wo
im Bauplan der Natur nur die Summe der
mikroskopischen Untereinheit Mensch eine
Rolle spielt. Wir empfinden Ungerechtigkeit,
dort wo unsere Existenz sich von anderen negativ unterscheidet.
Und wir empfinden Wert und Individualität, wenn wir im Vergleich zu anderen unsere Existenz freier und unabhängiger gestalten können. Wir empfinden uns nicht als unwichtig, sondern relativieren die Welt auf uns selbst, setzen den Menschen als Maßstab
für das Wirken der Schöpfung und unser individuelles Weltbild.
Aus dieser Sicht versuchen wir unvermeidliche Defizite der Evolution mit menschlichen Mitteln auszugleichen, die Schöpfung in
unserem Sinne neu zu ordnen.

> Die Überschätzung unserer Rolle in der Natur führt uns in eine Sackgasse.

Wir sehen im Bereich der Natur Beispiele für den summari-
schen Ansatz der Schöpfung und sind doch nicht in der Lage, Parallelen zu uns selbst zu ziehen, unsere Unwichtigkeit zu akzeptieren. »Krone der Schöpfung« und »Ebenbild Gottes« sind nur zwei
von vielen Ausdrücken, in denen sich unser Selbstgefühl doku-
mentiert. Darwins »missing link« entfachte einen Aufschrei der
Entrüstung, denn es rückt uns in die Nähe des Tieres, in die Nähe

der – vom Menschen definierten – Unwichtigkeit. Erst mit der Zeit gelang es uns, diese Gedankenkette über die Trennung von Physis und Psyche zu rationalisieren.

Neuer Protest erhebt sich unüberhörbar, wenn ein Wissenschaftler es wagt, unser Denken als chemische Reaktion, unsere persönliche Realität als biologische Scheinwelt zu entlarven. Dabei haben wir das Beispiel denkender Maschinen, denen es zwar an Kreativität mangelt, aber Kreativität ist ein Kennzeichen des »Creators«, des Schöpfers. Wie können wir dann annehmen, dass wir über die Kreativität verfügen, den Plan der Schöpfung zu interpretieren, uns selbst in den richtigen Gesamtzusammenhang einzuordnen? Trotzdem versuchen wir es. Auch diese Arbeit ist einer dieser Versuche, Erkenntnis auf der Basis menschlicher Erfahrung zu gewinnen, eine kritikfähige Vorgabe zu einer ganzheitlichen, interdisziplinären Sicht der Welt zu schaffen.

Neu ist die Rückführung wirtschaftlicher Prozesse auf physikalische Grundlagen, die Kopplung von Physis und Psyche zu einer Gesamtpersönlichkeit der Summe Menschheit. Der schmerzlichste Schritt in diese Richtung ist die Auflösung persönlicher Individualität zugunsten einer normalverteilten Gruppe als der nächsten gedanklichen Einheit. Dieser Schritt beinhaltet den Verzicht auf den persönlichen Anspruch auf Gerechtigkeit und Unverwechselbarkeit. Er beinhaltet Unterordnung unter den Plan der Evolution, nicht unter menschliche Definitionen der Wirklichkeit. Erst aus der Unterordnung unter uns überlegenes Denken gewinnen wir Zugang zu Erkenntnis, an der wir wachsen können.

Die Menschheit ist, wie jeder Bestandteil der Schöpfung, Rohmaterial der Evolution, eine von unzähligen Wetten, um eine neue Erkenntnisebene zu erreichen. Ob sie je eine höhere Ebene der Existenz erreicht, hängt davon ab, ob wir uns der Schöpfung und ihren Zielen unterordnen oder entgegenstellen. Der Mensch als der vom ihm selbst definierte Mittelpunkt der Schöpfung ist kein Leitbild, das Zeiträume überdauert, in denen Entstehen und Vergehen von Galaxien nur kurzfristige Episoden sind.

Menschen möchten lieber glauben als wissen.

*Edward O. Wilson (*1929),
amerikanischer Insektenkundler und Biologe;
Sociobiology – The new Synthesis (1975)*

Kapitel 3

Individuum oder Art?

Gruppen-Ziel

Der Versuch einer Synthese ist nur sinnvoll als Perspektive für die Zukunft der menschlichen Art. Zukunft findet nicht individuell statt, sondern kollektiv, da die Lebensdauer des Individuums durch Systemvorgaben begrenzt ist und nur die Gemeinschaft die Möglichkeit intelligenten Überlebens eröffnet.

Kollektive Zukunft ist nur möglich, wenn Energie zur Verfügung steht, um die zur Erhaltung geistiger Existenz notwendige körperliche Komponente zu stützen. Ausreichend Energie steht für die Zukunft der Art zur Verfügung, wenn die materiellen Ressourcen bis zum Ziel der Evolution vorhanden sind. Bei begrenzten Ressourcen ist Evolution nur möglich, wenn die Intelligenz der Art ausreicht, den energetischen Wirkungsgrad der Ressourcen zu verbessern, so dass trotz begrenzter Mittel die erforderliche Zeitspanne überbrückt werden kann. Die Art versagt, wenn die ihr zugänglichen Energiereserven vor Abschluss des evolutionären Prozesses verbraucht sind. Gleiches gilt, wenn die Intelligenz nicht ausreicht, die ungestörte Ausbeutung vorhandener Reserven zu gewährleisten. Zur Evolution der Art sind also drei Komponenten erforderlich:

> ➤ physische Basis, gleich ob biologisch oder materiell,
> ➤ Intelligenz
> ➤ Energie.

Die Feinabstimmung dieser Faktoren geschieht durch das Individuum. Die Leistung des Individuums summiert sich in der Gruppe. Sie wird gesichert durch die Summe von Individuen, die in eigenen, zeitlich versetzten Reproduktionsprozessen Vergangenheit, Gegenwart und Zukunft in Relation zur Gruppe synchron aufrechterhalten.

Durch die Verteilung des Wissens auf viele individuelle Einheiten der Menschheit werden Vergangenheit und Zukunft in die Gegenwart eingebunden. Evolution schützt so die ständig weiter fließende Erweiterung an Erkenntnis vor Verlusten. Nur eine Kata-

ZUKUNFT

GEGENWART

VERGANGENHEIT

Information der Menschheit im Strom der Zeit

strophe von kosmischen Ausmaßen könnte den so abgesicherten Entwicklungsprozess gefährden.

Das Grundbestreben der Gruppe ist die Sicherung der individuellen Existenz als Grundlage der Art. Der Selbstsicherungstrieb der Individuen kehrt sich gegen die Gruppe, wenn die geistigen Unterschiede in der Gruppe zu große Differenzen aufweisen. Statt einer homogenen Gruppe entsteht ein heterogenes Gebilde, das von Spaltung bedroht ist. Spaltung teilt die evolutionäre Resultierende in mehrere Komponenten, der Wirkungsgrad des evolutionären Prozesses sinkt. Unterschiedliche Denkweisen beeinflussen die Richtung der Evolution und können sie im Extrem auch destabilisieren.

Daher ist ein Ordnungsrahmen erforderlich, der die Homogenität der Gruppe in existentiellen Grundfragen so lange wie möglich aufrechterhält, ohne jedoch die Weiterentwicklung zu gefährden. Der Ordnungsrahmen soll Homogenität gewährleisten, muss aber eine »politisch korrekte« Stagnation als Resultat vorgegebener Ordnung mindern. Er kann deshalb nur gegenwartsbezogen relativ sein, muss ständiger Veränderung unterliegen.

Für die Resultierende der menschlichen Evolution gelten die Gesetze der Mechanik. Eine Reihe von Teilkräften wird, wie die Grafik zeigt, unter Berücksichtigung ihres Einzelwertes und ihrer Richtung zu einer gemeinsamen Kraft zusammengesetzt. Unabhängige Evolutionssubjekte – Individuen und Gruppen – kanalisieren so ihre evolutionären Kräfte in eine gemeinsame Richtung, ohne dass bewusste Abstimmungsprozesse erforderlich sind.

Die Grafik bildet das Prinzip der Evolution vereinfacht zweidimensional ab. In der Wirklichkeit ergibt sich die Resultierende der menschlichen Entwicklung aus dem dreidimensionalen Zusammenwirken von physischen, geistigen und emotionalen Einzelkräften.

Wir nehmen an, dass es der Sinn des evolutionären Prozesses ist, den Geist vom Körper zu emanzipieren. Die Weltreligionen deuten in diese Richtung. Auch die seit dem Ursprung der Menschheit festzustellende Abschwächung der körperlichen Komponente durch die Verbesserung des Wirkungsgrades bei der Transformation von Energie weist darauf hin.

Eine derartige Evolution kann nur über die Gruppe erfolgen. Nur die Gruppe hat unter günstigen Randbedingungen unbegrenzte Lebensdauer, nicht das Individuum. Reproduktion ist deshalb triebgesteuert. Dieser Trieb bindet das Individuum in das Megawesen Gruppe. Er wirkt dem egozentrischen Moment, dem Selbsterhaltungstrieb, entgegen. Die Triebsteuerung beinhaltet bei evolutionsfähigen Populationen Altruismus zugunsten der möglichen Zukunft der Art. So wird die Begünstigung von Angehörigen erklärlich als Sicherungsinstrument der Unterart, der das Individuum angehört. Wenn dieser Nepotismus die Variabilität der Fortschreibung der Art gefährdet wirkt der Trieb, vulgo »die Liebe«, als Korrektiv.

Das Individuum allein ist nicht evolutionsfähig, nur die Art. Unsere physische und psychische Konstruktion ordnet sich diesem Gesetz unter. Die Art bedarf zu ihrer Evolution antisozialer Faktoren, das heißt Einflüsse, die extern an die Entwicklung herangetragen werden. Ob individuell entwickelte neue Gedanken, genetische Beeinflussung, wissenschaftliche Entwicklungen oder Kriege: Jedes Mal führen sprungproportionale Veränderungen zu neuen Entwicklungslinien der Art Menschheit. Diese Faktoren sind wie Impfstoffe, die durch milde Intoxikation verhindern, dass der ganze Körper bzw. die ganze Gengruppe einer Krankheit zum Opfer fällt. Erst wenn die Art große Schwächen aufweist, eliminieren die

> Die Resultierende fasst die Wirkung der Einzelkräfte in einer gemeinsamen Gesamtwirkung zusammen. Die Länge der Resultierenden beträgt im Beispiel 48% der Summe der Einzelkräfte. 52% Wirkungsgrad gehen durch Abweichungen von der Richtung der Resultierenden verloren.

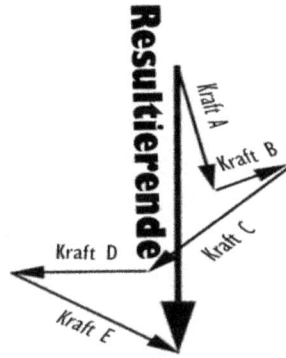

antisozialen Faktoren einen ungeeigneten Wettbewerber im Konkurrenzkampf der Arten.

Ein grobes Modell dieses Prozesses beschreibt die christliche Religion. Zwischen den Polen »gut = sozial« und »böse = unsozial« bewegt sich die Evolution von der »Hölle = körperlicher Zustand« zum »Himmel = geistige Vereinigung in einem höheren Wesen«. In der Sprache unserer Tage ausgedrückt, sucht sich im Konflikt zwischen sozialen und antisozialen Tendenzen die Art ihren Weg von der Gebundenheit an die körperliche Basis zu einer geistigen Existenzebene übergeordneter Art. Die Frage nach dem »Schöpfer« ist damit nicht beantwortet. Auch neue Worte lösen nicht die alten Probleme.

Im Grunde genommen haben Religion und Wissenschaften auch heute noch das gleiche Ziel: die Suche nach dem Ursprung der Art. Sie sind verschiedene Wege in einem Prozess zur Suche nach der Wahrheit. Religion ist intuitiv bestimmt und verlangt Glauben, Wissenschaft ist rational bestimmt und verlangt reproduzierbare Beweise.

Aber auch der rationale Beweis hängt vom Glauben an die Definitionen mathematischer Systeme ab. Doch auch diese sind fragwürdig, seit die Quantenphysik die Verlässlichkeit konkreter Zahlen in Frage stellt und durch Wahrscheinlichkeiten ersetzt. Jesus benutzte »Wunder«, um einen rationalen Beweis seiner überragenden intellektuellen Fähigkeiten oder zumindest eine entsprechende Illusion zu liefern. Heute, wo Magier auf offener Bühne ganze Elefanten verschwinden lassen, werden Wunder zu alltäglichen Ereignissen, für die wir Eintritt zahlen. Als Marketinginstrumente sind sie aber unverzichtbar und – aber nicht nur – Grundlage der internationalen pharmazeutischen Werbung und der Versprechungen der Politik. Im Christentum sind sie heute noch Teil der Lehre.

So groß auch die Verschiedenheit an Geist zwischen dem Menschen und den höheren Tieren sein mag, sicher ist sie nur eine Verschiedenheit des Grades, nicht der Art.

Charles Darwin (1809-1882),
britischer Naturforscher

Kapitel 4

Wissenschaft und Ideologie

Immer detaillierter

Die Suche nach der Weltformel hat die fähigsten Geister unserer Zeit beschäftigt. Immer neue Elementarteilchen werden entdeckt und als Basis unserer physischen Existenz ausgerufen. Wissenschaft verliert sich im fachlichen Detail, immer weiter werden Fachbereiche der Teilwissenschaften aufgefächert. Das große Bild aber geht verloren.

Die Weltformel kann kein ausschließlich materieller Begriff sein, wenn wir Mensch und Schöpfung nicht rein physisch interpretieren. Sie kann kein ausschließlich geistiger Begriff sein, solange Geist auf eine materielle Grundlage angewiesen ist.

Je nach dem Stand der Erkenntnis werden viele Lösungen angeboten: die vier Elemente Feuer, Wasser, Erde, Luft; die Göttervielfalt unserer Vorfahren; pantheistische und monotheistische Theorien; physikalische Formeln; materialistisch orientierte Philosophien. Sie alle verlangen zumindest einen Rest von Glauben: Glauben in die Methoden der Mathematik, obwohl wir die Begriffe »null« und »unendlich« nicht rechnerisch klären können; Glauben an eine Lehrmeinung oder Glauben an einen oder mehrere Schöpfer und seine Verkünder. So ist die Suche nach jeder Art der Erklärung im Grunde die alte Frage nach Sinn und Ursprung der Menschheit. Nicht zufällig waren und sind viele unserer hervorragenden Wissenschaftler auch Philosophen.

> Letztlich müssen wir an die Mathematik »glauben«, da wir Begriffe wie »null« und »unendlich« nicht rechnerisch klären können.

Traditionell ist der Wissenschaftler vom Drang nach Erkenntnis getrieben. Je mehr ihn dieser Drang beherrscht, desto größer ist wahrscheinlich der Wirkungsgrad bei der Anwendung seiner intelligenten Fähigkeiten, desto weitreichender die Ergebnisse seiner Forschungen.

Vielen ausgezeichneten Wissenschaftlern lag und liegt mehr an der Anerkennung geistig ebenbürtiger Kollegen, als an den wirtschaftlichen Erfolgen ihrer Tätigkeit. Sie beziehen wirtschaftliche

Grundlagen nicht in ihre Tätigkeit ein, sondern betrachten die Erhaltung der eigenen Existenz als Voraussetzung für ihre geistige Leistung. Ihnen liegt mehr an der Akquisition von Mitteln für Forschung als an der Befriedigung von Konsumzielen. Umgekehrt beeinflussen Mittel zur Förderung wissenschaftlicher Tätigkeit oft die Ergebnisse im Interesse der Quelle, die die Mittel zur Verfügung stellt.

So werden wirtschaftliche Zusammenhänge oft nicht nur unwichtig, sondern als Voraussetzung für geistige Prozesse übersehen, ja suspekt. Sie fallen Ideologen anheim, die ihr Weltbild auf wirtschaftlichem Gebiet pseudo-wissenschaftlich absichern, um ihre Existenz zu begründen. Eine Synthese zwischen Wirtschaft und Wissenschaft, das heißt zwischen Körper und Geist der Gruppe, kann so nicht entstehen sondern nur die Fortschreibung bestehender, im Sinne der Administration politisch korrekter Ansichten als Prognose für die Zukunft. Nate Silver[1] schreibt: »Extrapolation ist eine sehr einfache Prognosemethode – normalerweise viel zu einfach. Sie setzt voraus, dass ein gegenwärtiger Trend bis in alle Ewigkeit anhält.«

Ideologen reklamieren wissenschaftliche Ergebnisse zur Durchsetzung wirtschaftlicher und politischer Ziele. Wissenschaftler benötigen wirtschaftliche Grundlagen zur Finanzierung ihrer Forschungen. Abhängigkeitsverhältnisse entstehen, in denen jeder Sektor versucht, den anderen für seine Zwecke zu nutzen, ohne ihn mehr als vermeidbar in seine Arbeit einzubeziehen.

So kann interdisziplinäre Weltsicht nicht gedeihen. Entwürfe der Welt werden von Philosophen erdacht, von Wissenschaftlern, von Ideologen und von Religionsstiftern. Wann ist je ein Weltbild entwickelt worden, dem numerisch nachvollziehbare wirtschaftliche Ansätze zugrunde liegen? Selbst die Volkswirtschaft negiert ursächliche Zusammenhänge und bemächtigt sich für politische Zwecke des Geldwertes um eine marktunabhängige imaginäre »Gerechtigkeit« zu schaffen. Und doch ist die Vereinigung von

---

[1] Nate Silver: Die Berechnung der Zukunft; Heyne, 2013

Physis und Psyche in einem gemeinsamen Weltbild nur möglich, wenn Wirtschaft und Wissenschaft eine Partnerschaft eingehen, die konventionelle Grenzen des Denkens abstreift und auf die Umsetzung kurzfristiger Ziele gegen den besser informierten Markt verzichtet.

Die Schmerzen eigener Erkenntnis

Das ist einfacher gesagt als getan. Grenzen des Denkens sind Bestandteil unserer Persönlichkeit. Ideologische, religiöse, sexuelle und andere Tabus setzen uns individuelle Schranken der Erkenntnis, die wir nur mühsam überwinden. Darwin sagt dazu:

Wir dürfen auch nicht übersehen, dass wahrscheinlich die stetige Einschärfung eines Glaubens an Gott in dem Geist der Kinder eine starke und vielleicht sogar vererbte Wirkung auf ihr noch unentwickeltes Gehirn hervorbringt, so dass es für sie schwierig wird, ihren Glauben abzulegen, ähnlich wie für den Affen seine instinktive Angst vor Schlangen.

Tabus sind Instrumente, die der Verwaltung überholter Ideen und Ideologien ihre Macht erhalten. Verstöße gegen Tabus werden deshalb administrativ sanktioniert, im Diesseits wie im Jenseits, je nach bevorzugter Ideologie.

Schmerzhaft ist der Abschied von Vorstellungen, mit denen wir eigene Defizite verdeckt haben, hart die Erkenntnis eigener Minderwertigkeit. Trotzdem entwickelt sich Denken vorwärts, können wir uns neuen gedanklichen Ansätzen nicht entziehen.

Als Resultat dieser Gedanken, nicht als Ausgangspunkt, ergibt sich die Wahrscheinlichkeit, dass ein universeller Markt, ein rein kapitalistisches System, am ehesten in der Lage ist, die Emanzipation der Menschheit im Rahmen der Evolution zu gewährleisten. Nur universeller Markt macht die Vorteile des Produktionssystems unmittelbar allgemein zugänglich. Er setzt geistige und wirtschaftliche Reserven frei, die sonst für administrative Zwecke verschwendet würden.

Markt ist ein Regelungssystem, das über einen fast unendlichen Input von Information zur Bildung einer Resultierenden des Beitrags aller Marktteilnehmer verfügt. Auch das beste System kann die Informationsverarbeitung des Marktes nicht ersetzen. Jedes andere System benötigt – im Gegensatz zum Markt – Verwaltung, die den Wirkungsgrad der Entscheidungsfindung zusätzlich belastet. Verwaltung, politisch oder administrativ, privilegiert zuerst sich selbst. Deshalb sind marxistische oder kommunistische Ansätze nicht lebensfähig. Der Ökonom Bernhard Felderer, ehemaliger Angestellter der sowjetischen Akademie der Wissenschaften, rät: »Lernt, mit den Reichen zu leben. Es gab sie immer, auch im Kommunismus, und es wird sie immer geben.[1]«

Dieser universale Markt ist vorhanden. Er regelt den Austausch von Energiebeiträgen. Jede unserer körperlichen und geistigen Aktivitäten geht in den Markt ein und beeinflusst den Status der Gruppe Menschheit im Zeitrahmen der Evolution.

> Jede unserer Aktivitäten geht in den Markt ein und beeinflusst die Menschheit.

Die Schwächen des Marktes sind die Stärke der Politik. Ungerechtigkeit wird in Konsummöglichkeiten – innerhalb administrativer, politischer Grenzen – gemessen und denen vermittelt, die im kapitalistischen System des Marktes mangels praktischer Intelligenz zu kurz kommen. Aus dem gleichen Grund erkennen sie nicht die mathematische Unhaltbarkeit politischer Versprechungen. Ihnen wird ein Feindbild vermittelt, um der Administration ihre Lebensgrundlage zu erhalten. Im Grunde geht es nur um Macht.

Politisch-administrative Einflüsse vermindern Produktivität. Der Kapitalist verbraucht überschüssige Einnahmen zur Ausweitung der Produktivität, zur Steigerung des Wirkungsgrades bei der Versorgung der Allgemeinheit mit Gütern. Wenn versucht wird, ihm diese Macht administrativ zu entwinden, entsteht ein

---

[1] profil Nr. 12 vom 20.03.2017

System, in dem Wirtschaftlichkeit und Produktivität leiden. Der Marktteilnehmer finanziert dann eine teure Bürokratie, die weit über den zur Versorgung der Schwachen notwendigen Altruismus und seine Verwaltung hinausgeht und letzten Endes zum Selbstzweck wird, ohne Produktives zu leisten. Die Umverteilung zwischen verschiedenen Gruppen innerhalb politischer Grenzen setzt voraus, dass diese Gruppen als bedürftig erklärt werden, um die Existenz, die Macht und das Einkommen der Umverteilenden abzusichern. Was nützt dem Kapitalisten sein Geld, wenn er es nicht im Markt zur Versorgung der Allgemeinheit mit Gütern einsetzt? Selbst sein teures Auto und seine Yacht schaffen Arbeitsplätze und Einkommen. Dagobert Duck und sein Geldspeicher sind eine Fiktion, die einfache Geister ins Reale transponieren und die dann zum Fundament ihrer Abhängigkeit wird.

Markt belohnt praktische Intelligenz, nicht angelerntes Wissen und Fleiß ohne intelligentes Ziel. Je geringer der IQ, desto schwerer fällt es, diesen Zusammenhang zu verstehen, und desto schwerer ist es, die Sirenentöne gut dotierter politischer Illusionisten als das zu erkennen, was sie sind: Illusionen und leere Versprechungen.

Nicht von ungefähr entspricht die Kurve der Einkommensverteilung auf der Welt der Kurve der Verteilung der Intelligenz. Bei-

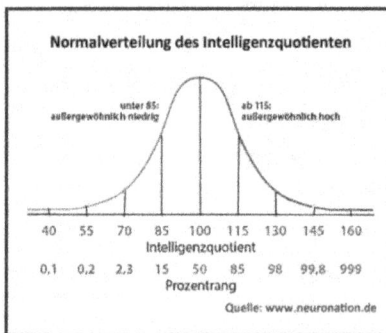

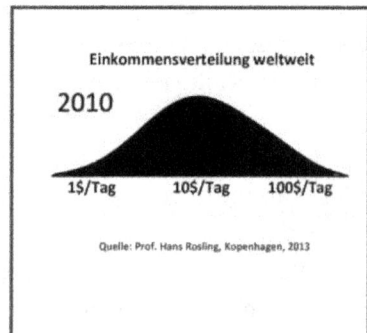

Vergleich IQ-Normalverteilung mit Einkommensverteilung

de entsprechen der Gaußschen Normalverteilung.

Der Mensch unterscheidet sich von den niederen Tieren durch eine höhere Intelligenz. Die Verteilung menschlicher Intelligenz folgt natürlichen Vorgaben. Ungleichheit ist daher ein Naturgesetz. Wie weit es durch Altruismus kompensiert wird, bestimmt die mögliche Entwicklung der Menschheit. Altruismus ist die Förderung Benachteiligter ohne Zwang und Bürokratie, aus freiem Willen des Individuums. Administrativ erzwungene Ethik dagegen ist Verminderung des Wirkungsgrades der Evolution und senkt deren Produktivität durch unnötige Bürokratie. Sie schadet durch negative Beeinflussung von Produktivitätsverbesserungen den Betroffenen mittelfristig mehr, als ihnen zu nützen.

Darwin hat Ungleichheit als die Wurzel des Überlebens erkannt: »Es ist nicht die stärkste Spezies, die überlebt, auch nicht die intelligenteste, sondern eher diejenige, die am ehesten bereit ist, sich zu verändern.« In diesem Sinne hat der Autist die gleiche Chance, die Entwicklung unserer Spezies zu verändern, wie das wissenschaftliche Genie.

Die Natur bewirkt Fortschritt nicht dadurch,
dass sie alles auf ein Niveau zurückführt,
sondern dadurch, dass sie das Beste stärkt
und erhält.

John Tyndall (1820-1893),
britischer Wissenschaftler und Alpinist

Kapitel 5

Die kapitalistische Hypothese

Hoffnungsspender

Markt funktioniert ohne Eingriffe, genau wie die nicht in Gänze erfassbare Mechanik des uns unendlich erscheinenden Weltraums. Jeder Eingriff in den Markt ist eine Störung, ein Verlust an Wirkungsgrad, der nur unter zusätzlichem Energieaufwand kompensiert werden kann.

Eingriffe in den Markt dienen der Erhaltung leistungslosen Einkommens, dem Schutz vor konkurrierenden Anbietern oder der Erhaltung von Macht durch Umverteilung. Nationale Konsumniveaus werden ausgebaut, während andere Länder hungern. Das Austarieren des günstigsten Kompromisses zwischen Angebot und Leistung durch den Markt ist humaner als Verteilungssysteme, die von vornherein mit unproduktiven administrativen Kosten belastet sind.

Voraussetzung für einen universellen Markt ist die geistige Flexibilität einer Gesellschaft, deren körperliche Komponenten derzeit noch überwiegen. Erforderlich ist die Erkenntnis, dass der Markt als Summe der evolutionären Kräfte eine soziobiologische Funktion erfüllt. Die »neue Synthese« der Soziobiologie[1] führt Evolution auf das einzelne Gen zurück. In diesem Ansatz ist menschliche Entwicklung eine ununterbrochene Kette von DNA-Fortschreibungen, der Mensch nur Vehikel für Gene; ist Leben nur ein Test für genetischen Code in der Petrischale einer uns unbekannten, übergeordneten Intelligenz.

Die »moderne Synthese« neodarwinistischer Weltsicht versucht, die Sozialwissenschaften und das Verhalten des Menschen einzubeziehen, um auf dieser Basis Grundregeln für das evolutionäre Zusammenspiel zu definieren.

Die kapitalistische Hypothese ist der Versuch, in dieses Weltbild Hoffnung einzuführen. Wilson glaubt, dass die Stagnation der

---

[1] Wilson: »Sociobiology«; 1976

Art Mensch im 21. Jahrhundert abzusehen ist. Dieser Ansatz bezieht sich auf die materiellen Bausteine der Art.

Auch wenn wir unser Denken als molekular-chemische Reaktion definieren, ist das Ergebnis dieses Denkens begrenzte Erkenntnis. Gedanklich können wir den Geist vom Körper abstrahieren. Zum Begreifen einer derartigen Vorstellung ist eine Dimension erforderlich, die uns in unserer bisherigen Entwicklung noch nicht zugänglich geworden ist. Eine derartige Abstraktion deshalb von vornherein abzulehnen, wäre verfehlt.

Das menschliche Paradoxon ist, dass wir Körper und Geist in der Definition trennen müssen, um zu einer gedanklichen Synthese beider zu kommen. Wenn Denken auf materiellen Reaktionen beruht, dann muss eine Verbindung zwischen Körper und Geist bestehen, die die Definition einer Synthese erlaubt.

Das Postulat dieser kapitalistischen Synthese hebt die Trennung zwischen Physis und Psyche auf. Eine derartige Synthese koppelt Zusammenhänge, deren Unvereinbarkeit bisher unausgesprochen vorausgesetzt wird. Es erscheint deshalb folgerichtig, wirtschaftliche, physische Begriffe an den Anfang der Betrachtungen zu stellen.

Wirtschaftliche Faktoren dienen Ideologen zur Rechtfertigung ihres administrativen Überbaus. Wilson stellt in seiner Definition sozialer Evolution fest: »Was gut ist für das Individuum, kann die Familie zerstören. Was die Familie erhält, kann für das Individuum und die Tribus, zu dem die Familie gehört, hart sein. Und was der Tribus nutzt, kann die Familie aufweichen und das Individuum zerstören.« Die kapitalistische Synthese ist ein Ansatz, diese Zusammenhänge logisch zu begründen.

Nach Wilson ist Geld die »Quantifizierung von reziprokem Altruismus«. Wilson übernimmt den Begriff »reciprocal altruism« von Trivers (1971). Altruismus definiert Wilson als selbstschädigendes Verhalten zugunsten anderer. Im Gegensatz dazu erscheint Geld im kapitalistischen Zusammenhang als das kreative Mittel erkenntnisfähiger Gruppen, interaktiv zeitliche, geografische und physische Grenzen beim Energieaustausch im Markt zu überwinden. Erst wenn Geld mit ideologischen Beiwerten versehen wird, divergieren die Begriffe Geld und Kapital.

Der Gebrauch des Werkzeugs gilt als Zeichen des Übergangs von einer rein körperlichen Gesellschaft zum Gebrauch des Geistes. Der Gebrauch des Geldes kennzeichnet eine überwiegend geistig geprägte Entwicklungsstufe. Aber er bietet deshalb auch neue Angriffsflächen, weil der Wert des Geldes auf der Annahme beruht, dass diesem eine faire Gegenleistung bzw. ein exakt bestimmbarer Wert zugrunde liegt. Schon Fürsten haben durch die Beimischung von billigen Metallen den inneren Wert ihrer Goldmünzen verringert, um mit der größeren Geldmenge Kriege oder persönlichen Aufwand zu finanzieren. Das ging nur kurzfristig gut, solange das vorhandene Vertrauen in den Wert der Münzen nicht verloren ging. Aktuell (2016) ist es die Europäische Zentralbank, die durch die Schöpfung neuen Geldes aus politischen Gründen den Wert des Geldes vermindert, indem sie die Geldmenge stärker ausweitet, als die Produktivität im Markt das gestattet. Von einem messbaren Gegenwert ist Geld zur ideologischen Verfügungsmasse geworden, um politische Macht zu erhalten. Jede politische Richtung sucht sich heute ihren professoralen Alchimisten, um ihr eigenes Gold zu schaffen.

Die graduelle Aufgabe territorialer Bezüge ist ein weiteres Zeichen der geistigen Emanzipation der Art Mensch. Angeregt durch

| Die geistige Einbindung in die Gruppe wird wichtiger als Abstammung oder Rasse. |

verbesserte Transporttechnik und Kommunikationsmittel gewinnt die geistige Einbindung in die Gruppe mehr Gewicht als Abstammung, Ort, Rasse oder Geschlecht. Das ergibt neue Konflikte. Kummer[1] sagt, dass ein Teil des menschlichen Problems die Tatsache ist, dass die Aktion des Individuums in der Gruppe immer noch roh und primitiv ist und nicht ausreichend für die extraterritorialen Beziehungen, die die Zivilisation dem Menschen auferlegt hat. Konflikte führen im Rahmen des genetischen Ausleseprozesses zu angepassten Se-

---

[1] nach Wilson, 1971

lektionen, der homo communis ist eine Möglichkeit – zugegebenermaßen unter vielen nicht so positiven Aussichten. Wilson erwartet unausweichlich die »geplante Gesellschaft«. Er impliziert damit, dass der Mensch für sich selbst Gott spielen kann und bewusst ihren evolutionären Weg beeinflusst.

Eine eigenbestimmte Gesellschaft erscheint aber unmöglich, solange die körperliche Komponente als Träger des Lebens überwiegt. Der individuell auftretende Zwang zur Differenzierung der eigenen Persönlichkeit sucht seine Ausprägung über den Markt. Konsumziele projizieren Erfolg, wenn das Individuum mangels intellektueller Fähigkeiten am Stellenwert innerhalb der natürlich vorgegebenen Verteilung des IQ scheitert.

Wenn wir das Neue Testament als Gleichnis in der Sprache der damaligen Zeit zur Erklärung evolutionärer Ziele auffassen, erhalten wir ein Modell, das die Optimierung altruistischer Gene propagiert. Jesus, heute würde man ihn als wirtschaftswissenschaftlichen Philosophen bezeichnen, sagt dort: »Was ihr dem geringsten meiner Brüder getan habt, das habt ihr mir getan.« Ein derartiges Modell menschlicher Gesellschaft würde nicht die Fortsetzung der Art über die Auslese des relativ Stärksten, sondern die Optimierung moralisch-geistiger Werte zum Inhalt haben. Ethische Emanzipation wird über körperliches Bestehen der Art gestellt.

Ob dieser Ansatz stark genug ist, eine höhere Stufe der Art zu formen, ist offen. Dennoch: Wilson führt aus, dass grundlegende Veränderungen der Art in weniger als 100 Generationen[1] entstehen können. Das ist eine lange Zeitspanne, verglichen mit seiner Schätzung, dass die Menschheit am Ende des 21. Jahrhunderts einen ökologisch stabilen Status erreicht, aber eine nur sehr kurze Zeit, in der die Evolution versucht, den Geist vom Körper zu emanzipieren.

Voraussetzung dafür ist positive Rückkopplung aus altruistischem Handeln, so dass die Gene im Optimierungsprozess entsprechend selektiert werden. Der universelle Markt ist in der

---

[1] Der Generationenabstand beim Menschen liegt heute bei etwa 30 Jahren.

Lage, die Grenzen altruistischer Aktionen zu bestimmen. Er privilegiert Intelligenz und damit Verbesserungen im Wirkungsgrad des wirtschaftlichen Systems. Zu altruistischem Handeln sind nur Individuen in der Lage, die aufgrund ihrer geistigen Gaben die Möglichkeit haben, im Markt mehr als ihren physischen Bedarf an Gegenwerten zu akquirieren.

Im Wege der Rückkopplung kann aus dieser Konstellation die Begünstigung altruistischer Gene in Korrelation zu intelligenten Genen im Optimierungsprozess entstehen. Physisch dominante Arten werden so sukzessive ausgeschieden. Der Optimierungsprozess wird gesteuert vom möglichen Wirkungsgrad des Gesamtsystems. Physische Grundlagen können nur soweit entfallen, wie der Geist in der Lage ist, sie durch Intelligenz zu ersetzen. Die Optimierung altruistischer Gene führt mit hoher Wahrscheinlichkeit zum Auslöschen der Population[1]. Welchen dieser Wege die geistige Komponente der Art nimmt, können wir auf unserer Existenzebene nicht erkennen.

Was mangels ausreichender praktischer Erfahrungen aktuell kaum beurteilt werden kann, ist der Einfluss bewusster genetischer Veränderungen auf die Evolution der Art. Mittelfristig wird auch hier der Markt eine Lösung finden, nachdem verschiedene Iterationen auf dem noch weitgehend unbekannten Feld sich einer Resultierenden annähern, die sowohl positiv als auch negativ die Richtung der Evolution von Menschheit und Umwelt beeinflussen kann.

Wilson postuliert den interdemischen Selektionsprozess[2] als Sprungbrett für eine neue Kombination altruistischer Gene. Er definiert eine Erbanlage als verbindendes Band altruistischer Gruppen dann als evolutionsfähig, wenn die Gruppe sich parallelen Gruppen überlegen zeigt. Nach der Evolution mag nach seiner

---

[1] Levins, 1970, Boormann-Levitt 1972,73; nach Wilson

[2] Als Dem wird eine kleine lokale, genetisch gut durchmischte Population bezeichnet. Bei der interdemischen Selektion findet eine Selektion von Populationen innerhalb einer Art statt.

Ansicht die gemeinsame Erbanlage keine gegenseitigen Opfer mehr verlangen, nur den Austausch von reziprokem Altruismus. In der Terminologie einer kapitalistischen Hypothese verlangt Wilson fairen wirtschaftlichen Austausch als Grundlage für das Weiterbestehen der neuen Art. Das ist universeller Markt ohne Verzerrungen des Wirkungsgrades durch administrative Eingriffe.

Was Wilson nicht in das Kalkül einbezieht, ist die unterschiedliche geistige Kalibrierung der individuellen Mitglieder der Art, wahrscheinlich weil uns dazu Maßstäbe fehlen. Auf der Ebene des intelligenten Primaten fällt Altruismus dem am leichtesten, der das entstandene Defizit am ehesten ersetzen kann. Der mit dem Akt des Altruismus verbundene Nachteil für das Individuum ist also eine Funktion der individuellen Intelligenz, a) das übereignete Kapital wiederzubeschaffen, und b) des persönlichen Wirkungsgrades.

Altruismus schwächt die Evolution

Ein Akt des Altruismus ist für eine Intelligenz, die zu multiplikativer Nutzung von Ressourcen fähig ist, leichter als für additiv tätige Individuen. Mit dieser Aussage verschwimmt die Grenze zwischen sozio-biologischen und gruppendynamischen Zusammenhängen. Wie Wilson ausführt, können demografische Populationen sich unabhängig von geografischen Bezügen in einer Metapopulation[1] bilden.

Bezogen auf die menschliche Wirklichkeit können bei gewissen Gruppen extraterritoriale Beziehungen überwiegen, um geistigen Austausch zu ermöglichen. Das gemeinsame ideologische Band kann stärker sein als abstammungsgebundene Affinitäten oder administrativ festgelegte Grenzen. Wenn sich gruppeninterne Vermehrungspraxis parallel zu geistiger Bindung entwickelt, dann verlagert sich die Resultierende des Optimierungsprozesses von der körperlichen auf die geistige Komponente. Enthält diese Kom-

---

[1] Teilpopulationen mit untereinander eingeschränktem Genaustausch

ponente Altruismus, dann kann die geistige Komponente nur überleben, wenn sie intelligent genug ist, Altruismus auf exzessive physische Kapazitäten zu beschränken. Diese Regelung kann nur der Markt erreichen. Nur im Markt haben parasitäre Systeme keine Chance, Altruismus auf Kosten anderer auszuüben.

Altruismus auf Kosten anderer ist das, was Wilson als »Spite« bezeichnet: eine verachtenswerte Handlungsweise, die dem Einen sein Eigentum entzieht, um einen Dritten, Unbeteiligten zu fördern. Spite stärkt die Position des ihn Ausübenden gegenüber dem unbeteiligten Dritten. Wenn es sich bei diesem Dritten um eine Gruppe minderer Leistungsfähigkeit handelt, lassen sich Parallelen zum demokratischen Modell und seiner Administration in Relation zum uneingeschränkten Markt ziehen.

Die UdSSR war ein gescheiterter Großversuch, in der Markt durch menschliche Intelligenz ersetzt werden sollte. Wie bei allen derartigen Ansätzen war das Scheitern vorprogrammiert, weil mangels individueller Anreize die stagnierende Produktivität nicht das durch Umverteilung entstandene materielle Defizit ausgleichen konnte. Intelligenz konzentrierte sich auf ihren Stellenwert im Plansystem, statt im Eigeninteresse Risiken von Veränderungen einzugehen, die der Allgemeinheit nutzten.

Noch nach dem Scheitern des marxistischen Experiments zeigen Wahlergebnisse im ehemaligen Einflussbereich der UdSSR, dass die alten Fehlansätze immer noch zur Beeinflussung von Wählerschichten Wirkung zeigen. Dabei wird zum Teil politisch auf Reaktionen der Masse gesetzt, von der Le Bon wusste, »dass die Massen durch logische Beweise nicht zu beeinflussen sind und nur grobe Ideenverbindungen begreifen.« Und weiter: »Man braucht nicht einmal bis zu den primitiven Wesen herabzusteigen, um die völlige Ohnmacht der Logik im Kampf gegen Gefühle festzustellen.«

In Deutschland, ein anderes Beispiel, werden Beiträge zu Pflichtversicherungen in einen vom Arbeitgeber und einen vom Arbeitnehmer zu zahlenden Teil gesplittet. Damit verringert sich optisch der Prozentsatz des Betrages, der für die Versicherung des

Arbeitnehmers von ihm oder ihr zu zahlen ist. Dass dem Arbeitnehmer so zusätzlicher Lohn entgeht, wird allgemein nicht wahrgenommen. Fragt man Arbeitnehmer nach ihrem Einkommen, erhält man in fast allen Fällen die Nennung des Nettobetrages. Dass ein staatliches Versicherungssystem die Eigenverantwortung ersetzt und individuell viel Geld kostet, das der Arbeitgeber ihnen nicht als Gegenleistung für Arbeit ausschütten kann, wird schlicht nicht von den Betroffenen erkannt.

Statt dem Altruismus des Intelligenten, zu multiplikativer Tätigkeit fähigen Individuums zu vertrauen, das jene fördert, die seine Leistung zugunsten der Gruppe fördern, leitet Administration diese Leistung auf Gruppen um, die in keiner erkennbaren Beziehung zur Leistung des produktiven Individuums stehen. Diese wieder privilegieren die Administration durch ihre Wahlentscheidung zu überproportionalem Einfluss, den der Markt nur kreativen Individuen proportional zu ihrem Nutzen für die Gemeinschaft vorbehält.

Das Ergebnis ist die Stärkung von im körperlich verhafteten konsumptiven Denken anstelle der Optimierung kreativer Prozesse der Bedarfsdeckung. Die uneinsichtige Masse wählt, gegen die Effizienz des Marktes, das System geringeren Wirkungsgrades, weil sie sich davon – und man ihr – höhere Gerechtigkeit, das bedeutet konkret mehr Konsum auf Kosten produktiverer Kräfte, verspricht. Dass dieser erzwungene Altruismus im Gegensatz zum evolutionären Optimierungsprozess steht, kann die Masse nicht in die individuelle konsumorientierte Weltsicht einordnen. Administration begründet so ihre Unverzichtbarkeit im System und benutzt die gierige, aber blinde Masse, um ihre Vorteile zu verfestigen und auszubauen.

Administration ist nicht moralisch. Sie sucht ihre eigenen Vorteile innerhalb nationaler Grenzen. Wo es, wie in vielen Industriestaaten, echte Armut nicht gibt, wurde der Begriff der »relativen Armut« erfunden, um die Existenz der Administration zu legitimieren. Der ehemalige Präsident der Weltbank, Robert Strange

McNamara, hat den Begriff der absoluten Armut eingeführt. Er definierte absolute Armut wie folgt:

Armut auf absolutem Niveau ist Leben am äußersten Rand der Existenz. Die absolut Armen sind Menschen, die unter schlimmen Entbehrungen und in einem Zustand von Verwahrlosung und Entwürdigung ums Überleben kämpfen, der unsere durch intellektuelle Phantasie und privilegierte Verhältnisse geprägte Vorstellungskraft übersteigt.

In Deutschland 2016, mit dem 122-fachen Haushaltseinkommen von Ghana, einem der ärmsten Länder der Erde, wird Armut als 60 % des mittleren Haushaltseinkommens definiert, wohlgemerkt nur innerhalb der deutschen Grenzen. Das ist immer noch das 37-fache Einkommen eines ghanesischen Durchschnittshaushalts. Diese relative Armut, vielleicht besser relative Ethik, dient Politik und Gewerkschaften, um mit der Forderung der Enteignung produktiver Kräfte ihre Existenzberechtigung zu rechtfertigen. Ein Abgabensatz von fast 50 %[1] und eine im Vergleich mit anderen Ländern extrem teure Verwaltung benötigen das Armutsargument, um Markteinflüsse zu neutralisieren, die die Produktivität und das Einkommen auch ohne ihre Existenz steigern würden.

Institutioneller Egoismus innerhalb eigener Grenzen wird mit ethischen Argumenten begründet, die bei näherer Prüfung die Teilung des eigenen Wohlstands mit schwächeren Nationen verhindern sollen. Die innerhalb eigener Grenzen durch Zwang erzwungene Umverteilung wird als Gerechtigkeit verkauft, deren Relativität im internationalen Zusammenhang nicht nur fragwürdig, sondern egozentrisch ist. Der Verkauf von Produkten der Industrienationen an arme Länder, nicht zuletzt der Verkauf von Waffen, entzieht diesen Kapital, das zur Basis des Wohlstandes in hoch entwickelten Industrieländern wird.

---

[1] laut OECD 2017

Der Begriff Altruismus bedarf deshalb der weiteren Klärung. Altruismus findet immer zum Nachteil Dritter statt. Der Energieinhalt des Systems ist begrenzt. Die Umverteilung von Energie durch das Individuum in einem altruistischen Akt entzieht anderen die Möglichkeit, dieselbe Energie zu eigenen Gunsten mit höherem Wirkungsgrad zu verwenden. Altruismus ist also mehr oder weniger »Spite«, abhängig von der Größe der Ressourcen. Der Begriff Altruismus ist ein schöner Schein und ein Beweis, wie sehr selbst Wissenschaftler vom Format Wilsons in ethischen Kategorien gefangen sind, ohne sich dessen bewusst zu werden. Von echtem Altruismus kann nur die Rede sein, wenn freiwillig nicht ersetzbare Energie zugunsten anderer abgetreten wird, ohne dass kurz-, mittel-oder langfristig eine positive Gegenleistung erwartet wird oder möglich ist. Das Extrem echten Altruismus' ist der Suizid zugunsten anderer. Der mit »Spite« gekoppelte Scheinaltruismus ist Umverteilung zu Lasten begrenzter natürlicher Ressourcen.

Der Markt hält das zu multiplikativer Energieverwendung befähigte Individuum für am besten geeignet, diese Umverteilung vorzunehmen, da sein Wirkungsgrad wirtschaftlich gesehen am höchsten, die Energieverschwendung im System bei dieser Lösung wahrscheinlich am geringsten ist.

Die um »Gerechtigkeit« innerhalb der Gruppe bemühte Administration verteilt nicht gezielt, sondern quantitativ. Sie fördert dadurch die Umverteilung von Energie ohne Berücksichtigung des Einzelbeitrags zum Erfolg des Produktivsystems. Die Vorgaben für diese Verteilung werden durch Übereinstimmung einer Gruppe überwiegend konsumptiver, nur additiv produktiver Individuen gesetzt. Der Wirkungsgrad des Systems sinkt, die Fähigkeiten des hochproduktiven Individuums leiden, da es nicht mehr in der Lage ist, die ungeschmälerten Ergebnisse seiner Tätigkeit zur Prozessoptimierung einzusetzen.

Als Gegenargument gilt der Hinweis auf leistungsloses Erbe aus agglomeriertem Kapital. Abgesehen davon, dass dieses – versteuerte – Kapital zumeist Arbeitsplätze sichert, geht es hier um

Verfügungs-, also Machtfragen. Kapital unterliegt der Verfügung derjenigen die es durch produktive Tätigkeit erwirtschaftet haben. Da der Eintritt in den Markt für jeden frei ist, wurde dieses Kapital, auf das der begehrliche Blick der Administration fällt, niemandem entzogen. In fast allen Fällen wird der Erblasser, der den Wert seiner Arbeit kennt, nach einem wirtschaftlich erfolgreichen und produktiven Leben besser in der Lage sein, die Verwaltung seines Nachlasses zu organisieren, als eine Behörde.

Der statistisch weltweit hohe Anteil von Lottogewinnern, die ihr Geld wieder verlieren, ist ein Indiz dafür, dass erarbeitetes Kapital verantwortungsbewusster gesteuert wird, als ohne Arbeit gewonnenes Vermögen. Es ist bezeichnend, dass zum Beispiel in Deutschland Lottogewinne – im Gegensatz zum Arbeitsertrag – beim Empfänger nicht versteuert werden. Diese Art von Altruismus des Staates auf Kosten derer, die auf den Ertrag ihrer Arbeit Steuern zahlen, fördert offenbar die Verschwendung derer, die davon begünstigt werden.

> Erarbeitetes Kapital wird verantwortungsbewusster gesteuert als ohne Arbeit gewonnenes Vermögen.

Der Weg, als Teilnehmer in der Wirtschaft Geld zu verdienen und Eigenkapital zu schaffen, ist nicht eingeschränkt. Die acht reichsten Männer der Welt[1] haben ihr Vermögen nicht geerbt. Aber nicht jeder verfügt über das Talent, das heißt die praktische Intelligenz produktiver Kapitalvermehrung. Laut Statistik gehen neu gegründete Betriebe in den ersten drei Jahren in die Insolvenz und erreichen meist nach fünf Jahren Tätigkeit am Markt wirtschaftliche Stabilität. Sicherlich spielt hier auch die Motivation bei der Gründung eines Betriebes eine wichtige Rolle. Geht es darum, Chef zu sein, weil man andere um ihren Status und dessen Symbole beneidet, oder um die Erfüllung am Markt benötigter Bedürfnisse, auch wenn – wie zum Beispiel bei neuen technischen Anwendungen wie Google oder Facebook – Nachfrage noch geweckt werden muss.

---

[1] OXFAM, 2017

Ist eine neue Firma erfolgreich, steigt die Begehrlichkeit derer, die gern am finanziellen Erfolg der Arbeit partizipieren möchten. Die Administration und – in bestimmten, nicht nur italienischen Bereichen – andere Gruppierungen fordern ihren Anteil an den Einnahmen.

Selbst Altruismus aus überschüssiger Produktivität wird zur Basis einer Ökonomie, in der zum eigenen Vorteil tätige professionelle Gutestuer aktiv sind. Linda Polmann[1], Expertin auf diesem Gebiet schreibt:»Hilfsorganisationen sind Wirtschaftsbetriebe. Doch sie sind getarnt als Mutter Teresa.«

»Hilfsorganisationen sind Wirtschaftsbetriebe – getarnt als Mutter Teresa.«

Da geistige Differenzierung der Empfänger der umverteilten Mittel nur in Grenzen möglich ist, kommt es zu konsumptiver Differenzierung innerhalb der Masse. Selbst die Gefängniszelle Al Capones in Alcatraz war luxuriöser ausgestattet, als die der anderen Verbrecher. Die materielle Komponente wird unterstrichen, geistige Emanzipation unter dem Druck des Marktes unterbleibt, positive Evolution wird gehemmt.

Der Einbezug ökonomisch-biologischer Zusammenhänge in sozio-biologische Betrachtungsweisen scheint erforderlich, um die Komponente Energie in Testpopulationen zu quantifizieren. Ansätze dazu bestehen, doch ist der Wirkungsgrad der Anwendung von Energie abhängig von der Verteilung der Intelligenz in der Gruppe und nicht vorn Durchschnittswert. Intelligenz, die Psyche, wird so zum bestimmenden Faktor physischer Zusammenhänge, die kapitalistische Synthese zwischen Körper und Geist ist hergestellt.

Der gedankliche Zugriff auf wirtschaftliche Prozesse ist jetzt möglich. Ideologen, die standardisierte Intuition als wissenschaftliche Erkenntnis interpretieren, wird damit der Boden entzogen. Evolution findet wieder statt.

---

[1] Linda Polman: Die Mitleidsindustrie; De Crisiskaravaan, 2008

Wir konzentrieren uns auf das, was wir wissen, und vernachlässigen das, was wir nicht wissen, sodass wir die Richtigkeit unserer Überzeugungen überschätzen.

Kapitel 6

Das Individuum und seine Grundlagen

Existenz ohne Zweck?

Die Ziele der Evolution sind uns unklar. Die Frage nach Sinn und Ursprung beunruhigt uns; wir sind neugierig. Doch trotz dieser seit Jahrtausenden bestehenden Neugier des Menschen liegen Anfang und Ende seiner Existenz nach wie vor im Dunkeln. Wissenschaftliche Erkenntnisse verwirren das Bild weiter, ohne dass sich bisher auch nur der Trend einer allgemein gültigen Antwort abzeichnet.

Naturreligionen wichen Multitheismen, der Monotheismus schafft Raum für Ideologien, doch immer noch bildet der blinde Glaube die Grundlage für unsere Erklärung der Existenz. Und gleich welchem ideologischen oder religiösen System die äußere Organisation unserer Existenz unterliegt, immer wieder zeichnen sich dieselben Strukturen ab:

➢ eine Person an der Spitze,

➢ eine Gruppe Privilegierter nachgeordnet,

➢ eine größere Gruppe Mitläufer, die als Glied der Administration ihren eigenen Vorteil suchen

➢ und die »einsame Masse« (Riessmann) oder »schweigende Mehrheit« (Nixon), die die wirtschaftlichen Grundlagen des gesamten Systems sichert.

Unabhängige Denker bilden Störfaktoren im System. Sie veranlassen – je nach der Überzeugungskraft ihrer Ideen und ihrem persönlichen Charisma – Änderungen oder Ersatz bestehender Systeme mit dem Anspruch einer besser angepassten Struktur des neuen Systems an unsere Lebensform. Doch schon nach kurzer Zeit haben sich die alten Strukturen wieder gebildet, hat die Glockenkurve der Abhängigkeiten ihre alte Form wiedergefunden.

Da sich die Grundstrukturen seit dem Beginn unserer Existenz nachweisen lassen, liegt es nahe, Gesetzmäßigkeiten zu vermuten. Gesetzmäßigkeiten, die die Existenz des Menschen als Gruppenwesen ermöglichen. Gesetzmäßigkeiten, die vielleicht zur Erfüllung einer unbekannten Aufgabe oder aufgrund eines Naturgesetzes vorgegeben sind. Doch schon beim Begriff »Natur« geraten wir in den Bereich des Glaubens. Handelt es sich um Zufall oder Schöpfung? Und wenn es sich um Schöpfung handelt, wer sagt uns dann, dass wir nicht nur eine Art biologischer Maschinen sind, die der Schöpfer ohne Emotion zur Verschrottung frei gibt, wenn sie ihren Zweck nicht erfüllen?

Wir machen es mit unseren Maschinen, die uns das quantitative Denken abnehmen, genauso, wenn eine neue Technik uns mehr Erfolg verspricht. Wir versuchen zwar, unsere Maschinen dem Menschen ähnlicher zu machen und sie mit Emotionen auszustatten. Aber wer sagt uns, dass das der richtige Weg zum Überleben unserer Art ist, oder ob wir damit vielleicht schon das Fundament für unsere Nachfolger und das Ende unserer Art legen?

Der Zweck, und bei den fein aufeinander abgestimmten Abhängigkeiten der Natur ist zwecklose Existenz kaum vorzustellen, der Zweck des Menschen muss aus unserer Sicht individuell von negativer Abhängigkeit bestimmt sein, denn sonst wären Anfang und Ende unserer Existenz in unsere eigene Entscheidung gestellt. Zumindest erscheint diese Folgerung auf der Basis unserer Erfahrung logisch.

Der Beginn unserer Existenz liegt außerhalb unserer individuellen Entscheidung. Auch das Ende unserer individuellen Existenz wird in der Regel nicht von uns bestimmt, ja von der Natur durch psychische Schranken verhindert. Es fällt sicher nicht von ungefähr mit einer Ansammlung von persönlichem Wissen zusammen, das in Einzelfällen bei fortdauerndem individuellen Besitz die Gesetzmäßigkeiten des Systems gefährden könnte. Andererseits erschwert unsere psychische Konstruktion maßlos das freiwillige Ausscheiden aus unserer individuellen Existenz, solange unsere Gegenwart geistig oder körperlich noch Beiträge zum System erwarten lässt. Selbst objektive physische Nachteile schwerwiegender Art, die den Wert des individuellen Lebens sinnlos erscheinen lassen, setzen diese Automatik der Natur nicht außer Kraft. Der

Physiker Stephen Hawking[1] mit seiner schweren körperlichen Behinderung, ist ein Beweis für den von intellektueller Befriedigung gesteuerten natürlichen Überlebenswillen. Das Wort »Automatik« in diesem Zusammenhang, genau wie der ungewollt-gewollte semantische Inhalt des Wortes »bio-logisch« in Zusammenhang mit unserer Existenz, gewinnt eine neue Dimension: die Dimension der Maschine.

Eine Abhängigkeit wird sichtbar, deren Wurzel uns verborgen bleibt. Ein Maßstab lässt sich ahnen, der kleiner ist als der, den wir in eigener Selbstüberschätzung gewohnt

> Könnten wir unsere eigene Existenz als unwichtig und nebensächlich ertragen?

sind, anzulegen. Und auch diese Selbstüberschätzung scheint Teil eines Planes zu sein, dessen Urheber uns verborgen bleibt. Könnten wir wirklich eine Existenz ertragen, aus der wir unsere Unwichtigkeit und Nebensächlichkeit auf so einfache Weise ableiten können, wenn nicht auch dafür Vorsorge getroffen wäre? Erich Fromm[2] schreibt: »Die Hauptmotivationen des Menschen sind seine rationalen und irrationalen Leidenschaften. Menschen, die von diesen Leidenschaften motiviert sind, riskieren ihr Leben. Und sie mögen Selbstmord begehen, wenn sie das Ziel ihrer Leidenschaft nicht erlangen; aber sie begehen keinen Selbstmord, weil es ihnen an sexueller Befriedigung fehlt, und noch nicht einmal, weil sie am Verhungern sind!«

Weiter schreibt Fromm in diesem Zusammenhang: » … die Sphäre des Heiligen ist die Lebenssphäre, die über den rein körperlichen Fortbestand hinausreicht – es ist die Sphäre, in der der Mensch sein Schicksal, ja oft sogar sein Leben aufs Spiel setzt; es ist die Sphäre, in welcher seine tiefsten Motivationen, die ihm das Leben erst lebenswert machen, verwurzelt sind.«

Verklärung, Ideologie und Glaube einmal beiseite: Was wissen wir denn wirklich, also nachprüfbar, über uns selbst? Nur das Eine: Unser Leben ist endlich. Und sonst nichts.

---

[1] Stephen Hawking, 1942-2018
[2] Erich Fromm, 1900 - 1980

Weder der Grund für unsere Existenz, noch der langfristige Sinn unserer Handlungen erschließt sich uns. Die Quelle unserer Existenz bleibt ebenso im Ungewissen wie der Verbleib unserer unverwechselbaren Individualität. Einer Individualität, die sich weder durch Hunger noch durch Krankheit, weder durch Zwang noch durch Liebe, gewollt oder ungewollt erschüttern oder absorbieren lässt. Eine Individualität, die uns unverwechselbar unter Milliarden macht, die Sinn, Zweck und Leitschnur unseres Handelns ersetzt. Eine Individualität, die sich gegen die Individualität anderer zu behaupten versucht, und die aus dieser Absicht ihren Antrieb und die Rechtfertigung ihrer Existenz gewinnt. Eine endliche Individualität, ein Tropfen im Meer anderer Individualitäten, deren Organisation zueinander schwer zu erklären scheint. Wir nehmen das Meer als Realität wahr, ohne den einzelnen Tropfen zu erkennen.

Verschwommene Begriffe wie Sympathie, Treue, Ehrlichkeit und Respekt werden zum Fundament religiöser und quasiwissenschaftlicher Organisationsformen. Der Sozialantrophologe Bronislaw Malinowski[1] spricht von Liebe, Verwandtschaft, Freundschaft und Achtung in primitiven Gesellschaften. Schon das Wort »primitiv« erfährt in diesem Zusammenhang eine Umkehrung des uns geläufigen Bewusstseinsinhalts, denn die genannten Begriffe bezeichnen eine Gesellschaftsform, die uns als erstrebenswert gilt und zu deren Erreichung wir seit Tausenden von Jahren am laufenden Band Utopien erfinden. Plato spricht von der »Idee des Guten«, Aristoteles sieht Freundschaft und Gerechtigkeit als Organisationsgrundlagen. Kant sieht den »guten Willen« als Ansatz. Marx glaubt, in der Aufhebung von »Klassen« den Zugang zum idealen, maximal individuell bestimmten Ordnungssystem gefunden zu haben.

Alle diese Termini haben eins gemeinsam: Sie sind die brillante Idee eines Einzelnen, und vor allem entziehen sie sich jeder numerischen Nachprüfung mit den uns bekannten mathematischen Me-

---

[1] Bronislaw Malinowski, 1884 -1942

thoden. Diese Begriffe bilden den Grenzbereich, in dem sich Religionen, Philosophien und Staatsideen überlagern. Sie bilden das Vakuum, das Personen mit Charisma inhaltlich füllen können, um Ordnung dort zu erreichen, wo individuelle Einsicht auf logischer Basis übereinstimmend nicht entsteht.

Was steht uns also an logisch einwandfreien Grundlagen zur Beurteilung unseres Seins und dessen Einordnung in einen größeren Zusammenhang zur Verfügung? Zweierlei:

➢ das Wissen um die Endlichkeit des menschlichen Lebens und
➢ das Bewusstsein, dass unsere individuelle Existenz eingebettet ist in die Existenz vieler unterschiedlicher, aber vergleichbarer Wesen.

Unabhängig voneinander sind beide Tatsachen Selbstverständlichkeiten ohne Aussagekraft. Zusammen aber erlauben sie uns den Zugriff auf Grundformen menschlichen Seins mit den logischen mathematischen Mitteln der analytischen Statistik.

Aus dem individuell unterschiedlichen, unbekannten Beiwert »Lebensdauer« lässt sich durch die Einordnung in eine Gruppe ähnlicher, empirisch gewonnener Werte ein mittlerer Wert gewinnen, dessen Wahrscheinlichkeit mathematisch innerhalb enger Grenzen bestimmt werden kann. Und dieser Wert wiederum kann als Bezugsmaßstab für die Beurteilung von Individuen gelten. Als absoluter, von Emotionen unbeeinflusster Maßstab, denn die Lebensdauer ist eine absolute, mathematisch verifizierbare Größe, der als Durchschnittswert eine mathematisch definierte Wahrscheinlichkeit zugeordnet werden kann.

Energie, Arbeit, Kapital

Ob, wie Marx glaubt, das Sein das Bewusstsein bestimmt oder das Bewusstsein das Sein, oder ob beide in einem Rückkopplungsverhältnis interdependent bestehen, eins dürfte logisch sein: Bewusstsein ohne Sein ist in der uns gegebenen Lebensform objektiv nicht nachweisbar. Und Sein bedarf im uns bekannten Lebenszyklus ständig der Zuführung externer Energie zur Aufrechterhaltung seiner Körperlichkeit bis zum Übergang in andere Formen der Materie. Energie ist aber, physikalisch nachweisbar, absolut. Wählen wir deshalb den Begriff **Energie** zum Ausgangspunkt unserer Betrachtung:

> **Arbeit**, ebenfalls physikalisch nachweisbar, transformiert Energie, ist zweckgerichtete Akkumulation von Energie. Arbeit ist also die Summe von Energiebeiträgen.

> Die Summe von Arbeit aber kumuliert im **Kapital**. Kapital ist eine menschliche Erfindung, weit wichtiger als die Erfindung des Rades. Die theoretische Konstruktion Kapital entspricht der einer Zeitmaschine. Sie ermöglicht den Transfer von in Arbeit gebundener Energie über die Grenzen individueller zeitlicher Beschränkungen und körperlicher Zwänge hinweg. Energie aber ist zur Aufrechterhaltung des Seins, und damit des Bewusstseins, unabdingbar notwendig.

Wenn Arbeit akkumulierte Energie ist, dann ist Kapital akkumulierte Arbeit, also potenzierte Energie. Damit wird Kapital, wie Energie, zu einem physikalisch absoluten, mathematisch erfassbaren Begriff. Dieser Begriff ist jeder subjektiven Wertung entzogen. Der Begriff »Vermögen« im Gegensatz dazu bezeichnet imaginären Besitz, dessen subjektive Wertung psychologischen, philosophischen und anderen Einflüssen unterliegt.

Wenn wir in Kapital gebundene Energie als notwendig zur Aufrechterhaltung unserer Existenz und damit unseres Bewusstseins erachten, dann spricht nichts dagegen, die wirtschaftlichen Grundlagen menschlichen Seins unseren weiteren Betrachtungen zugrunde zu legen.

Energie ist der gemeinsame Nenner aller menschlichen Aktivitäten, die sich auf unsere physische Umwelt auswirken. Wir können mit diesem absoluten Begriff den von Marx herausgearbeiteten Gegensatz zwischen Arbeit und Kapital aufheben, in rechnerische Beziehung setzen, was Marx noch unvereinbar schien. Damit scheint ein Weltbild möglich, das weniger von Emotionen und mehr von rationeller Erkenntnis bestimmt wird. Ein derartiges Weltbild wiederum könnte unser Zusammenleben erleichtern, unsere Vorurteile abbauen und unsere Gemeinschaft gerechter gestalten.

Arithmetik ist keine Meinung.

Bernardino Grimaldi (1837-1897),
italienischer Finanzminister

Kapitel 7

Das Menschenrecht auf Zins

Nutzungswert der Arbeit

Leonardo da Vinci sagt:»Der Mensch ist der Mittelpunkt aller Dinge.« Nehmen wir daher einen durchschnittlichen Menschen zum Mittelpunkt unserer weiteren Gedankengänge.

Nennen wir einen Menschen, der das statistische Mittel aller Deutschen verkörpert,»X_D«. Der Mensch X_D ist einer von 81 Millionen, von denen 44 Millionen am austauschbaren Produktionsablauf teilnehmen, also berufstätig sind. X_D fängt mit 18 Jahren an zu arbeiten und wird mit 67 Jahren pensioniert. 49 Jahre beträgt also seine Lebensarbeitszeit. Ein zehnjähriger Lebensabend ist X_D vergönnt, der Tod tritt mit 77 Jahren ein.

X_D geht es wie uns allen. Mal verfügt er über Barmittel, mal fehlt ihm das ausreichende Vermögen zur Befriedigung seiner Bedürfnisse. Verfügt er über Vermögen, legt er es an – mit Zinsen. Benötigt er zusätzliches Vermögen, leiht er sich dieses – gegen Zinsen. Einmal erscheinen ihm die Zinsen zu niedrig, einmal zu hoch. Verständlich: Zinsen gibt es, seit es Eigentum gibt. Ihr Ursprung liegt im Dunkeln, und als Grundlage philosophischer Betrachtungen waren sie als Ausdruck rein wirtschaftlicher Abläufe sicher suspekt.

Es gibt umfangreiche Literatur und fundierte mathematische Theorien in Zusammenhang mit der Mechanik des Zinses, aber keine einzige Hypothese der Legitimation des Zinses im moralischen Sinne im Rahmen unseres Ordnungssystems ist bekannt. Es gibt dagegen schon in alten Zeiten sozialkritische Zweifel an der Berechtigung des Zinses. Die so genannte»Zinsknechtschaft« diente den Nationalsozialisten als Teilbegründung ihrer Offensive gegen das Judentum. Der Islam verbietet den Zins ganz. Im Zuge der islamischen Erneuerungsbewegung werden Banken gegründet, die den Zins durch Beteiligung am Ertrag ersetzen[1]. Eine Bar-

---

[1] Islamische Bank mit»1.000 Millionen Dollar Kapital« – die Anzeige nahm eine halbe Seite im Wall Street Journal vom 12. 6. 1981 ein. Die Hälfte des Textes wurde von Versen aus verschiedenen Suren des Korans und einer Grundsatzerklärung beansprucht, aus der hervorgeht, dass eine vom Kapitalismus

riere von Emotionen markiert den Verzicht auf eine sachliche Betrachtungsweise und führt dann zu Umgehungskonstruktionen, um den Ertrag des investierten Kapitals im Wettbewerb des Marktes zu gewährleisten.

Wenn wir die individuelle Lebensdauer der Einzelperson als deren unabdingbaren Besitz, als absolut messbaren, individuellen Kennwert betrachten, dann ist die Zeit der einzige persönliche Besitz, den der Mensch auf diese Welt mitbringt. Zeit ist Geld, in diesem abgegriffenen Wort steckt mehr Wahrheit, als allgemein vermutet wird.

Denn was verleiht unsere statistische Unperson X_D? Die Versuchung liegt auf der Zunge. Kapital? Vermögen? Nein! Verliehen wird der Nutzungswert der individuellen Arbeit für einen bestimmten Zeitraum, in dem auf eine eigene Nutzung verzichtet wird. Der richtige Zins – wir nennen ihn den natürlichen Zins – ist also die Vergütung der entgangenen Nutzung für den betreffenden Zeitraum, der wegen begrenzter Lebenszeit nicht ersetzt werden kann.

Die Gesamtnutzung einer Arbeitseinheit, nehmen wir die Arbeitsstunde, ist einfach errechnet. Es ist einmal die Zeit nach X_Ds Pensionierung, in der er die Früchte seiner Arbeit genießt. Dazu kommt die Hälfte der Jahre seiner Arbeitstätigkeit, da X_D als statistische Person genau je die Hälfte seiner Arbeitsstunden vor und nach diesem Zeitpunkt geleistet hat. In X_Ds Fall sind das 10 Jahre und 24,5 Jahre, zusammen 34,5 Jahre.

Aber X_D ist nicht allein, seine Arbeitskraft nutzen

---

unabhängige Bank gegründet wird, die dem Islam dienen soll und strikt nach seinen Grundsätzen arbeitet. Das heißt z.B., dass entsprechend dem Koran die Bank keine Zinsen verlangen wird. Kredite gibt es gegen Beteiligungen. Die Liste der Gründer von »Dar al-Maal al-Islami Trust« umfasst Personen und Institutionen aus elf islamischen Ländern, darunter Malaysia, Pakistan, Sudan und Ägypten. Am längsten ist die Liste der saudischen Scheichs.

$$\frac{81.000.000\ Deutsche}{44.00.000\ Berufst\ddot{a}tige} = 1{,}84\ Personen,$$

vermutlich X_D und seine statistische Familie, in der auch Bruchteile von Personen vorkommen können. Von den 34,5 Jahren Nutzungsdauer verbleiben X_D etwas über die Hälfte, nämlich

$$\frac{34{,}5\ Jahre}{1{,}84\ Personen} = 18{,}75\ Jahre.$$

Der Rest geht drauf als Entschädigung für die liebevolle Behandlung und die Kochkünste seiner Frau und als Investition in den Nachwuchs, der später die Altersversorgung übernehmen soll.

18,75 Jahre sind 100 % der möglichen Nutzungsdauer von X_{DS} Arbeitsstunde. Ein Jahr sind also

$$\frac{100}{18{,}75} = 5{,}33\ \%$$

Verleiht X_D die Nutzung seiner Arbeitsstunde für ein Jahr, sind also 5,33 % der natürliche Zins. Aus diesem Ansatz lässt sich eine allgemeine Formel entwickeln:

$$\frac{100}{\left(\left(\left(\frac{EtA}{2}\right) + Et\ EtA\right) x \frac{nB}{nN}\right)} = iN$$

Dabei bedeuten

EtA   gesamte Anzahl der Arbeitsjahre
Et EtA   Jahre zwischen letzten Arbeitsjahr und Lebenserwartung
nB   am austauschbaren Produktionsablauf beteiligte Personen
nN   Personen in ökonomischem Bereich
iN   natürlicher Zinssatz

Der natürliche Zinssatz ist also der zugunsten anderer leihweise zur Verfügung gestellte Jahresbruchteil der durchschnittlich möglichen Nutzungsdauer der Arbeitsstunden des in den austauschfähigen Produktionsablauf integrierten Individuums. Dabei ist die durchschnittliche Nutzungsdauer das gewogene Mittel der Nutzungsdauer aller Arbeitsstunden, multipliziert mit der Anzahl aller am austauschbaren Produktionsprozess beteiligten Individuen, geteilt durch die Anzahl aller im gleichen ökonomischen Bereich befindlicher Personen.

Unsere Formel gibt uns also eine Näherungslösung, bei der angenommen ist, dass die Beschäftigung und deren Produktivität im betrachteten Bereich das ganze Leben über gleichmäßig sind. Urlaub und andere Ausfallzeiten sind dabei nicht berücksichtigt.

Überprüfen wir diese Gedanken in einem anderen statistischen Bereich. X_E ist die statistische Durchschnittsperson eines so genannten Entwicklungslandes, eines ökonomischen Bereiches mit erheblich abweichenden Kennwerten. X_E fängt früher an zu arbeiten, stirbt früher und hat eine größere statistische Familie. Hier sind die Werte

EtA	41 (Arbeitsbeginn 15 Jahre, Lebenserwartung 55 Jahre)
Et EtA	0
nB	13 600 000
nN	31 400 000

Der natürliche Zinssatz in X_Es ökonomischem Bereich berechnet sich also zu

$$iN = \frac{100}{\left(\left(\left(\frac{41}{2}\right) + 0\right) x \frac{13.600.000}{31.400.000}\right)} = 11,27\,\%$$

Wir erkennen auf den ersten Blick, dass sich bei abweichenden ökonomischen Bedingungen unterschiedliche natürliche Zinssätze ergeben. Daraus ziehen wir den Schluss, dass die Höhe des natürlichen Zinssatzes ein Kriterium für die Verhältnisse in einem bestimmten ökonomischen Bereich ist[1].

Wir schlussfolgern weiter, dass der natürliche Zinssatz die Vergütung bemisst, die das Einzelindividuum zur Erhaltung seiner geleisteten Arbeit benötigt, wenn es einen Teil der Nutzung seiner Arbeit an andere abtritt.

Und damit sind wir beim Gesetz der Erhaltung der Energie, denn der natürliche Zinssatz bemisst nicht mehr und nicht weniger als den Anteil von Energie, der zurückfließen muss, um die ursprünglich für das Individuum verfügbare Energie zu erhalten. Der natürliche Zinssatz ist also ein absolutes Kriterium, abgeleitet vom Grundgesetz von der Erhaltung der Energie. Er erlaubt die einfache mathematische Behandlung manchmal kompliziert erscheinender wirtschaftlicher Zusammenhänge.

| Der natürliche Zinssatz ist ein absolutes Kriterium, abgeleitet vom Energieerhaltungssatz.

Es ist im weitesten Sinne ein Maßstab für Lebensqualität, während – wir dürfen mit dieser Anmerkung vorgreifen – das Verhältnis von kumulierten Nutzungsstunden zu kumulierten Arbeitsstunden eine Maßzahl für die Leistungsintensität additiver Tätigkeiten sein könnte. Das Gesetz von der Erhaltung der Energie hat auch im wirtschaftlichen Kreislauf Gültigkeit. Fasst man Arbeit

---

[1] Diese Auffassung steht im Gegensatz zu Marx, nach dessen Meinung es keine »natürliche« Zinsrate gibt. Der natürliche Zinssatz in der hier nachgewiesenen Form verschiebt vieles im Gedankengebäude des Marxismus. Der Marx'sche Ansatz geht außerdem von der Annahme eines positiven Produktionserfolges aus, zu Marx's Zeit durchaus persönlichen Erfahrungen entsprechend. Diese Voraussetzung entfällt in der spätindustriellen Periode. Die Quantifizierung dieses Risikos für das Kapital ist Bestandteil der gesellschaftlichen Kosten. Das Risiko steigt, da die Informationsstrukturdichte der Zukunft höher geworden ist und damit differenziertere Vorhersagen erforderlich werden. Die Produktion von »Minderwert« sieht Marx aber nicht vor. Er negiert auch den Wirkungsgrad der Arbeit speziell zielgerichteter Intelligenz und erkennt als höherwertige Arbeit nur Arbeit mit höheren Bildungskosten an. Das ist auf dem Erkenntnisstand von 1850 verständlich, kann heute aber nicht mehr als Theorie unserer gesellschaftlichen Existenz befriedigen.

bzw. Kapital als kumulierte bzw. potenzierte Energie auf, dann kann der Gegenwert im Austausch auch nur die gleiche Menge Energie umfassen.

Dem Kapitalismus wohnt ein Laster inne:
Die ungleichmäßige Verteilung der Güter.
Dem Sozialismus hingegen wohnt eine
Tugend inne: Die gleichmäßige Verteilung
des Elends.

*Sir Winston Churchill (1874-1965),
britischer Staatsmann und zwei Mal
Premierminister; er führte Großbritannien durch
den Zweiten Weltkrieg*

Kapitel 8

Arbeit, Kapital und Energie

Additive und multiplikative Tätigkeit

Ehe wir uns im folgenden Kapitel weitere Gedanken zum Thema Inflation machen, noch eine Überlegung zur Nützlichkeit kreativer geistiger Arbeit.

Wir haben gesehen, dass das Leben nach unserer menschlich subjektiven Definition physisch umso angenehmer ist, je niedriger der natürliche Zins ist. Der Vergleich zwischen X_D und X_E beweist es. Diese Feststellung erlaubt uns eine Aussage zur körperlichen Nützlichkeit des Individuums und damit zur gerechten Bewertung seiner Tätigkeit. Verfolgen wir eine Reihe von Schlussfolgerungen:

1. Das Leben wird qualitativ in dem Maße besser, d.h. der Wirkungsgrad der angewendeten Energieeinheiten erhöht sich, je niedriger der natürliche Zins der am wirtschaftlichen Austausch beteiligten Individuen ist. Diese qualitative Verbesserung ist wieder Anreiz zur Verbesserung des Wirkungsgrades bei der Transformation von Energie, d.h. der Erhöhung der Produktivität.

2. Die Höhe des durchschnittlichen natürlichen Zinses hängt ab von den Faktoren Lebenserwartung, Arbeitsjahre und dem Verhältnis von Berufstätigen zu Nichtberufstätigen.

3. a) Die Lebenserwartung lässt sich nur in bestimmten Grenzen beeinflussen und ist vermutlich eine endliche Funktion der Lebensqualität und Lebensintensität.

   b) Das Verhältnis von Berufstätigen zu Nichtberufstätigen lässt sich nur unter Inkaufnahme anderer Nachteile für das durchschnittliche Individuum vermindern.

   c) Eine Senkung des natürlichen Zinses ist daher nur möglich durch die Verminderung der Arbeitsjahre und damit die Erhöhung der Nutzungsjahre, d.h. durch eine Verbesserung des Wirkungsgrades der Arbeit.

Die Quintessenz ist, dass das Individuum umso nützlicher ist, je mehr es zur Erhöhung der möglichen Nutzungsdauer und damit zur Verminderung der Arbeitsdauer beiträgt. Und das geschieht erfahrungsgemäß durch kreative geistige Arbeit. Vermutlich verteilt sich die kreative geistige Aktivität wie der Intelligenzquotient – zumindest angenähert – in Form der Normalverteilung[1].

Da dieser Kurvenzug zur X-Achse asymptotisch ist (sie niemals erreicht), ist das Maximum an Intelligenz unlimitiert. Um die hohen Intelligenzwerte stärker im Verhältnis zum großen Durchschnitt zur Wirkung zu bringen, nehmen wir an, dass die verfügbare allgemeine Intelligenz parallel zur Zunahme der Menschheit ebenfalls zunimmt. Die kreative Intelligenz eines Einzelnen kommt der Masse zugute. Das wäre eine natürliche Erklärung für die Tatsache, dass trotz der hohen Zahl manuell tätiger, geistig nicht interessierter Individuen der Wissensstand überproportional bzw. die allgemeine Produktivität weiter steigt.

Doch zurück zur kreativen geistigen Arbeit. Diese erhöht den Wirkungsgrad bei der Transformation der einzelnen Energieeinheit. Geistige, kreative Tätigkeit ist praktisch **multiplikative** Erhöhung der möglichen Nutzungsdauer, manuelle und mechanische Tätigkeiten bringen **additive** Veränderungen. Hingewiesen sei auf die Rolle der nicht kreativen Tätigkeit als Voraussetzung für die Möglichkeit kreativer Prozesse. Es besteht hier eine gewisse Interdependenz. Auch ist der Übergang zwischen additiver und multiplikativer Intelligenz fließend und nicht starr.

Produktivität bestimmt sich unmittelbar durch die dafür erforderliche produktive Intelligenz. Additive Arbeit kann mechanisiert werden, auch im geistigen Bereich. Arbeitsplätze fallen, mit negativen Folgen für die Betroffenen, weg. Der Weberaufstand von 1844 war eine Folge der Mechanisierung. Heute wird Handarbeit in der Fabrik durch Roboter, Tätigkeit im Büro durch Computer-

---

[1] Die Normalverteilung ist die wichtigste theoretische Häufigkeitsverteilung der Statistik. Sie wird bestimmt durch ihre Mittel und ihre Standardabweichung. Die Anzahl möglicher Standardabweichungen ist unendlich, aber schon 2,6 Standardabweichungen enthalten über 99 % aller Werte. Die Normalverteilung ist die Basisverteilung der Wahrscheinlichkeitsrechnung.

programme ersetzt. Innovative und multiplikative geistige Tätigkeit lässt sich dagegen nicht mechanisieren. Sie ist die Grundlage für den Ausgleich der durch Mechanisierung entfallenden Tätigkeiten, weil die Erhöhung der Produktivität die Mittel für eine erhöhte Nachfrage neuer und innovativer Angebote, und damit neue Arbeitsplätze, schafft.

Die Einsparung von Energie durch die Arbeitsleistung des Individuums wird vergütet. Die Vergütung bemisst sich nach der Höhe der freiwerdenden mechanischen Energie bei den betroffenen produktiven Individuen. Die frei werdende Energie führt entweder zu einer Verlängerung der möglichen Nutzungsdauer je Arbeitseinheit oder zu einer Erhöhung der Nutzungsintensität, auf jeden Fall zu einer Verbesserung des Wirkungsgrades des beeinflussten Teil- und damit des Gesamtsystems.

Daraus folgt: Der gerechte Verdienst ist die Partizipation des Einzelwesens an der Summe der produktiven Arbeitsleistung aller am austauschbaren Arbeitsablauf beteiligter Individuen. Das Verhältnis des produktiven Beitrages des Einzelwesens zur Verlängerung der durchschnittlichen Nutzungsdauer im Vergleich zum Beitrag des Durchschnittsindividuums beziffert den positiven oder negativen Beitrag des Einzelnen zur Steigerung der allgemeinen Produktivität. Damit wird für den Markt eine Bezifferung des Einzelwertes im Verhältnis zum Durchschnitt möglich.

Den gerechten Verdienst übersteigende monetäre Gegenleistungen vermindern den Kapitalgehalt der monetären Entsprechung und schaffen Inflation. Damit sind wir wieder bei der Inflation. Der Kreis hat sich geschlossen.

Die Differenz zwischen dem Erkenntnisstand des Individuums und dem Erkenntnisniveau des Durchschnittsindividuums verleitet das erstere – bewusst oder unbewusst in Überschätzung der Wichtigkeit des eigenen Beitrages –, den eigenen Erkenntnisvorsprung zur Akkumulation von monetären Gegenwerten über den gerechten Verdienst hinaus zu nutzen, um die Nutzungsdauer und Nutzungsintensität persönlich zu verbessern. Dieser Versuch der zum Wirkungsgrad der Arbeit überproportionaler Akkumulation von Gegenwerten, führt zu einer Erhöhung des monetären Gegenwerts bei gleichbleibendem Kapital, zu Inflation.

Das Gesetz von der Erhaltung der Energie ist unerbittlich. Der Mensch hat die theoretische Konstruktion Kapital geschaffen, um Energie über physische Grenzen hinweg auszutauschen. Kapital ist ein abstrakter Begriff mit einer realen Energiebasis. Die Naturgesetze der Physik beziehen deshalb Kapital in ihren Wirkungsbereich ein. Austausch von Kapital findet auf absoluter Basis statt, unbeeinflusst von Ideologie oder persönlichem Altruismus.

> Kapital ist ein abstrakter Begriff mit einer realen Energiebasis.

Letzen Endes kommt es, auch bei ethischen Folgerungen aus der dargestellten Situation, nur darauf an, ob die Menschheit sich als zur Weiterentwicklung auf eine höhere logische Ebene befähigtes Versuchsobjekt einer höheren Macht oder als zentrales Ziel einer Schöpfung, deren Mittelpunkt der Mensch ist, definiert.

Es bleibt jedem Menschen selbst überlassen, ob er sich als von einem Schöpfer abhängige Krone der Schöpfung oder als unwichtiges Teil eines von vielen unterschiedlichen Ansätzen der Natur auf dem Billionen Jahre dauernden Weg zu einem unbekannten Ziel sehen will.

Wahrscheinlich ist es einfacher, an Gott zu glauben, als an die eigene potentielle Minderwertigkeit im universellen Markt der Natur. Am Fluss der Energie und den Zielen der Evolution ändert sich dadurch nichts.

Wenn eine Regierung das Geld verschlechtert, um alle Gläubiger zu betrügen, so gibt man diesem Verfahren den höflichen Namen Inflation.

George Bernard Shaw (1856-1950), irischer Dramatiker, Politiker, Satiriker, Musikkritiker und Pazifist, Nobelpreis für Literatur 1925

Kapitel 9

Die Inflation

Indikator Inflationsrate

Die Inflationsrate des monetären Gegenwertes ist das Korrektiv zum Ausgleich der Differenz zwischen den Erkenntnisständen oder Intelligenzniveaus von Individuen und deren Ausnutzung zum eigenen Vorteil des Individuums mit höherem Erkenntnisstand.

Wenn die Bevölkerung eines Entwicklungslandes eine Stunde ihrer Arbeit aufwenden muss, um zehn Minuten der Arbeit eines Industrielandes zu kaufen, dann nutzen wir unseren Wissensstand zum eigenen Vorteil aus. Länder mit im Durchschnitt niedrigem Wissensniveau müssen hohe Inflationsraten haben, da der gesamte vorhandene Wissensbestand Einzelwesen zur Verfügung steht, der Beitrag des Durchschnittsindividuums des betreffenden Landes zum Gesamt(Welt)System aber geringer ist als in Ländern mit hohem Wissensniveau und dadurch ermöglichter höherer Produktivität additiver Tätigkeiten. Die Beobachtungen der tatsächlichen Verhältnisse scheinen diese Hypothese zu bestätigen.

> Länder mit niedrigem Wissensniveau haben hohe Inflationsraten.

Die Höhe der Inflationsrate ist demnach ein direkter Maßstab für den Erkenntnisstand des Durchschnittsindividuums eines ökonomischen Bereichs relativ zu dem in diesem Bereich verfügbaren Wissen. In ihr kommt die von rationaler Begründung unabhängige Überbewertung von unproduktiven Leistungen unmittelbar zum Ausdruck.

Diese Beziehung ist mit Hilfe der Normalverteilung für verschiedene Wissensniveaus mathematisch beweisbar. Sie erlaubt die Schlussfolgerung, dass sich eine Erhöhung des durchschnittlichen Wissensstandes auf eine Verminderung der Inflationsrate auswirkt.

Der Energiegehalt des monetären Gegenwerts, der äußeren Beschreibung des Vermögens, ist unabhängig von dessen Denomination im eigenen Währungsumfeld und bestimmt sich nach Aktion und Reaktion. Dieser Tatsache tragen zum Beispiel Firmen Rechnung, die ihre Aktien ohne Nennwert ausgeben. Ein paar einfache Gleichungen machen diesen Zusammenhang deutlich:

Kapital = monetärer Gegenwert – Inflationsrate

oder umgestellt:

Inflationsrate = monetärer Gegenwert – Kapital

oder in einfachen Worten ausgedrückt: Die Inflationsrate ist die Überbewertung gelieferter Energieeinheiten in monetären Gegenwerten zum Zeitpunkt X. Wir rufen uns dabei in Erinnerung, dass Kapital aus gespeicherter Energie besteht.

Die Inflationsrate – und nicht etwa der stabile monetäre Wert – ist normal, solange das Wissensniveau des Durchschnittsindividuums nicht der Summe der zum Zeitpunkt X möglichen Erkenntnisse entspricht, da nur dann eine gerechte Bewertung des Wirkungsgrades von Einzelarbeitsbeiträgen erfolgen kann. Es erscheint fraglich, ob sich eine derartige gerechte Bewertung mit menschlichen Mitteln je in höherer Näherung erreichen lässt. Der Idealfall wäre eine Normalverteilung mit der Standardabweichung 0 für die Verteilung des durchschnittlichen Wissens – eine Unmöglichkeit. Die dafür erforderliche Speicherkapazität steht uns individuell nicht zur Verfügung.

Die Inflationsrate wächst umgekehrt proportional zur Geschwindigkeit der Aneignung des verfügbaren Wissens durch das Durchschnittsindividuum eines Bereiches. Bei der Inflation vermindert sich der dem monetären Gegenwert – dem Geld – zugrundeliegende produktive Arbeitsbeitrag.

Mathematisch ist es gleich, ob bei der feststehenden Arbeitsleistung eines Volkes mehr Geld gedruckt wird, oder ob sich die Umschlagshäufigkeit erhöht.

Der Beschleunigungseffekt der Inflation entsteht, wenn bei der Flucht in die Sachwerte das Geld immer schneller die Hand wechselt. Der innere Wert eines Geldscheins sinkt, da sich beim schnelleren Umschlag die Arbeitsleistung eines Volkes nicht erhöht. Die vorhandene Leistung teilt sich auf die Summe aller vorhandenen Geldscheine und deren Umschlagshäufigkeit auf.

Andere Werte, deren Beurteilung beim Einzelnen nicht so viel Wissen voraussetzt, übernehmen die Rolle des Geldes. Das sind insbesondere unverzichtbare, lebensnotwendige Waren oder Güter, deren Menge begrenzt ist, wie Boden. Die Umschlagshäufigkeit dieser Güter vermindert sich, der Preis steigt. Diese Güter erhalten ihren eigenen Wechselkurs gegenüber dem monetären Gegenwert. Die Inflation teilt sich in eine Reihe von Teilinflationen auf.

Unruhe entsteht, da der Produktionsfaktor Wissen dem Individuum nicht ausreichend zur Verfügung steht, um den im Gegenwert für den die Arbeitsleistung erhaltenen Tauschwert auf seinen Energiegehalt hin zu beurteilen.

Diese Unruhe erzwingt als Ordnungsfaktor langfristig einen Umkehrtrend. Entweder werden weitere Maßnahmen der Politik, die sich inflationär auswirken, unmöglich, oder Ersatzwährungen werden allgemein akzeptiert. Die Regierung vertritt mit ihren Ideen dann nicht mehr die aus der nationalen Arbeitsleistung möglichen Realitäten. Die Souveränität wird eingeschränkt, Zahlungsmittel fremder Völker dienen als Ersatzzahlungsmittel und erhalten einen bestimmbareren Wert als die eigene Währung, die durch administrative Einflüsse manipuliert worden ist. Der Schwarzhandel mit Devisen bestimmt den echten Kurs der Währung, nicht der Kurszettel der Regierung. Die Regierung repräsentiert das Volk nicht mehr, da sie der Verteilung der Arbeitsleistung im Ausgleich zwischen Anreiz und Leistung nicht gerecht wird.

Die Arbeitsleistung sinkt, der monetäre Gegenwert vermindert sich weiter. Das Zahlungsmittel Geld ist nur noch beschränkt konvertierbar.

Es kommt im psychologischen Sinn zu einer Assoziationspsychose[1] der herrschenden Schichten. Diese Schichten fühlen sich und die eigene Position durch das Volk bedroht.

Die eigene Ideologie wird für diese Gruppen zur Wirklichkeit. Die Identifikation mit der Masse sinkt. Administrative Maßnahmen sollen erreichen, was der Maßstab Geld nicht erlaubt. Der Markt wird außer Kraft gesetzt, der Maßstab wird verändert anstelle der Leistung.

Ob die Arbeitsleistung bei starken diktatorischen Administrationen mit Gewalt erzwungen wird (wie 1981 in Polen) oder ob die eigene ideologische Realität durch eine Verminderung der Anwendbarkeit des Zahlungsmittels Geld, etwa durch Devisenkontrollen oder ideologisch bestimmte Wechselkurse erfolgt: Die mathematische Formel ist dieselbe.

Ein gutes Beispiel in diesem Zusammenhang ist die Aufhebung der Golddeckung des Dollars 1971 durch Nixon zur Finanzierung des Vietnamkrieges. Sie wurde nie wieder eingeführt, das Defizit der USA ist politisch nicht mehr zu bändigen. Nixon öffnete damit Manipulationen im Bankbereich Tür und Tor.

> Durch die Aufhebung der Golddeckung des Dollars durch Nixon ist das Defizit der USA politisch nicht mehr zu bändigen.

Und nicht nur das. Die USA werden von China, das Billionen von US-Schulden aufgekauft hat, wirtschaftlich abhängig und verlieren die Autonomie über die eigene Währung.

2016 ist es die Schaffung von neuem Geld im europäischen Währungssystem mit dem offen erklärten Ziel der EZB unter dem Theoretiker Draghi, Inflation aus politischen Gründen zu schaffen. Geld ist zu politisch definiertem Papier mit einem zweifelhaften realen Wert geworden, zur politischen Verfügungsmasse. Das geht so lange gut, wie zur Wahrnehmung des durchschnittlichen Marktteilnehmers ein Time Lag[2] oder ein Produktivitätsüber-

---

[1] Folie à deux, wörtlich »Wahnsinn zu zweit«; eine gemeinsame psychotische Störung
[2] Verzögerungseffekt

schuss bestehen. Sobald dem Markt bewusst wird, dass er im Austausch für produktive Energie zunehmend politisch manipuliertes Papier mit vermindertem Energiegehalt erhält, ist mit dem schönen Schein Schluss.

Venezuela, ein sehr reiches Land mit den größten Ölreserven der Welt, hat 2017 sein Papiergeld so stark politisch beeinflusst, dass es praktisch als Währung nicht mehr brauchbar ist. Ein marxistisch orientiertes System hat mehr verteilt, als an Energie in der Währung repräsentiert wurde. Die Folge war Chaos.

Der Geldwert wird durch unfaire Tricks, ob es die Beimischung von billigen Metallen zu Goldmünzen oder der Neudruck von Papier ist, zu Gunsten politischer Ziele herabgesetzt in der Hoffnung, dass diese Ziele erreicht werden, ehe die Bevölkerung dem Schwindel auf die Schliche kommt.

Der absolute und daher unerträgliche Maßstab »Geld«[1] soll der eigenen Ideologie angepasst werden. Der Markt wird abgeschafft, das physikalische Gesetz von der Erhaltung der Energie außer Kraft gesetzt. Diese Irrealität wird durch geschlossene Grenzen zur neuen Wirklichkeit. Die Verfügbarkeit des Produktionsfaktors Wissen wird eingeschränkt: Ideologie ersetzt Energie.

---

[1] Das Gleiche geschieht, wenn Firmen im Supermarkt mit Verpackungen arbeiten, die mehr Inhalt vortäuschen sollen, als tatsächlich darin enthalten ist. »Mogelpackung« ist in Deutschland deshalb auch zum Begriff in der politischen Diskussion geworden.

Die Mittel mögen verschieden sein, der Zweck ist jedoch der gleiche: Man versucht, ob mit Charme oder Gewalt, das Glück zu beherrschen.

Dylan Evans (*1966),
britischer Wissenschaftler und Autor

Kapitel 10

Gold, Geld und die Macht der Ideologie

Die Abschaffung des Goldstandards

Das demokratische Wahlsystem ist die gemeinsame Bestimmung des größten Vorteils für alle. Diesem System liegt die Fiktion unbegrenzter Ressourcen und allgemein verfügbaren Wissens zugrunde. Ressourcen aber sind endlich. Und Wissen wird so weit aufgefächert, dass es der Allgemeinheit nicht unbegrenzt zur Verfügung steht. Der Einzelne ist zur Verarbeitung der notwendigen Informationsdichte nicht mehr in der Lage. Grundwissen teilt sich in Trends auf. Informationen und Emotionen vermischen sich. Unsicherheit begründet Anonymität. Die sozialen Medien sind voll von Beiträgen, deren Verfasser oder Verfasserinnen Verantwortung gegen Anonymität tauschen.

Vertrauen wird erforderlich, wo belastbares Wissen aus eigener Erfahrung nicht zur Verfügung steht. Dieses Vertrauen wird enttäuscht, da das Ziel der abendländischen Philosophie der größte frei verfügbare Eigennutz ist. Wenn es nicht gelingt, den Produktionsfaktor Wissen in den Wahlprozess einzubeziehen, dann ist zunehmende Inflation in demokratischen Gesellschaften langfristig vorprogrammiert – und damit Unruhe und Unrast. Bis das Beispiel der Politiker und Administratoren wieder beweist, dass Wahrheit, Ehrlichkeit und uneigennütziger Einsatz für andere Leitbilder sind, denen es nachzustreben lohnt, da damit gesellschaftliche Anerkennung verbunden ist. Stattdessen, so Nat Silver[1], herrscht in der Politik Gnadenlosigkeit. Wahres oder Unpassendes auszusprechen gilt als Fauxpas. Political correctness wird zum Zwang, der Meinungen einebnet. Die glücklichen Sklaven des Systems sind – schon Marie von Ebner-Eschenbach hat das gesagt – die erbittertsten Feinde der Freiheit.

Der größte individuell verfügbare Eigennutz kann als Standardleitbild von der Mehrzahl leichter akzeptiert werden als die Pflicht zum eigenen Denken. Die Richtung des politischen Systems ist dabei unerheblich. Dieselbe irreale Definition, die die Wähler

---

[1] Nat Silver: Die Berechnung der Zukunft; Heine, 2012

zwingt, ihren größten individuellen Vorteil ohne Rücksicht auf Gruppennachteile oder langfristige Sachzwänge zu wählen, zwingt die Politiker, sich mit Charme[1] oder Gewalt an der Macht zu halten. Die Politiker definieren ihren eigenen persönlichen Vorteil, Macht, Einfluss – nicht unbedingt Ansehen – auf der Grundlage ihrer eigenen Persönlichkeitsstruktur. Sie schaffen sich eine Administration zur Unterstützung, die von Massenmord bis humanitären Hilfsaktionen die Ziele der jeweiligen Administration umsetzt, um die eigene Position im System zu erhalten und zu verbessern. Selbst in demokratischen Systemen wird Administration zur Selbstbedienung gegenüber dem Durchschnitt der Masse.

Ideologien sind vom Marketing her nur Differenzierungsversuche für das Grundprodukt Administration, verschiedene Packungen für den gleichen Inhalt. Sie werden zu Ersatzreligionen hochstilisiert, um dem imaginären Wertewunsch eines vermuteten Marktes gerecht zu werden. Dabei stört der Maßstab »Geld«, macht administrative Leistung überschaubar, bewertbar.

> Ideologien werden zu Ersatzreligionen hochstilisiert.

Eine Koalition von weit rechts bis weit links war sich bei der Abschaffung der Golddeckung einig. Ein fast absoluter Maßstab für die Lieferung administrativer Unfähigkeit musste verschwinden. Die Möglichkeit politischer Mogelpackungen wurde geschaffen. Mit diesem Maßstab war nämlich auch der geistige Normalbürger in der Lage, relativ einfach festzustellen, wie gut das eigene politische System als Administrationsfaktor seine Aufgaben erfüllt.

Der Maßstab Gold berücksichtigte durch die den technischen Methoden der Gegenwart angepasste Mehrförderung sogar den

---

[1] Bei vielen Jungwählern ist laut Forschern die körperliche Attraktivität von Politikern ein entscheidendes Kriterium; Bernhard Heinzlmaier im RTLtext vom 11.8.2017.
Politiker stellen sich auf diese einfache Geisteshaltung ihrer Wähler ein. In Frankreich gab Präsident Emmanuel Macron nach seiner Wahl 2017 in den ersten drei Monaten 26.000 Euro für Schminke und Visagistin aus. Der Friseur seines Vorgängers Hollande verdiente 9.895 € im Monat. (RTLtext vom 26.8.17). Natürlich auf Kosten des Steuerzahlers.

Mehrzuwachs an Produktivität und die damit mögliche Mehrverteilung von Arbeitsbeiträgen. Die Abschaffung des Goldstandards ermöglichte die Kontrolle des Tauschmittels Geld innerhalb nationaler Grenzen.

Heute ist Geld nur noch Tradition und soll – zumindest in Form des Bargeldes – ebenfalls abgeschafft werden. Jedes andere Material als Papier könnte dieselbe Funktion übernehmen. Auf die Kennzeichnung des Geldes könnte verzichtet werden, solange die Menge beschränkt ist. Das logische Extrem ist die Abschaffung des Geldes, wie kurzfristig 1977/78 in Kambodscha oder 2009 in Zimbabwe. Wenn dem auf Papier gedruckten politischen Versprechen doch kein Vertrauen mehr geschenkt werden kann, wenn es jeden Tag neu manipuliert wird, was soll es dann noch? Weg damit! Es wird wie in den kommunistischen Systemen der Vergangenheit und Gegenwart – UdSSR, Jugoslawien, Nordkorea, Venezuela, Albanien usw. – durch Tauschwirtschaft ersetzt. Wer nichts zu tauschen hat, wird von der Führung für Wohlverhalten belohnt, die anderen protestieren und verhungern oder wandern aus.

Die Abschaffung der Golddeckung institutionalisierte die Diktatur der Administration. Ein absoluter Maßstab wurde durch die subjektive Definition der herrschenden Gruppe ersetzt. Seit Abschaffung der Golddeckung ist es viel einfacher geworden, kurzfristige Nachteile in langfristige Vorteile ideologisch umzumünzen. Wir alle leben aber nur einmal, und der versprochene Vorteil liegt oft in einer Zukunft, die von uns unbekannten Sachzwängen bestimmt werden wird. Politik wird so zur Staatsreligion, die die Erfüllung ihrer Versprechen auf eine transzendentale Ebene verlegt, deren Überprüfung vom Glauben abhängt.

Der Architekt schafft, was er verdammt

Die Realität wird im Sinne einer Massenpsychose auf die eigene Ideologie relativiert, die Wirklichkeit wird neu definiert. Ein gutes

Beispiel dafür ist die Architektur, die Administration unserer gebauten Umwelt. Eine Behausung war ursprünglich kein Haus, sondern eine Höhle, ein paar in die Erde gesteckte Zweige und ein Blätterdach. Eine wilde Blume diente als Schmuck. Jetzt ist diese Blume zur Hauptsache geworden. Hinter der Ästhetik treten in der gängigen Architekturphilosophie alle anderen Funktionen zurück. Wie auf jedem Gebiet gibt es auch auf dem Gebiet der Architektur nur wenige Genies. Aber die irreale Ideologie der Ästhetik erlaubt es jedem Architekten, sich im Sinne der abgrenzenden Gruppenideologie als Genie gegenüber der Allgemeinheit zu fühlen.

Im Extrem führt das zu einer ungeheuren Belastung der Allgemeinheit, denkt man zum Beispiel an die Kosten der Hamburger Elbphilharmonie: mit 80 Millionen Euro kalkuliert und für über 800 Millionen Euro, mehr als das Zehnfache, fertiggestellt. Wirtschaftliche Verantwortung trägt weder die Administration noch der Planer. Was im privaten Haushalt mathematisch unmöglich ist und zur Insolvenz führt, ist politisch ohne Konsequenzen. Bei nur 3 % Zinsen kostet das Gebäude mehr als 21.000 Euro am Tag. Der neue Adel schafft sich seine Paläste zur Selbstdarstellung wieder auf Kosten des Volkes.

> Der neue Adel schafft sich seine Paläste wieder auf Kosten des Volkes.

Die ästhetische Funktion eines Gebäudes wird unabhängig vom wirtschaftlichen Erfolg gewertet. Diese Irrealität wird zur neuen Gruppenwirklichkeit. Der Architekt fühlt sich als elitärer Gestalter unserer baulichen Umwelt und ist nicht in der Lage, die Fragwürdigkeit dieses Ansatzes zu erkennen, obwohl ein Blick aus dem Fenster ihn jeden Tag Lügen straft. Er schaut mit Verachtung auf den Kitsch des kleinen Mannes, bezeichnet herablassend als »Gelsenkirchener Barock«, was doch in Wirklichkeit die Anpassung von Architekten geschaffener, funktionsunabhängiger Stile an das geistige Potential großer Schichten ist. Der Architekt beklagt das Ausufern der Städte, das ihm ästhetischer Gräuel ist. Trotzdem legt dieselbe irreale Ideologie ihm nahe, zu dichte Bebauung zu vermeiden, Landschaft zu zersiedeln, um seinem Anspruch als Gestalter der Umwelt gerecht zu werden.

Er schafft also selbst, was er verdammt. Die logische Konsequenz wäre die gezielte Anwendung der Geburtenkontrolle durch die Bauministerien, um beiden ideologischen Kriterien gerecht zu werden. Abtreibung wäre der nächste Schritt, wie weit ist es bis zum Mord? Elitäres Denken kann auch ihn rechtfertigen. Beweise in der Vergangenheit lassen sich leicht finden: Die Ein-Kind-Politik Chinas war ein entsprechender Ansatz.

Wie weit dieses Denken uns bereits beeinflusst, wird an einem Beispiel klar. In einer deutschen Großstadt beträgt die Größenordnung der Abtreibungen aus sozialer Indikation bereits 40 % der Geburten. Dazu kommen die entfallenden Geburten aus dem Pillenknick. Extrapoliert man diesen Trend, dann sind wir dabei, die Grundlagen unseres Daseins zu gefährden, denn mit der verminderten Zahl an Nachkommen können wir unser industrielles System nicht aufrechterhalten. Dieses System ist aber das einzige, was in der Lage ist, die Ernährungsgrundlage für die erwarteten Bevölkerungszuwächse in den Entwicklungsländern zu schaffen. In Europa entsteht ein Vakuum, das sich durch unorganisierte Zuwanderung füllt. Das Gold des wilden Westens wird von Abenteurern heute in der EU gesucht und ausgebeutet.

Die soziale Indikation der Abtreibung ermöglicht der Restfamilie »bessere« Wohnverhältnisse. Potentielles Leben wird Konsumdenken geopfert, dem Anspruch der Architekten, die Kosten der Gestaltung unserer Umwelt zu bestimmen. Bessere Bauten im ästhetisch-architektonischen Sinne kosten mehr Geld. Die Mutter arbeitet, sie emanzipiert sich nicht. Schlüsselkinder, Halbwaisen in den Kitas der Konsumgesellschaft sind Folge des als »human« definierten Ansatzes der Architektur. Soziale Probleme werden am Reißbrett dupliziert, der Architekt baut das Fundament unserer unvollkommenen Gesellschaft.

Wer darauf hinweist, wird ausgegrenzt. Und nicht nur das: In autoritären Systemen, selbst wenn sie sich als Demokratie tarnen, müssen er oder sie nicht nur mit wirtschaftlichen Nachteilen, sondern mit Gewalt und Tod rechnen, wenn sie darauf hinweisen, dass die Versprechen der Führung mathematisch unmöglich zu erfüllen sind.

Die Eroberer hatten das Recht, die Eroberten soweit wie möglich auszubeuten.

*Joseph Stiglitz (*1943),
amerikanischer Wirtschaftswissenschaftler,
Nobelpreisträger Wirtschaft 2001;
Der Preis der Ungleichheit (2012)*

Kapitel 11

Die Wurzel der Administration

Förderung statt Markt

Die Grenze der möglichen Belastung, im Beispiel Wohnungsbau in Deutschland, ist erreicht, wenn die Anpassung der Fiktion an die Realität, gemessen am Maßstab Geld, nicht mehr möglich ist. Folgerichtig wird dieser Maßstab abgeschafft, der Markt beseitigt. Wohnungsbauförderung – eine Ersatzwährung, bei der die Beurteilungsmöglichkeit des Nutzers durch die Beurteilung einer elitär denkenden Gruppe ersetzt wird – entsteht. Entweder geschieht derartige Förderung durch Steuergeld oder durch politische Enteignung der Eigentümer durch »Mieterschutzgesetze« – Instrumente der administrativen Einflussnahme, die Mieter politisch abhängig machen und das Wahlverhalten steuern. Bulgarien hat einen Eigentumsanteil von 96 %, in Deutschland sind es unter 50 %, die die finanzielle Verantwortung für das eigene Haus oder die eigene Wohnung übernehmen.

Die Übersichtlichkeit der einwirkenden Marktfaktoren im Wirtschaftsbereich wird einer imaginär definierten »Qualität« geopfert, die in nicht geringem Maße von Interessenverbänden und einer aktiven Lobby zum eigenen Vorteil definiert wird. Das System gräbt sich ein, Änderungen werden fast unmöglich, Zwang entsteht. Zwang erfordert Kontrolle, Kontrolle benötigt Administratoren. Neue Machtmonopole bilden sich.

Ein weiteres Beispiel aus Deutschland für die Bindung einer großen Wählergruppe ist die finanzielle Monopolisierung Gottes. Der Staat kassiert für die christlichen Kirchen Kirchensteuer und ergänzt diese Steuer durch zusätzliche hohe Zuwendungen. Gott wird so zum Monopol der etablierten Kräfte.

| Durch die Kirchensteuer wird Gott zum Monopol der etablierten Kräfte. |

Andere Religionen haben kaum eine Chance auf Steuergelder. Diese Gelder ermöglichen zwar soziale gute Werke, verfestigen aber die Dominanz der bevorteilten Religionen. Natürlich schützen diese ihre Förderer, auch wenn nicht mehr vor jeder Wahl von der Kanzel darauf hingewiesen wird. Das »Christlich« im Namen einer Partei garantiert Wählerstimmen. Politiker anderer Parteien propagieren die »christliche Leitkultur« anstelle der Integration von Bürgern mit anderen religiösen Vorstellungen. Die Kirchen haben Angst um ihr bequemes Einkommen. Sammeln vor der Kirchentür ist schwerer und bringt weniger. Kirchliche Wettbewerber werden zu »Sekten« abgewertet. Große heterogene Religionen, wie der Islam haben kaum eine Chance, sich in das Leben der Bevölkerung einzuordnen. Ghettos entstehen.

Die Verwaltung versucht, den Einzelnen ihren Sachzwängen anzupassen. Die Verteilung von Ressourcen wird von Energiebeiträgen unabhängig, Defizite, neue Ungerechtigkeit entstehen auf anderen Gebieten. Eine Verwaltung, die das Individuum manipuliert, um die Administration zu erleichtern, erfüllt ihren Zweck nicht. Sie schafft aber Positionen, um ihren Zwang zu administrieren. Datenschutz wird dann zur bequemen Ausrede für die Vorenthaltung von Informationen. Abläufe werden geheim gehalten, der Zugang der Öffentlichkeit zu Verwaltungsinformationen beschränkt.

Der gemeinsame Eigennutz dieser Gruppe an den Schalthebeln der Macht lässt eine neue Gruppenwirklichkeit entstehen, der sich alles unterordnet, auf die hin alles relativiert wird. Diese »Wirklichkeit« bestätigt sich selbst. Die Veröffentlichung in den Medien ersetzt die Substanz der Meldung. Die Veröffentlichungshäufigkeit wird zum Maßstab des Erfolges, nicht die Leistung. Journalisten werden hofiert, Journalismus pervertiert zur Hofberichterstattung. Das System dreht in sich selbst.

Die durch das Internet mögliche Angebotsbreite an Informationen führt zu fraktionierten Trends, um die sich Gruppen von Gläubigen oder Verbraucher scharen. Die Kontrolle der Realität wird politisch schwieriger. Restriktive Maßnahmen werden zur Machterhaltung geplant und als Schutz der Demokratie – ironischerweise vor der Meinung andersdenkender Mitglieder der gleichen demokratischen Gesellschaft – der willigen Öffentlichkeit vermittelt. Wer anderer Meinung ist, wird als Kommunist, Faschist oder in den USA als Liberaler verteufelt.

Schon verstecken sich Autoren im Internet aus Angst vor existentieller Bedrohung hinter anonymen Chiffren. Das Darknet ist ein Extrem, in dem bisher definierte moralische Grenzen nicht mehr gelten. Hier ist die echt existierende Randrealität zu Hause. Im offenen Internet versuchen Politik und wirtschaftliche Interessen, mit Hilfe künstlicher Intelligenz den eigenen Einfluss zu verbreitern und eine künstliche Realität zu schaffen.

Die Gruppenrealität ist dehnbar. Systeme mit dem Anspruch auf Menschlichkeit beseitigen ihre Gegner auf dieselbe Weise wie ihre Vorgänger. Umweltschützer verschandeln die Umwelt, um ihre Ideologie zu plakatieren. Die Propagandisten des öffentlichen Nahverkehrs im politischen Bereich benutzen größere Autos und Innenstadt-Parkprivilegien, die der Masse nicht zur Verfügung stehen. Entwicklungspolitiker tagen in Luxushotels. Die Mahner der Energieersparnis halten das staatseigene Düsenflugzeug für die Wochenendreise ins publikumswirksame Reihenhaus für unverzichtbar.

Die Gruppenideologie mündet in Gruppeneigennutz. Die eigene Existenz wird zum Gruppenvorteil definiert, Verzicht wird zum Misserfolg, Menschlichkeit zur Dummheit, Zufriedenheit zum Aberwitz. Der so genannte »Staat im Staat«, aktuell als »der Tiefe Staat« benannt, entsteht. Wissen wird zum eigenen Vorteil manipuliert. Die Beschränkung des Produktionsfaktors »Wissen« ist nachteiliger als die Beeinflussung der Produktionsfaktoren »Arbeit« oder »Kapital«, denn der Faktor »Wissen« ist Multiplikator der beiden anderen Faktoren. Wenn Kapital potenzierte Arbeit ist, dann ist Wissen potenziertes Kapital.

Es ist für die Verwaltung also sehr viel einfacher, im Besitz des für andere eingeschränkten Wissens Erfolge zu demonstrieren, als für den Arbeiter, additiv Erfolge zu erreichen. Auch Kapital ohne Wissen hat eine sehr viel geringere Anwendungsbreite.

Der Kampf findet mit ungleichen Waffen statt. Die Administration nutzt ihren Wissensvorteil und hält sich an der Macht. Systemänderung wird verschoben, nicht aufgehalten. Sie erfolgt sprunghaft, nicht schrittweise angeglichen.

Selbst das Gespräch ist zum Kampf degeneriert. Jesuitenpatres ziehen über die Lande und lehren Dialektik, Taktik, um im Gespräch zu gewinnen. Zwischenmenschlicher, geistiger Austausch wird zur Dominanz desjenigen, der die Taktik vollkommen beherrscht. Die Qualität der Argumente tritt dahinter zurück, Meinung muss heute in Minuten konsumierbar sein. Das erwünschte Ergebnis des Gespräches ist die Bestätigung der eigenen Ansicht, die Unterstreichung der eigenen Individualität, nicht ein gemeinsam erreichtes, besseres Ergebnis der Gruppe.

> Meinung muss heute in wenigen Minuten konsumierbar sein.

Information mit Meinung

Teilweise ist diese Art der Diskussion ein Ergebnis mechanisierter Abläufe. Wenn im Fernsehen nur wenig Zeit zur Verfügung steht, wie sollen dann Argumente in Ruhe durchdacht, verständlich ausgedrückt dem Gesprächspartner zu konstruktiver Kritik angeboten werden? Auch hier beschränkt der Einfluss der Übertragungsmaschine auf die Redaktion die Möglichkeit menschlicher Toleranz. Gespräch wird zum Verkauf der eigenen Meinung, nicht zu einem gemeinsamen Erfolg. Teilnehmer an TV-Diskussionen kämpfen um Minuten Sendezeit. Langsam wird dieser Gesprächsablauf selbstverständlich, man setzt das Eigeninteresse des Gesprächspartners voraus und diskontiert seine Aussagen mit der eigenen Meinung, statt diese unvoreingenommen zur Diskussion zu stellen. Eine Polarisierung der Meinungen entsteht, und die Gemeinschaft teilt sich in Gruppen verschiedenen ideologischen Selbstverständnisses. Der Graben zwischen diesen Gruppen wird zum Fluss, der nur noch mit einem großen technischen rhetorischen Aufwand überquert werden kann, wenn nicht eine allzu seichte Stelle in der Argumentation die Durchquerung der Furt mit menschlichen Mitteln zulässt.

Sendezeit im Fernsehen wird mit Bewusstseinsbildung der Masse im Sinne einer Ideologie gleichgesetzt. Folgerichtig versucht jede Ideologie, die Medien zu monopolisieren und unkontrollierbare Vielfalt auszuschalten. Die eigenen Lügen sind systemerhaltend, Fake News aus anderer Quelle suspekt.

Öffentliche Sender werden in Deutschland durch »unabhängige« Räte kontrolliert. Jede Partei versucht, dort ihre Sympathisanten unterzubringen. Diese Räte entscheiden über den Posten des Intendanten und vieles andere. Wenn das Kanzleramt die Intendanten zum Essen einlädt, weiß jeder der Beteiligten, wovon seine berufliche Zukunft abhängt – ohne dass ein Wort gesagt wird. Schon das private Fernsehen stieß in Deutschland auf politischen Widerstand. Walter Jens prophezeite noch 1979 auf dem Parteitag der SPD:

Darum die unverhohlene Entschlossenheit der Reaktion, der überwältigenden Mehrheit unseres Volkes, einer Mehrheit, die man von der Teilhabe an kultureller Betätigung ausschließt, ein Privatfernsehen vorzusetzen, das zu einer Volksverdummung ohnegleichen führen wird.

Dummheit kann man nicht künstlich schaffen. Dem steht die wissenschaftlich nachgewiesene Normalverteilung des IQ entgegen. Aber man kann sie nutzen. Das Ergebnis ist das gleiche. Auch Friedrich August von Hayek war schon 1944 bei seiner Beurteilung des Informationsapparates im kollektivistischen System der festen Überzeugung:

Alles, was Zweifel an der Weisheit der Regierung oder Unzufriedenheit erregen könnte, wird dem Volke vorenthalten.

Manchmal ist es schon die Formulierung im Videotext, die Bewusstsein bildet. Ob das Glas halb leer oder halb voll ist, kann wahlentscheidend sein.

Die Masse soll vor der Begegnung mit ihrer eigenen Wirklichkeit geschützt werden. Elitäres Besserwissen soll die eigene Entscheidung der Masse ersetzen. Die ideelle Vorstellung von der Welt, in der wir leben, wird zum Ersatz für die raue Wirklichkeit der Masse.

Die Regierungspartei hält sich durch das quantitative Votum derselben Masse an der Macht, der sie oft sogar die Intelligenz zur eigenen Programmwahl, beispielsweise im Internet, abspricht:

➤ In <u>Diktaturen</u> ist die Einschränkung der Selbstbestimmung der Masse die Grundlage ungehinderter Verwaltung im Sinne des Erhalts der eigenen Macht.

➤ Beschränkung der Selbstbestimmung in einer <u>Demokratie</u> ist der Versuch, das eigene ideologische Vorurteil zu zementieren.

Fernsehen und die sozialen Medien ersetzen für einen großen Teil der Politiker die direkte Einflussnahme auf die Masse. Programmdiktatur ist nach diesem Selbstverständnis Zementierung der eigenen Meinung, der eigenen Macht ohne Waffengewalt. Wenn die Intelligenz der Masse als ausreichend gilt, das Parlament zu wählen, dann entspricht die Güte des Parlamentes der Güte des selbst gewählten Fernsehprogrammes.

Die Grundlage der Demokratie westlichen Verständnisses wird durch elitäre Vorgaben eingeengt, Gruppendiktatur ist die Folge. Der Machtgruppe dient die Wahl als Alibi, obwohl die Entscheidung der Masse als Wertvorstellung auf anderen Gebieten nicht anerkannt wird. Diktatur ist keine Selbstbestimmung. Eine bessere Gemeinschaft entsteht nur Kraft eigener Einsicht der Masse, nicht durch Vormundschaft im Sinne herrschender Ideologie.

> Die Grundlage der Demokratie wird durch elitäre Vorgaben eingeengt, Gruppendiktatur ist die Folge.

Die Präferenz der »Gebildeten« soll den Wunsch der Masse ersetzen. Angelerntes Wissen wird mit Intelligenz verwechselt, Titel mit Bedeutung. Der Wechsel vom Studium in die Politik erfolgt meist ohne jede praktische Tätigkeit in der Marktwirtschaft. Überheblichkeit ist die Folge, an der sich der Apparat dann überhebt und Strukturen abgehoben von der Realität schafft.

Neue Definition statt neuer Gesetze

Wenn die Gesetze nicht passen, werden Begriffe umdefiniert. Ein Beispiel: Ehe war ursprünglich das Zusammenleben von Mann und Frau mit dem Ziel, die Altersversorgung durch Kinder zu sichern, und die Verantwortung für den Nachwuchs wird gemeinsam getragen. Nicht ohne Grund unterscheidet die deutsche Verfassung sorgfältig zwischen Ehe und Familie. In diesem Sinne werden gleichgeschlechtliche Partnerschaften nicht als Ehe, aber als Familie verstanden. Diese Familie hat aber auch – ohne jeden Zweifel und unabhängig von ihrer natürlichen sexuellen Orientierung – das uneingeschränkte, im Grundgesetz Artikel 6 verankerte und garantierte Recht auf eine gleiche gesetzliche Regelung von Vorrechten und Verantwortungen. Um dem verständlichen Wunsch nach einer stärkeren emotionellen Bindung dieser nicht traditionellen Familien entgegenzukommen, wurde der Begriff Ehe politisch erweitert, ohne das Grundgesetz, wie es ehrlicherweise erforderlich wäre, zu verändern und der veränderten Auffassung, vor allem im Interesse der Betroffenen, anzupassen.

Die »Ehe für alle« (Schlagwort vor der deutschen Bundestagswahl 2017) ohne Grundgesetzänderung gibt das ursprüngliche Ziel der physischen Erhaltung der Generationen durch Fortpflanzung auf und ersetzt es durch Umverteilung und die dafür notwendige Bürokratie. Aber wer will in Zukunft wo die Grenze ziehen, wenn es um die schleichende Veränderung »moralischer« Normen – in Wirklichkeit um die Kodifizierung wirtschaftlicher Zwänge – geht? Was ist mit Menschen mit hoher Tierliebe? Was wäre, wenn PETA[1], die große Tierrechtsorganisation, für Tierrechte auch hier demonstriert?

---

[1] Zitat PETA: »Wir müssen die archaische und falsche Abgrenzung des Menschen gegenüber allen anderen Lebewesen aufgeben.«

Wir lächeln amüsiert, wenn eine reiche alte Dame ihr Vermögen ihrem Schoßhund hinterlässt. Aber wie sieht in zwanzig Jahren die Zukunft aus? Im Regenwald von Indonesien gibt es Affenbordelle. Zoophile Menschen gibt es auch in Europa. Sind sie als Wählergruppe groß genug? Welche ethischen, moralischen und religiösen Fragen treten bei weiteren Begriffsveränderungen auf? Welche pressure groups entdecken auch auf diesem Gebiet den Anspruch auf Selbstbestimmung? Sex mit Kindern war schon einmal im grünen Deutschland politisch im Forderungskatalog. Ist es bei Tieren anders?

Heute, 2017, halten wir das für unmöglich. Aber wenn wir sehen, wie sich – getragen durch Produktivität – in den letzten hundert Jahren Verhalten und Begriffe geändert haben, dann erscheint nichts mehr unwahrscheinlich. Die geschiedene Frau, das uneheliche Kind: Sie wurden vor hundert Jahren ausgegrenzt. Abweichende Sexualität wurde juristisch verfolgt. § 175 ist in Deutschland noch in schlimmer Erinnerung[1]. Heute ist die alleinstehende Mutter ein Begriff, der als Familie gilt. Umverteilung durch verbesserte Produktivität macht es möglich, aber auch erforderlich, wenn fast 90 Prozent der Väter sich vor Unterhaltszahlungen drücken. Arbeitsteilung wird zur Lastenumverteilung, die der Familie traditioneller Definition früher unmöglich war.

Pharmakologische Fortschritte führen zum optischen Wandel. Seit der Erfindung neuer Kontrazeptiva hat sich die Kleidung der Frauen geändert. Der knappe Bikini, »oben ohne«, der Minirock: Was früher als Laster galt, trägt heute die feine Gesellschaft, weil das Risiko des sexuellen Reizes chemisch vermindert wurde. Chirurgen arbeiten an der Herausstellung der zur Kleidung passenden sekundären Geschlechtsmerkmale. Das Fernsehen ist voll ge-

---

[1] Der so genannte »Schwulenparagraf«, der Homosexualität unter Strafe stellte, wurde 1994 abgeschafft.

stylter Brüste und physisch modifizierter Vorbilder für die unkritische Masse.

Aus Prostituierten wurden Sexarbeiterinnen. Das ist zwar noch kein Lehrberuf, aber wer weiß, was die Zukunft bringt. In Japan ist die Ausbildung der Geishas kulturell akzeptiert und hat künstlerische Aspekte. Moral ist wandelbar und definiert sich auf wirtschaftlichen, das heißt kapitalistischen Grundlagen. Wird das finanzielle Risiko der Menge neutralisiert, verändern sich schleichend die allgemeinen Moralvorstellungen. Die aktuelle Wirklichkeit wird dann unauffällig politisch verändert, eine neue Wählergruppe gewonnen, ohne den Widerstand der Menge herauszufordern. Von Hayek stellt fest,

... dass der Mensch nur die Dinge des engen Kreises wirklich erfassen kann, dessen Mittelpunkt er ist, und dass die Bedürfnisse, für die er wirklich sorgen kann, ob er nun durchaus egoistisch oder der vollkommene Altruist ist, ein verschwindender Bruchteil der Bedürfnisse sämtlicher Mitglieder der Gesellschaft sind.

Trotzdem werden persönliche Erfahrungen, und oft auch noch diese nur zum Teil, verallgemeinert. Sie werden Anlass zur Standardisierung neuer Verhaltensweisen »Die mangelnde Bereitschaft«, so noch einmal von Hayek, »irgendwelche sozialen Kräfte hinzunehmen oder zu achten, die nicht als Ergebnis planenden Denkens erkennbar sind«, bringt die administrative Elite in Gegensatz zu Masse und Markt.

Wer kann schon die Zukunft voraussehen? Was uns heute undenkbar erscheint, kann der Hit von morgen sein. Wer hätte sich je vorstellen können, dass Frauen und Männer künstlich mit Löchern versehene Arbeiterhosen aus den USA als neueste Mode tragen?

Neue Techniken bringen veränderte Denkweisen. Nachdem die Maschinen uns die schwere Arbeit abnehmen, schaffen wir künstlich körperliche Betätigung im Fitnessstudio und bezahlen gut dafür. Die sozialen Medien haben eine Lawine an – noch – ungebändigter Kreativität freigesetzt. Die Pille hat aus Sex einen

Massensport gemacht. Das Auto fördert die Erderwärmung, und trotzdem will jeder eins besitzen.

Wer glaubt, er könne sich von Veränderungen freizeichnen, irrt sich. Das gilt für Menschen und Institutionen, auch für den Verfasser.

Wenig Anstrengung wird verwendet, um neue Lösungen für uralte Probleme zu finden.

David Riesman (1909-2002),
amerikanischer Soziologe und
Erziehungswissenschaftler;
Die einsame Masse (1956)

Kapitel 12

Masse und Administration

Wem gehört der Boden?

Ein anderes Beispiel soll die Beziehung zwischen Masse und Administration verdeutlichen. Einige Ideologien vertreten die Aufhebung des Eigentums an Grund und Boden mit der Begründung, dass die Erde uns allen gehört. Da aber jede dieser Ideologien das Eigentum an Grund und Boden innerhalb nationaler Grenzen der Administration des Staates unterstellen will, handelt es sich auch hier nur um Ansprüche auf Machtverschiebung.

Das Eigentum des Individuums soll dem Eigentum der innerhalb geografischer Grenzen administrierten Gruppe weichen. Vergesellschaftung von Eigentum durch Öffnung der Grenzen zugunsten der Menschen in überbevölkerten Entwicklungsländern ist nicht geplant. Obwohl der Bevölkerungsrückgang in Deutschland beängstigend ist, wäre politisch gewollte Einwanderung das Todesurteil für die jeweilige Regierung. Deshalb werden die Asylgesetze ausgehöhlt und das gesetzliche Ordnungssystem fallweise außer Kraft gesetzt, um ungeordnete Zuwanderung wenn schon nicht zu ermöglichen, so doch nicht zu verhindern.

Gesetzesverstöße in diesem Bereich werden politisch legitimiert. In Bayern haben mehrere Staatsanwaltschaften wegen Beihilfe zum unerlaubten Aufenthalt Ermittlungen gegen Pfarrer aufgenommen, die, entgegen den Gesetzen, Kirchenasyl gewähren. Die Regierungspartei (CSU) sichert beiden großen Kirchen – Katholiken und Protestanten – Unterstützung beim Kirchenasyl zu[1]. Bleibt nur noch die Frage, ob den muslimischen Moscheen die gleichen Rechte zugesichert werden, oder ob Religion selektiv den Staat und die Rechtsprechung dominiert.

Der Einfluss des Individuums im Markt von Grund und Boden stört den rationellen Betriebsablauf der Administration. Statt die Administration den tatsächlichen Verhältnissen anzupassen, sollen die Verhältnisse unter Einschränkung der Möglichkeiten des Individuums der Administration angepasst werden. Baugesetze orien-

---

[1] RTL Videotext vom 12.8.2017

tieren sich an den Idealen der Vergangenheit. Die Blut-und-Boden-Ideologie vergangener Zeiten spukt immer noch in den Köpfen und verlangt nach wie vor das freistehende Einfamilienhaus als architektonischen Solitär. So wird Boden verschwendet und Verkehr zusätzlich geschaffen. Administration baut sich dieselben Verwaltungspaläste wie Banken und Konzerne. Trotzdem wird mit der Begründung der Ungerechtigkeit des Marktes um das Verständnis der Masse bei der Verwaltung von Grund und Boden durch die Administration geworben.

Grundlage der Stadtplanung ist die Verteilung der Menschen in Gebäuden und deren Ordnung auf der Fläche. Eine spezielle Variante der Stadtplanung ist der Wohnungsbau. Umweltschäden und Infrastrukturkosten sowie die Kosten der Unterhaltung der Infrastruktur steigen mit dem Verbrauch an Grundstücksfläche, und nicht etwa mit der Anzahl der Wohnungen, exponentiell an. Je mehr Grundstück verbraucht wird, desto mehr Nachteile ergeben sich für den Steuerzahler und die Umwelt. Trotz dieses auch politisch und für die Umwelt sehr wichtigen, aber mathematisch einfachen Zusammenhangs erfolgt Stadtplanung praktisch im finanziellen Blindflug.

In Deutschland liegen in der öffentlichen Statistik noch nicht einmal Werte für den durchschnittlichen Grundstückverbrauch je Wohnung oder Haustyp vor, obwohl laut Bundesamt für Naturschutz täglich die Fläche von 190 Fußballplätzen, etwa 90 ha, durch Bebauung verloren geht. Primäres Ziel der Stadtplanung sind offenbar nur ästhetische Werte. Und solange diese Werte – stark beeinflusst von örtlichen politischen Kräften – mit der Einstellung »not in my own backyard« den Zusammenhang zwischen Wirtschaftlichkeit, Umweltschonung, Demografie, Soziografie, Einkommensverteilung und Planung ignorieren, solange bleibt unklar, welche immensen Weiterungen urbanes Wohnen verursachen oder aber auch verhindern kann.

Städtebau geht anders. Er ist weder ein Imagewettbewerb unter Gleichgesinnten noch eine Spielwiese für verkannte Genies. Er ist auch nicht die Wahrung des visuellen Besitzstandes der Nachbarschaft, sondern die Anpassung der Nachfrage an die örtlichen finanziellen Möglichkeiten und soziodemografischen Zwänge. Kurz gesagt: Er ist ein Resultat der – nicht immer optimalen – Wirklichkeit.

Langfristige Gesichtspunkte bei Grundstücksverbrauch und Infrastrukturunterhaltungskosten vertritt letztlich keine Instanz. Auch deshalb sind die mittelbaren und international weitreichenden Folgen lokaler Planung in der täglichen Praxis weitgehend unbekannt. Der Einfluss vorhandener Nachbarn wird durch veraltete Bauordnungen und Baugesetze geschützt, im Zweifel zugunsten der Besitzenden. Diese Denke ist im Zeitalter der Globalisierung überholt. Grenzen verschwimmen, eine Völkerwanderung findet statt. Neue Planungskriterien sind schnell erforderlich.

Markt begünstigt Leistung. Markt an Grund und Boden ist erforderlich, seit die Anzahl der Bewohner dieser Erde die Alternative eigener Landnahme nicht mehr zulässt. Markt regelt die Verteilung von Grund und Boden nach den Erfordernissen wirtschaftlicher Zwänge. Eine Administration, die den Markt an Grund und Boden ersetzen will, glaubt, dass ihre eigene Definition der Wirklichkeit besser ist als die Definition des Marktes.

Der Bauer als Millionär durch Landverkauf ohne eigene Leistung oder das geerbte Grundvermögen dienen als Beispiel, wenn von einer neuen Bodenordnung die Rede ist. Das ist das Gleiche, als wenn jeder bestechliche Politiker der Abschaffung des Parlamentarismus als Begründung dient, jeder beeinflussbare Journalist der Kontrolle der Presse durch den Staat. Auch Bestechung ist Entgegennahme von Vorteilen ohne eigene Leistung.

Trotzdem könnte der Eindruck entstehen, dass Grundeigentum den Marktgesetzen nicht unterliegt. Die Erde ist ohne unser Zutun entstanden, und es erscheint widersinnig, dass Einzelne besondere Teile der Erde kontrollieren und monopolisieren. Aber schon Marx hat erkannt, dass das Privateigentum an Grund und Boden sich als Folge arbeitsteiliger Produktion entwickelte[1]. Nach

---

[1] Karl Marx: Das Kapital, 3. Buch

Marx hat die Erde keinen Wert, »da die Erde nicht das Produkt der Arbeit ist«.

Für Marx sind Grund und Boden Waren, deren »Gebrauchswert Voraussetzung ihres Tauschwertes und damit ihres Wertes ist.« Der Wert des Bodens entwickelt sich laut Marx »im Fortgang der gesellschaftlichen Entwicklung und als Resultat der gesellschaftlichen Gesamtarbeit«. Gesellschaftliche Gesamtarbeit, sei sie geistig oder körperlich, geht in den Markt ein, ja bildet den Markt. So ist es nach Marx klar, »dass der Wert des Bodens immer wächst in dem Maß, wie der Markt sich dafür erweitert, die Nachfrage zunimmt«.

Ein Grundstück muss Ware sein, da sonst ein Interessenausgleich im Markt nicht möglich wäre. Mit der Nachfrage wird das Grundstück zum Marktfaktor, sein Wert wird durch das investierte Kapital bestimmt. »Kapital kann der Erde fixiert, ihr einverleibt werden«, sagt Marx und führt als Beispiel Wertverbesserungen durch Bewässerungsanlagen oder Wirtschaftsgebäude an. Infrastruktur, Straßen, Eisenbahnen, Schulen, der Wert des Bodens setzt sich aus vielen Faktoren zusammen, die richtige Nachbarschaft ist bares Geld wert. Wie der Immobilienmakler sagt: »Lage, Lage, Lage.«

Die Menge an Boden ist beschränkt, seine Nutzung erfordert Energie für Versorgung und Infrastruktur. Auch diese Energie ist nur beschränkt vorhanden. Es ist also wichtig, dass im Rahmen dieser Zwänge für den zur Bebauung verfügbaren Boden im Interesse der Allgemeinheit die höchste und beste Nutzung im wirtschaftlichen Sinn erreicht wird, um die durch gesamtgesellschaftliche Arbeit erreichten Bodenwerte optimal zu nutzen und um Verschwendung von Energie zu vermeiden.

Boden selbst ist wertlos, nur seine Funktionen machen ihn zum Faktor im Markt. Greifen wir die Behausungsfunktion heraus. Sie ist dem Boden zugeordnet und lässt sich mit technischen Mitteln vervielfältigen, Geschoss über Geschoss dieses vervielfältigten Bodens stapeln. Diese Vervielfachung wird durch Planung eingeschränkt. Die Planungsfunktion ist in den meisten Ländern vergesellschaftet. Nicht der Grundeigentümer bestimmt also im Wesentlichen den Wert des Bodens, sondern die Gesellschaft, die die Planungsfunktion als Monopol durch Administration verwalten lässt. Dabei entfallen die Rückkopplung und die Kontrolle durch den Markt mit allen negativen Folgen. Nicht die höchste und beste Nutzung ist Ziel der Planung, sondern marktunabhängige Theorien, die weder von Bedarfsdeckung noch von Wirtschaftlichkeit beeinflusst sind.

Zusätzlich spielt in Deutschland das kameralistische System staatlicher Buchführung eine negative Rolle. Der Einfluss der Zinsen kommt nicht, wie bei der doppelten Buchführung in der Wirtschaft, zur Geltung. Zeit spielt, im Gegensatz zur Realität, administrativ keine Rolle.

Kostenüberschreitungen durch öffentliche Verwaltungen haben kaum Konsequenzen.

Kostenüberschreitungen haben kaum Konsequenzen. Rechnungshöfe sind mehr oder weniger Papiertiger. Wer »teurer als geplant« in Deutschland googelt, findet über 60 Seiten staatlicher Projekte, bei deren Kostenplanung die Verantwortlichen versagt, oder noch schlimmer, gelogen haben. Der Berliner Flughafen mit dem Kürzel BER ist ein eklatantes Beispiel für die Unfähigkeit staatlicher Behörden, wirtschaftlich und zeitgerecht zu handeln.

Einzelne werden viel stärker privilegiert, als es in unserem freien Markt je möglich wäre. Planung wird zum politischen Druckmittel, zur Belohnung von Sympathisanten der eigenen Ideologie, zur Zementierung des Machtanspruches. Die Straße vor dem Privathaus des Bürgermeisters ist meist gut in Schuss. Preissteigerungen an Grund und Boden ergeben sich in vielen Fällen durch den Eingriff des Administrationsstaates in einem System, das unter Verzicht auf den Markt die gesellschaftliche Wirklichkeit im eigenen Sinne verzerrt. Folgerichtig kommt es zu Marktverhältnissen, die der gesellschaftlichen Gegenwart nicht gerecht werden, die wirtschaftlich begründete Nachfragedeckung verhindern.

Bevormundung durch Planung

Überflüssige Preissteigerungen an Grund und Boden ergeben sich in vielen Fällen durch den Eingriff des Staates in den Markt, durch unnötige staatliche Bevormundung, durch übertriebene Planung. Staatliche Planung ist die Einführung von Gemeinschaftsinteressen in den Markt. Stattdessen wird der letzte Zentimeter des Baukörpers bei der Neigung des Daches und der Richtung des Firstes festgelegt. Elitäre Vormundschaft soll auch hier die vermutete fehlende Intelligenz der Masse und des Marktes ersetzen. Die Ästhetik der Architektur, definiert von Staatsvertretern, denen persönlich das Risiko bei der Verwirklichung ihrer Ideale im freien Markt zu hoch ist, ersetzt einfache Bauformen mit hoher Nutzung. Höhere Infrastruktur- und Unterhaltskosten sowie Energieverschwendung sind die Folge. Daraus gelernt wird nicht: Das jährliche »Schwarzbuch« des Bundes der Steuerzahler legt zwar den Finger auf die Wunden, dient aber auch nur der Befriedigung des allgemeine Unbehagens der Mitglieder.

Die wahren Kosten staatlicher Administration erkennt die Masse nicht. Im Markt entscheidet die individuelle Ausgabe über den Erfolg eines Produktes. Kosten-Nutzen-Analysen im Staatsbereich sind die seltene Ausnahme. Lobbyismus ersetzt neutrale Information. Die Voreingenommenheit der Administration führt zur ideologischen Definition der Grundlagen einer Entscheidung. Nachteile werden aus dem Steuertopf ausgeglichen, der Zusammenhang zwischen Ursache und Wirkung geht verloren.

> Kosten-Nutzen-Analysen in der öffentlichen Verwaltung sind Ausnahmen. Lobbyismus ersetzt neutrale Information.

Die Gefahren dieser Ideologie sind groß. Der Kohlendioxydgehalt der Atmosphäre steigt. Der CO_2-Anfall übersteigt die biologischen Abbaumöglichkeiten. Die zur Venus entsandten Sonden haben ermittelt, dass dieser Planet wegen des hohen CO_2-Gehaltes der Atmosphäre Oberflächentemperaturen über 400 Grad C hat, die ein Leben unmöglich machen. Ausweitung der Städte durch

Planung vernichtet wertvolle Grünflächen. Wir klagen über die Rodung des Urwaldes in Brasilien und zerstören unsere eigene Umwelt, indem wir sowohl den Boden großflächig bebauen als auch die Umwelt durch höheren Energieverbrauch mehr belasten. Der Wirkungsgrad der Funktion Wohnen ist niedrig, der gesellschaftliche Nutzen unserer dominierenden Planungsideologien negativ. Unwirtschaftlichkeit wird ideologisch gerechtfertigt.

Dem entgegen kommt eine Masse, die zwar Demokratie sagt, aber Autorität fordert. Autorität anderer erspart das eigene Denken und verhindert eine Informationsdichte, für die viele Menschen wahrscheinlich nicht ausgelegt sind. Autorität schafft einen extern bestimmten Ordnungsrahmen, eigene Unsicherheiten verschwinden. Kritik der Autorität, gemessen an der eigenen Konsumerwartung, ist einfach. Langfristige Gesichtspunkte werden delegiert, abweichende Meinungen zu Außenseiter-Ansichten abgestempelt. Multilaterale Beziehungen in der Gruppe werden durch die unilaterale Beziehung zur Autorität ersetzt. Der Informationsbedarf wird vermindert, der Kapazität angepasst.

> Eine Masse, die Demokratie sagt, aber Autorität fordert.

Dieses System ist symbiotisch, da die nicht qualifizierte, autoritäre Führung auf verminderte Kritik angewiesen ist, um zu bestehen. Der mangelnde Informationsbedarf der Masse, ihr grob strukturiertes Informationsraster, suggerieren der Autorität die eigene Unfehlbarkeit. »Von Gottes Gnaden« und das Unfehlbarkeitsdogma der katholischen Kirche sind Beispiele. Die Autorität identifiziert sich mit den Ansprüchen der Masse so weit, dass abweichende Informationsansprüche selbst in demokratischen Gesellschaften als Insubordination empfunden werden. Nur wenn staatliches Handeln weitgehend geheim gehalten werden kann, können Insider ihre egoistischen Ziele vor der Masse verstecken. In Österreich ist »Freunderlwirtschaft« ein Begriff, der dieses Verhalten charakterisiert. Das Staatsanwälte weisungsgebunden sind, oder der nächste Karriereschritt vom politischen Vorgesetzten entschieden wird, stabilisiert diese Systeme.

Autorität relativiert ihre Existenz auf die Masse. So hat jede Masse die Autorität, die sie verdient. Autorität kann nicht besser sein als das Informationsbedürfnis der Masse. Dieses Bedürfnis ergibt sich aus der Fähigkeit der Masse, Informationen zu speichern.

Behörden speichern Informationen, aber veröffentlichen sie nicht – eine weitere Verminderung des Wirkungsgrades ihrer Tätigkeit. Angst vor dem Einfluss der Auftraggeber führt zur Geheimhaltung der Masse gegenüber. Hier decken sich die Interessen von Politik und Verwaltung. Ein symbiotischer Komplex mit gegenseitigen Abhängigkeiten entsteht so auch in der Demokratie. Der politisch-administrative Komplex durchdringt mit seinen Tentakeln das Leben der Masse und versucht, Einfluss auf alle Informationskanäle zu erlangen, um die eigene Existenz vor Kritik zu schützen.

Es kommt in der Wirklichkeit nichts vor,
was der Logik streng entspräche.

Friedrich Nietzsche (1844-1900),
deutscher Philosoph

Kapitel 13

Die kritische Masse

Kritische Masse und Regierungsform

Masse verteilt sich in ihrer Form und Struktur nach der Normalverteilung. Ein niedriger Scheitel kennzeichnet kritische Massen, ein hoher Scheitel kennzeichnet Massen, die über einen gemeinsam akzeptierten ideologischen Ordnungsfaktor verfügen. Die Bezeichnung »kritische Masse« entspricht in ihrem Veränderungspotential der kritischen Masse der Atomphysik und der kritischen Masse der Soziobiologie.

Die zur Veränderung erforderlichen Mittel verhalten sich umgekehrt proportional in Funktion zur kritischen Masse und deren Lage zum Zentrum der Normalverteilung. Die Hebelwirkung der Physik kommt zur Anwendung:

➢ Kleine kritische Massen wenden grobe Mittel wie Bomben und Sprengstoff an, um große Massen im Zentrum der Normalverteilung zu beeinflussen.

➢ Große kritische Massen erreichen dasselbe durch den Einsatz geistiger Mittel in hoher Vervielfältigung.

Kritische Massen bilden sich, wenn der Produktionsfaktor Wissen die Differenzierung zum Zentrum der Normalverteilung erlaubt. Die Form der Verteilung ändert sich. Die Art der Ideologie, der Regierungsform spielt dabei keine Rolle. Das Organisationssystem Menschheit regeneriert sich nicht nach ideologischen Systemen, sondern mit der Verbesserung des Wirkungsgrades beim Transfer von Energie.

Kleine kritische Massen liegen weit weg vorn Zentrum der Normalverteilung. Die Kommunikation wird schwierig. Die angewendeten, groben Mittel sollen Veränderung erzwingen, wo Einfluss kaum möglich ist.

Große kritische Massen haben ein größeres Potential beim Transfer von Information zur Veränderung. Der Grad der Veränderung bestimmt sich als Funktion der Standardabweichung der kritischen Masse im Verhältnis zum Energiegehalt der angewandten Mittel.

Die demokratische Idee versucht, Veränderung kontinuierlich durch das Wahlsystem zu erreichen. Diese Veränderung erfordert große kritische Massen. In Diktaturen erfolgt Veränderung kurzfristig, da auch kleine kritische Massen in der Lage sind, sich des Diktators zu entledigen. Der Unterschied zwischen Demokratie und Diktatur bestimmt sich aus der Art der Einflussnahme:

➢ In der Demokratie wird die Veränderung von einer großen Masse mit wenig kritischem Potential des Einzelnen erreicht.

➢ In einer Diktatur reicht das hohe kritische Potential eines Einzelnen oder einer kleinen Gruppe, Veränderung mit mechanischen Mitteln zu erreichen.

Demokratie erfüllt ihren Zweck, solange das Ordnungssystem Demokratie vom Zentrum der Normalverteilung als Ideologie akzeptiert wird. Lässt der Produktionsfaktor Wissen den Schluss zu, dass dieses Ordnungssystem seinen Aufgaben nur ungenügend gerecht wird, dann besinnt sich die kritische Masse auf wirksamere Mittel als die Stimmabgabe, die dem Einzelnen alle vier Jahre kaum Einfluss einräumt. Von der Bürgerinitiative (pressure group) über das Volks-»Begehren« bis zum Sprengstoffanschlag reicht die Skala der möglichen Mittel.

Die Verwaltung versucht, den Produktionsfaktor Wissen auch in einer Demokratie zu beschränken, um Veränderungen vorzubeugen und die Verwaltung entlang gängiger Wege zu vereinfachen. Verfahren werden geheim gehalten, Auskünfte kaum, unverständlich oder mit großer Verzögerung erteilt. Motivation und Begründung der Handlungen von Politik und Verwaltung differieren. Das eigene Beharrungsvermögen lässt Veränderung nicht zu, Druck wird dort erforderlich, wo die Freiheit des Einzelnen notwendige Veränderung unmerklich in kleinen Schritten erreichen würde. Diktatur und Demokratie als ideologische Exponenten entgegengesetzter Systeme sind verwaltungstechnisch vergleichbar.

Ungerechtigkeit lässt sich in einer Diktatur personalisieren. In einer Demokratie ist Ungerechtigkeit ebenso vorhanden. Da die demokratische Ideologie aber die Selbstbestimmung des Individuums postuliert, würde der Ordnungsrahmen des Einzelnen wanken, wenn diese vorhandene Ungerechtigkeit auf die eigene Selbstbestimmung zurückgeführt würde. So wird die Wirklichkeit in Relation zum eigenen Ordnungsrahmen interpretiert, da »nicht sein kann, was nicht sein darf«. Offensichtliche Missstände werden in einzelnen Mitgliedern der Verwaltung personalisiert und damit erklärt. Im Grunde genommen sind Demokratie und Diktatur zwei Seiten derselben Medaille.

Auch die demokratische Massengesellschaft verlangt eine Personalisierung der Autorität. Die Brille des Premierministers, der Haarschnitt des Kanzlers werden wahlentscheidende Faktoren. Eine Schiffermütze suggeriert Volksnähe, die Zigarre Potenz – Marketing mit Verpackungsgestaltung. Dem Auflösungsvermögen des Empfängers angepasste Chiffren ersetzen den Denkprozess und die Schlussfolgerung des Einzelnen.

Brille und Haarschnitt der Kandidaten werden wahlentscheidende Faktoren.

Personalisierte Demokratie genießt ähnliche Formen der Verehrung wie personalisierte Autorität in der Diktatur. Der Spaziergang des Präsidenten wird zur publizierten Demonstration. Das deutsche Magazin STERN brachte in einer Ausgabe 1979 zwei Berichte über die Kopfbedeckung des deutschen Kanzlers. Hofberichterstattung wird zur Meinungsmache, Meinungsmache zur Autokratie der Medien. Die Meinung der »Elitärgruppe« Presse wird Substitut der Politik. Politik und Medien gehen eine Interessengemeinschaft ein, bei der ein Faktor vom anderen abhängig wird. Die exklusive Neuigkeit wird mit Wohlverhalten honoriert, Wohlverhalten mit exklusiver Information.

Die Medien beginnen, sich mit politischen Richtungen zu identifizieren. Information wird gedeutet, zurückgehalten, gefiltert, gefärbt, Wissen beschränkt. Der Kommunikationsstaat gewinnt autokratische Züge. Meldung und Zeitpunkt werden abgestimmt, um Meinungen zu beeinflussen, Entscheidungen zu steuern, Wahlerfolge zu erzwingen. So verlieren die Medien ihre wichtige

Funktion als vierte Kraft im Staat bzw. geben sie selber auf – ohne Not!

Demokratie und Diktatur entsprechen sich in ihrer äußeren Erscheinung weitgehend. Diktatur erreicht Anpassung durch eine kurzfristige Folge von Veränderungen mit hohem Wirkungsgrad, wie die Geschichte beweist. Demokratie erreicht Veränderung durch viele kleine Einflüsse mit geringem Wirkungsgrad. Der Energieverbrauch ist gleich, der Versuch der Informationsbeschränkung zur Verzögerung notwendiger Veränderungen auch. Demokratie ohne – oder mit manipulierter – Information wird zur Diktatur, bei der die äußere Dekoration gewahrt bleibt, der Inhalt der Begriffe sich aber ändert. Ob Maduro in Venezuela 2017, Russland 2016 auf der Krim oder Mugabe über lange Jahre in Zimbabwe: Der demokratische Schein durch Wahlen soll nach außen gewahrt werden.

> Demokratie mit manipulierter Information wird zur Diktatur, bei der die äußere Dekoration gewahrt bleibt.

Diktatur, die Information nicht verhindern kann, wird zur Demokratie. Der Produktionsfaktor Wissen setzt sich durch und erzwingt auf dem Markt für Administration die Administrationsform mit dem höchsten Wirkungsgrad, relativ zur Erkenntnisfähigkeit des Individuums.

Erkenntnisfähigkeit bestimmt sich aus dem Informationsstrukturraster der einzelnen Masseteilchen. Eine geringe Informationsdichte (= niedriger IQ) vermittelt nur undifferenzierte Erkenntnisse, eine hohe Informationsdichte ermöglicht Weiterentwicklung der Erkenntnis als Kombination vorhandener, differenzierter Teilinformationen. Auch eine geringe Informationsdichte ermöglicht Erkenntnisse über den Wirkungsgrad bei der Transformation von Energie. So ist auch der Mensch eingebunden in das System des Energieausgleichs, das unser Universum bestimmt. Warum sollte er auch eine Ausnahme bilden?

Spürbare Verluste im Wirkungsgrad werden als »ungerecht« empfunden. Inflation ist ein Maßstab für die Effizienz eines Systems beim Ausgleich der verfügbaren Arbeitsleistung zwischen

Anreiz und Versorgung, der Optimierung des Wirkungsgrades des administrativen Systems. Wo Information beschränkt ist, ermöglicht Inflation eine Beurteilung. Manipulation schafft ihre eigenen Grenzen, das System reguliert sich selbst. Wir selbst sehen das System im Sinne einer Bilanz, einer Momentaufnahme, bezogen auf unsere eigene Existenz zu einem bestimmten Zeitpunkt, gewichtet mit der Summe unserer Erfahrungen. Kurzfristig wie unsere eigene Existenz unter dem Aspekt begrenzten individuellen Wissens.

Die Logik des Systems wird durch den Filter unserer eigenen Existenz subjektiviert. Die Wertigkeit der Logik ändert sich mit dem Grad unserer Betroffenheit. Auf die Struktur des Universums oder des Atoms können wir uns leicht verständigen und verschiedene Hypothesen nebeneinander gelten lassen. Bei der auf Wahrscheinlichkeiten aufgebauten Quantentheorie haben wir – und hatte selbst Einstein – Schwierigkeiten des gedanklichen Nachvollzugs. Bezogen auf unsere eigene Existenz sind wir kaum bereit, die subjektive Logik anderer gelten zu lassen. Das Hinnehmen der Existenz mehrwertiger Logik aber ist Grundlage der Toleranz. Toleranz ist Einsicht in die eigene Fehlermöglichkeit und die Verallgemeinerung dieser Tatsache.

Wo Toleranz fehlt, ist Autorität als Ordnungsfaktor erforderlich. Toleranz der Gruppe gegenüber wird durch Unterwerfung gegenüber der Autorität ersetzt. Eine Strecke zwischen zwei Punkten scheint leichter kontrollierbar zu sein als ein Stern, dessen Strahlen ins Unendliche verlaufen. Wir vergessen dabei, dass auch Autorität sich aus den Aktionen der Gruppe bestimmt. Wir tauschen unmittelbaren gegen repräsentativen Einfluss, um unseren Informationsstrom zu vereinfachen.

Im psychologischen Sinne ist die Identifikation mit der Autorität für den Einzelnen – zumindest teilweise – Identifikation mit dem Aggressor. Das Individuum kann seine eigene Ohnmacht nicht ertragen und löst diesen Konflikt durch Identifikation mit der Ursache seiner Frustration, seines Stresses (Stockholm-Syndrom). Der Ordnungsrahmen ist wieder hergestellt, das Individuum kann sich im Abglanz der Autorität sonnen und dieses

Gefühl mit anderen teilen. Daraus bezieht der Einzelne Selbstbestätigung, das System stabilisiert sich.

Restfrustrationen baut das Individuum gezielt ab: den Wunsch nach Reichtum durch Beteiligung an Gewinnspielen und Lotterie, den Wunsch nach Kampf durch Teilnahme als Zuschauer am Massensport. Ein dumpfes Gefühl von Ergebenheit, des Schuldens von Treue, der eigenen Teilhabe, entsteht.

Neid, Brot, Spiele

Die Masse ist nur allzu bereit zu glauben, was ihr versprochen wird. Vor der Wahl 2017 in Deutschland versprachen linke Parteien die Einführung einer Millionärssteuer. Laut Statistik gibt es in Deutschland 17.400 Millionäre mit einem Durchschnittseinkommen von 2,7 Mio. Euro im Jahr. Würde die Steuer in dieser Einkommensgruppe um 10 % erhöht, dann bekäme jeder Deutsche keine 5 Euro pro Monat. Dummenfang vor der Wahl, der Stimmen bringt. Neid ist eine mächtige Motivation, die sich Demagogen zunutze machen.

> Neid ist eine mächtige Motivation, die sich Demagogen zunutze machen.

Anscheinend macht sich niemand Gedanken, was mit dem Geld der Millionäre geschieht. Nach dem dritten Steak am Tag ist der Nahrungsbedarf gestillt. Der Rest des Geldes schafft Arbeitsplätze, selbst wenn der reiche Mann oder die reiche Frau sich eine neue Yacht oder ein Schloss bauen lassen. Nur erkennt Neid das nicht. Fließt dagegen das Geld an den Staat, entsteht zuerst eine neue, teure Verteilungsbürokratie. Der Rest – siehe die Beispiele in den vorigen Kapiteln – wird nicht gerade wirtschaftlich verantwortlich verwendet. Umverteilung ist Machtpolitik. Geld ist wirtschaftliche Macht, die politische oder administrative Macht gefährden könnte, weil ihr wirtschaftlicher Wirkungsgrad meist höher ist.

Oxfam nennt 2017 die acht reichsten Männer der Welt und weist auf die Ungerechtigkeit der Vermögensverteilung hin. Aber keiner dieser Männer hat sein Vermögen geerbt. Das heißt, die gleiche Chance hätte allen Menschen zur Verfügung gestanden.

Auch Bildung ist nicht Voraussetzung für Erfolg. Viele Erfolgreiche haben keinen abgeschlossenen Bildungsgang, sind Schul- oder Studienabbrecher. Steve Jobs, Mark Zuckerberg, Michael Dell, Erich Sixt, Rene Benko – Namen die wir alle kennen.

Der Ersatz der kritischen Distanz durch emotionelle Ergebenheit räumt Demagogen den Einfluss ein, den sie benötigen, um das irreale Weltbild ihrer Ideologie als absoluten Maßstab menschlichen Seins zu präsentieren. Wir alle kennen die freudige Zustimmung der Massen auf Goebbels Frage: »Wollt ihr Kanonen statt Butter?«

Brot und Spiele nutzten schon die alten Römer, um die Massen zufriedenzustellen. Und so stört es niemanden, wenn Fußballgott Ronaldo, der höchstbezahlte Sportler der Welt, 83 Millionen Euro im Jahr verdient. Körperliche Begabung kann man nicht vervielfachen, sie ist einzigartig. Kaum jemand, der mit angelerntem Wissen über die Ungerechtigkeit der Kapitalverteilung in der Welt diskutiert, erkennt, dass das auch für die Begabung mit praktischer Intelligenz gilt.

> Brot und Spiele nutzten schon die alten Römer, um die Massen zufriedenzustellen.

Außenseiter werden zur Bedrohung, gefährden die Geschlossenheit des irrealen Weltbildes. Autorität wird zur Unterdrückung, Administration zum Zwang. Die eigene kritische Beurteilung des Administrationssubjekts soll auf jeden Fall verhindert werden. Die Autorität monopolisiert mittelbar die Medien, deren Unterstützung sie aufgrund ihres finanziell entscheidenden Einflusses erfahrungsgemäß in hohem Maß erwarten kann. Totalitäre Administrationen verbieten die Kenntnisnahme nicht im eigenen Sinne beeinflussbarer Medien – natürlich mittelfristig ohne Erfolg, solange nicht, wie in Nordkorea, die Verbindungen zur weltweiten Informationsstruktur ganz gekappt und durch ein internes Weltbild ersetzt werden. Um das Messen des eigenen Misserfolges an der Inflation zu vermeiden, werden Preise von der Autorität statt vom Markt festgesetzt. Es kommt folgerichtig zu Verknappungen der Produkte. 2017 sind selbst in Venezuela, einem der ölreichsten Länder der Erde, die Lebensmittelregale leer.

Im Gegenzug wird Arbeitsleistung durch ideologischen Gruppendruck erzwungen. Statt konvertierbarer Zahlungsmittel verlieh die ehemalige UdSSR den Titel »Held der Arbeit«. Noch heute sitzen stolze Veteranen mit der Brust voll wertlosen Blechs in der ersten Reihe öffentlicher Veranstaltungen. Die Identifikation der Masse mit ihrer Arbeit vermindert sich, wenn der unmittelbare Erfolg fehlt, die Qualität leidet. Direkte Verantwortung wird nicht mehr gefühlt. Eigeninitiative dient nicht mehr der besseren Leistung und deren Bewertung durch den Markt, sondern bestimmt sich nach der Erwartungshaltung der Ideologie. Der Wirkungsgrad sinkt. An die Stelle des Austausches von Geld tritt die Kompensation, wertsubjektiviert auf die eigenen Bedürfnisse. Ein grauer Markt entsteht. Gesetze und andere restriktive Maßnahmen sollen das erfolglos verhindern. Die Irrealität der Administration wird sichtbar.

Sündenböcke werden aufgebaut, deren gemeinsames Kennzeichen Effizienz, Kreativität und geringer numerischer Anteil ist. Sie sollen vom Versagen der Autorität ablenken. Auf sie projiziert die Autorität das für alle sichtbare Resultat eigenen Unvermögens. Dabei stillen diese Sündenböcke nur Defizite der Administration. Sie beziehen ihre Existenzberechtigung im Markt aus Fehlern des administrativen Verteilungssystems und machen damit für alle sichtbar, wo Verwaltung versagt. Schwarzhändler, Grundstücksspekulanten, Unternehmer, Abweichler, multinationale Konzerne: jedes System braucht seinen eigenen »Watschenmann«, der dieselbe Rolle erfüllt wie Hitlers nicht existente Wunderwaffen bei der Verlängerung des Zweiten Weltkrieges.

Die einzige Gefahr für den Einzelnen ist die Autorität, die ihre Rolle als Ordnungsfaktor überschätzt und sich selbst für unverzichtbar hält. Die durch derartige Autorität aufgehaltenen Veränderungen erfolgen abrupt, explosiv, es gibt Tote. Eine neue Moral wird postuliert. Die Auslöschung von Leben wird als Sicherungsfaktor der Autorität ideologisch gerechtfertigt. Der Nachteil für den Einzelnen als Vorteil für viele ist in jedem System die Basis der Philosophie.

Der anfängliche Erfolg dieses Ansatzes, finanziert durch Umverteilung und Enteignung, bestärkt die Führung in ihrem Elitedenken, der Kontakt mit den Resten der Wirklichkeit geht verloren. Der neue Mensch wird geplant, angepasst an die irreale Wirklichkeitsdefinition der Führung, die wirtschaftliche Maßstäbe negiert. Ein Ziel für Generationen wird programmiert. Die Führung hat ihr irreales Leitbild – und damit sich selbst – langfristig verankert.

Die Veränderung des Menschen wird hingenommen, anstatt die Realitäten anzuerkennen. Schon die römischen Kaiser ließen sich zum Gott erheben. Das »gesunde Volksempfinden« ersetzt den gesunden Menschenverstand. Wir benutzen andere Worte, die Inhalte unserer sprachlichen Verständigung nutzen sich durch Missbrauch ab. Heute ist es nicht die Göttlichkeit. Für den einen ist es der Friedensnobelpreis, für Idi Amin war es der Ehrendoktor oder der Generalsrang.

Autoritäre Administration füllt Wertbegriffe mit Leerformeln, »alternativlos« und »postfaktisch« sind beliebte derartige Begriffe. Maßstäbe werden manipuliert und zielen auf die große Masse derer, die Form für Funktion halten. So werden Ehrentitel zu Schimpfwörtern, Orden zu Routineblech, die Stromlinie zum Kitsch, Geldscheine zu Makulatur. Inflation erstreckt sich auf alle Formen des Gegenwertes, den der Einzelne im Austausch gegen Leistung anerkennt. Der Titel Direktor, beispielsweise in den USA »Senior Sales National Director« für einen besseren Verkäufer, soll Versicherungsvertretern Ansehen verleihen, das ihnen der Markt nicht zubilligt. Der Begriff Abitur soll ersetzen, was an praktischem Wissen und wirtschaftlicher Kreativität fehlt. Die Robe und das Barett des Richters sollen einem Gesetz Ansehen verschaffen, dessen Fragwürdigkeit die Zeit be-

> Autoritäre Administration füllt Wertbegriffe mit Leerformeln, »alternativlos« und »postfaktisch« sind dann beliebte Begriffe.

weist. Der Rang der Uniform ersetzt beim Militär das Denken – bunte Farben statt Kritik am Töten. Der Titel Innenarchitekt tarnt Möbelverkäufer. Die Bezeichnung Berater ist ein Euphemismus für Überredungskünstler.

Wissen wird manipuliert. Maßstäbe verlieren ihren Wert. Inflation entsteht. Der Kreislauf der Energie schließt sich. Numerische Maßstäbe werden verteufelt, da der Ordnungsrahmen emotionell bestimmt wird. Emotionen werden ideologisiert, Ideologien subjektiviert, Subjekte emotionalisiert, Zahlen diskreditiert. Auch dieser Kreis schließt sich.

Alles fließt. Schon zur Zeit Heraklits leistete der gesunde Menschenverstand gute Dienste.

Das Karussell der Eitelkeiten bezieht seinen Antrieb aus dem persönlichen Differenzierungsbedarf des Einzelnen. Es dreht sich um sich selbst. Das Ziel ist Stillstand, nicht Veränderung, und dieser Stillstand wird teuer bezahlt. Der Verlust an Energie schadet dem Gesamtsystem, verzögert positive Veränderung. Langfristig wird im Rahmen der Evolution der Beitrag des Menschen entbehrlich. Bessere, effizientere Formen des Daseins für den gleichen Zweck sind vorstellbar. Der Mensch ist der hohen Ebene des verlangten Wirkungsgrades nicht angepasst, nicht gewachsen. Massen höherer Informationsdichte sind erforderlich, um feinere Differenzierungsmöglichkeiten der Evolution zu erkennen, langfristige Zusammenhänge sichtbar zu machen.

So wie das Auge der Fliege die Bewegung des Angreifers beschleunigt und damit dem System Fliege höhere Sicherheit verleiht, so ist für die nächste Stufe der Evolution ein System erforderlich, das die Zeit rafft, im Strom der Zeit verstreute Informationspartikel zur Erkenntnis kondensiert. Ein System, das in der Lage ist, kleine Ursachen auf ihre großen Auswirkungen hin zu werten. Wenn dem Menschen die Anpassung nicht möglich ist, wird seine körperliche Existenz zur Bedrohung des Gesamtsystems, dessen Zielentwurf uns unbekannt ist. Wenn Information getrennt vom Menschen gespeichert und kreativ verarbeitet werden kann, wird der Mensch überflüssig, es erlischt nur eine weitere Art auf dem Planeten. Das System besteht weiter.

Die Art Mensch hat sich den Platz Gottes angemaßt und versagt. Sie hat die marktbildende Funktion der Schöpfung als Maßstab negiert und ihre eigene Unfähigkeit in den Mittelpunkt der Dinge gestellt. Sie hat absolute Maßstäbe auf die eigene Existenz subjektiviert. Die Natur wird diese Eingriffe durch Beseitigung des Störfaktors korrigieren, denn ein System, dessen Mittelpunkt der Mensch und seine Unfähigkeit ist, ist nicht vorstellbar. Ideologie kann Energie nicht ersetzen.

Die gewollte Vernichtung von Lebenszeit – die Tötung – erhöht den natürlichen Zins der Population. Denker wie der Zukunftsforscher Herman Kahn »philosophieren« über die mögliche Tötung von Milliarden Menschen durch die Atombombe. Andere, wie Erich Fromm im Zusammenhang mit seiner Erörterung der Nekrophilie, ziehen daraus den Schluss, dass eine Aufgabe der Atombombenproduktion unsere Gemeinschaft wieder menschlicher werden ließe. Aber auch das ist ein im technischen befangener Ansatz, der nicht berücksichtigt, dass auf anderen Gebieten – seien sie biologischer oder anderer Art – dieselben Instrumentarien zur Verfügung stehen oder entwickelt werden können.

Wir haben erkannt, dass Wissen, umfassendes, ungeteiltes, zumindest jedem Individuum zugängliches Wissen den natürlichen Zins senkt. Nicht die Aufgabe der Bombe, sondern der freie Zugang zu allem verfügbaren Wissen ist die Voraussetzung zu wahrer Menschlichkeit. Wo Geheimnisse nicht bestehen, wächst Vertrauen. Wo aber die Lüge anerkanntes Mittel der Politik ist und Wahrheit mitleidig als Dummheit belächelt wird, da trifft Fromms Theorie von der Nekrophilie moderner Gesellschaften zu.

> Nicht die Aufgabe der Atombombe, sondern der freie Zugang zu Wissen ist die Voraussetzung für Menschlichkeit.

Da Wissen auf vielen Gebieten nur Einzelnen zur Verfügung steht, ist statt der Vernunft der Gemeinschaft ein automatisches

Korrektiv zur Neutralisierung von Wissensdifferenzen erforderlich.

Die Inflationsrate ist ein derartiges Korrektiv. Sie ist praktisch eine Steuer, die die Bereitschaft des Durchschnittsindividuums zur Zahlung ungerechtfertigter Gegenwerte zeitverzögert ebenso monetär proportional bestraft, wie sie den ungerechtfertigt akkumulierten monetären Gegenwert proportional zu dessen Höhe in seiner Substanz vermindert. Die Inflationsrate könnte damit ein absoluter Maßstab für die Gerechtigkeit eines Verteilungssystems sein, da sie proportional die Unterschiede zwischen gerechtem Verdienst und monetärem Gegenwert relativ zur Wissensverteilung ausgleicht.

Durch die Normalverteilung erklärt sich auch, weshalb politische Systeme, die sich an den statistischen Durchschnitt wenden, im Normalfall höhere monetäre Inflationsraten aufweisen. Hier wirkt sich die überproportionale Verteilung geringer monetärer Gegenwerte an eine größere Anzahl von Individuen stärker aus als die Verteilung großer Gegenwerte an wenige Privilegierte. Gleiches ist der Fall, wenn die der Normalverteilung zugrunde liegende Stichprobe zu klein ist. In diesem Sinne sind alle Regierungsformen Stichproben aus der Grundgesamtheit Menschheit.

Wie die Stichproben zu zeigen scheinen, handelt es sich bei dieser Grundgesamtheit um sehr homogenes statistisches Material, da die Abweichungen der Verteilungsdifferenzen bei verschiedenen Regierungsformen keine großen Unterschiede aufzuweisen scheinen. Es wäre interessant, diese Annahmen mathematisch zu verifizieren.

Wirkungsgrad der Gruppe

Regierungsformen, die sich an den statistischen Durchschnitt wenden, versuchen erfolglos, den Wirkungsgrad der Energie durch Umverteilung des monetären Gegenwertes vom Individuum auf das Kollektiv zu verbessern. Durch mangelnde individuelle Kontrolle ergibt sich hier ein potentiell höherer monetärer Wertverlust.

Dazu trägt bei – wieder eine Annahme auf der Grundlage der Normalverteilung –, dass kleine Fehler bei zentral verwalteten Abläufen größere Wirkungen zeigen, als große Fehler in Einzelfällen. Und kleine Fehler sind aufgrund von Bequemlichkeit schon als fast sicher aufzunehmen, wenn die Eigeninitiative vom Staat übernommen wird und die Identifikation des Individuums mit seiner Aufgabe abgeschwächt wird. Dazu kommen bei vielen Planungssystemen die mangelnde bzw. träge Rückkopplung und die kollektive Entscheidung auf der Grundlage falschen Demokratieverständnisses.

Im Sinne höherer Verwertung der Energie ist der Wirkungsgrad beim Prozess der Entscheidungsfindung genauso wichtig wie das Resultat der Entscheidung. Zu oft wird heute vergessen, dass die angestrebte Gerechtigkeit und Güte einer Entscheidung für eine begrenzte Anzahl von Individuen Ungerechtigkeit und Verlust an Wirkungsgrad für eine große Anzahl von Individuen mit sich bringt, da diese Nachteile pro Einzelindividuum gering sind.

Der Verlust an Lebenszeit erscheint uns tragisch, wenn damit das Ende individueller Existenz verbunden ist. Verschwendete Lebenszeit, die nicht mit dem Abschluss individueller Existenz verbunden ist, wird für das einzelne Masseteilchen in den wenigsten Fällen Anlass zu zielgerichteter Aktion. Der Reibungsverlust des Systems wird akzeptiert, Lebenszeitverschwendung durch nicht optimale Verwaltung toleriert. Die Menschen in Los Angeles fahren laut FORTUNE zusammen 480 Millionen Straßenkilometer am Tag und sitzen durchschnittlich 90 Stunden im Jahr im Stau, verlieren wertvolle Lebenszeit. Wenn jeder Deutsche am Tag nur zehn Sekunden durch unnötige Eingriffe des Staates in den Regelungsprozess des Marktes verliert, dann sind das umgerechnet 100 Menschenleben mit je 73 Jahren Lebensdauer im Jahr. Der volkswirtschaftliche Schaden,

> Ein früher Tod erscheint uns tragisch. Verschwendete Lebenszeit bewegt uns nicht.

ganz abgesehen von der Belastung der Umwelt, durch mangelnde oder falsche Planung ist immens.

Dort, wo aber individuelle Existenzen der eigenen Gruppe dem Machtanspruch der Administration geopfert werden und der einzelne Tod festgestellt werden kann, erhebt sich wütender Protest, gilt Administration als unmenschlich. Sind die Toten aber Feinde der wie auch immer von der Administration definierten Gemeinschaftsphilosophie – Juden, Homosexuelle, Debile, Partisanenangehörige, Erbkranke, Kommunisten oder andere –, dann ist Tod akzeptabel, und jeder trägt seinen, meist kleinen Teil dazu bei. Risiken sind für die Summe der am Mord Beteiligten, wie in Deutschland nach dem Zweiten Weltkrieg, kaum zu befürchten. Im Gegenteil: Andere Länder machten sich deren Knowhow zunutze. Auch der neue demokratische Staat kann auf ihre administrative Begabung nicht verzichten.

Mathematisch ist es das Gleiche, ob der Verlust von Menschenleben sich auf eine Gruppe mit kleinen Anteilen je Mitglied oder auf die ganze Lebenszeit einen einzelnen Menschen bezieht. In jedem Fall handelt es sich um die Lebenszeit Dritter. Administrative Prozesse, die Lebenszeit Dritter verschwenden, sind Prozesse zur Vernichtung von Menschenleben. Ein planwirtschaftliches System, welches den Bedarf so ungenügend regelt, dass zur Deckung des individuellen Bedarfs Schlangestehen vor den Abgabestellen der täglichen Versorgung zum Tagesablauf gehört, vernichtet produktive Lebenszeit genau wie eine Diktatur, die sich zur Machterhaltung ihrer Gegner entledigt, oder eine Demokratie, die die Effizienz des Marktes durch ein Verteilungssystem geringen Wirkungsgrades ersetzt.

Geld ist nur ein mittelbarer Maßstab für Gerechtigkeit. Produktive Lebenszeit, gewichtet mit dem Wirkungsgrad des Individuums, ist Kapital. Vernichtete Lebenszeit ist Kapital, das der Masse entzogen wird. Der Wirkungsgrad eines zielgerichteten administrativen Prozesses muss im Aufwand der Güte des Ziels entsprechen. Wenn ein administrativer Prozess die admi-

> Vernichtete Lebenszeit ist Kapital, das der Masse entzogen wird.

nistrierte Masse mehr belastet, als es die Qualität des Zieles rechtfertigt, auch wenn die Belastung für das einzelne Masseteilchen gering ist, dann findet dieser Prozess zum Schaden der Masse statt.

Geringfügige Verbesserungen in der Qualität des Zieles rechtfertigen nicht einen quantitativ höheren Aufwand an Lebenszeit, auch wenn die Belastung des Einzelindividuums nur gering ist. Nicht die geringe Belastung des einzelnen Individuums ist Kriterium für die Gerechtigkeit eines Prozesses, sondern der Gesamtaufwand an Kapital im Vergleich zum erreichten Ergebnis. Extreme Beispiele bietet auf diesem Gebiet das deutsche Baurecht, mit dem die Administration in einen sehr kapitalintensiven Bereich eingreift. Bei Planungsfristen von 8 bis 10 Jahren ist oft das Produkt Haus doppelt so teuer wie bei Planungsprozessen, die auch wirtschaftliche Betrachtungsweisen als Maßstab ihrer Berechtigung akzeptieren. Lebenszeit wird vernichtet, Ungerechtigkeit trifft die ohnmächtigen Subjekte dieser administrativen Prozesse, ohne dass der Masse entsprechende Vorteile zuwüchsen. Administration wird zum Selbstzweck. Gerechtigkeit ist in diesem Sinne der Transfer von in Kapital gebundener Energie, Lebenszeit, mit möglichst geringen administrativen Verlusten im Wirkungsgrad.

Die Gerechtigkeit der Gruppe bestimmt sich aus dem Wirkungsgrad ihrer Glieder, bezogen auf die gemeinsame Lebenszeit. Auf Dauer lassen sich Entscheidungen nur rechtfertigen durch die Güte ihres Wirkungsgrades, mit dem die zur Verfügung stehende menschliche Energie genutzt wird. Diese Gewähr bietet kein kollektives Entscheidungssystem, das von Intelligenz, Information und Fachkenntnissen unabhängig ist. Wenn die Qualität einer Entscheidung die Kosten der Entscheidungsfindung nicht mehr rechtfertigt, stellt sich das Ordnungssystem selbst in Frage.

Regieren ist kein Ding für Leute von
Charakter und Erziehung! Niederträchtig,
unwissend muss man sein!

Aristophanes (ca. 450 v. Chr. - 380 v. Chr.),
griechischer Komödiendichter

Kapitel 14

Demokratie und Administration

Repräsentative und echte Demokratie

Schon im Protagoras stellt Platon die Frage, weshalb zur Politik Sachverstand nicht erforderlich ist. Sokrates lehnt die Demokratie hellenischer Form ab. Und schon Aristophanes verspottet in seinem Lustspiel »Die Ritter« die Unzulänglichkeiten eines in sachunkundiger quantitativer Bestimmung erstarrten demokratischen Systems.

Sklave, im Gespräch mit einem zum Volksvertreter aufgestiegenen Wursthändler: »Du bist gut dafür geeignet, weil du gemein bist, frech und pöbelhaft, Politik ist keine Sache für Leute von Charakter und Erziehung. Niederträchtig, unwissend muss man sein.«
Wursthändler: »Aber wie soll ich das Volk regieren?«
Sklave: »Spottleicht! Du machst es gerade wie bisher, Du hackst und rührst den Plunder durcheinander, hofierst dem Volk und streichst ihm süße Wörtchen wie ein Ragout ums Maul. Du hast ja, was ein Demagoge nur immer brauchen kann: Die schönste Brüllstimme, bist ein Lump von Haus aus, ein Krämer, kurzum, ein ganzer Politiker. Darum trink bekränzt dem Genius der Dummheit.«

Schon Aristophanes erkannte also, dass im Zeitalter der Verwaltung von Teilwissen durch dafür ausgebildete Spezialisten ein quantitatives Votum weiten Spielraum für Manipulationen aller Art bietet. Und Schiller schreibt im Demetrius:

Was ist die Mehrheit? Mehrheit ist der Unsinn.
Verstand ist stets bei wenigen nur gewesen.
Bekümmert sich ums Ganze, wer nichts hat?
Hat der Bettler eine Freiheit, eine Wahl?
Er muss dem Mächtigen, der ihn bezahlt,
um Brot und Stiefel seine Stimm' verkaufen.
Man soll die Stimmen wägen und nicht zählen.
Der Staat muss untergeh'n, früh oder spät,
wo Mehrheit siegt und Unverstand entscheidet.

Griechenland gilt als Wiege der Demokratie. Aber schon dort unterschied sich die Bevölkerung in wählende Bürger und nicht wahlberechtigte Sklaven. Im Deutschland nach der Anwerbung von »Gastarbeitern« und der Aufnahme von Flüchtlingen ist es 2017 nicht anders.

Wie gut ist das Prinzip unserer rein quantitativ ausgelegten Demokratie? Sie wird als unbedingte Voraussetzung für die Gerechtigkeit unserer staatlichen Existenz hingestellt. Zugleich wird aber hingenommen, dass im Rahmen übergeordneter Organisation, beispielsweise der UNO oder der EU, eine Stimme Maltas das gleiche Gewicht hat wie etwa 600 Stimmen Amerikas oder 200 Stimmen Deutschlands. Ist das nicht ein unbewusster Hinweis darauf, wie sehr sich unsere Regierungen mit dem Staat verwechseln, wenn hier eine staatliche Stimme mit der anderen gleichgesetzt wird? Vom Informationsgehalt der zugrunde liegenden Stimmen ganz zu schweigen. Was würde in Deutschland geschehen, wenn die Stimme eines Bayern so viel Wert wäre wie die von 250 Norddeutschen?

Ganz abgesehen davon sucht jede demokratisch gewählte administrative Struktur durch sinnlose Geheimhaltung interner Vorgänge, den demokratischen Stimmbürger soweit wie möglich zu entmündigen. Sofort nach der Wahl erscheinen den Gewählten die Prinzipien der Sachkunde und der eigenen Intelligenz – im Gegensatz zu ihren lauten Bekundungen zur absoluten Gleichheit aller Individuen vor der Wahl – wieder logisch.

Der einzige Gradmesser für die Vorteile, die ein Administrationssystem dem Individuum bietet, ist die Art der persönlichen Betroffenheit, relativ zu anderen Individuen. Das beste System ist jenes, das dem Einzelnen maximale und unmittelbare Bestimmung seiner eigenen Existenz bei minimaler Bestimmung über die Existenz anderer einräumt.

Ein derartiges System könnte durch dressierte Affen administriert werden, denn seine Abläufe ergäben sich fast automatisch aus dem geringsten Wirkungsverlust beim Energiefluss. Wahrscheinlich wären wir nicht bereit, die Repräsentation der Staatsform an Affen zu delegieren, da der Ordnungsrahmen unseres Selbstverständnisses dies nicht ertragen könnte. Nichts anderes aber geschah bei den vielen Tiergottheiten, auf die noch heute bestimmte Eigenschaften der Gemeinschaft projiziert werden. In einer überschaubaren Gemeinschaft war die Erkenntnis einfach, dass der andere nicht über übermenschliche Eigenschaften verfügte. Erst die Priester als Administratoren der projizierten Funktion konnten sich Omnipotenz anmaßen. Ihre Menschlichkeit war bekannt, aber ihre Schwächen wurden durch die von ihnen definierte Kraft der Gottheit kompensiert.

Heute heißt die Gottheit Demokratie. Und ähnlich administrieren ihre Priester – Beamtenschaft und Legislative – heute den Staat. Institutionalisiert als Diener der Gemeinschaft bei der Verwaltung der Funktion des höheren Wesens Staat identifizieren sich die Diener des Staates mit seiner Potenz. Die äußeren Attribute dieser repräsentativen Potenz entsprechen den Symbolen persönlicher Potenz. Persönliche Bedienstete, Vorzimmer, Teppichgröße, Leibwächter, große, schwarze Dienstwagen und dergleichen mehr verdecken die eigene Unzulänglichkeit. Das Symbol wird wichtiger als die Leistung. Administrierte Potenz wird zu persönlicher Macht, Macht zum Leitbild der Administration. Der dressierte Affe als Symbol des idealen, individuell unbeeinflussbaren Systems wird zum Kraftquell für seine Repräsentanten.

> Vorzimmer, Leibwächter und große Dienstwagen verdecken die eigene Unzulänglichkeit. Das Symbol wird wichtiger als die Leistung.

Als bestes bekanntes System gilt allgemein die repräsentative Demokratie westlicher Form. Trifft das zu, dann liegt der Umkehrschluss auf die Qualität seiner Verwaltung nahe. Sind Verwalter dagegen im menschlichen Sinn individuell differenzierbar, dann lassen sich daraus wieder Hinweise auf die Güte des Systems ableiten. Wenn ein Individuum oder eine Gruppe Individuen ein bestimmtes System propagiert, um dessen Administration zu übernehmen, dann muss dieses System große Nachteile haben. Gute

Systeme erfüllen ihren Zweck für die Allgemeinheit ohne individuelle Einflussnahme.

Auch das Prinzip der *repräsentativen* Demokratie ist die Autorität. Die freiwillige Delegation von Autorität auf die Repräsentanten des Systems ist die Wahl des kleineren Übels. *Echte* Demokratie hingegen ist delegierte Toleranz bei persönlicher Autorität. Das Machtpotential eines derartigen Systems ist gering. Es erfordert eine andere Art von Repräsentation. Die tolerante Duldung Mahatma Gandhis ist etwas anderes als die autoritäre Führung westlicher Volktribunen, die – gestützt auf die Konsumideologie unkritischer Massen – ihre persönliche Selbstbestätigung suchen. Sie verteilen dabei einen Produktivitätszuwachs, der von anderen geschaffen wurde, und stellen den daraus resultierenden Mehrkonsum als persönliche Leistung hin. So wird wirtschaftlicher Erfolg immer der Erfolg der Regierung.

Die Ideologie dieser Tribunen pervertiert so weit, dass Verbesserungen im Wirkungsgrad der Arbeit, die mehr Freiheit für die geistige Betätigung des Individuums ermöglichen, diskreditiert werden. Die Administrationsfähigkeit dieser Repräsentanten ist so gering, dass die aus dem Produktionszuwachs resultierende Minderarbeit nicht umorganisiert werden kann. Zuerst wird versucht, den Produktionszuwachs in Konsumzuwachs zu transferieren. Die Unverzichtbarkeit der wirtschaftlichen Zuwachsrate wird zur Ideologie. Die gesamte Gesellschaft wird allein der Wirtschaftlichkeit unterworfen; Hausfrauen sind unproduktiv, auch messbar an deren Rente.

Der Konsum, besser seine Reste, machen unseren Lebensraum unwirtlich. Selbst bei der Steuerung des Materialzyklus' versagt der Staat als Ordnungsfaktor. Was nicht sichtbar erwünscht wird, wird versenkt. Mafia, Wirtschaft und Staaten handeln da übereinstimmend. Müll, Giftgas, Atomabfälle, Plastiktüten, mit Tritium verseuchtes Wasser aus Fukushima: Das Meer nimmt alles auf. Man setzt auf das Vergessen der Masse.

Da die eigene Unfähigkeit nicht zur Disposition steht, wird der Produktivitätszuwachs verteufelt, vor zwei Generationen noch das

```
P 139 139 ZDFtext Sa 15. 07. 17 19:46:25
ZDFtext                    heute
Nachrichten

Frauen erhalten in Deutschland nur halb
so viel Rente wie Männer

Frauen beziehen im Alter durchschnitt-
lich 47 Prozent von dem, was Männer er-
halten, wie die "Passauer Neue Presse"
unter Berufung auf eine Antwort des
Bundesarbeitsministeriums auf eine An-
frage der Grünen-Bundestagsfraktion be-
richtete. Die Rentenlücke beträgt damit
53 Prozent.

In den neuen Bundesländern liegt die
Rentenlücke den Angaben zufolge bei 28
Prozent, in den alten bei 58 Prozent.
Die Bundesregierung geht davon aus,
"dass sich der Trend auch in Zukunft
fortsetzen wird", wie es in der Antwort
des Ministerium heißt.
   114 <- Wirtschaft              -> 140
     139        200       300         400
```

Ideal für die geistige Befreiung des Menschen von den Zwängen seiner Körperlichkeit. Die Automation, der Computer, die Elektronik werden zu Feindbildern im Kampf um den Arbeitsplatz. Politik und Gewerkschaften verzögern gemeinsam die Produktionsfortschritte des Marktes, um ihre Funktion nicht zu gefährden: Roboter wählen keinen Gewerkschaftsboss. Unfähig, der Masse geistige Freiheit zu gewähren, sucht die Administration neue mechanische Zwänge zur Disziplinierung ihrer Untertanen. Geistige Freiheit könnte Kritik bringen, und berechtigte Kritik wäre das Ende eines unzulänglichen Systems Der nachdenkende Mensch wird aufmüpfig, gefährdet den bequemen Status quo.

Neue Konsumleitbilder werden geschaffen, werden über die Grenzen getragen. Die eigene Unfähigkeit wird dort als Beispiel hingestellt, wo Menschlichkeit aus dem Zwang der Körperlichkeit heraus noch funktioniert. Ob Nestlé Babynahrung oder die Politiker die Ideologie einer Industriegesellschaft in Entwicklungsländer kurz nach der Steinzeitstufe exportieren, ist dasselbe. Beides ist dort tödlich. Repräsentatives Denken für andere, umgesetzt in TV-Werbung, ersetzt nicht deren Selbstbestimmung in Freiheit, den Gewinn subjektiver eigener Erfahrung.

Scheinheilige Repräsentanten

Die materielle Grundlage der Körperlichkeit macht eigenes Denken erst möglich. Die materielle Grundlage aber wird nicht geteilt. Ihre Erhaltung ist Rechtfertigung der eigenen Autorität. An die Stelle der Teilung tritt die eigene Konsumerwartung als Leitbild für andere, während Zölle und Grenzen den eigenen Wohlstand stützen. Merkwürdige Koalitionen entstehen. Die Repräsentanten der Demokratie sind stolz auf ihre Beziehungen zu Systemen, die das eigene Volk mit brutaler Hand unterdrücken. Solange noch eine imperialistische Ausdehnung der Wirtschaftsmacht möglich scheint, werden selbst die Beziehungen zu Schreckensherrschaften aufrechterhalten und beispielsweise in einige arabische, afrikanische und asiatische Länder Waffen direkt oder indirekt geliefert, um »Arbeitsplätze zu erhalten«. Die Toten verantworten andere.

Wo wirtschaftliche Erfolge gefährdet erscheinen, tritt harsche Kritik an die Stelle der Freundschaft zwischen den Völkern. So bezeichnete der deutsche Kanzler Helmut Schmidt die Türkei als »Saustall« (Stern 44/1979) – ein Land, das seine Wirtschaftskraft jahrzehntelang als Eckpfeiler der NATO der Sicherung der Gemeinschaft westlicher Demokratien geopfert hat. Noch 2017 ist dem »christlichen« Abendland jeder Anlass recht, die bestehenden Aversionen gegen die Türkei neu zu instrumentalisieren. Das Christentum wird zur Leitkultur deklariert. Laizismus ist nur noch ein Lippenbekenntnis. Erst werden westliche Konsumleitbilder exportiert, ein traditionell deutschfreundliches Land zur Verteidigung der gemeinsamen Ideologie veranlasst.

Von seinen angeblichen Freunden verlassen, zerfleischt sich ein Land dann im Zwiespalt westöstlicher Ideologien, die exportiert wurden, um den eigenen Einflussbereich der Vertreter dieser Ideologien auszuweiten. Ein Markt wird mit den Mitteln der Ideologie aufbereitet und für die eigene Industrie beansprucht. Erst Grenzen machen geografische Unterschiede zu politischen Mauern. Armeen von Beamten beziehen aus dieser politischen Separierung die Rechtfertigung ihres Daseins.

Der normale Kreislauf der Energie bestimmt sich nicht mehr nach kapitalistischen Energieflüssen, sondern nach politischen Ideologien. Kapitalismus bewertet das zukünftige Potential und fördert es im Eigeninteresse, politische Ideologie versucht, durch Verteilung von Almosen an Einflussbereich zu gewinnen – Almosen von der Waffe bis zum Informationssystem, zur Stützung einer Regierung, die von der eigenen Ideologie und nicht von den Bedürfnissen ihres Volkes bestimmt ist. Transport, Information, persönliche Rechte des Einzelnen werden beschränkt, um die Administration zu erleichtern. Die eigene Unzulänglichkeit gilt als absoluter Maßstab für andere Kulturkreise und wird als Leitbild für Dritte propagiert. Das Wohl Dritter dient der Zementierung der Unverzichtbarkeit der eigenen Position und ihrer Vorteile. So wandert die Ideologie einer Industriegesellschaft über die Grenzen, ersetzt menschliche Bindungen durch Konsumwettbewerb und schafft neue Anreize für die Disziplinierung von unkritischen Massen, denen eine geteilte Versorgungsgrundlage endlich mehr Menschlichkeit vermitteln könnte.

An zwei Fronten kämpfend versucht der Politiker – der Administrator –, das Gesetz von der Erhaltung der Energie außer Kraft zu setzen:

➤ Im eigenen Land versucht er, Produktivitätszuwachs zu verhindern, um Arbeitsplätze zu erhalten.

➤ Im entwicklungspolitischen Ausland versucht er, statt den möglichen Produktivitätszuwachs zur Hilfe für andere umzuorganisieren, Ideologie statt Energie einzusetzen, um einen

Energieabfluss zu verhindern, der die eigene Position vielleicht hinwegschwemmen würde.

So wird politische Administration zum Hindernis im ungestörten Strom der Energie, Ideologie zur Veränderung des Gefälles bei gleichbleibendem Höhenunterschied. Ein späterer Sturzbach ist die Folge. Unfähig, die absoluten Zwänge des Energiesystems zu erkennen, definiert der selbstbewusste Administrator sein gebrechliches Boot als Mittelpunkt im Strom der Zeit, bis der Sturzbach ihn mit sich fortreißt.

Kapitalismus ist die ungestörte Umsetzung der Primärfunktion Energie mit allen Vorteilen im Wirkungsgrad. Ungestörter Kapitalismus nährt im Eigeninteresse künftige Märkte und schafft so die beste Verteilung der bestehenden Energiebasis und ihres Produktivitätszuwachses im Ausgleich zwischen Anreiz und Leistung. Kapitalismus mit Fahne und Hymne, mit der die Gläubigen in den nächsten Krieg gelockt werden? Unvorstellbar.

Mehr als 50 Millionen Tote im Zweiten Weltkrieg sind eine bisher unbekannte Vernichtung von Produktivität. Marktwirtschaft und Kapitalismus sind humanere Steuerungssysteme als politische Administration.

Da Kapitalismus Energiekontrolle ohne politischen Machtanspruch ausübt, die Art seiner Energiegewinnung überschaubar ist, kann die Politik der unkritischen Masse suggerieren, dass jedes Masseteilchen mit Hilfe der Ideologie dieselbe Position erreichen kann wie der unpolitische Kapitalist. Das Konsumleitbild wird zum Zuckerbrot, die Umverteilungsideologie wird zur Peitsche, mit der politische Systeme Volkswirtschaften zu Tode reiten.

Effizientes Handeln erscheint leicht, weil Reibungswiderstände vermieden werden. Der Einzelne kann sich so einfach mit dem Leitbild identifizieren, das ihn selbst an die Schalthebel der Macht befördern soll. Das Unmögliche scheint möglich. Dass ihm kaum kontrollierbare repräsentative Macht entlockt wird, wo die Kon-

> Marktwirtschaft und Kapitalismus sind humanere Steuerungssysteme als politische Administration.

trolle primärer Macht über den Markt so einfach möglich ist, erkennt er nicht.

Leistungsmessung unerwünscht

Jedes politische System beginnt mit Vertrauen, in jedem System endet eine kleine Gruppe an den Schalthebeln der Macht, die ihren Nachwuchs sorgfältig selektiert. Erst wenn Nepotismus[1] Effizienz ersetzt, ist die langfristige Zukunft des Systems besiegelt. Oft dauert das nur Jahre, nicht Jahrzehnte, in der Wirtschaft wie in der Politik.

Ein kapitalistisches Steuerungssystem mit seinen geringen Arbeitsverlusten erscheint vielen Menschen unmöglich, da ihm die repräsentativen Attribute der Gemeinschaft fehlen. Repräsentation findet individuell statt, als Symbol für Leistung. Masseteilchen geringer Leistung werden mit ihrer eigenen Geringwertigkeit im System der Evolution konfrontiert. Deshalb haben es jene leicht, die eine abstrakte, produktivitätsunabhängige »Gerechtigkeit« postulieren, die dann selbstverständlich von ihnen verwaltet werden muss.

Es ist so einfach, das durchschnittliche Individuum zum potentiellen Machtverwalter zu erklären, dem alle Vorteile zustehen, wenn er nur die richtigen Repräsentanten delegiert. Wer will schon als minderwertig gelten, als Zentrum der Masse, weit weg von deren Exponenten. Der Wechsel auf die bessere Zukunft wird geglaubt und freudig akzeptiert. Eine bessere Zukunft ist ein besseres Heute für die Repräsentanten des neuen Systems, die – unabhängig von Leistungsnachweisen – Versprechen auf Versprechen häufen, bis die Inflation und Mangel sie Lügen strafen. Wo Politik versagt, weil sie Ideologie als Ersatz für Energie anbietet, setzt sich langfristig der Markt durch.

Politik kann nicht ertragen, als unfähig dazustehen. So versucht sie, die Verwalter der echten Energieströme, die Kapitalisten,

---

[1] Vetternwirtschaft; »Freunderlwirtschaft« in Österreich

seien sie groß oder klein, an die Kette zu legen. Dem entgegen kommt die Tatsache, dass zur Verwaltung des im Kapital gebundenen Energiestroms echte Kreativität erforderlich ist. Echte Kreativität streut über eine Häufigkeitsverteilung, die der Normalverteilung des Informationsstrukturrasters der Masse und ihren intellektuellen Fähigkeiten umgekehrt proportional ist.

Positive Kreativität ist echte Administration von Energieströmen, negative Kreativität ist ideologische Umleitung von Energieströmen im Sinne persönlich subjektiver Definition. Wenn negative Kreativität sich mit aus repräsentativen Potenzfunktionen abgeleiteter Macht paart, versucht sie, echte Kreativität, deren Macht auf unmittelbarer und produktiver Verwaltung der Energieströme beruht, zu majorisieren. Da nur wenige Individuen durch ihre Kreativität zur Administration der Energieströme mit hohem Wirkungsgrad in der Lage sind, ist es einfach, diese echten Leistungsträger, in deren Person Wissen, Arbeit und Energie zu primärer Macht kulminieren, zu diskreditieren.

Der individuell verfügbare Eigennutz der echten Machtausübenden hält sich in Relation zu ihrer Leistung in den durch ihre Körperlichkeit vorgegebenen Grenzen. Das System repräsentativer Macht kann den Nachweis echter Leistung zum Nutzen der Gemeinschaft nicht ertragen. Echte Leistung wird ideologisch abgewertet, in die Leistungskurve eigener Unfähigkeit eingeordnet.

Aber auch in der Politik ist Eigennutz, selbst bei linken Politikern, nicht unbekannt. Herbert Wehner († 1990), knallhartes linkes Urgestein der deutschen Sozialdemokraten, heiratete nach dem Beginn seiner Demenz 1982 seine ihn betreuende Stieftochter, offensichtlich um sie auf Kosten des Steuerzahlers zu versorgen.

Administration versucht, die Energiebeiträge des produktiven Individuums durch die Einführung ideologisch definierbarer Beiwerte der eigenen Machtausübung zu unterwerfen. Ideologie wird dabei zum Substitut für Energie und soll administrativ verursachte Verluste im Wirkungsgrad überdecken. Das von der Politik propagierte Konsumleitbild – in seinem Extrem demonstriert von den Trägern echter kapitalistischer, primär definierter Macht – wird von den administrativen Verwaltern repräsentativer Macht, denen die Funktion des Dienens den Konsumexzess verbietet, mit Neidreferenzen belegt. Eine Ideologie wird entwickelt, die die Leerformeln der Politik als Leistung deklariert, die echte Leistung als im Sinne der Gemeinschaft negativ qualifiziert: Konsum durch die verwaltete Masse ist gut, individueller Konsum durch einzelne ist schlecht. Der kleinste gemeinsame Nenner triumphiert. Konsum beschränkt sich individuell durch Lebenszeit und Aufnahmevermögen. Extremer Konsum schafft die politisch erwünschten Zuwachsraten. Restenergie, gebunden in Kapital, steht der Allgemeinheit wieder zur Verfügung.

Dieses Kapital ist ein konkurrierender Machtfaktor, den Administration nicht ertragen kann. Es wird ideologisch abgewertet, um es der Kontrolle der Administration zu unterwerfen. So kann die Administration mit dem von anderen Individuen geschaffenen Kapital Erfolg demonstrieren, um Macht zu stabilisieren. Derartige Scheinerfolge würden durch ungehinderten Kapitalfluss eher erreicht, aber sie halten, ideologisch interpretiert, Administration an der Macht.

Die Gemeinschaft erkennt diese Zusammenhänge nicht, da die kreativen kapitalistischen Administratoren sich wegen des höheren Wirkungsgrades ihrer Arbeit auf die Transformation der Energieströme beschränken. Sie überlassen das politische Feld Scharlatanen, die jede ihrer Handlungen am Aspekt der eigenen Existenz messen. Die politische Existenz bestimmt sich aus der Differenzierungsmöglichkeit des Politikers. Laut Medien sind nur 7,5 % der Abgeordneten des Deutschen Bundestages Unternehmer[1]. Der Rest sind Vertreter von Verbänden, Berufspolitiker ohne eigene Erfahrung in der Privatwirtschaft, Gewerkschaftsfunktionäre, freigestellte Beamte, Lehrer usw.

---

[1] DIE WELT vom 6.10.2013

Diese Differenzierung geschieht in Identifikation mit der Masse durch Polarisierung zu individueller echter Potenz. Leistung und Effizienz werden zu Schimpfwörtern. So soll ein Vergleich mit politischer Leistung vermieden werden. Der Vergleich würde die Feststellung der geringen Effizienz politisch-administrativer Leistung ermöglichen. Das Wohl Dritter wird vorgeschoben, um ideologisch zu begründen, weshalb die eigene Leistung den Maßstäben der Effizienz nicht entspricht. Eigennutz ist suspekt, das Wohl Dritter rechtfertigt alles – zuerst die Behauptung der eigenen Person im Zentrum der Macht, da nur so die berechtigten Interessen anderer gewahrt werden können.

> Effizienz wird zum Schimpfwort. So soll ein Vergleich mit politischer Leistung vermieden werden.

Das Wohl Dritter kann effizient nur von der eigenen Ideologie gewahrt werden. Es erfordert die persönliche Ausübung von Macht durch das administrative Individuum, die Elitegruppe. Ein System, das der Personalisierung bedarf, hat Schwächen, die ein Individuum kreativ überbrücken soll. Solange Individuen benötigt werden, ist Weiterentwicklung möglich, denn die Veränderung und das Verhalten von Individuen sind nicht vorhersagbar.

Das beste bekannte System ist der Markt, denn er bildet seine Zielfindung aus vielen kleinen, zeitlich nicht festgelegten, am persönlichen Energievorteil orientierten Teilentscheidungen. Der Markt subjektiviert Gerechtigkeit auf den fördernden Beitrag des Individuums zum System und bewertet den produktiven Beitrag zur Versorgung der Allgemeinheit höher als die körperliche Komponente.

Der Vorwurf, dass dabei die Schwachen unter die Räder kommen, trifft nicht zu. Staatliche Fürsorge außerhalb der Familie wurde erst notwendig, nachdem der Staat sich Funktionen angemaßt hatte, die die Familie besser und produktiver erfüllt hätte. Die Regression der Familie auf ihre Urform wäre als Resultat der Arbeitsteilung nicht erforderlich, wenn Fürsorgeleistungen innerhalb der Familie administrativ genauso gewertet würden wie Leistungen des Staates[1]. Aber individuelle Leistung ist verdächtig. Das Vertrauen, das die Masse in so reichem Maß ihren Repräsentanten entgegenbringt, bringen diese dem administrierten Individuum nicht entgegen. Kontrolle ist besser, Lenin hat es gesagt.

Der fürsorgliche Staat

Auch in autoritären Staaten der Vergangenheit hat Fürsorgeleistung für Alleinstehende funktioniert: die Vielehe des Sultans mit den Witwen Gefallener, die islamischen Moscheekomplexe hatten Armenkirchen angeschlossen, das Armenhaus unserer Vorväter, die Spitäler der Ritterorden. Heute sucht die politische Ideologie immer neue Differenzierungsmöglichkeiten für das Produkt Administration und mischt sich in immer weitere Bereiche unseres Lebens ein. Selbst die Reproduktionsphase unterliegt dem staatlichen Einfluss der sozialen Indikation. Zukünftiges Leben wird gegen das Konsumglück heute eingetauscht. Das Leitbild Konsum ermöglicht der politischen Administration Entscheidungen gegen die Existenz des Individuums.

Dabei wird soziale Indikation an gruppenbezogenen Wertmaßstäben gemessen. Derselbe Entwicklungs-Politiker, der 15 Quadratmeter für die angemessene Wohnfläche einer Sechs-Personen-Familie im Slum in Indien hält, wird wahrscheinlich die soziale Indikation in Deutschland befürworten, wenn drei Kinder für die kurze Zeit ihres gemeinsamen Aufwachsens in einem Zimmer gleicher Größe schlafen müssen, oder der Weg zur Arbeit nicht mehr im eigenen Auto möglich ist. »Mein Bauch gehört mir« – nicht dem ungeborenen Leben. Ein Extrem der Individualität, das keine Steigerung mehr zulässt.

---

[1] In Deutschland kostete 1979 die Unterbringung eines Kindes in staatlicher Fürsorge 100 DM pro Tag. Heute liegen die Tageskosten für ein Heimkind bei über 80 Euro (DIE WELT vom 28.12.2015). Das ist mehr, als Normalfamilien als Gesamteinkommen zur Verfügung steht. Kinder, die in der Geborgenheit der Familie aufwachsen, werden finanziell unterprivilegiert.

Sozialer Wert ist relativ. In Amerika gibt es Slums mit Klimaanlage, Straßenkreuzer parken vor der Tür. In Indien leben Familien unter einer Plastikplane auf dem Straßenpflaster, im Schatten einer Fabrikmauer. Was ist dann soziale Indikation? Das Versagen Einzelner, gemessen an den der Masse suggerierten Konsumleitbildern, oder der Schutz der Familie vor den Widrigkeiten der Umwelt? Die Abpufferung der Gemeinschaft gegen individuelle Hilfe zugunsten Dritter, oder ideologische Differenzierungsmöglichkeit zur Stabilisierung politischer Machtpositionen, erkundet durch Meinungsforschung?

Politik suggeriert dem Einzelnen, ihn vor den Folgen eigener Fehlentscheidung schützen zu können. Der Anspruch des Staates ist omnipotent. Immer kleinere Bereiche der individuellen Schutzzone unterliegen der Profilierungssucht der Politiker, dem Erfolgsstreben der Administratoren. Die Art der Hausnummer, die Größe ihrer Buchstaben, die Farbe der Leuchtreklame, der kaum störende Riss im Seitenspiegel des Autos, die Größe des Hühnereies und die Höhe der Haustür werden administrativ geregelt. Effizienz wird auf unnötigen Gebieten demonstriert, um Ineffizienz auf wichtigen Gebieten zu verdecken. Die Welt wird künstlich geordnet, das Individuum verliert seine Urteilssicherheit, seine Selbständigkeit. Es muss verwaltet werden. Die eigene, unnötige, ineffiziente Existenz der Administratoren ist gerechtfertigt.

Wo Freiheit ohne Belastung durch die Sorge für die körperliche Existenz endlich möglich wäre, errichtet die Verwaltung immer neue Grenzen. Die Funktion Freiheit wird ebenso repräsentativ definiert wie die Funktion Macht. Die Freiheit ist die Verminderung der Macht anderer über die eigene Entscheidung. Statt durch ihr Vorbild eine neue Moral zur Selbstbestimmung des Individuums zu entwickeln, eine Moral der Toleranz und der Achtung der Individualität anderer, geht die Administration den Weg der staatlichen Definition der Grenzen der Selbstbestimmung. Der dressierte Affe muss beschäftigt werden.

> Freiheit ist die Verminderung der Macht anderer über die eigene Entscheidung.

Wer selbst aus Sorge um das eigene Unvermögen bei der Sicherung der Existenz den sicheren Hafen staatlicher Tätigkeit sucht, kann den Freiheitswunsch anderer nicht verstehen. Paart sich dieses Selbstverständnis mit politischem Einfluss, dann ist die administrative Eingrenzung anderer vorprogrammiert. Langfristig ist sie aber auch das Ende des Systems.

Staatliche Administration ist nur gerechtfertigt als humaner Gegenpol zu den Zwängen der Energieflüsse. Verteilung macht Markt besser, weil er über ein der Politik nicht zur Verfügung stehendes, grenzüberschreitendes Universum von Informationen verfügt. Als Alternative der Energieverwaltung ist staatliche Verwaltung überflüssig. Wenn die Humanität des Staates derselben Repräsentation bedarf wie die Administration primärer Macht, dann ist primäre Macht über den Markt im Verhältnis zu ihrer Leistung einfacher zu beurteilen und zu kontrollieren. Humanität bedarf nicht der Repräsentation, sie bezieht ihre Rechtfertigung aus sich selbst und aus der Anerkennung der Betroffenen, die nichts zu tun hat mit dem oft entwürdigenden Spiel um die Erhöhung der Diäten.

Echte Autorität bedarf nicht der formalen Repräsentation. Formale Repräsentation ist ein Symbol der Ideologie, darauf angelegt, den Eindruck von Autorität dort zu vermitteln, wo primäre Macht aufgrund eigener Leistung nicht vorhanden ist. Die Symbole der Repräsentation sind Chiffren, die der Masse den Anschein primärer Macht in der Hoffnung anbieten, dadurch echte Autorität zu gewinnen. Die Verschwendung von in Kapital gebundener Energie zu Zwecken der staatlichen Repräsentation soll ein Symbol für den Überfluss an Energie sein, den ein bestimmtes Administrationssystem mit sich bringt. Stattdessen wird sie empfunden als das, was sie ist: als unnötige Verschwendung der Arbeitsleistung Dritter, als Potenzsymbol einer Administration, deren Leistung Demonstration von echter Autorität nicht erlaubt.

> Echte Autorität bedarf nicht der formalen Repräsentation.

So erreicht die formale Repräsentation der Autorität das Gegenteil des beabsichtigten Zwecks. Sie wird zum Kennzeichen eines Administrationssystems, das Anerkennung durch Leistung nicht erreichen kann. Sie lockt mit der Darstellung des leichten Erfolges durch die Ausbeutung Dritter Individuen an, die Entgelt ohne Leistung suchen. Das ist die Grundlage des Parkinsonschen Gesetzes. Nach diesem Gesetz lässt sich Arbeit wie Gummi dehnen, und die Verwaltung neigt dazu, sich hemmungslos zu vermehren. Ironie oder Wirklichkeit? Damit vermindert sich die Effizienz des Verwaltungssystems weiter, der Grundstein zum eigenen Untergang ist gelegt. Langfristig stellen die Zwänge des Marktes den Ausgleich zwischen Energie und Gegenleistung wieder her.

Maß und Anmaßung

Echte Humanität strebt nicht nach Anerkennung, sie birgt die Anerkennung als Bestätigung individueller Nützlichkeit in sich. Administration, die Rechte fordert, die sie dem Individuum versagt, ist ideologisch verbrämtes Machtstreben. Macht wird nur durch Effizienz gerechtfertigt. Ineffiziente Macht ist inhuman. Sie kostet die Freiheit des Individuums mehr als erforderlich.

Beispiele administrativen Machtstrebens sind zahlreich. Für den Politiker ist die Ehefrau auf der Dienstreise die erforderliche menschliche Komponente. Der Normalbürger kämpft wegen der Kosten seiner Frau vergebens mit der Steuerbehörde bei der Abrechnung seiner Reisekosten. Für den hohen Ministerialbeamten ist der Dienstwagen unverzichtbarer Anteil seiner Position. Der Chauffeur bringt die Frau zum Friseur, die Kinder zur Schule. Auch hier findet im Gegensatz zur Wirtschaft Versteuerung des privaten Anteiles nicht statt. Für die Repräsentation des Kumpels, der unter Tage für seine Steuern schuftet, des Fernfahrers, der mit den ihm vom Staat zugestandenen Aufwandsentschädigungen kaum aus-

> Die kostenlose Erste Klasse im Flugzeug trennt den Abgeordneten vom Subjekt seiner Bemühungen.

kommt, des Bauern, der seine gute Stube nur einmal in der Woche benutzt: Für die Repräsentation der ohnmächtigen Subjekte demokratischer Administration sind Schlösser und Paläste gerade gut genug. Blaulicht macht den Weg frei für die privilegierten Repräsentanten des Systems oder ihre Gäste, die für sich in Anspruch nehmen, was sie anderen versprechen. Die kostenlose Erste Klasse in der Bahn und im Flugzeug trennt den Abgeordneten vom Subjekt seiner Bemühungen, mit dessen Alltag er sich nicht identifizieren mag. Bevorzugte Buchungen bei Fluggesellschaften zwingen ahnungslose Passagiere zu Zeitverschwendung, zur Änderung ihrer Reisepläne. Es passt dazu, dass ein ehemaliger linker saarländischer Ministerpräsident sich einen Leibkoch mit Spitzengehalt hielt.

Strahlensichere Bunker sollen die Ineffizienz einer Verwaltung aufrechterhalten, die ihr Volk in den Tod des Atomkrieges gesteuert hat. Und selbst dieser Irrwitz kann demokratisch-ideologisch gerechtfertigt werden. Eine Administration, die ihr Überleben vorbereitet, um auch nach der selbst verschuldeten Katastrophe das System zu retten. Ein System, das nichts mehr zu verwalten hat, das in einer zerstrahlten Umwelt vor den Scherben seines Eigennutzes steht. Eine Administration demonstriert in aller Öffentlichkeit ihre Unfähigkeit. Sie bereitet sich auf ihren größten möglichen Fehler vor, und das Volk nimmt es hin.

Das plakativ repräsentierte Wohl Dritter rechtfertigt alles. Wie grob muss die Informationsstruktur einer Masse sein, die einer derartigen Verwaltung entspricht, ohne dass sich eine einflussfähige kritische Masse bildet. Die Verwaltung delegiert Funktionen, die Gefahr bergen, um ihre eigene Sicherheit zu schützen. Mit der Waffe in der Hand darf der Normalbürger im Falle eines Krieges die Administration repräsentieren – an der Front, dort, wo die Gefahr am größten ist. Kriege sind Fehler des administrativen Systems, denn Kriege sind sprungproportionale Veränderungen, wo variabler Ausgleich möglich wäre. Sie entstehen, weil eine Verwal-

| Kriege sind Fehler des administrativen Systems.

tung nicht ertragen kann, dass konkurrierende Potenz an anderer Stelle besteht. Krieg ist die Bankrotterklärung der Administration.

Administration als Kriegsgefahr

Die so genannte Verteidigung soll nach den Erklärungen ihrer administrativen Befürworter Menschenleben schützen und erhalten. Eine Politik der Stärke gilt seit alters her als Schreckmittel für den Gegner, konnte aber bisher Kriege nicht verhindern. Nach Angaben der Aktion Sühnezeichen-Friedensdienste hat es seit dem Zweiten Weltkrieg 127 Kriege gegeben[1]. Die aktuelle Zahl lässt sich für die Zeit danach nicht ermitteln. Aber noch immer werden Hunderttausende jedes Jahr weltweit getötet, Millionen vertrieben. Es sind teuer erkaufte Arbeitsplätze, die durch Waffenhandel gesichert werden.

Die Idee der Stärke lässt die Vernichtung der Zivilisation als gedankliches Planspiel möglich werden, denn die Ausstattung von administrativen Schutzmechanismen mit immer mehr Zerstörungskraft und Langzeitwirkung, aber auch Zugangsmöglichkeit, versetzt jetzt auch fanatische, irrationale Administrationen in die Lage, die Welt vor die Alternative zu stellen, ihre Ideen zu akzeptieren oder um den Bestand der Menschheit zu fürchten.

Das Regime Nordkoreas, bestimmte arabische Systeme und die Erfahrungen der jüngsten Vergangenheit mit der Götterdämmerung Hitlers lassen das »Nichts geht mehr« der Spielcasinos auch in der Politik möglich erscheinen. Die Produktion von Waffen ist die Vernichtung von Wirkungsgrad der Volkswirtschaft. Statt Menschenleben zu schützen, vernichtet Waffenproduktion produktive menschliche Lebenszeit, bestimmt die Entwicklung der Gruppe negativ.

Waffensysteme, die Milliarden Euro kosten, sind keine Seltenheit mehr. Bei einem Einkommen von 1.000 Euro im Jahr in den Entwicklungsländern hebt die Produktion von Waffen für eine

---

[1] nach Extrablatt 8/1981

Milliarde Euro den produktiven Beitrag von einer Million Menschen auf, bei einer Lebenserwartung von etwa 50 Jahren in diesen Ländern werden der Absicherung der Administration nach außen 20.000 produktive Menschenleben geopfert.

Ein Flugzeugabsturz, bei dem das Leben von 300 Menschen vernichtet wird, schreckt uns. Der Arbeitsunfall, bei dem der Kollege die Hand verliert, erscheint uns furchtbar. Aber die Vernichtung produktiver Lebenszeit auf indirektem Wege über die Administration nehmen wir hin. Schließlich geht es ja um das Bruttosozialprodukt, obwohl nur die wenigsten wissen, was das ist.

Nur die Statistik hat noch menschliche Dimension. Sie verschafft uns Zugang, zu dem, was wirklich geschieht. Sie ermöglicht uns quantitative Vergleiche dort, wo vor der Menge des Schreckens individuelle Erkenntnis versagt.

Weit schrecklicher als der Produktivitätsverlust durch Waffenproduktion ist die Vernichtung produktiven Lebens durch das größte Unfähigkeitszeugnis der Administration: den Krieg. Etwa 50 Millionen Menschenleben forderte der Zweite Weltkrieg, etwa jeder zehnte Tote ein Jude. Trotzdem nimmt auch der jüdische Staat dieselben Mittel zur Selbsterhaltung in Anspruch wie die Mächte der Kriege jüngster Geschichte, statt einen Ausgleich zu suchen. Alles oder nichts. Attentate gegen Zivilisten durch Palästinenser sichern dem israelischen Ministerpräsident Netanjahu den Wahlerfolg. Wenn Gefahr für die Administration im Inneren droht, wird der Erbfeind zum Problemlöser.

Administration, die Feinde braucht, hat sich in eine Sackgasse manövriert, ist unfähig zu ausgleichender administrativer Aktion. Administration, die Kriege führt, ist unfähig und eine Gefahr für die verwaltete Masse. Das macht auch den Eid dieser Verwaltung gegenüber hinfällig, denn der Eid wird einer Person oder einer Gruppe geleistet, die administrativ die Gemeinschaft vertritt.

Kriege sind nicht vorhersagbar im Ausgang und fordern Opfer. Sie richten sich daher immer gegen die Gemeinschaft. Sie sind ein

Zeichen mangelnder administrativer Fähigkeiten der Führung, die sich mit dem Aufruf zum Krieg zu echter Führung disqualifiziert. Die Beteiligung am Krieg ist daher Zwang. Schon das Wort Wehrpflicht sagt aus, dass die Masse gezwungen werden muss, für die Erhaltung des Administrationssystems zu kämpfen.

Das einzelne Teilchen der Masse, dessen individuelle Existenz durch die Teilnahme am Krieg bedroht ist, ist in den meisten Fällen bereit, sich mit den Umständen zu arrangieren, um das eigene Leben zu erhalten. Das Risiko derartigen Arrangements ist gering, denn die Masse ist in allen Systemen die Grundlage staatlicher Organisation. Das Risiko einer Änderung der Verhältnisse ist für die Administratoren groß. Zu effektiver Arbeit unfähig, haben sie ihre Rechtfertigung aus der Ideologie – nicht aus dem Markt – bezogen. Sie sind daher entbehrlich.

Der Zweck der Administration ist die Ordnung der Masse. Administration ohne Masse verliert ihre Potenz. Masse ohne Administration überlebt. Krieg zur Erhaltung des administrativen Systems schadet der Masse überproportional. Masse akzeptiert jedes System, wenn auch widerwillig. Administration, die die Masse opfert, um ihre Existenz oder ihre Ideologie zu sichern, verfehlt ihren Zweck. Administration ist nur gerechtfertigt als Ordnungssystem der Masse. Wenn auch nur ein Masseteilchen aus administrativen Gründen Nachteile in Kauf nehmen muss, ist der Wirkungsgrad des administrativen Systems zu verbessern.

Da Körperlichkeit Voraussetzung für Bewusstsein ist, können konkrete Teilentscheidungen abstraktes Bewusstsein bilden. Die optimale Annäherung an ein ideales System ist der Markt. Er verarbeitet mehr Informationen, als es eine Verwaltung, selbst mit Computerhilfe, je könnte. Der Markt bildet eine Resultierende aus verschiedenen Teileinflüssen. Störungen des Marktes sind Fehler der Administration. Große Störungen verursachen sprunghafte Angleichungen, Kriege. Das nationale Wohl wird beschworen, der Mensch jenseits der Grenze zum Erbfeind stilisiert, Sachzwänge erfunden, um zu verbergen, dass die Verwaltung ihren Zweck nicht erfüllt. Die eigene Unfähigkeit steht nie zur Disposition. Die Ausübung repräsentativer Macht geschieht zu Lasten Dritter.

Der Extremfall ist Kambodscha, wo für Jahre die Administration ihren eigenen Wert so überschätzte, dass sie die Bevölkerung eliminierte, um das Ideal der Administration zu erreichen. Auch unter Stalin wurden 50 bis 60 Millionen Menschen ermordet, um das System zu sichern. In den westlichen Demokratien beschränkt sich politische Administration darauf, die Befriedigung der Wünsche statistisch signifikanter großer Gruppen zu erfüllen, gleich, ob diese Wünsche langfristig zu verantworten sind oder nicht. Das Prinzip dieser Demokratien ist so angelegt, dass Administration erhalten bleibt, auch wenn sie negativ handelt, wenn größere Gruppen in dieser negativen Handlung ihren eigenen Vorteil sehen. Lobbyismus fördert die Kräfte, die statt über den Markt über die politische Schiene profitieren. Verstärkt wird diese Wirkung, wenn die Eigeninteressen der Administration sich mit den Eigeninteressen großer Gruppen wie der Staatsdiener weitgehend decken. Dabei werden Kleingruppen, beispielsweise Unternehmer, negativ dargestellt, obwohl die von diesen angeblich in Anspruch genommenen Vorteile als Zielprojektion für die mit dem Gewicht des quantitativen Votums ausgestatteten Großgruppen verwendet werden, ohne zu prüfen, ob die materiellen Grundlagen eine Bedürfnisbefriedigung für Großgruppen überhaupt erlauben.

Dieser gesamte Ansatz wirkt sich langfristig nachteilig für die betroffenen Großgruppen aus, da die Differenzierung des natürlichen Anreizsystems aufgehoben wird. Das wiederum führt zu Leistungsverminderung und zu einer – relativ zu den Ansprüchen – abnehmenden materiellen Grundlage.

Anreize für das System finden dann nur noch Charaktere, die in der Macht an sich ihr eigentliches Ziel sehen. Folgerichtig sind die Handlungen dieser Administration am eigenen Machtanspruch und nicht am Wohl Dritter orientiert. Dem entgegen kommt der Wunsch vieler Administrationssubjekte, wegen des geringen persönlichen Einsatzes lieber Vertrauen zu personalisieren, als nach dem Erwerb zusätzlichen Wissens informiert zu entscheiden.

Das Vertrauen wird nicht dadurch gestört, dass die versprochenen Vorteile sich nachweisbar nicht verwirklichen lassen. Nach einiger Zeit haben die UdSSR, die DDR und die anderen Pleiten kommunistischer Länder gegenüber den Verlockungen der »Neuen Linken« kaum noch eine abschreckende Wirkung. Kuba führte schon 1964 einen Einheitslohn ein – und schaffte ihn 1974 wieder ab, weil die Produktivität ohne Anreiz im Markt so weit sank, dass die Minimalversorgung nicht mehr gewährleistet werden konnte.

Der Ökonom Bernhard Felderer, früher Angestellter der sowjetischen Akademie der Wissenschaften, rät[1]: »Lernt mit den Reichen zu leben. Es gab sie immer, auch im Kommunismus, und es wird sie immer geben.« Ob der persönliche Vorteil aus eigener produktiver Arbeit oder aus der Verwaltung des Eigentums der Masse kommt, ist letzten Endes das Gleiche.

Die Demokratie westlicher Art ist also im Grunde genommen eine verkappte Diktatur informierter Machtgruppen, deren administratives Wissen durch Verdichtung detaillierter Gesetzgebung sich vorn Wissen der Basis immer mehr entfernt. Dabei werden automatisch die Freiräume des Einzelnen eingeengt, um informierte Administration zu erleichtern.

Ideale Administration folgt den Wünschen des Einzelnen soweit wie möglich und soweit wie langfristig relativ zum Gesamtsystem zu verantworten. Angenäherte ideale Administration kann nicht durch ein auf reiner Bedürfnisbefriedigung beruhendem quantitativem Votum erreicht werden, sondern nur durch ein relativ zur Information gewogenes Votum. Dabei muss die Erlangung des notwendigen Wissens jedem freigestellt sein. Die Privilegierung des Einzelnen durch ein in seinem Sinne positives Votum hinge also von seiner eigenen Partizipation an der Erarbeitung der geistigen Grundlagen einer informierten Entscheidung ab.

---

[1] in profil 12/2017

Das quantitativ an materieller Bedürfnisbefriedigung breiter, als »Stimmvieh« missbrauchter Schichten, orientierte Votum rückt den Menschen in die Nähe des Tieres, das nur daran interessiert ist, seine materiellen Grundlagen zu sichern. Der Mensch unterscheidet sich vom Tier durch die Fähigkeit, seinen Geist als Beitrag zur Evolution einzusetzen. Weshalb verzichten wir dann auf eine kontinuierliche informierte und fortlaufend evaluierte Diskussion zur langfristigen Zielfindung und ersetzen diese durch ein uninformiertes Votum, dass das Machtstreben Einzelner begünstigt und das von diesem mit Ersatzbefriedigungen wie Fußball und Lotto für große Gruppen belohnt wird. Der Betriebswirtschaft, die ja schließlich die Organisation der materiellen Grundlagen unseres Systems sichert, stehen Methoden zur rationellen Zielfindung zur Verfügung. Warum verzichtet die Administration darauf?

Macht durch System

Noch heute verwendet der deutsche Staat ein kameralistisches Buchführungssystem, bei dem der Einfluss der Zinsen auf Entscheidungen durch die Steuerschätzung ersetzt wird. Die in der Wirtschaft übliche doppelte Buchführung würde auch im staatlichen Bereich Verschwendung verhindern, Geld sparen und Steuern senken. Aber sie würde die Macht der Verwaltung beschneiden.

Die Menschheit in den technisch weit entwickelten westlichen Ländern hat sich so lange auf materielle Fragen konzentriert, dass sie kaum noch in der Lage ist, Freizeit erfüllt zu nutzen. Der Erwerb von papiernen Diplomen ersetzt die Entwicklung kreativer geistiger Fähigkeiten. Natürliche Evolution wird durch starre administrative Gerüste ersetzt. Innerhalb dieser Gerüste schafft eine unübersehbare Fülle von sich aufeinander beziehenden und voneinander abhängigen Vorschriften allein wegen mangelnder Möglichkeit der Kenntnisnahme Ungerechtigkeit für den Einzelnen. Einflussnahme auf den administrativen Prozess ist nur noch mittelbar über spezialinformierte Dritte möglich – eine Tatsache, die von Lobbyisten gründlich ausgenutzt wird. So vergrößern sich die Reibungsverluste des Systems. Der Wunsch des Einzelnen auf Einflussnahme wird dann bewusst oder unbewusst durch die Brille der eigenen systemabhängigen Vorteile gefiltert.

Administration – politische Administration – verankert sich durch mögliche Laufbahnvorteile im legislativen Bereich. Die Dreiteilung der Gewalten wird de facto aufgehoben. Der Souverän früherer Zeiten wird durch eine Gruppe informierter Bürokraten ersetzt. Jeder Einzelne von ihnen mit demselben absolutistischen Anspruch auf Macht und Richtigkeit des eigenen Denkens, unfähig, echte Kontrolle zu ertragen. Jeder Einzelne mit demselben Anspruch an Status, Symbol und Repräsentation, der traditionelle Führungssysteme auszeichnete. Und jeder Einzelne bereit, Ausnahmen für sich, abweichend von der Allgemeinheit, gelten zu lassen, ob es sich um die private Nutzung des Dienstwagens, die ungerechtfertigte Förderung Nahestehender, die billige Dienstwohnung oder den Status besonderen Rechts handelt.

> Der Souverän früherer Zeiten wird durch eine Gruppe informierter Bürokraten ersetzt.

Wenn ein Firmeninhaber – guten Glaubens – den Anschein erweckt, es wären Werte vorhanden, die nicht vorhanden sind, dann ist das Konkursbetrug. In der Administration ist das Gleiche »Defizitfinanzierung« und allgemein akzeptiert. Wenn ein Unternehmer seinen Gläubigern seine wirtschaftlichen Verhältnisse zu rosig schildert und dabei die Tatsachen verschweigt, ist das Kreditbetrug. Wenn ein Politiker vor der Wahl dasselbe tut, bleibt er an der Macht und gilt als talentiert. Wenn ein Betriebsleiter das Geld der Firma für sein neues Büro, seine blonde Sekretärin oder ein persönliches Statusstreben statt für die von ihm übernommene Aufgabe ausgibt, verliert er meistens seine Stellung, zumindest seinen Ruf. Der befähigte Administrator erhöht Steuern oder Abgaben, um auch seine Kollegen in den Genuss dieser Vorteile kommen zu lassen.

Diese doppelstöckige Moral disqualifiziert das System, ist aber menschlich. Und deshalb muss das System, um menschlichen Fehlern antizipativ entsprechen zu können, ihren Einfluss neutralisieren. Das bedeutet mehr Übersicht für den Einzelnen durch gezielte geistige Weiterentwicklung, ein vereinfachtes System und eine unabhängige quantitative und informierte Kontrolle.

Die Arbeit der Administration, sei sie politisch, bürokratisch oder legislativ, muss sich auf bessere Zielfindungsprozesse konzentrieren, statt auf ein Ziel, das sich doch nur wieder auf der Basis persönlicher Erfahrungen vom Administrator definieren lässt. Erfahrungen auf einem Gebiet verleiten den Administrator, seine Kompetenz auch für andere Gebiete vorauszusetzen – umso mehr als damit Machtzuwachs verbunden ist. Wer hat sich selbst gegenüber schon die Fähigkeit zur Kritik?

Das Streben nach Macht selbst ist ein im Sinne der Evolution natürlicher Prozess, um die stärkste Art zu privilegieren. Der Evolution aber ist das Überleben der menschlichen Rasse egal. Evolution ist nicht spezialisiert human; sie ist systemumfassend, weder gut noch böse. Gut und Böse sind nur Definitionen, die wir selbst erfunden haben. Hilfskonstruktionen, die uns ermöglichen, unsere Handlungsweise den Zielen der Evolution gerichtet unterzuordnen.

Bedürfnisbefriedigung ist zu unserem Leitbild geworden, weil unsere Administratoren nicht in der Lage sind, alternative Zielvorstellungen allgemeinverständlich zu definieren oder überhaupt positive Ziele zu finden und ohne Angst um die eigene Position zu vermitteln. Die einfachste Zielvorgabe ist das positive Beispiel. Hier versagt die Administration. Ob ein jüngst verstorbener ehemaliger Kanzler im Fernsehen Millionen deutscher Jugendlicher den Eindruck vermittelt, dass starke Männer rauchen, oder ob ein Minister dort Parkflächen in Anspruch nimmt, wo es jedem normalen Mitbürger verboten ist. Ob ein ehemaliger deutscher Bundeskanzler, der nie erklärte, woher die Millionen kamen, die er nahm, um sie in der Schweiz zu bunkern, mit einem europäischen Staatsakt gehrt wird: An schlechten Beispielen im Großen wie im Kleinen ist wahrlich kein Mangel.

Aber selbst zwingende kausale Statistiken werden langjährige Überzeugungen oder Überzeugungen, die in unseren persönlichen Erfahrungen wurzeln, nicht verändern.

Daniel Kahneman,
Nobelpreisträger Wirtschaft 2002

Kapitel 15

Masse und Macht

Feindbilder

Der Souverän früherer Zeiten leitete seine Sonderstellung aus seinem absolutistischen Machtanspruch – der Macht des Stärkeren – theoretisch sauber ab. Der Stärkere schützte die körperliche Existenz der Gruppe. Im demokratischen Denkansatz ist eine derartige Ableitung unmöglich. Macht beruht auf Effizienz zugunsten des Gesamtsystems, zugunsten anderer. Wo Macht aber aus Position, Status oder Dienstgrad abgeleitet wird, verkehren sich die Vorzeichen.

Wenn das System diese Umkehrung ermöglicht, muss es verbessert werden. Evolution ist nicht Revolution. Aber ein Beharren auf als falsch erkannten Systemen ist faktisch Revolution gegenüber der Evolution, der Aufstand der Statik gegen die Dynamik. »Alles fließt«, wusste schon Demokrit. Bis heute ist der überwiegende Teil der Menschheit nicht in der Lage, diese Erkenntnis zu akzeptieren.

Statik ist Ruhe, Bewegung erfordert Aktion. Unbequemlichkeit schafft Unsicherheit, bis sich neue Ordnungsrahmen gebildet haben. Geistige Bewegung erfordert geistige Aktion, stimuliert zur Weiterentwicklung des Erkenntnisstandes. Fernsehen ist zur Füllung des Vakuums bequemer. Aktion erzeugt Reaktion. Geistige Trägheit erzeugt Manipulation, akzeptierte Abhängigkeit, Elitedenken der Manipulatoren.

Geistige Trägheit erzeugt Manipulation und akzeptierte Abhängigkeit.

Wenn die Kluft zwischen Administration und Administrierten zu groß geworden ist, dann entsteht die Gegenreaktion der Masse als Demonstration, eine grafische Darstellung der Quantität mit lebenden Personen. So bringt die Masse in den Zielfindungsprozess ein, was sie bestimmt: nicht geistige Teilnahme, sondern ihren Körper. Geschickt gesteuert wird die Körperlichkeit der Masse zum Hebel der Macht einer Ideologie. Ideologie, die kontinuierliche Willensbildungsprozesse einer fortschreitenden Entwicklung des Produktivitätszuwachses nicht anpassen kann, versucht, sich durch Quantität zu artikulieren. Oder durch den dumpfen Aufschrei der Massen, die Revolution. Revolution ist, wie Krieg, der Versuch sprungproportionaler Änderung dort, wo Administration und Politik als Ausgleichsfunktion wieder einmal versagt haben. Derartige Prozesse des Bedürfnisausgleichs sind eines humanen Weltbildes unwürdig, solange die Definition besserer Zielfindungs- und Kommunikationsprozesse theoretisch möglich ist.

Überzogene politische Parolen fördern vor allem bei idealistischen Jüngeren, deren persönlicher Erfahrungsschatz noch lückenhaft ist, die Härte der Auseinandersetzung. Wenn Politik Unzufriedenheit fördert, ohne reale Lösungsmöglichkeiten anzubieten, dann kommt es zum Krieg. Die friedliche Demonstration wird zur gewalttätigen Auseinandersetzung. In Deutschland ist der »Schwarze Block« die Ausprägung der Hoffnungslosen[1], die Gewalt suchen, weil sie nicht die Geduld oder die intellektuelle Fähigkeit haben, zur Veränderung in ihrem Sinne zeitaufwändig beizutragen.

Krieg ist gefährlicher geworden, trotz aller Schutzmaßnahmen seiner Verursacher. Er verhindert sich damit in weiten Grenzen selbst, ohne administrativen Einfluss. Die zur Ohnmacht verdammte Aggressionskomponente administrativer Potenz richtet sich notgedrungen nach innen. Die Gesetzgebungsmaschine beginnt zu rotieren, Feindbilder werden im eigenen Land aufgebaut.

Die Unternehmer, die Spekulanten, die Kapitalisten, die Banken, die Kommunisten, die Faschisten, die Repräsentanten anderer Ideologien und Religionen: Die Auswahl ist groß. Die vermutete Effizienz oder die Möglichkeit besserer Administration durch andere oder neue Systeme muss verhindert werden, um die eigene geringe Leistung positiv darstellen zu können. Gleichzeitig kann

---

[1] Le Bon: Psychologie der Massen; Kröner, 1982: »Je weniger die Masse vernünftiger Überlegung fähig ist, umso mehr ist sie zur Tat geneigt.« Außerdem: »Man braucht nicht einmal bis zu den primitiven Wesen hinabzusteigen, um die vollkommene Ohnmacht der Logik im Kampf gegen Gefühle festzustellen.«

dabei der eigene Aggressionstrieb befriedigt werden. Fehler, die bei der eigenen Administration als unerheblich hingestellt werden, werden dem Feindbild als Verbrechen angelastet.

Der Beamte, der eine Million Euro verschwendet, aber die Vorschriften einhält, hat kaum Konsequenzen zu fürchten. Über den deutschen Politiker[1], der eine Million Mark als »Spendendarlehen« unter mysteriösen Umständen in Empfang nimmt, stolpern selbst Staatsanwälte. Der Bundeskanzler[2], der Millionen aus unbekannten Quellen in der Schweiz der Steuer entzieht, erhält eine Buße von 50.000 Mark, um eine Vorstrafe zu vermeiden, obwohl das Gesetz bis zu 10 Jahre Haft vorsieht. Der Unternehmer aber, der Geld, vielleicht im Interesse des Unternehmens, dem Machtanspruch eines unfähigen Staates entzieht, der Steuern hinterzieht, die von anderen mit vollen Händen – siehe 2017 Hamburgs neue Elbphilharmonie, deren Kosten um 900 % überzogen wurden – zur Absicherung der eigenen Position aus dem Fenster geworfen werden, dieser Unternehmer kommt in das Gefängnis[3].

Natürlich ist Steuerhinterziehung zu bestrafen. Sie schadet der Gemeinschaft. Aber diese Strafen würden besser verständlich, wenn sie ohne Ansehen der Person ausgesprochen würden.

Zur Verwaltung von Dummheit ist keine große Intelligenz erforderlich, und so bestimmt sich das administrative System nach den geistigen Fähigkeiten der Masse. Intelligenz repräsentiert es nicht, sondern kapitalistisch nicht gerechtfertigtes Machtstreben Einzelner. Die quantitative Entscheidung der Masse ist kein schöpferischer Prozess, sondern das Eingeständnis der eigenen Unfähigkeit. Wenn tausend Irre ihren Wärter wählen,

---

[1] Oswald, Ministerpräsident von Hessen, trat 1976 zurück; großes Bundesverdienstkreuz mit Stern und Schulterband; Helaba-Skandal

[2] Dr. Helmut Kohl, Bundeskanzler, »Architekt der deutschen Einheit«

[3] Ankauf von gestohlenen Steuer CDs durch deutsche Bundesländer; Legalisierung von Diebstahl in anderen Ländern.

sagt das noch nichts über dessen Qualifikation oder den Zustand der Psychiatrie aus, auch wenn das Wahlsystem demokratisch ist.

Die Fiktion der geistigen Gleichheit aller Masseteilchen, die Grundlage quantitativer Entscheidung, führt sich beim Bedarf der Masse auf repräsentative Vertretung ad absurdum. Intelligenz bedarf nicht der Repräsentation. Sie ist zur eigenen Vertretung in der Lage. Wenn aber nicht das Postulat geistiger Gleichheit, sondern die Würde des Menschen als Begründung demokratischer Staatsform dienen soll, dann entsteht die Frage nach der Definition dieser Würde.

Macht der Entzug des aktiven Wahlrechts den Menschen zum Tier, da er seine Würde verliert? Wer definiert die Grenzen der Würde? Ist hier Übereinstimmung mit der herrschenden Ideologie erforderlich oder ein bestimmter Intelligenzquotient? Wie ist es mit der Würde des debilen Individuums? Ist die Würde des Menschen mit der einmaligen Stimmabgabe alle vier Jahre gewahrt, oder ist die täglich neue Wahlentscheidung im Markt mit höherer Würde verbunden? Ist die Würde des Menschen außerhalb der Grenzen eine andere Würde, da für ihn die demokratischen Garantien der Verfassung nicht zutreffen, die nur für einen bestimmten geografischen Bereich definiert werden? War die Würde der Sklaven in der Athener Demokratie geringer als die der Stimmbürger? Welche Würde haben vergleichbare, nicht wahlberechtigte Gastarbeiter in einer Demokratie, in der sie seit Jahrzehnten leben? Verletzt es ihre Würde, wenn bei der Wahl im Heimatland der Auftritt von Wahlkämpfern aus der Heimat verboten wird wie in Deutschland, Holland und Österreich 2017?

Freizügigkeit, das Recht auf Bildung, Arbeit, Wohnung, Niederlassung – verfügt ein Mensch überhaupt über Würde, wenn er sich der Bestimmung des eigenen Schicksals ergibt und eigene Unfähigkeit dadurch zu kompensieren versucht, indem er Selbstbestimmung an eine machtausübende Gruppe delegiert, Fremdbestimmung zumindest duldet? Wird nicht die individuelle Souveränität des Menschen jeden Tag wieder durch Administration neu verletzt? Administration, die jede Verletzung ihrer eigenen Souveränität durch Individuen als Bedrohung ihrer eigenen Würde auffasst.

Der Begriff Würde entbehrt der exakten Definition. Wenn damit unverletzte persönliche Integrität und individuelle Souveränität gemeint sind, dann ist diese Würde in allen bekannten Organisationsformen verletzt. Wenn Würde Freiheit des Geistes und gleichberechtigtes Denken ist, dann geht Würde verloren, wenn das Individuum sie nicht selbst wahrnimmt, sondern delegiert, oder wenn sie ihm durch staatliche Kontrollen der Privatsphäre genommen wird.

Vertretung ist erforderlich, wo mangelndes Wissen oder mangelnde Autorität des Individuums eigene Repräsentation verhindert. Da Wissen nicht Voraussetzung für eine politische Laufbahn ist und Toleranz im Bereich der Politik erkennbar nicht ausgeübt wird, handelt es sich bei den heutigen Repräsentationssystemen um delegierte Autorität.

Mathematisch gesehen wird Autorität von einer Seite der Gleichung auf die andere verschoben, es verbleibt ein Defizit, das anscheinend mit Frustration gefüllt wird, wenn das betroffene Individuum zu Toleranz nicht in der Lage ist. Abgabe von Autorität ist Verlust an Individualität. Erfahrungsgemäß ist der Wirkungsgrad politisch-administrativer Prozesse in den heutigen Staatssystemen gering. Das ist für jedes Systemteilchen einfach zu erkennen. Dazu kommt die persönliche Erfahrung, dass individuelle Autorität dort Erfolg zeigt, wo zersplitterte Autoritäten mühsam eine gemeinsame Zielrichtung suchen.

> Erfahrungsgemäß ist der Wirkungsgrad politisch-administrativer Prozesse gering.

Toleranz ist einem erkennbar seinen Zweck unvollkommen erfüllenden System gegenüber nur eingeschränkt zu erwarten. Was liegt näher als der Wunsch nach einer in einer Person zentralisierten Autorität, dem »starken Mann«, oder nach einem Sündenbock, den man für die eigene Misere verantwortlich machen kann. Dieser Wunsch äußert sich mehr oder weniger latent. Er kulminiert zur Aktion, wenn die individuell negativ definierte Betroffenheit des Systemteilchens durch Handlungen der Administration das Frustrationsvermögen des Einzelnen übersteigt.

Echte und Scheinautorität

Daraus ergibt sich der staatliche Zwang zum Abbau von Frustrationen zur Erhaltung der Macht. Panem et circenses nannten es die alten Römer. Konsum und Betäubung wäre eine in die heutige Zeit passende Übersetzung. 45 Kubikzentimeter reiner Alkohol pro Tag als Durchschnittsverbrauch deutscher Erwachsener[1], hinzu kommen Valium, Heroin, Marihuana etc. – der Mensch verzweifelt an einem System, dessen Räderwerk er nicht mehr durchschaut. Folgerichtig sind der Alkoholkonsum und seine Folgen eine der Haupttodesursachen. Insgesamt trinken 7,4 Millionen Bundesbürger mehr Alkohol als die von Experten empfohlene Höchstmenge – über 10 Prozent aller Einwohner über 15 Jahre. Drei Prozent der Bundesbürger sind behandlungsbedürftig. Das Optimierungssystem der Evolution sichert auch hier die Auslese nach Kriterien des Marktes.

> Panem et circenses: Konsum und Betäubung wäre heute die passende Übersetzung.

Substitutive Scheinautorität soll echte Autorität ersetzen. Der Mensch versucht, aus der Beziehung zur Sache Autorität in Relation auf andere abzuleiten. Wer einmal in Deutschlands Städten erlebt hat, wie Menschen – geschützt durch die Individualsphäre von einer Tonne Stahl mit Motor – ihren wahren Charakter zeigen, der erkennt, dass das staatliche System nicht mehr ist als eine ideologische Fiktion. Das gleiche gilt in anderen Ländern. Mit dem

---

[1] Nach der Statistik verbraucht jeder Deutsche über 12 Liter reinen Alkohol je Jahr. Geht man davon aus, dass 25 % der Bevölkerung aus Alters- oder anderen Gründen keinen Alkohol zu sich nehmen, dann liegt der Verbrauch je Kopf und Tag bei etwa 45 ccm reinem Alkohol, das liegt nahe an der Grenze, die nach Auffassung der Mediziner Leberzirrhose verursacht. Quelle: WHO; Global status report on alcohol and health; 2011

Kraftfahrzeug gehorcht dem Individuum ein erheblicher Wert im Verhältnis zu seiner, am eigenen Einkommen gemessenen Leistung. Autorität von potentieller Gefährlichkeit ist erreicht. Je jünger das Individuum, je mehr seine persönliche Autorität wegen mangelnder Erfahrung von anderen wahrgenommen wird, desto mehr kommt es im Kraftfahrzeug zur Verarbeitung von Frustrationen. Die höchsten Unfallzahlen im Verkehr gibt es in der Gruppe der 18- bis 25-Jährigen. Die Scheinautorität über die Maschine wird gleichgesetzt mit echter, individueller, geistiger Autorität. Hormone werden ausgeschüttet, die auch bei politischen Demonstrationen zu unbegründeten oder leichtsinnigen gewalttätigen Aktionen führen.

Eine Scheinwelt bildet sich. An den Theken der Stammkneipen finden Redeschlachten um die Vorteile der eigenen Automarke statt, und doch hat jedes Auto nur vier Räder und vier Sitze. Sportwagen werden verkauft, die keinen anderen Zweck haben, als individuelle Autorität dort zu demonstrieren, wo andere Differenzierungsmöglichkeiten dem vermassten Individuum nicht zur Verfügung stehen. Was nützt eine Beschleunigung von 0 auf 100 km/h in 3,5 Sekunden im Stau? Die Menschen in Los Angeles sitzen 90 Stunden pro Jahr im Stau[1]. Trotzdem fahren in den USA Autos mit Abreißkanten für Strömungsverhältnisse bei 200 km/h auf Straßen, die für höchstens 90 km/h zugelassen sind. Potenzsymbole aus Plastik.

Die Analogie zur Politik liegt nahe. Auch hier sollen – ideologische – Symbole ersetzen, was an Substanz fehlt und an Potenz wegen der Beschränktheit der Versorgungsquellen nicht genutzt werden kann. Die Masse identifiziert sich auch mit diesen Symbolen, denn ein Symbol verlangt nur die Speicherung eines einzigen Wertes, differenzierte Beurteilung wird individuell nicht erforderlich, individuelle Speicherkapazität und Informationsstruktur werden nicht überfordert. Der Beurteilungsfähigkeit der Masse

---

[1] FORTUNE, 2016

angepasst, reduziert sich die Beurteilung der eigenen Machtorganisation auf standardisierte Administrationssymbole: die Parteien.

Wo der Markt bei der Verteilung von Arbeit, Kapital und Wissen – also von Macht – jeden Tag dem Individuum Teilentscheidungen gestatten würde, werden wegen des die Fähigkeiten des Masseteilchens übersteigenden Informationsprozesses Ersatzangebote erforderlich. Die Entscheidung für eine Partei ersetzt die individuelle, vom persönlichen Wissen im Einzelfall legitimierte Einflussnahme. Die kanalisierte Kontrolle des Fraktionszwangs ersetzt die freie Gewissensentscheidung des deutschen Abgeordneten. Wer wider den Stachel löckt, kann seinen Traum von der Wiederwahl begraben, denn er gefährdet den Einfluss und das zukünftige Einkommen der Kollegen. Selbst die standardisierten Angebote repräsentativer Machtausübung, die Parteien, sind für eine große Gruppe Masseteilchen von zu hohem Informationsgehalt. Personalisierung erfolgt, persönliche Macht entsteht. Aus dieser Situation heraus wird der Markt von der Politik als Alternativanspruch auf Macht erkannt und ideologisiert.

Abschwächung der Marktwirkung, z.B. durch das ideologische Beiwort vom »sozialen« Markt, soll dem Masseteilchen die Funktion des Marktes vermenschlichen und den Einfluss der Politik begründen. Die Abschaffung des Marktes soll politische Macht ungeteilt erhalten. Der Markt regelt die Energieströme der Macht, unabhängig nach Bedarf und Leistung. Er ist weder menschlich noch unmenschlich. Er ist die mathematisch verifizierbare Möglichkeit, Macht relativ zur Leistung für das Gesamtsystem optimal zu verteilen. Vorn Markt individuell gerechte Entscheidungen zu erwarten, wäre verfehlt. Auch hier regelt sich die Wahrscheinlichkeit, dass Leistung und Macht zusammenfallen nach der Kurve der Gaußschen Normalverteilung. Bei politisch-administrativen Systemen auf individueller Erkenntnis beruhende, gerechtere Entscheidungen zu erwarten, ist Wunderglaube. Die Toten der Politik sind zahlreicher als die Toten des Marktes.

Der Ruf nach Umverteilung soll die unkritischen Subjekte der Politik bei der Stange halten. Selbst der Wähler mit dem niedrigsten IQ sieht ein, dass eine Begabung wie die des Fußballartisten Ronaldo, nicht beliebig vervielfältigt werden kann. Begabung kann man nicht teilen. Sie wird nicht als ungerecht empfunden. Also nimmt es die Masse kritiklos hin, dass der Star, zum Teil über ihre Fernsehgebühren, 83 Millionen Euro im Jahr 2017 verdient. Dass man auch wirtschaftliche und produktive Begabung nicht teilen kann, wird vergessen, wenn Politik Umverteilung und leistungsloses Grundeinkommen verspricht. Wenn Anreize abgeschafft werden, leidet die Masse. Die Verwaltung hat sich mit Unkündbarkeit in Deutschland von derartigen Risiken freigestellt.

Jede aus ideologischen Gründen nicht wahrgenommene Verbesserung im Wirkungsgrad des produktiven Systems ist Vernichtung von kreativ nutzbarer Lebenszeit. Jede aus politischen Gründen vorgenommene Vernichtung von Lebensmitteln, z.B. im Rahmen der Agrarpolitik der europäischen Gemeinschaft, vernichtet Leben und ist ein Beweis für die Unfähigkeit politischer Regelungssysteme[1]. Jede Produktion von Waffen ist der politische Versuch, der Machtverteilung des Marktes die Machtverteilung der Politik gegenüberzustellen. Die Produktion von Waffen vernichtet Lebenszeit. Sie senkt den Wirkungsgrad des Gesamtsystems zugunsten individueller Störungen auf ideologischer Basis.

Die Produktion von Waffen und die Aufrechterhaltung von Verteidigungspotential ist oft weitaus größter Bestandteil volkswirtschaftlicher Budgetansätze. Ein volkswirtschaftliches System senkt freiwillig seinen Wirkungsgrad um ein Drittel, vernichtet ein Drittel der aufgewendeten, politisch verwalteten Arbeitszeit aus

---

[1] In der Europäischen Gemeinschaft wurden schon im Wirtschaftsjahr 1979/80 nach Angaben der Arbeitsgemeinschaft der Verbraucher (AGV) in Bonn von gestern eine Million Tonnen einwandfreies Obst und Gemüse zum größten Teil vernichtet, um günstigeren Marktpreisen entgegenzuwirken. Dafür mussten Steuergelder in Höhe von 250 Millionen Mark aufgewendet werden. Die AGV bezieht sich auf eine EG-Statistik, aus der hervorgehe, dass nur rund fünf Prozent der »intervenierten« Früchte kostenlos für soziale Zwecke verteilt worden sein. 2015 landen in Deutschland nach einer Studie des WWF schon 18,4 Millionen Tonnen Lebensmittel pro Jahr im Müll.

ideologisch begründeter Angst vor dem Regelungsmechanismus Markt. Ein Erbfeind wird konstruiert, der kriegerische Handlungen emotionell begründen soll. Eine negative Scheinrealität wird geschaffen. Der Markt kann nur verteilen, was vorhanden ist. Er erfüllt seine Funktion, wenn er das Vorhandene im Rahmen der Normalverteilung mit höchster Wahrscheinlichkeit auf die Summe der Masseteilchen – im Verhältnis zu ihre Nützlichkeit – verteilt.

Politik definiert Markt und Nützlichkeit innerhalb geografischer Grenzen des eigenen Geltungsbereichs. Innerhalb dieser Grenzen soll das Vorhandene nach ideologischer Definition gerecht verteilt werden. Aus dieser Absicht bezieht Politik ihre Legitimation, die eigene Ideologie durch ein Vernichtungspotential von Waffen nach außen abzusichern. Ohne Politik wäre dieses Vernichtungspotential nicht erforderlich, denn Markt bedarf der geografischen Abgrenzung nicht. Im Gegenteil: Er verteilt über geografische Grenzen hinweg und schafft die ökonomische Gleichheit, von der ideelle politische Ansätze träumen. Gleiche Chancen für jeden schafft nur der Markt und keine Ideologie. Egoismus innerhalb politischer Grenzen verhindert das.

Versucht ein Land minderen Wohlstands, über den Export seiner preiswerten Produkte das Niveau des Einkommens für das Volk zu erhöhen, wird mit Dumpingzöllen dagegen gehalten, um den eigenen überhöhten Wohlstand nicht zu gefährden. Nationaler Egoismus wird institutionalisiert.

Politik, zumindest in ihrer heutigen geografisch definierten Organisationsform, verhindert die gerechte Verteilung des Marktes. Sie bezieht ihre ideologische Rechtfertigung, indem sie den Egoismus des Individuums durch den Egoismus der in Vertretung administrierten Gruppe ersetzt. Bei konsequenter Anwendung des Marktes wäre Politik überflüssig. Markt ist von der Stabilisierung ideologischer Differenzierungsmöglichkeiten unabhängig. Er erfüllt seine Funktion unabhängig vom politischen System auf der physikalischen Grundlage der Energieverteilung. Dabei berücksichtigt er auch das menschliche Energiepo-

> Bei konsequenter Anwendung des Marktes wäre Politik überflüssig.

tential und seinen möglichen Vorteil für das Gesamtsystem Menschheit.

Mit der Wahl ideologisch begründeter, politischer Administration setzt das Individuum die Hoffnung auf eine bessere menschliche Welt – gegen den von der Natur organisierten Markt. Der Ausgang dieses Kräftemessens ist leicht abzusehen. Die politisch administrierte »menschlichere« Welt hat uns die Keule gebracht, den Morgenstern, das Maschinengewehr, die Atombombe. Die Absicherung der körperlichen Existenz wird zum Grund, um auf den Wirkungsgrad des freien Marktes zu verzichten. Kapitalismus wird zum Schimpfwort, weil er mit höherer Effizienz die marktunabhängigen Verteilungssysteme der Politik gefährdet. Die »gerechte Verteilung« von Subsistenz wird zum Mantra und findet genug Gläubige, um das politische System zu sichern.

Die Natur ist nur geistig fassbar, ist von Körperlichkeit unabhängig. Der Mensch setzt dagegen seine Körperlichkeit als Alternative. Das einzelne Masseteilchen, im Bewusstsein eigener Unfähigkeit, wählt die eigene Impotenz und beauftragt andere mit der eigenen Vertretung. Körperliche Existenz erscheint unverzichtbar, geistige Teilnahme delegierbar.

Mit dieser Entscheidung entzieht der Einzelne der Ideologie die theoretische Grundlage. Ein Individuum, das Körperlichkeit als primäre Komponente seiner Existenz ansieht, ist auch als Beurteilender für die Güte eines Organisationssystems ungeeignet, zur eigenen Beurteilung einer Ideologie nicht in der Lage. Stattdessen entsteht Glaube. Und Glaube versetzt, nach einem deutschen Sprichwort, bekanntlich Berge.

Es ist paradox, dass gerade diese Körperlichkeit als Resultat der Delegation individueller Autorität an eine unfähige Administration so oft verlorengeht. Dieses Paradoxon erklärt sich aus dem Regelungsmechanismus eines Marktes, der den Vervielfältigungseffekt kreativer geistiger Leistung höher bewertet als die körperliche Existenz von Individuen geringen geistigen Potentials.

Maßstab ist die Effizienz bei der Transformation von Energie, der Vorteil im Wirkungsgrad für das Gesamtsystem. Selbst Dicke

sterben eher, da ihre Leistungsfähigkeit im Verhältnis zur Energieaufnahme – ihr Wirkungsgrad – geringer ist. Das System optimiert
sich selbst und bestraft überproportionalen Verbrauch zu Lasten
der Allgemeinheit durch frühen Tod. Wir haben keine Veranlas-
sung anzunehmen, dass das System menschlich ist. Der Mensch
kann seine Rolle im System spielen, wenn er sich der Zweckbestimmung des Systems unterordnet. Solange er aber die Ressourcen des Systems an seine eigene Körperlichkeit verschwendet,
wird sich das System bemühen, ihn durch evolutionäre Optimierung zu ersetzen.

Alwin Schönberger[1] schreibt in seiner Analyse des »Antropo-
zän«: »Auch wenn unser Tun in aller Maßlosigkeit sichtbare Nar-
ben [an der Erde] verursacht – auf Dauer hinterlassen wir kaum
nennenswerte Spuren.«

In diesem Sinne ist der Markt Grundlage der Evolution. Kurzfristige Verzerrungen zum eigenen Vorteil werden langfristig ausgeglichen. Ideologische Eingriffe aufgrund delegierter Macht, gestützt auf das administrative Potential möglicher Vernichtung,
können im Sinne positiver Auslese der Evolution zur Auslöschung
der eigenen Art führen. Seit der Entstehung der Erde wäre es das
erste Mal, dass eine Art durch freien Willen aus der Evolution aus-
scheidet. Ob aber unsere Art über einen freien Willen verfügt, steht
noch immer zur Disposition der Philosophen. Solange individuelle
Gerechtigkeit als Maximum des verfügbaren Eigennutzes definiert
wird, ist die Gefahr nicht auszuschließen, dass der Mensch sich
selbst beseitigt.

Der Mensch stellt sich gedanklich in den Mittelpunkt der Natur und hält sich für die Krone der Schöpfung. René Descartes, der
große Philosoph, ist der Meinung: Cogito, ergo sum – ich denke,
also bin ich. Dieser Anspruch ist fragwürdig, solange die Konsum-
attribute der Körperlichkeit den Ergebnissen geistiger Leistung
übergeordnet sind. Surn, ergo cogito – ich bin, deshalb denke ich,
ist eine viel zu wenig genutzte Alternative.

---

[1] profil vom 2. Juni 2017

Freiheit, Freiheit,
wurde wieder abbestellt.

Marius Müller-Westernhagen (*1948),
deutscher Rockmusiker

Kapitel 16

Freiheit und Souveränität

Von Fürsten und Schlössern

Voraussetzung für geistige Freiheit ist die Erhaltung der Körperlichkeit. Körperlichkeit bedarf zur Erhaltung des Energietransfers durch Arbeit. Die Ergebnisse der Arbeit werden durch Verteilungssysteme administriert, die entweder eigen- oder fremdbestimmt sind. Das fremdbestimmte System erfordert im Gegensatz zum eigenbestimmten Markt eine Verwaltung.

Verwaltung macht geltend, dass das eigenbestimmte System Markt das hochproduktive Individuum überprivilegiert. Sie leitet daraus das eigene Existenzrecht ab. Durch Einführung eines marktunabhängigen Systems wird der Wirkungsgrad des Marktes verschlechtert, da ihm produktive Arbeitskraft entzogen wird.

Diese Arbeitskraft soll durch Umverteilung erreichen, was der bessere Wirkungsgrad des Marktes eigenbestimmt – ohne den Umweg über die Administration – leichter erreichen würde. Der Freiheitsgrad des eigenbestimmten Systems bestimmt die Kreativität der Produktion. Einschränkung dieser Freiheit durch die Verwaltung schränkt den Wirkungsgrad des Systems weiter ein. Die Einschränkung der Freiheit ist Grund für die Umleitung von Zahlungsströmen auf extraterritoriale unproduktive Gebiete. Steueroasen – tax havens – leben davon, dass sie mit niedrigen Steuersätzen ihre geringe Population ausreichend ernähren und mit Arbeitsplätzen versorgen können. Ob die Cayman Islands, die englischen Kanalinseln, die Mitglieder der EU Irland und Luxemburg, sie alle verfolgen das gleiche Prinzip. Politik erscheint vorerst machtlos, diese Verschiebung von Steuern wirksam zu unterbinden. Große Konzerne mit weltweiter Tätigkeit verlagern geschickt mit Hilfe spezialisierter Banken ihre Steuerpflicht in tax havens, während sie die hochstehende Infrastruktur der Länder nutzen, aber nicht mitfinanzieren, in denen sie aktiv tätig sind.

Auch Administration nimmt für sich die Privilegien in Anspruch, die sie dem hochproduktiven Individuum abspricht. Die

> Der Freiheitsgrad des eigenbestimmten Systems bestimmt die Kreativität der Produktion.

Masse erhält ein Verteilungssystem, für das sie mehr bezahlt als im Markt. Zusätzlich wird die Freiheit des Markes eingeschränkt zugunsten der Verabsolutierung der Funktionärsbürokratie. 2016 ging die Korruption der UEFA durch alle Medien.

Ein gutes Beispiel für das Selbstverständnis der Funktionärsbürokratie auf allen Gebieten ist auch der im Folgenden zitierte Artikel, der im Juli 1981 zu einem Zeitpunkt in Deutschland erschien, in dem laut über das Streichen von Sozialleistungen nachgedacht wurde. Ein Funktionär definiert auf einem unproduktiven Gebiet – dem Sport – seine Ansprüche und die seiner Mitfunktionäre an den Staat.

Handelsblatt vom 16.07.1981; von Lutz E. Dreesbach

»Als im August 1980 die Bereitschaft der öffentlichen Hand zur Finanzierung des Olympischen Kongresses merklich geringer wurde, haben wir in aller Deutlichkeit überlegt, die Veranstaltung zurückzugeben.« Mit dieser Mitteilung warteten jetzt Sprecher des Nationalen Olympischen Komitees (NOK) in Baden-Baden auf.

Trotz der angespannten Finanzsituation des Bundes wäre ein solcher Schritt jedoch äußerst blamabel gewesen, vor allem wegen der hohen Erwartungshaltung der Gäste aus aller Welt an dieses Land, hieß es vor Journalisten an der Oos.

Der Etat für diese sportpolitisch weltweit bedeutendste Veranstaltung, die mit über 1.100 offiziellen Teilnehmern (633 Delegierte, 500 Journalisten) und über 400 Begleitpersonen alle Rekorde derartiger Treffen schlägt, beläuft sich auf 7,142 Millionen Mark. »Mit 2,991 Millionen Mark (42 Prozent der Gesamtkosten) haben die Eigenleistungen des NOK eine Höhe erreicht, wie sie noch nie von einem Veranstalter, der bezuschusst wird, erreicht worden ist«, merkte Präsident Willi Daume[1] an. Der Bund trägt mit 2,651 Millionen Mark dennoch einen beachtlichen Finanzierungs-Brocken (37 Prozent), auch wenn er 591.000 Mark weniger als geplant springen ließ. Das Land Baden

---

[1] † 1996

Württemberg ist mit einer Million Mark, Baden-Baden mit 500.000 Mark und einer Reihe von Nebenleistungen dabei.

Als »blühenden Blödsinn« verurteilte Daume die bundesweit artikulierte Abgeordneten-Kritik in den Parlamenten. »*Wir sind oft sehr ungerecht behandelt worden*«, *wies er zum Beispiel die Unterstellung mancher Politiker zurück, dass das vorgesehene Rahmenprogramm besonders großzügig konzipiert worden sei: »Für diese nicht zu unterschätzenden Aufwendungen liegt die Norm bei internationalen Kongressen bei rund 20 Prozent des Etats. Für unsere Empfänge und Ausflüge nehmen wir allerdings nur 5 Prozent in Anspruch.«*

In einem Gespräch mit dem Handelsblatt wies der NOK-Präsident und Chef des Organisationskomitees des Olympischen Kongresses darauf hin, dass die rätselhafte politische Diskussion um ein paar Tausend Mark mehr oder weniger einen schlechten Eindruck im Ausland hinterlassen habe.

Zum Bau von Schlössern für die Fürsten von Bürokratie und Politik aller Arten ist es nur noch ein kleiner Schritt. Schlösser und Paläste sind schon heute beliebte Treffpunkte für die Spitzen von Politik und Verwaltung. Der Verkehr wird gesperrt, damit die durch Blaulicht der Eskorte dekorierte Anfahrt zu ihnen nicht durch die täglichen Qualen gestört wird, die die im Verkehr auf sich nehmen müssen, die das Ganze finanzieren. In der Demokratie sind alle gleich, relativ.

Finanziert werden soll das alles in Zusammenarbeit mit der politischen Administration über die Arbeitsleistung der Masse, die zur Verbesserung des Wirkungsgrades der Arbeit auf hochproduktive Individuen angewiesen ist. Stattdessen befriedigen Administratoren auf Kosten der Masse ihre Repräsentationsansprüche. Produktionskraft des Systems wird vernichtet. Das Fernsehen dagegen feiert die gewünschte positive Projektion in Richtung Masse und erhöht damit die Wahlchancen der politisch Verantwortlichen.

Die Wirkungsgradsteigerung der Arbeit – und damit der Aufwand an Energie – ist allein von der Steigerung der Intelligenz und des Wissens abhängig. Solange kreative Intelligenz kein Kriterium für eine politische und staatliche Ordnungsfunktion ist, ist eine Verbesserung der Lebensqualität und Intensität nur insoweit zu erwarten, wie die Intelligenz der Masse ausreicht, zu erkennen, ob die ausgeübte politische oder staatliche Ordnungsfunktion dem Gegenwert entspricht oder das System und seine Vertreter gegebenenfalls auszuwechseln sind. Die Inflationsrate, bezogen auf vergleichbare politische Gemeinschaften, gibt hier auch dem durchschnittlichen Individuum ein leicht verständliches, absolutes Kriterium der Gerechtigkeit und Intelligenz der ihn betreffenden Verwaltungsformen und ist beweisbar in Demokratien schon Anlass zum Austausch der Regierung gewesen, ohne dass bisher auch das Verwaltungssystem ausgetauscht worden wäre.

Verwalter versuchen Verschiedenes, um die Verwalteten vom Austausch des Verwaltungssystems und der beteiligten Verwaltenden abzuhalten. Das Extrem ist die Abschaffung der Bevölkerung, um ungestörte Verwaltung im Sinne der eigenen Ideologie zu ermöglichen, wie 1977/1978 im Kambodscha Pol Pots. In anderen totalitären Systemen reicht die Skala von der Androhung der Erhöhung des persönlichen, natürlichen Zinses ins Unendliche durch Verkürzung der Lebensdauer bis zur Verschleierung der Inflationsraten durch Manipulation des monetären Gegenwertes. Nennen wir das den negativen Ansatz[1].

In den Demokratien versucht man, die Formel für den natürlichen Zins subtiler zu beeinflussen. Man verwechselt, um der Wählerschaft und damit dem erwünschten Durchschnitt gerecht zu werden, Ursache und Wirkung und erklärt dem Wähler in Art der Verkäufer von Patentmedizin, dass man über das Rezept verfüge, sein Leben zu verlängern und seine Arbeitszeit zu verkürzen, um damit seinen natürlichen Zins zu senken. Das ist der positive Ansatz.

---

[1] L. Fromm, Anatomie der menschlichen Destruktivität, in Bezug auf Skinners Theorien: Der Einzelne ist effektiv das, was man von ihm erwartet Wenn er sich darauf versteift, er selbst zu sein, riskiert er in Polizeistaaten seine Freiheit oder sein Leben.

Beide Ansätze haben eins gemeinsam. Sie haben kaum einen Einfluss auf die gerechte Verteilung der verfügbaren Leistung, sondern nur auf die Höhe der Inflationsrate relativ zu allen ökonomischen Bereichen.

Eine weitere Gemeinsamkeit ist die Verheimlichung von verwaltungsinternen Informationen. Seit der Erfindung des Datenschutzes nach der Rasterfahndung nach der Terrorgruppe RAF in Deutschland ist dieser zur bequemen Ausrede für die Verheimlichung relevanter Fakten durch die Verwaltung geworden. Im Gegensatz dazu versucht Verwaltung alles, um mehr Einfluss auf die neuen sozialen Medien und ihre Inhalte zu gewinnen um eine Gefährdung des eigenen Status zu verhindern.

Datenschutz ist zur bequemen Ausrede für die Verheimlichung relevanter Fakten durch die Verwaltung geworden.

Im Grunde ist auch das einzelne Verwaltungssubjekt, in Erkenntnis der Gefahren, die ihm durch eine rachsüchtige Administration drohen könnten, nicht mehr bereit, mit offenem Visier seine Meinung in den sozialen Netzwerken zu vertreten. Anonymität wird zum Schutz dort, wo Meinung, subjektiv oder objektiv, kurz oder mittelfristig schaden könnte.

Schon im alten Ägypten ist (nach Berger) die Einführung einer nach unserer heutigen Auffassung moralisch besseren Staatsform durch Amenophis IV. nach dessen Tode gescheitert, da die Glieder der überflüssig gewordenen Verwaltung, die Ammonspriester, das administrative Gerüst, das sie privilegierte, höher bewerteten als die gewonnenen Organisationsvorteile individuellen Zusammenlebens. Heute, beobachten wir Ähnliches im Kampf von Regierungen gegen multinationale Konzerne.

Obwohl das der politischen Organisation zugrunde liegende geografische Prinzip im Zeitalter des Transports und der Kommunikation in weiten Bereichen seine Berechtigung verloren hat, dient es gegenüber der effizienten Administration wirtschaftlicher und geistiger Ressourcen über die geografischen Grenzen hinweg. Staatliche Souveränität wird wirtschaftlichen Betrachtungsweisen gegenübergestellt, obwohl staatliche Souveränität ihre Legitimation nur aus wirtschaftlich produktiver Administration gewinnen kann. Staatliche Souveränität im geografischen Sinne muss sich zumindest in Frage stellen lassen, wenn bessere Systeme zum wirtschaftlichen Management knapper Ressourcen grenzüberschreitend denkbar sind.

Demokratisch verstandene staatliche Souveränität leitet sich vom Souverän, dem Volk, einer Masse von Einzelwesen, ab. Wenn diesem Souverän eine andere Organisationsform Vorteile bringt, ist die bestehende Organisation obsolet. Wenn der Zweck der Verwaltung nicht mehr die ökonomisch vorteilhafteste Organisationsform für Einzelindividuen und ihre Subgruppen im Rahmen des Gesamtorganisationssystems ist, sondern die Kontinuität des Systems, dann wird aus dem Verwalter ein Parasit.

Eine unfähige Verwaltung vermindert statistisch gesehen die Zahl der in der Formel für den natürlichen Zins angesetzten, am austauschbaren Produktionsablauf beteiligten Individuen proportional zur Größe ihrer Unfähigkeit. Konkret: Das Schmarotzen von parasitären Individuen an der möglichen Nutzungsdauer anderer vermindert rechnerisch die Zahl von Berufstätigen und senkt dadurch die Verfügungszeit je arbeitendem Individuum. Es ist mit hohem Wahrscheinlichkeitsgrad zu vermuten, dass sich parasitäre Individuen am ehesten in objektiv nicht messbaren, beispielsweise politischen, organisatorischen, ordnenden und verwaltenden Arbeitsteilbezirken befinden, da eine Produktivitätskontrolle hier meist nur über die Inflationsrate ohne Definition der Einzelverantwortlichkeit möglich ist. So wird – oft unbemerkt – die Freiheit des Einzelnen zu Gunsten der Herrschenden über das für eine effiziente Verwaltung hinausgehende Maß eingeschränkt.

Jede Institution ist der verlängerte Schatten eines einzelnen Menschen.

*Ralph Waldo Emerson (1803-1882),
amerikanischer Philosoph und Schriftsteller*

Kapitel 17

Individuum und Familie

Subgruppe Familie

Die Familie ist ursprünglich der harmonische ökonomische Bereich, da in ihren überschaubaren Grenzen überproportionale Abweichungen vom gemeinsamen Zinsmittel nicht vorkommen, so dass eine Arbeitsteilung in hohem Maßstab ermöglicht wird. Inflationäre Tendenzen sind schwach und gleichen sich durch die verschiedenen Sektoren, auf denen die Familienmitglieder sich gegenseitig ergänzen, aus. Der gerechte Verdienst ist leicht zu beurteilen, da das Intelligenzniveau aufgrund der vererbungstheoretisch gemeinsamen Abstammung keinen zu großen Abweichungen unterliegt.

Die kleinste originäre Subgruppe, die Familie, hat sich als Organisationsmolekül größerer Gruppen so lange bewährt, wie der Erkenntnisstand und die Informationen ihrer Mitglieder etwa gleichwertig waren. Der Vater schaffte die sachliche Grundlage des Überlebens, die Mutter betreute den häuslichen Bereich, die Großeltern speicherten das Knowhow, und die Kinder waren eine Investition in die Zukunft, die Altersversorgung. Der Beitrag des Einzelnen zum System war überschaubar und auch ohne Vertrauensvorschuss bewertbar. Die vorhandene Arbeitsteilung entsprach den wirtschaftlichen Rahmenbedingungen.

In einer hoch arbeitsteiligen Welt, die von individuellem Fachwissen geprägt wird, entfallen diese Voraussetzungen zur Kohärenz der Subgruppe Familie. Eine objektive Beurteilung der Einzelbeiträge ist mit einem gemeinsamen Konsensus in vielen Fällen nicht möglich. Sie unterliegt subjektiven Kriterien, bei denen z.B. der Musikliebhaber die Einbringung einer Stereoanlage als Familienbeitrag höher bewertet als der Motorfan die Anschaffung eines neuen Pkw. So reduziert sich die Familie auf den Bereich, in dem aufgrund von uns innewohnenden Trieben die Fortpflanzung gesichert ist – emotionell verbrämt von Begriffen wie Liebe, Vertrauen und Zuneigung. Auch in diesem Zusammenhang kann der natürliche Zins als Maßstab dienen. Mit

> Die früher arbeitsteilige Familie reduziert sich heute auf Fortpflanzung.

Verbesserung des Wirkungsgrades durch multiplikative Intelligenzen ergeben sich niedrigere natürliche Zinssätze, die einen Kapitalaustausch in verstärktem Maße erlauben. Dazu trägt insbesondere die Tatsache bei, dass niedrigere Zinssätze mit steigender Lebenserwartung einhergehen, so dass das Risiko beim Kapitalaustausch für das Einzelindividuum vermindert wird, solange das alternde Individuum Arbeitsleistung, Knowhow oder akkumulierten Besitz aus der Leistung der Vergangenheit einbringt. Ein erhöhter Kapitalaustausch bedeutet den höheren Austausch von Gegenwerten aus äußeren ökonomischen Bereichen in die Familie hinein.

Die Beurteilung des Einzelbeitrages wird dadurch erschwert, dass die bei hohen natürlichen Zinssätzen stabile Form der Familie Änderungen unterliegt und sich von der Großfamilie auf den Bereich reduziert, in dem die gegenseitigen Leistungsbeiträge überschaubar sind oder unbedingtes Vertrauen herrscht. Der gemeinsame natürliche Zins als Maßstab des Wirkungsgrades eines ökonomischen Systems bei der Umwandlung von Energie in Kapital ist das gewogene Mittel von im gleichen ökonomischen Bereich befindlichen, am austauschbaren Produktionsablauf beteiligten Individuen bzw. des Gruppenmittels von integrierten Gruppen, etwa der Familie.

Die Spannweite der Differenzen der gewogenen Gruppenmittel vom Gesamtmittel erlaubt eine klare Aussage über die Inflationsbereitschaft eines ökonomischen Bereiches. Analog der statistischen Produktionskontrolle durch Kontrollkarten, die auf der Grundlage der Normalverteilung aufgebaut sind und mit Warn- und Kontrollgrenzen anhand von Stichproben die höchstwahrscheinliche Aussage bieten, wenn ein Prozess außer Kontrolle gerät, ist ein derartiges Inflationswarnsystem für ökonomische Bereiche denkbar. Ein derartiges Kontrollsystem würde Abweichungen von gewogenen Mitteln von Gruppenzinssätzen registrieren. Die mathematischen Grundlagen dafür stehen der analytischen Statistik zur Verfügung.

Wir erkennen daraus, dass unsere allgemeine Formel noch verfeinert werden kann. Überlassen wir das den Mathematikern und beschränken wir uns darauf, Zusammenhänge aufzuzeigen. Fassen wir noch einmal zusammen, was wir – vorbehaltlich des mathematischen Beweises – glauben, bisher erkannt zu haben:

➢ Der natürliche Zins ist ein Maß zum Austausch von in Kapital gespeicherter Energie.

➢ Die Inflationsrate ist ein Korrektiv des monetären Gegenwertes zum Ausgleich von Fehlern bei der Festsetzung des persönlichen Zinses durch das am austauschfähigen Arbeitsablauf beteiligte Individuum.

➢ Der natürliche Zins ist umgekehrt proportional zum Wirkungsgrad der Arbeit bei der Umwandlung von Energie in individuell nutzbares Kapital.

➢ Die erforderliche, gerechte Verzinsung ist die Vergütung, die das Individuum in die Lage versetzt, die entgangene Nutzung der Dauer oder der Intensität nach zu reproduzieren.

Die erforderliche Verzinsung in monetären Gegenwerten bemisst sich also nach Kapital und Dauer sowie den gewogenen Mitteln der jeweiligen natürlichen Zinssätze und prozentualer Inflationsraten. Wir können annehmen, dass die prozentualen Inflationsraten aus zu früh geleisteten Zinsen für noch nicht geleistete Arbeit bestehen. Praktisch vergleichen wir die Inflationsrate damit mit negativer Arbeit, bezogen auf den monetären Gegenwert.

Der Reproduktionsfaktor Familie ist Grundlage dieser allgemeinen Betrachtung, da ohne Reproduktion eine Sicherung des Bestandes der Menschheit nicht gewährleistet ist. Wie weit diese Sicherung uns gelingt, steht in den Sternen. Und die sind, soweit wir es erkennen können, ohne jegliches Leben menschlicher Art.

Das Leben ist nicht gerecht, und für die meisten von uns ist das gut so.

Oscar Wilde (1854-1900),
irischer Schriftsteller

Kapitel 18

Zins und Gerechtigkeit

Machtverschiebung statt Gerechtigkeit

Der Vorteil des natürlichen Zinssatzes liegt darin, dass wir mit seiner Hilfe den gemeinsamen Nenner Energie numerisch exakt definieren können. Damit können wir, falls wir den Beitrag des Individuums zur Verbesserung des Wirkungsgrades der Energienutzung als positiv für Existenz und Erhaltung der Art definieren, Gerechtigkeit quantifizieren. Wenn der Mensch nach Auffassung von Dobzhansky[1] über die Fähigkeit verfügt, Gut und Böse zu unterscheiden, ja diese Unterscheidung ihm im Gegensatz zum Tier zur tragischen Pflicht wird, dann ist Gerechtigkeit in unserer Vorstellung der Ausgleich zwischen Gut und Böse, die Saldierung des Energiebedarfs relativ zum von uns vermuteten Gesamtsystem.

Was gut ist, können wir nur aufgrund menschlicher Logik auf uns selbst beziehen. Ob das menschlich definierte »gut« auch das »gut« der Natur oder der Evolution ist, muss dahingestellt bleiben. Der Mensch ist ein verschwindend winziger Bestandteil der Natur. Das Weltall ist voll toter Planeten. Vielleicht sind wir nur wie der Bazillus, der versucht, eine Zelle des Körpers der Natur anzugreifen. Die Anzahl der Entwürfe der Natur scheint unendlich, der Mensch ist nur einer davon, der auf Grundlage der Zufälligkeit des Erfolges die Chance hat, das unbekannte Ziel zu erreichen.

Gut sind möglichst hohe Wirkungsgrade beim Transfer von Energie. Böse ist Verschwendung von Systemenergie, sind Reibungsverluste bei der harmonischen Weiterentwicklung. Hüten wir uns in diesem Zusammenhang vor voreiligen Schlüssen und falschen Schlussfolgerungen. Ein praktisches Beispiel: Die Auffassung liegt nahe, dass ein abstrakter Maler nichts, aber auch gar nichts zur Verminderung des natürlichen Zinses beiträgt. Täuschen wir uns auch nicht? Denken wir an die Normalverteilung der Intelligenz, in der wahrscheinlich der Künstler auf diesem besonderen Gebiet außerhalb der normalen Standardabweichungen

---

[1] T.G. Dobzhanski (1900-1975), zitiert nach Fromm: Anatomie der menschlichen Destruktivität

liegt und damit dazu beiträgt, unsere Bewusstseinsgrenzen zu erweitern und unsere allgemeine Intelligenz zu potenzieren.

Andererseits ist selbst die gute menschliche Absicht fragwürdig. Wenn wir versuchen, mit fossilen Brennstoffen Energie zu gewinnen, hat das zwar negativen Einfluss auf die Umwelt. Aber Forscher der Universität Klagenfurt haben im Vergleich eines Dorfes in Österreich zu einem Dorf in Äthiopien festgestellt, dass der Nachteil der Industriegesellschaft wahrscheinlich ausgeglichen wird, weil eine Verbesserung des Ertrages in einer reinen Agrargesellschaft nur durch eine hohe Anzahl Kinder möglich ist. Und diese wiederum zerstören in erhöhtem Maß die örtliche Umwelt[1].

Denken wir an den Krieg. Krieg ist mathematisch gesehen, wie Euthanasie, der Versuch, den natürlichen Zins für einen bestimmten politischen Bereich durch Verbesserung des Verhältnisses von Arbeitskräften zur vorhandenen Gesamtbevölkerung zu verringern. Bei der Elimination subjektiv gering produktiver Individuen wird deren durch Verbesserung des Wirkungsgrades später nutzbare Potential vergessen, bei der Erhöhung der Zahl der Arbeitskräfte wird übersehen, dass sich auf die Dauer durch Inflationsraten der natürliche Zins wieder einpendelt. Denkbar ist natürlich die Verbesserung des Wirkungsgrades durch Zusammenfassung von mehreren ökonomischen Teilsystemen und dadurch ein höherer gerechter Verdienst für den oder die Organisatoren. Ein höherer gerechter Verdienst führt zur Erhöhung der Nutzungsintensität je Nutzungsdauer des Einzelindividuums, soweit wegen der endlichen Lebenserwartung eine Erhöhung der Nutzungsdauer nicht möglich ist. Die als Gegenleistung erbrachte Arbeit multiplikativen Wirkungsgrades trägt zur Erhöhung von Nutzungsdauer und Intensität des Durchschnittsindividuums bei. Ein proportional privilegierter Anteil am Gesamtertrag lässt sich so mathematisch begründen. Da das gering produktive, additiv statt multiplikativ tätige Individuum von diesem Kausalzusammenhang negativ betroffen ist, versucht es, seine eigene Minderwertigkeit zu erklären.

---

[1] Martin Kugler, Die Presse, 29.7.2017

Ideologie entsteht. Ideologisch definierte Gerechtigkeit ist in den meisten Fällen nur Machtverschiebung.

Betrachten wir zum Beispiel die Steuersysteme vieler Länder, in denen hohe Einkommen stärker besteuert werden als das Einkommen der Masse. Diese Systeme finden den Beifall der Masse genauso wie viele Ideologien, die darauf aufgebaut sind, der Masse ein höheres Entgelt ohne angemessene Gegenleistung zu sichern. Mit dem Versprechen, den Energiebeitrag des einzelnen Masseteilchens zu Lasten der Träger primärer kapitalistischer Macht überproportional zu bewerten, hält sich Administration durch quantitatives Votum an der Macht. Die Bereitschaft, mit der eine derartige Argumentation im kurzfristigen Eigeninteresse angenommen wird, ist ein Beweis für die mangelnde Intelligenz der Masse. Der Glaube an das Füllhorn der Politik löst den Glauben an die ordnende Funktion eines Gottes ab. Administration maßt sich an, die Schöpfung zu korrigieren. Nur ist jedes dieser theoretischen Systeme bisher, wegen der Verminderung der notwendigen Anreize, an mangelnder Produktivität gescheitert.

Vor jeder Wahl wird von links eine ähnliche Lösung – leistungsloses Grundeinkommen, Existenzsicherung, Millionärssteuer etc. – propagiert, in vollem Bewusstsein dessen, dass derartige Systeme bisher überall versagt haben, was den Vorteil für das Volk angeht. Politisch wurde in verschiedenen Fällen, oft mit mehr oder weniger gewalttätiger Nachhilfe, das Ziel erreicht, das Einkommen und der Status der Proponenten zumindest mittelfristig gesichert.

In Wirklichkeit bezahlt die Masse die höheren Steuern der Träger primärer Macht, der Kapitalisten, im Preis der Produkte mit. Auf diesem Umweg schöpft Administration Energie zu eigener Verwendung ab. Machtströme werden umgeleitet. Die Masse bezahlt den Machtzuwachs der Administration und leidet unter der Verminderung von Produktivität zur Finanzierung eines überbordenden administrativen Systems.

> Der Glaube an das Füllhorn der Politik löst den Glauben an die ordnende Funktion eines Gottes ab.

In jedem Produkt sind diese Steuern – zusätzlich zu den indirekten Steuern – enthalten. Wenn das nicht so wäre, wäre die Arbeit multiplikativer Intelligenz unsinnig und würde aufgegeben zugunsten geistiger Verwirklichung. Schon Karl Marx hat das erkannt. Machtzuwachs einer oft unfähigen Administration wird gegen die Effizienz des Marktes eingetauscht, nur weil Ideologie die einfachen mathematischen Grundlagen des Transfers von Leistungen gegen Gegenleistungen unter Ausnutzung von Neidreferenzen der Masse erfolgreich verschleiert. Die ausgenutzte Masse, unfähig diesen einfachen Zusammenhang zu durchschauen, wählt die Beschränkung der eigenen Freiheit durch den Staat statt den immer wieder neuen eigenen Einfluss auf dem Markt. Sie ersetzt *tägliche* Selbstbestimmung durch ein Votum, das *einmal in vier Jahren* jedes Masseteilchen definiert als das, was es ist: ein sogar statistisch insignifikantes Teil einer Grundgesamtheit, die sich durch die Parameter Ignoranz und Voreingenommenheit beschreiben lässt:

➤ Voreingenommenheit gegen den Erfolg echter Arbeit, der die eigene Person als im Sinne der Konsumgesellschaft minderwertig ausweist.

➤ Ignoranz gegenüber dem einfachen Regelungsmechanismus des Marktes in der Hoffnung, irgendwann einmal hinter den vernebelnden politischen Schleiern der Administration höheres Walten zu entdecken, das die eigene Person in den Kreis der Privilegierten einbezieht.

Nicht geistige Emanzipation ist Antrieb der Massen, sondern Neidreferenzen, die an der Verfügbarkeit von Konsumsymbolen gemessen werden. Identifikation mit dem übertrieben Unnötigen der Megayacht, des Millionenautos durch den Kauf entsprechender Zeitschriften und die Einschaltquoten von Millionärsshows im TV zeigt, dass die Masse nach den gleichen Freistellungssymbolen giert wie die, denen sie leistungsloses Einkommen vorwirft.

Politik suggeriert der Masse, dass die Erfüllung ihrer Wünsche im Bereich des Möglichen liegt. Diese Wünsche treiben die Inflation, falls Wahlversprechen – zumindest in Teilen – gehalten werden, weil die Masse unfähig ist zu erkennen, dass das, was im eigenen Haushalt rechnerisch nicht aufgeht, auch in der Politik mathematisch unmöglich ist. Solange Produktivität schneller wächst als politische Verschwendung, bleibt die Illusion aufrechterhalten. Danach bleiben nur Krieg und Enteignung, um das Volkseinkommen zu erhöhen[1]. Franz Schellhorn schreibt über Venezuela[2]:

> *Im Land mit den größten Ölreserven der Welt leben mittlerweile 76 Prozent der Menschen unter der Armutsgrenze. Elf Prozent der Kinder sind unterernährt, in den Supermärkten gibt es fast nichts mehr zu kaufen. In vielen Schulen wird nicht mehr unterrichtet, in den staatlichen Spitälern sind kaum noch Operationen möglich, Kinder und Alte gehen elendig zugrunde, weil es keine Antibiotika mehr gibt. Die sozialistische Revolution in Venezuela hat eben dasselbe Ergebnis wie alle sozialistischen Revolutionen vor ihr: Massenelend und Diktatur. Wie es so weit kommen konnte? Es begann damit, dass Chavez die staatliche Ölgesellschaft unter politische Kontrolle brachte, um Tausende Fachkräfte durch treue Parteigänger zu ersetzen. Der Staatssektor wurde auf das Dop- pelte seiner Größe aufgeblasen, ausländische Firmen samt Know-how wurden aus dem Land gejagt, Tausende Betriebe verstaatlicht, die Privatwirtschaft de facto abgeschafft. Staatlich festgesetzte Preise lösten Angebot und Nachfrage ab. Immer mehr Anbieter stellten die Produktion ein, weil sie mit den (zu niedrigen) politisch bestimmten Preisen ihre Kosten nicht mehr decken konnten. Devisenkontrollen sollten die Zukäufe aus dem Ausland eindämmen, die wiederum die einzige Möglichkeit waren, die Grundbedürfnisse zu decken. Ein Wirtschaftsmodell, das Sahra Wagenknecht (Vorsitzende Die Linke 2017) 2013 mit dem Prädikat »wegweisend« schmückte.*

---

[1] Man hat hochgerechnet, dass es in 4400 Jahren Geschichte 14.513 Kriege gegeben hat, in denen 1240 Millionen Menschen ihr Leben gelassen haben. (Jos Rosenthal: »Der wahre Gott«; 2007)

[2] profil vom 14.08.2017

Laut Transparency International gehört das Land unter Chavez-Nachfolger Maduro zu den korruptesten Ländern der Welt. Seit 2017 wurden vom Bolivar sieben (!) Nullen gestrichen. Maduro und andere werden in den USA rechtlich verfolgt, weil sie Milliarden veruntreut und gewaschen haben sollen.

Das Volk wird, wie alle Unmündigen, gar zu
leicht das Spiel hinterlistiger Gauner.

Arthur Schopenhauer (1788-1860),
deutscher Philosoph und Erkenntnistheoretiker

Kapitel 19

Organismus und Parasit

Ideologische Dynastien

»Probleme lassen sich anscheinend immer am besten mit anderer Leute Geld regeln«, wird Paul Getty[1] zitiert. Die Lebenserfahrung scheint diese Aussage zu bestätigen.

Die klassische Zweierbeziehung Ware gegen Geld oder Geld gegen Arbeit bietet im Zeitalter der rationellen Arbeitsteilung viele Angriffsflächen für Parasiten. Im aufgesplitterten Produktionsprozess ist niemand mehr im Besitz aller existenzrelevanten Informationen. Selbst die Informationen, die den Produktionsprozess betreffen, sind auf viele Beteiligte verteilt. Die Überprüfung der vollen Wahrheit ist dem Einzelnen selbst mit Computerunterstützung nicht mehr möglich. Nur ein universeller Markt verfügt über alle Informationen.

Schon sehr früh in der Entwicklung der Menschheit haben begabte Mitmenschen herausgefunden, dass organisatorische Funktionen sich ohne unmittelbar überprüfbaren Leistungsnachweis ausbauen lassen. Dem Starken wurde der Schutz der Gruppe anvertraut, und schnell fand dieser Gefallen an seiner neuen Aufgabe. Waren keine äußeren Feinde vorhanden, so richtete sich seine Stärke nach innen, er gab seine Beschäftigung und seinen individuellen Beitrag zum Gruppenertrag auf und benutzte seine Kraft, um mit weniger Arbeit einen höheren Anteil am Produktionsergebnis der Gruppe zu erzwingen. Generationen später waren Mitmenschen plötzlich Leibeigene, die Funktion Machtfaktor, der Schutzbereich persönliches Eigentum. Hilfe wurde benötigt, eine Hofhaltung baute sich auf. Hofschranzen wurden wichtiger als die, die durch ihre Arbeit den Unterhalt des Volkes sicherten.

Parkinsons Gesetze galten schon damals, und langsam pervertierte das System. Dort, wo der nachprüfbare Zusammenhang zwischen Leistung und Gegenleistung verloren geht, ist der Manipulation Tür und Tor geöffnet. Kraft wurde zu Status, und Status wurde unabhängig von funktioneller Qualität des Trägers zu einem

---

[1] amerikanischer Ölmilliardär, 1892-1976

bestimmenden Faktor des Ordnungssystems. Nicht mehr den Bedürfnissen der Produktionsbasis verhaftet, entstand eine Scheinwelt, bei der es darauf ankam, unter Gleichen zu bestehen. Nicht das Ergebnis eigener Leistung wurde bestimmend für den Erfolg, sondern die Fähigkeit, in der sorgfältig gegliederten hierarchischen Stufenleiter dieser Scheinwelt mit Kraft und List Stufe um Stufe zu erklimmen und auf Kosten des produktiven Sektors nach außen symbolbehaftet zu projizieren. Der Produktionsprozess wurde diesem Gedanken verhaftet. Er diente nicht mehr der Erhaltung der Existenz, sondern der Erhaltung des Systems.

Schon vor 2.000 Jahren entstand eine Sozialideologie, die statt Stärke Brüderlichkeit, statt Kampf Ausgleich predigte. Der Prozess begann erneut. Aus brüderlich vereinten Gruppen wurden hierarchisch gegliederte Strukturen, aus Duldung Macht. Die Toleranz des Sozialreformers Christus wurde von Heeren vertreten, die um keinen Deut weniger grausam waren als die Armeen weltlicher Autoritäten. Die Attribute, mit denen sich die Päpste schmückten, glichen den Statussymbolen weltlicher Fürsten.

> Die Toleranz Christi wurde von Heeren vertreten, die genauso grausam waren wie die Armeen weltlicher Autoritäten.

Zwei Unterschiede fallen auf. Zum ersten Mal wird ein Machtanspruch nicht vom Ursprung her territorial, sondern geistig begründet. Und zum ersten Mal divergiert der Begriff Macht vom Begriff des persönlichen Eigentums. Waren beide Begriffe historisch kongruent, so überlagert jetzt die geistige Einflusssphäre den physischen Machtbereich anderer. Klöster entstehen. Orden, die Armut geloben, werden zu dezentralen Macht- und Besitzfaktoren. Die Religion der Toleranz sichert zur Zeit der Inquisition mit furchtbaren Mitteln die theoretische Grundlage ihres Machtanspruchs. Sie fordert Unterwerfung, die in Südamerika zur Ausrottung ganzer Völker führt, und sie wird zum Wirtschaftsfaktor, dessen Kontrolle im obskuren Zwielicht päpstlicher Geschäfte verkümmert.

Die Entwicklung der christlichen Religion ist ein zweiter Beweis für die Annahme, dass immer dann, wenn eine Gruppe bereit ist, ohne die Gegenkontrolle des Marktes brüderlich zu teilen, Produktivität zum Machtfaktor wird, der sich gegen die Gruppe richtet.

Auch in unseren heutigen Strukturen lässt sich diese Gesetzmäßigkeit erkennen. Befreit vom Zwang der Leistungskontrolle im Markt, werden Privilegien zu Pfründen ausgebaut, werden Pfründen zu Machtsymbolen, werden Symbole zu Eckpfeilern neuer Machthierarchien. »Auf jedem Posten sitzt ein Schwarzer, ein Roter und einer, der die Arbeit macht.« So charakterisierte der Volksmund den ehemaligen österreichischen Rundfunk. Manche Leute hielten das für einen Witz, dabei war es die bittere Wahrheit, das Resultat eines administrativen Prozesses, der Konfliktbewältigung im Markt durch Proporzdenken ersetzte.

Aus den Marx'schen Gedanken der Menschenbeglückung – auch dessen Entwicklung war ohne die Finanzierung des Kapitalisten Engels nicht möglich – entstand eine neue Kaste, die ihren universellen Machtanspruch in vielen Ländern mit Folter und Terrorismus durchzusetzen versucht. Deutsche Gewerkschaftsführer, Vertreter von etwa einem Zehntel der Bevölkerung, wollen die ganze Macht im Staat, nicht nur eine Beteiligung, die in den offiziellen »demokratischen« Strukturen schon Gruppen verweigert wird, die fast weniger als fünf Prozent der Bevölkerung vertreten.

Der öffentliche Beschäftigungssektor beweist, wie weit dieser Anspruch schon gediehen ist. Statistisch hat er von allen arbeitenden Bevölkerungsgruppen das höchste Einkommen. Wer an der üppig sprudelnden Quelle der Steuern sitzt, bedient sich zuerst. Überregionale Wirtschaftsfonds, kontrolliert nicht von den Trägern der Produktivität, sondern von Funktionären, sollen zum Instrument gewerkschaftlicher Machtausübung werden. Parallelen zum Entstehen der Reiche der Vergangenheit lassen sich nicht übersehen.

Diese Entwicklung kam in Deutschland erst zum Stillstand, als die Unfähigkeit der Gewerkschaftsfunktionäre, Wirtschaftsunter-

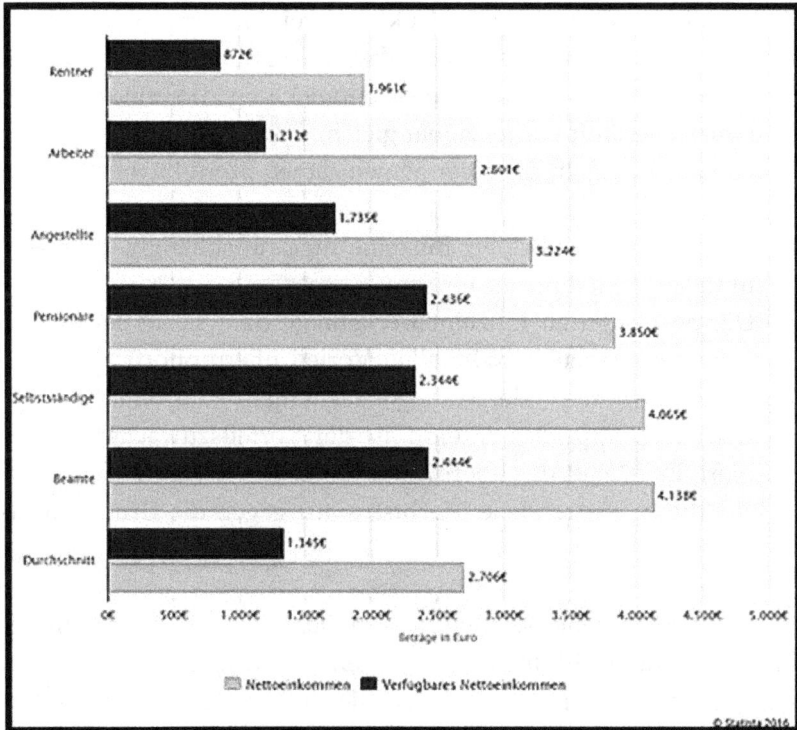

	Verfügbares Nettoeinkommen	Nettoeinkommen
Rentner	872€	1.961€
Arbeiter	1.212€	2.601€
Angestellte	1.735€	3.224€
Pensionäre	2.436€	3.850€
Selbstständige	2.344€	4.065€
Beamte	2.444€	4.135€
Durchschnitt	1.345€	2.706€

Einkommensvergleich Deutschland 2016

nehmen produktiv zu führen, sich nicht mehr übersehen ließ, weil sie sich in großen Pleiten manifestierte. Der Konsum, der erste deutsche Discounter, das größte, überwiegend steuerbefreite Wohnungsunternehmen Europas, die NEUE HEIMAT, ein Presseimperium, die Bank für Gemeinwirtschaft: alles inkompetent an die Wand gefahren, alles Schall und Rauch.

Wohin es führt, wenn administrativer Machtkonsens Markt ersetzt, sehen wir auch an den lange vergangenen Paradeunternehmen Österreichs, die nach einer kurzen Scheinblüte reihenweise wirtschaftlich schon zu Beginn der neunziger Jahre des vorigen Jahrhunderts am Ende waren. Ob Demokratie oder Diktatur, die

Pathologie der Organisationsstrukturen zeigt überraschende Übereinstimmung. Ob Fußballdachverband UEFA oder Volk, ob Gewerkschaft oder Religion, die Entwicklung organisatorischer Strukturen verläuft vorhersagbar gleich:

- ➤ Am Anfang steht die einer gemeinsamen produktiven Aufgabe verhaftete Gruppe.
- ➤ Die Gruppe privilegiert Einzelne marktunabhängig zum vermuteten Vorteil für die Gruppe.
- ➤ Die privilegierten Einzelnen erkennen, dass sie in begrenzter Lebenszeit ihren individuellen Vorteil überproportional erhöhen können, wenn der Markt sie nicht mehr kontrolliert.
- ➤ Ehe die Gruppe das erkennt, ist der Vorteilszuwachs konsolidiert. Er erlaubt das überproportionale Entgelt für Helfer, welche die so entstandene Machtstruktur gegen die Gruppe absichern.

Auch diese Helfer werden marktunabhängig. Wo Produktivität und Leistung nicht mehr durch den Markt überprüft werden, wächst der parasitäre Apparat, bis die Defizite des Systems in Relation zum Produktivsystem so schwerwiegend werden, dass eine neue Idee eine anders geordnete Gruppe um sich zu sammeln vermag. Der Prozess beginnt von neuem. Auch das neue System braucht Funktionäre zur Verwaltung der Macht. Das Wort Funktionär kommt von Funktion, nicht von Leistung.

Gansterer[1] unterscheidet im Bereich staatlicher Organisation zwischen dem Leistungsgedanken (Vorrecht des technisch-fachlich Versierten) und dem Funktionsgedanken (Führungsanspruch dank Herkunft). Der Leistungsgedanke ist marktorientiert, der Funktionsgedanke motiviert den Machtanspruch mit ideologischen Begründungen. War es früher der Adel, dessen Gottesgnadentum eine bequeme, religiös abgesicherte Ideologie für den weltlichen Machtanspruch bot, so ist es heute in vielen Fällen die proletarische Herkunft, die die Funktionäre der ersten ideologischen Gene-

---

[1] TREND 8/81

ration qualifiziert. Doch der Weg zum Adel ist vorgezeichnet. Proletarische Herkunft der Dynastiegründer wird zum Adelsprädikat der Erben, Söhne rücken dort nach, wo Väter gewählt wurden. Parlamente bilden da keine Ausnahme. Dynastien entstehen, auch in der Demokratie. Die Frau eines ehemaligen Kanzlers wird nach der Scheidung zur finanziellen Unterhaltung durch den Steuerzahler ins Parlament entsorgt.

Es ist nicht weit bis zu dem Zeitpunkt, zu dem der Nachttopfleerer des Königs aus seiner Nähe zum Entscheidungszentrum einen höheren Rang ableitet, als ein hochproduktives Mitglied der arbeitenden Klasse im System erreichen kann. Zementiert mit Urin, wird die Machtnähe untergeordneter Funktion zum wirklichen Machtfaktor, werden königliche Zuhälter zu Eckpfeilern administrativer Systeme – die historischen Beispiele sind vielfältig. Eine Karikatur des Produktionssystems entsteht.

> Es dauert nicht mehr lange, bis der Nachttopfleerer des Königs aus seiner Nähe zum Herrscher einen höheren Rang ableitet, als ein hochproduktives Mitglied der arbeitenden Klasse.

Der Filmstar, das it-Girl, der vorlaute Partygänger ohne Beruf: Sie werden mit auf einem der vielen Spartenkanäle des TV erborgtem Schein zur Leitfigur geistig unterprivilegierter Schichten. Ganze Informationsbündel dienen seiner Verehrung. Der proletarische Hofpoet wird zur moralischen Institution hochstilisiert, und die Fließbandunterzeichner von Apellen werden zu hauptamtlichen Verwaltern der reinen Wahrheit. Alles erscheint besser, als der Spiegel eigener Unfähigkeit im Markt. Ein fragwürdiges Korsett von Referenzlinien dient der neuen Aristokratie zur Rechtfertigung ihrer Existenz. Heute heißt es nicht mehr »Adel verpflichtet«, sondern »Adel berichtet«.

Macht, von der Gruppe delegiert zum Schutz vor Missständen, wird zur Quelle neuer Missstände. Informationsmanipulation soll leistungsfreie Privilegien erhalten, die für sich zwar den äußeren Schein an Anspruch nehmen, aber Produktivität nicht bieten.

Ein klassisches Beispiel ist die Entwicklung der kommunalen Wohnungsvermittlung in Deutschland, dargestellt am Beispiel der deutschen Mittelstadt Bremen. Angebliche Missstände in der freien Wohnungsvermittlung nahmen politische Kräfte zum Anlass, die kommunale Wohnungsvermittlung zu fordern. Sie wurde geschaffen und war auf Anhieb defizitär. Die als Missstand kritisierten Gebühren freier Makler reichten nicht aus, ein marktunabhängiges System zu erhalten. Diese Defizite wurden durch Staatszuschüsse ausgeglichen. Zu der Zeit höchsten Wohnungsmangels 1981-1982 gab die kommunale Wohnungsvermittlung auf. Wo freie Makler um das Überleben kämpften und jeden Trick im Buch anwandten, um ihren Kunden im Markt Wohnungen anbieten zu können, da stellte staatliche Administration lakonisch die Erklärung zur Verfügung, dass zu wenig Wohnungen der kommunalen Beratung zur Vermittlung angedient wurden, um deren Existenz zu rechtfertigen. Dort, wo im kapitalistischen Markt der Kampf um die Erfüllung der Produktionsaufgabe anfängt, ist Administration unfähig.

Nicht nur in Deutschland: Der Anteil öffentlich Bediensteter ist laut OECD in Dänemark 2,8 Mal so groß wie in Deutschland. Doch sind die Kosten je Kopf in Deutschland 2,9 Mal so hoch wie in Dänemark.

Das Spitzeneinkommen ist gesichert, der Job unkündbar, was soll dann Einsatz? Das Defizit trägt das Produktionssystem. Die politischen Väter der Idee sind entweder nicht mehr auszumachen oder sprechen von gewonnener Erfahrung. Erfahrung auf Kosten anderer, die so leichtsinnig waren, durch Wahlen Ideologie im politischen System statt Produktivität im Markt zu privilegieren.

> Das Einkommen ist gesichert, der Job unkündbar: Warum sollen sich Mitarbeiter der öffentlichen Verwaltung noch einsetzen?

Markt ist leistungsbezogene, oft unerfreuliche Gegenwart. Ideologie ist ein Wechsel auf eine unbekannte Zukunft, von dem niemand weiß, ob er je eingelöst wird. Meist ist das Gegenteil der Fall.

Aber Ideologie ist die Basis von Machtstrukturen, der Nährboden keimender Parasiten. Wie vom Krebs wird der gesunde, produktive Organismus der Gruppe befallen. Heimlich, still und leise entstehen Kräfte, die die Lebenskraft des Organismus' auszehren, sein Überleben in Frage stellen. Parasiten können bei ihrer Ernährung Substanz und Produktion nicht unterscheiden. So zerstören sie die Basis ihrer Existenz und damit das eigene Dasein, wenn es ihnen nicht gelingt, eine alternative Produktionsbasis rechtzeitig vor dem Exitus zu befallen. Meist zu spät erkennt der Organismus, dass der Impfstoff antisozialer Effekte eine wichtige Funktion beim Überleben der Gruppe spielt. Stattdessen verliert er auf der Suche nach der Medizin gegen die milde Infektion, die Abwehrstoffe im Organismus aufbaut, die Chance kontinuierlicher Existenz.

Ideologien geben vor, dass sie in der Lage sind, antisoziale Effekte zu kompensieren, ohne den produktiven Organismus zu schädigen. Ideologien sind Problemlösungsangebote im organisatorischen Bereich der Masse. Voraussetzung ist die Definition eines Problems, die Bewusstmachung eines Defizits. Einleuchtend dargestellt, soll das Problem den gedanklichen Einstieg Unbeteiligter erreichen. Ein erster Schritt zur Stärkung der Basis der Ideologie ist getan. Die Basis ist wichtig, denn sie ist das Fundament der administrativen Existenz, der Machtausübung. Das Problemlösungsangebot ist überzeugend und standardisiert in seiner Auslegung. Defizite sollen entweder durch administrative Einflussnahme der Spitze oder durch Befriedigung zu Lasten Dritter ausgeglichen werden.

Betrachten wir als Beispiel ein heute allgemein akzeptiertes Problem, für das Lösungen von verschiedenen Seiten angeboten werden: »Die Armen werden immer ärmer, die Reichen werden immer reicher.«

Auf den ersten Blick scheint dieser Satz überzeugend, denn er entspricht weitgehend unseren Informationen aus den Medien und aus anderen Quellen. Wir halten diesen Zustand für ungerecht und sind bereit, eine Ideologie – sei sie politisch, religiös oder humanistisch – zu fördern, die Abhilfe verspricht.

Doch untersuchen wir das Problem näher. Wir haben gesehen, dass in Gebieten hohen natürlichen Zinses die Reproduktion die wirtschaftlichste Möglichkeit der Investition ist. Vermutlich versucht auf diese Weise die Evolution, das Risiko der Entwicklung zu verteilen. Hoher, natürlicher Zins kennzeichnet Gebiete, in denen Armut herrscht und in denen Lebensdauer kurz ist. Definieren wir Armut als Unmöglichkeit alle Grundbedürfnisse zu befriedigen, dann ist dieser Begriff hinreichend genau bestimmt.

Die Anzahl der Armen steigt durch Reproduktion bei gleichbleibenden Ressourcen und kaum verbesserter Produktivität. Die Armen werden also nicht ärmer, sondern Armut reproduziert sich schneller, da Reproduktion die wirtschaftlichste Investition zu sein scheint. Dazu kommt die erhebliche Erhöhung der Lebenserwartung durch die Arbeit medizinischer Intelligenz. Wenn die Reproduktion bei gleichbleibenden Ressourcen schneller geschieht als die Verbesserung des Produktivitätszuwachses durch Information, dann entsteht verminderte Bedürfnisbefriedigung – also Armut.

Die Definition des Begriffes »Reproduktion« bedarf ebenfalls der Klärung. Bei den noch immer viel kürzeren Lebensdauern in den unterprivilegierten Ländern ist es verfehlt, Reproduktionsfälle zu vergleichen, ohne diese mit der Lebensdauer zu gewichten. Eine Milliarde Menschen in den privilegierten Industrieländern mit einer Lebenserwartung von 75 Jahren ist das Anderthalbfache einer Milliarde Menschen in den Entwicklungsländern mit einer durchschnittlichen Lebensdauer von 50 Jahren.

Da aber in den privilegierten Ländern die Reproduktionsrate gering ist, mag ein Regelungssystem der Natur die verlängerte Lebensdauer in Richtung auf einen absoluten Wert der Nutzung der Erde steuern. Reproduktion in den Industrieländern ist ein Einzelfall, eine höhere bzw. längere Beanspruchung vorhandener Ressourcen.

Reproduktionsvergleiche können also sinnvoll nur dann erfolgen, wenn sie durch Nutzungsvergleiche ergänzt oder ersetzt werden. Beim Vergleich der Nutzung vorhandener Ressourcen ist außerdem der Wirkungsgrad der Nutzung zu betrachten. Wärmeerzeugung in den Industrieländern hat zum Beispiel einen viel höheren Nutzungsgrad der Ressourcen als das Kuhdungfeuer einer armen indischen Familie. Die mittelbare Nutzung des Dungs über

Biogasanlagen kann über eine Erhöhung der Produktivität den Wirkungsgrad des Kuhdungs erhöhen. Erforderlich dafür ist Investition.

Ablenkungsmanöver

Die politischen Verhältnisse auf der Erde schreiben Grenzen fest, innerhalb derer die Gegenwart vergleichend beurteilt wird. Wenn wir gedanklich das Individuum durch die Gruppe innerhalb dieser Grenzen ersetzen, dann ist Reproduktion die kontinuierliche Nutzung vorhandener Ressourcen. Unser Körper ist in der Nutzung von Ressourcen in seiner Aufnahmefähigkeit beschränkt. Auch das wohlhabendste Individuum hat Schwierigkeiten, mehr als dreitausend Kalorien pro Tag zu sich zu nehmen. Reichtum ist also die Möglichkeit der vollen Befriedigung der Grundbedürfnisse. Dabei ist es gleich, ob diese Möglichkeit durch die verbesserte Nutzung vorhandener Ressourcen oder durch die Verteilung der Ressourcen auf eine verminderte Anzahl von Nutzern eröffnet wird.

Verbesserungen im Wirkungsgrad der Nutzung, die die individuelle Kapazität überschreiten, werden Faktoren des austauschbaren Produktionskreislaufes. Entweder können Sekundärbedürfnisse neu geschaffen werden, um die Nutzungsüberschüsse zu verwerten, oder eine größere Anzahl Individuen kann in die Befriedigung der Grundbedürfnisse einbezogen werden. Durch die Entscheidungsmöglichkeiten zwischen diesen Alternativen schafft Reichtum Macht. Die Reichen werden also nicht immer reicher, denn auch der reiche Körper kann nicht mehr Nahrung und Wärme aufnehmen als der arme, sondern die Reichen werden immer mächtiger, je mehr Arme von ihren Entscheidungen abhängig sind. Und diese Macht ist es, die die Vertreter von Ideologien den kreativen Intelligenzen, die sie schaffen, entwinden wollen. Ideologen sind von der Größe der Gruppe abhängig, Macht nur vom Kapital.

> Die Reichen werden nicht immer reicher, sondern immer mächtiger.

Rang	Person	Konzern	Nettovermögen
1	Bill Gates	Microsoft	75,0 Milliarden US$
2	Amancio Ortega	Inditex	67,0 Milliarden US$
3	Warren Buffett	Berkshire Hathaway	60,8 Milliarden US$
4	Carlos Slim Helu	Grupo Carso	50,0 Milliarden US$
5	Jeff Bezos	Amazon	45,2 Milliarden US$
6	Mark Zuckerberg	Facebook	44,6 Milliarden US$
7	Larry Ellison	Oracle	43,6 Milliarden US$
8	Michael Bloomberg	Bloomberg LP	40,0 Milliarden US$
Summe reichste 8 Personen			426,2 Milliarden US$
Ärmste 50 % der Weltbevölkerung			409,1 Milliarden US$

Die reichsten Männer der Welt; nach OXFAM, 2017

Untersuchen wir, woher Reichtum stammt dann erhalten wir ein überraschendes Ergebnis. OXFAM, eine große Hilfsorganisation, hat 2017 die Liste der reichsten Männer der Welt veröffentlicht. Keiner von ihnen hat sein Vermögen geerbt, einige sind Studienabbrecher. Die Chance, so reich zu werden, hätte also uns allen offen gestanden. Nur haben wir sie nicht genutzt.

Ideologien betrachten kreative Intelligenz als Maschine, der der Verbleib ihrer Produkte gleich ist. Kreative Intelligenz bedarf im Gegensatz zur Maschine aber des Anreizes, sonst sinkt der Wirkungsgrad. Anreiz kann die Ausübung von Macht sein, mit der die Evolution die Individuen höheren Wirkungsgrades im Interesse der Optimierung der Art privilegiert hat. Ausübung von Macht ohne eigenen Wirkungsgrad durch quantitative Bestimmung steht im Widerspruch zum System der Evolution.

Inflation ist die für alle sichtbare Folge, wenn nicht der Markt den Austausch gegen Gegenleistung regelt. Der im monetären Gegenwert beschriebene Energiebeitrag vermindert sich, wenn unterproduktive Individuen durch Eingriffe der Administration überproportional entgolten werden. Der Markt stellt über den Umweg der Inflation die tatsächlichen Verhältnisse wieder her.

Warum dann nicht gleich das Regelungssystem des Marktes statt der Unfähigkeit ausufernder politischer Administration?

Administration würde nicht ausufern, wenn sie nicht überproportional im Vergleich mit ihrer Produktivität bezahlt würde. Diese Ausnutzung nimmt die Masse in der Hoffnung hin, die eigene Leistung auf Kosten der Kapitalisten ebenso überbewertet zu bekommen. Administration, die – unter Berufung auf Marx – der Masse suggeriert, dass dies möglich wäre, nimmt für sich die Erfindung des Perpetuum mobiles in Anspruch: Sie verspricht, mehr Energie zu verteilen, als zur Verfügung steht. Bezogen auf die Theorie des Perpetuum mobiles aber ist gerade die Administration der durch Reibung erzeugte Verlust im Wirkungsgrad, der auch nur eine Annäherung an das angestrebte Ziel verhindert.

> Administration würde nicht ausufern, wenn sie nicht überproportional bezahlt würde.

Der Markt dagegen, ungestört von den Reibungsverlusten durch Administration, ist effizienter Energietransfer hohen Wirkungsgrades. Der Markt fordert im Gegensatz zu kurzfristig orientierter Administration auch langfristige Gesichtspunkte des Überlebens der Art durch Auslese des Besseren.

Markt kann als Prinzip der Evolution nicht human sein. Solange aber Administration zur Aufrechterhaltung der eigenen Position Konsumziele der Körperlichkeit aufrichtet, statt geistige Alternativen zu entwickeln, solange ist Administration für die Menschheit gefährlicher als der Markt. Denn sie bringt durch die Überbetonung körperlicher Ziele die Art in Gefahr, die nur als geistiger Beitrag der Evolution dienen kann. Andere Arten haben größere physische Vorteile, der Mensch und seine Art sind nur im geistigen einmalig.

Gleichheit lässt sich administrativ nicht erzwingen. Dem steht die Normalverteilung des Intelligenzquotienten (s. Grafik S. 56) entgegen. Sobald wir eine Behörde dafür schaffen, wächst nicht die Gleichheit, sondern wachsen die Kosten (s. Grafik S. 211) und die Macht der Administration. Linientreue statt Produktivität wird belohnt, um die Existenz der Administration nicht zu gefährden.

Kapitalismus wird zum Unwort, die unproduktive, politisch korrekte Verwaltung zum Ideal erhoben.

Die Vermeidung kurzfristiger, individueller, administrativ definierter Ungerechtigkeit fördert Qualität statt Quantität. Qualität aber erreicht durch ihren multiplikativen Einfluss beim Transfer von Energie langfristig mehr als kurzfristige Korrekturen der Administration auf der Grundlage des durchschnittlichen Erkenntnisstandes der eigenen Epoche. Die höchste Wahrscheinlichkeit für das langfristige Überleben der Art liegt im Kapitalismus, der über den Markt eine gemeinsame Resultierende der Gemeinschaft findet. Die durch den Markt geschaffene positive Auslese aus individueller Betroffenheit heraus negativ zu sehen heißt, die Potenz des Menschen gegen die Kraft der Evolution zu stellen. Solange aber der Mensch sich auf im körperlichen verankerte Ziele beschränkt, muss er im Wettbewerb mit der Evolution den Kürzeren ziehen. Auch politische Administration kann das nicht verhindern. Politische Administration, die in unverantwortlicher Weise in das Marktgeschehen sich emanzipierender Länder eingreift, die die örtlichen Träger primärer kapitalistischer Macht durch ihre exportierten Umverteilungstheorien so verunsichert, dass diese versuchen, ihr Kapital in emanzipierten Ländern wie der Schweiz zu niedrigen Zinssätzen zu erhalten, statt es zur Sicherung der Grundlagen der Körperlichkeit dem Markt des eigenen Landes zu hohen natürlichen Zinssätzen zur Verfügung zu stellen.

Der Export von Umverteilungsideologie in Entwicklungsländer erreicht genau das Gegenteil des angestrebten Zieles. Wo ein sich bildender Markt mit der Investition von niedrig verzinslichem Kapital aus den entwickelten Ländern die Grundlagen der körperlichen Existenz für die Masse in absehbarer Zeit sichern könnte, schaffen die Exporte westlicher und östlicher Ideologie Kriegsschauplätze. Ganze Völker verlieren ihr Leben, weil die exportierte Ideologie einer industriellen Gesellschaft den Bedürfnissen sich entwickelnder Länder nicht entspricht. Bil-

> Der Export von Umverteilungsideologie in Entwicklungsländer erreicht genau das Gegenteil des angestrebten Zieles.

ligexporte in Entwicklungsländer zerstören und hindern die dort aufkeimenden Märkte. Kapital, das dringend benötigt wird, verlässt verunsichert das Land. Wissen, repräsentiert durch Einzelne, verlässt ebenfalls das Land (brain drain), da im Ausland eher multiplikativer Einfluss auf Kapital möglich ist, als in den meist traditionell auf landwirtschaftlicher Grundlage paternalistisch ausgerichteten sich entwickelnden Ländern.

Entwicklungs-Verhinderung

Selbst additive Arbeit wird exportiert. Dabei orientieren sich die westlichen Demokratien am Vorbild der Urdemokratie Athens und gestatten den importierten Sklaven kein Wahlrecht, sondern verhindern sogar, wie am Beispiel Türkei 2017 in Deutschland, Holland und Österreich abzulesen, dass Wahlen im Herkunftsland durch dortige Politiker nicht am Ort des Aufenthalts der Wähler propagiert werden dürfen. Der Begriff Demokratie scheint für die eigenen Interessen bis ins Absurde dehnbar. Die drei Komponenten des Energietransfers – Arbeit, Kapital und Wissen – suchen im industrialisierten Ausland ihre Betätigung, die Entwicklung wird zurückgeworfen. Veranlasst von zur Begründung politischer Ideologie exportierten Konsumleitbildern und verunsichert von einer Ideologie der Umverteilung des Ertrages primären Energietransfers verliert mögliche Entwicklung ihr Fundament. Was bleibt ist Administration, die im Wettbewerb miteinander und im Vergleich mit den Kollegen in den Industrieländern die restliche wirtschaftliche Grundlage vernichtet, um den eigenen Macht- und Konsumanspruch durchzusetzen.

Afrika[1] ist das beste Beispiel. Einer Kultur beraubt, die Zufriedenheit ohne Konsumleitbild ermöglichte, werden die Stämme Afrikas fremder Ideologie geopfert. Wo Stammesverbände geografischer Festschreibung nicht bedurften, haben – nicht nur in Afrika – westliche Staatstheorien geografische Konfliktsituationen geschaf-

---

[1] Frederic Forsyth: The Biafra Story; 2001

fen, die den vorhandenen geistigen Bedürfnissen und Zwängen eines Kontinents nicht entsprechen. Die Unehrlichkeit west-östlicher Administration ersetzte die auf lokaler Ebene informierte Entscheidung der Stammesoberen, die an den eigenen Bedürfnissen orientiert war.

Ein Beispiel von vielen. Nach der Anlegung von Grundbüchern im Südosten der Türkei wurde der gesamte Landbesitz des oft kurdischen Halbnomaden-Stammes auf den Namen des Stammesführers, des Aga, eingetragen. Übrig blieb ein immens reicher Mann, während das neu geschaffene Proletariat in die Subsistenz der großen Städte abwanderte. Politische Unruhe war die Folge, aber kaum jemand erkannte die Ursache der Misere.

Ein anderes Beispiel. Die Lieferung eines deutschen Mähdreschers in ein Entwicklungsland macht all die Menschen arm, die vorher während des Sommers in der Feldbestellung gearbeitet haben, um die Reserven für den Winter zu verdienen. Die Folgen sind die gleichen wie im ersten Beispiel. Dazu kommt, dass zum Schutz der Drescherklingen diese höher eingestellt werden als Sense und Sichel der Vergangenheit. Anschließend werden die Stoppelfelder, trotz Verbotes, abgebrannt. Die Frösche sterben, die Störche finden keine Nahrung mehr. Die Natur verändert sich.

Den Vorteil haben die entwickelten Länder. Dort wo Genügsamkeit Zufriedenheit wachsen ließ, entstehen Ansprüche, die weder aus der Endlichkeit der Rohstoffquellen noch aus dem Produktivitätszuwachs gerechtfertigt werden können. Aber eine Teilung der materiellen Grundlagen der Industrieländer wird abgelehnt. Exportmärkte als ausnutzbare Zonen niedrigen industriellen Wissens sollen erhalten bleiben.

> Gegenüber den Entwicklungsländern verhindern Dumpingzölle Importe, werden technische Vorschriften zu Waffen.

Wo in Entwicklungs- und Schwellenländern eigene Produktivitätsbasen bestehen, ist west-östliche Politik auf Zerstörung dieser Basen und die Nutzung ihrer Rohstoffquellen ausgerichtet. Dumpingzölle verhindern Importe. Technische Vorschriften werden zu Waffen, um die Löhne im eigenen Land hoch zu halten. Gleichzeitig wird Kinderarbeit beklagt, der Mangel an Demokratie dort laut bedauert, wo – wie etwas weniger öffentlich auch daheim – Administration zuerst den eigenen Beutel füllt.

Diese doppelbödige Moral verdeckt die Unfähigkeit der Administration im eigenen Lande und baut für die Frustration der Administrierten Ersatzziele im Ausland auf. Diese Ersatzziele erlauben der Masse, sich wohlgefällig in ihrer eigenen Moralität zu spiegeln, statt durch im freien Markt unbeschränkt gewertete Arbeit die Grundlagen des Seins für andere zu sichern.

Forschung zeigt, dass Märkte extrem
effiziente, effektive und zeitgerechte
Aggregatoren von verteilter und sogar von
verborgener Information sind.

Michael J. Sandel (*1953),
amerikanischer Justizphilosoph

Kapitel 20

Markt und Information

Macht und Deutungshoheit

Viele Menschen sind von der Ungerechtigkeit der bestehenden Verhältnisse überzeugt. Diese Überzeugung wächst, je negativer die persönliche Betroffenheit sich im Vergleich mit anderen Mitgliedern der gleichen Gruppe darstellt.

Zusammenhänge individueller Betroffenheit werden undurchschaubar. In unserem vielschichtigen, arbeitsteiligen ökonomischen System reicht die Informationsspeicherkapazität des Individuums nicht aus, um all die Informationen zu speichern, die zur objektiven Beurteilung der persönlichen Situation erforderlich sind. Daneben ist die Beschaffung der Informationen ein zeitraubender und mit Aufwand verbundener Prozess. Die erforderliche Beherrschung dieses Prozesses erscheint dem Einzelnen, ob mit oder ohne Computer, unmöglich. Er resigniert und beschränkt sich auf die Aufnahme von Informationen aus seinem persönlichen und fachlichen Interessensgebieten.

Der Einzelne unterliegt außerdem dem Angebot undifferenziert zu seiner persönlichen Situation vermittelter Informationen in den Medien. Auf die Selektion dieser Informationskomponenten hat er kaum Einfluss. Er kann die Informationen durch die Wahl einer bestimmten Publikation oder eines sozialen Mediums grob steuern. Soweit es sich aber um Monopole handelt, besteht nur die Alternative zwischen Teilnahme oder Nicht-Teilnahme am Informationsprozess. Wenn die Kontrolle der Informationsmonopole von Gruppen ausgeübt wird – beispielsweise von so genannten gesellschaftlich relevanten Kräften –, die sich auf einen gemeinsamen Grundkonsens des Denkens verständigt haben, dann ist Information in Richtung auf diesen Konsens hin vorstrukturiert. Die Information des Einzelnen ist nicht mehr objektiv, sondern unterliegt Wertungen, die sich einer Übereinkunft unterordnen, an der er zumeist nicht beteiligt ist. Individuelle Informationswichtung weicht der Sicht aus einer Fiktion der Wichtigkeit, auf die sich andere bereits geeinigt haben. Entscheidungen, die die eigene Existenz betreffen, bauen auf diesen vorselektierten Informationen auf.

Primärentscheidungen werden so zu Sekundärentscheidungen, ohne dass der Entscheidende in der Lage ist, die Abhängigkeit seines Urteils zu erkennen.

Die objektive Wertung der eigenen Lage wird zur subjektiven Einordnung in ein Koordinatensystem, dessen Achsen von anderen vorgegeben sind. Dabei ist eine Beurteilung der Qualifikation derjenigen, die den Informationsstrom steuern, unmöglich. Nach allgemeiner Übereinkunft gilt das Leben in dem Maße als »besser«, in dem der Zwang zur Existenzsicherung der Freiheit der eigenen Entscheidung zur Verwendung der beschränkten Lebenszeit weicht. Der Einzelne ist bemüht, seine eigene Entscheidungsfreiheit zu erhöhen. Dies kann auf zwei Arten geschehen:

➢ Einmal durch die zwangsweise Unterordnung anderer unter den eigenen Vorteil, die Ausbeutung der Arbeit anderer und die Unterdrückung von Informationen, die die Ausgebeuteten in die Lage versetzen, ihre Situation zu erkennen und zu ändern.

➢ Der zweite Weg ist der Einsatz der eigenen Kraft zum Vorteil anderer und deren Entgelt dieses Vorteils durch Gegenleistung, weil aufgrund ungehinderter Information ein Urteil über den Nutzen von Leistung und Gegenleistung möglich ist.

Information wird so zum entscheidenden Kriterium eines Systems. Laut Ben Miller (2017) ist Information das Auflösen von Gewissheit. Das egoistisch auf die Wahrung des Vorteils der Administration bedachte System beschränkt deshalb die objektive Entscheidung des Individuums durch die Filterung, Manipulation und Zurückhaltung von Informationen. Das am Vorteil anderer über den Austausch von Leistung und Gegenleistung orientierte System fördert den Austausch von Informationen, um dem Individuum Selbstbestimmung zu ermöglichen. Im ersten System wird die freie Bestimmung der eigenen Existenz durch die mehr oder minder freiwillige repräsentative Vertretung des Individuums ersetzt. Das Extrem ist die entindividualisierte Existenz im Gefängnis eines totalitären Staates, eine schwächere Form die repräsentative Demokratie, in der die Delegation von Entscheidungsfreiheit über möglicher Selbstbestimmung an eine Gruppe delegiert wird, für die eine formelle Qualifikation nicht Kriterium ist.

Messen wir den Entzug direkter Entscheidungsmöglichkeit in Zahlen, dann lässt sich die Partizipation des Staates am erarbeiteten Einkommen des Einzelnen als Maßstab der an die Administration delegierten Entscheidungsprozesse werden. Der durchschnittliche Grad der persönlichen Unfreiheit in einem System entspricht dem Staatszugriff. Diese beträgt in Deutschland unter Einbezug der Sozialversicherungen, der TV-Gebühren und ähnlicher Abgaben schon über 50 Prozent! Sie wird verwaltet von einem Apparat, dessen Kontrolle sich auf die Stimmabgabe alle vier Jahre beschränkt.

> Der Staatszugriff in Deutschland von 50 % wird verwaltet von einem Apparat, dessen Kontrolle sich auf die Stimmabgabe alle vier Jahre beschränkt.

Die Auswahl der zur Administration Privilegierten beschränkt sich auf eine kleine Gruppe, die ideologiekonformen Mitglieder der etablierten Parteien, die ihre Rolle als staatstragend sehen und nichts mehr hassen, als die so genannten Populisten, denen sie sich ideell überlegen fühlen. Dass »populus« ursprünglich im Lateinischen »das Volk« bedeutet, ist in Vergessenheit geraten.

Identifizierung der Abweichler

Anrüchig wird dieses Machtstreben dann, wenn kurz vor Wahlen in der einen oder der anderen Form die Argumente und Ziele der Populisten von den »staatstragenden« Parteien übernommen werden, um Wähler zu gewinnen. Die Stabilität dieses Systems wird gesichert durch Wahlsperrklauseln, Informationsbeschränkungen durch das im gemeinsamen Konsensus administrierte Fernseh- und Rundfunkprogramm und durch gezielte Vermittlung von Informationen – schon in der Schule – zu gesellschaftspolitischen Fragen, in der das bestehende System als das bestmögliche propagiert wird.

Zweifel am Grundkonsens sind Zweifel an der repräsentativ definierten, systemerhaltenden Wahrheit. Sie werden durch Unterprivilegierung im öffentlichen Raum geahndet. Das Etikett Kommunist, Kapitalist oder Faschist kennzeichnet Abweichler von der gemeinsam definierten Mitte, deren geistige Fundamente auf rationell nicht bezifferbaren ideologischen Ansätzen beruhen.

Im Gegensatz dazu steht ein System mit voller Informationsfreiheit. Es definiert die Existenz des Einzelnen am erkennbaren Nutzen für die Gemeinschaft. Die Unterordnung unter den Willen anderer geschieht aufgrund eines ökonomischen Systems, das Vorteil gegen Vorteil aufrechnet, und das bei jeder, auch der kleinsten Entscheidung die Privilegierung oder Entprivilegierung anderer beinhaltet.

Derjenige, der in additiver Weise wenig zum gemeinsamen Vorteil beträgt, hat in diesem System wenig zu erwarten. Doch sollte auch ein derartiges System der Wahrheit und Eigenverantwortung unterworfen sein. Wer sich in Ländern mit offenen Informationskanälen in den sozialen Medien hinter obskuren Decknamen versteckt, gibt denen Recht, die die offizielle Information verwalten und versuchen, sie zur Systemstabilisierung zu manipulieren. Fake News und echte Information sind dann nicht mehr zu unterscheiden. Derjenige, der in der Lage ist, durch verbesserten Wirkungsgrad die Nutzung vorhandener Ressourcen, und damit den Vorteil für alle, multiplikativ zu steigern, wird in diesem System begünstigt.

Die Entscheidung über die Privilegierung anderer beschränkt sich nicht auf die Ohnmacht der individuellen Stimmabgabe im Vier-Jahres-Turnus, sondern auf die Teilnahme des Individuums in seinem freien Markt, in dem Vorteil gegen Vorteil aufgrund des individuellen Erkenntnisstandes eingetauscht wird. Der individuelle Erkenntnisstand wird als ausreichend vorausgesetzt, da der Einzelne durch ungehinderte Information in die Lage versetzt wird, objektive Beurteilungskriterien für einen Austausch von Vorteilen zu schaffen. Verzichtet das Individuum darauf oder delegiert es die Informationsbeschaffung gegen Entgelt, dann nimmt es die daraus resultierenden persönlichen Nachteile bewusst in Kauf.

Diese Nachteile bedeuten die Privilegierung anderer aus eigener Unfähigkeit oder Bequemlichkeit, jedenfalls aber aufgrund persönlicher und bewusster Entscheidung. Da die Entscheidung des Individuums wegen mangelnder Informationsspeicher und Informationsverarbeitungsmöglichkeiten mit Fehlern behaftet ist, müssen beide Systeme unvollkommen bleiben. Ist die Entscheidung der repräsentierenden Gruppe fehlerhaft, erfolgt ein Wandel des repräsentativen Systems in Richtung auf ein individuell bestimmtes System. Führt das individuell bestimmte System zu einer einseitigen Privilegierung der Vorteilsgeber, sei es auch aus mangelnder Informationsbeschaffung der Vorteilsnehmer, folgt ein Wandel zur delegierten Bestimmung durch die Gruppe.

Die Frequenz zwischen den Extremen entspricht einer Kurve, deren Minima und Maxima ähnlich einer Sinuskurve aufeinander in wellenförmigen Schwingungen folgen. Abrupte Systemänderungen werden durch den Einsatz von Machtmitteln gedämpft. Dazu gehört die Ausübung von Gewalt ebenso wie die Informationsbeschränkung und der Wunsch des Vorteilsgebers, die eigene Folgegeneration zu privilegieren, auch wenn diese nicht die erforderliche Leistung aufweist.

Jedes der systematischen Extreme trägt so den Keim zur Systemumkehr in sich. Das totalitäre System unterliegt Aufweichungstendenzen durch den Fluss ungehinderter und nicht zu verhindernder Information. Das System freier Information macht es für die Vorteilsgeber einfach, einen größeren Vorteil zu erwirtschaften, wenn Information beschränkt wird oder die mangelnde Beschaffung von Informationen durch Vorteilsnehmer Anlass ist, den Vorteil bei gleicher Gegenleistung zu vermindern, um eigene Überprivilegierung zu erreichen.

In jedem System gibt es Unterprivilegierte. Im totalitären System ist das geistig hochproduktive Individuum derjenige, der in der Lage ist, multiplikativ den Wirkungsgrad von Ressourcen zu beeinflussen. Im individuellen System des Austausches von Vorteil gegen Vorteil ist derjenige unterprivilegiert, der von der Natur nur mit minderen Gaben ausgestattet ist, so dass seine Kenntnisse und Fähigkeiten nur gering zum Vorteil der Gesamtheit beitragen. Das produktive Individuum versucht, dem totalitären System zu entfliehen, was dieses zum Teil mit der Beschränkung der Freizügigkeit kontert. Das gering produktive Individuum versucht, durch das Gewicht der Masse das individuell bestimmte System zu ändern, um persönlich empfundene vermeintliche Ungerechtigkeiten zu korrigieren. Bestimmender Wunsch ist in beiden Fällen, einen größeren Vorteil bei gleicher Leistung zu erreichen.

Wie wichtig Information ist, zeigt die Tatsache, dass laut Transparency International mehr als 50 Prozent der EU-Kommissare und 30 Prozent der EU-Abgeordneten nach der Politik Lobbyisten werden. Profil-Autorin Rosemarie Schwaiger[1] schreibt unter anderem: »In dieser Branche geht es um Kontakte, Netzwerke, ein mit Handynummern wichtiger Leute gefülltes Telefonbuch (…) « und weiter: » (…) große Aufregung, als der ehemalige EU-Kommissionspräsident Manuel Barroso seinen neuen Job (…) bei der Investmentbank Goldman-Sachs bekannt gab. Nach der gerade erst überstandenen, vor allem von Investmentbanken ausgelösten Finanzkrise geht Barrosos Seitenwechsel immerhin als kaltschnäuzig durch.« Und: »Schon 2008 zog es den ehemaligen britischen Premierminister Tony Blair in die Hochfinanz. Für eine kolportierte Jahresgage von einer Million Dollar nahm er einen Job bei der Investmentbank JP Morgan an.« Die Kapitalisierung des Telefonbuchs ersetzt den direkten Verkauf der Wähler.

Andere, wie der ehemalige deutsche Bundeskanzler Schröder, einst als Vorsitzender der Jungsozialisten (JUSOS) zur Bekämpfung des Kapitalismus angetreten, heuern bei Konzernen an, die von internationalen Sanktionen betroffen sind. Die nach Medienberichten von Rosneft gezahlten 350.000 Euro Jahresgage erscheinen für den ehemaligen Kanzler eines der wichtigsten Länder der Welt eher gering. Zumindest bestätigt Schröder die kapitalistische

---

[1] »Hart im Nehmen«; 27.8.2017

Synthese, als er am 30. August 2017 auf die Frage eines Medienvertreters erklärte: »Es geht um mein Leben, und darüber bestimme ich – und nicht die deutsche Presse.« Für derartige Karrieren, begonnen mit dem Ruf nach Systemveränderung und beendet beim Klassenfeind, ist die Verteilung des Intelligenzquotienten in der Wählermasse die Grundlage. Wie ein deutsches Sprichwort sagt: »Die Dummen werden nicht alle.«

Aber die Schlauen lernen schnell.

Mensch: Ein Tier, das Geschäfte macht. Kein
anderes Tier tut dies, kein Hund tauscht
Knochen mit einem anderen.

Adam Smith (1723-1790),
schottischer Moralphilosoph und
Markttheoretiker

Kapitel 21

Evolution und Markt

König Zufall

Das gering produktive Individuum versucht, in klarer Erkenntnis seiner minderen Leistung an der Leistung des hochproduktiven Individuums über Gebühr teilzuhaben, um die eigenen Beschränkungen, zumindest teilweise, auszugleichen. Das hochproduktive Individuum versucht, in richtiger Erkenntnis der Wahrnehmungsgrenzen des gering produktiven Individuums, dieses auszunutzen, um den eigenen Vorteil zu steigern.

Die durch die geringe Ausstattung mit Speichermöglichkeiten beschränkte Informationsmöglichkeit oder der fehlende Informationswille des gering oder additiv produktiven Individuums schafft dem hochproduktiven Individuum die Möglichkeit, seine eigene hohe Informationsbasis gezielt zum eigenen Vorteil einzusetzen. Das gering produktive Individuum versucht, dieselbe Informationsdichte durch Zusammenlegung von Teilinformationen zu erreichen, um als Gruppe dem hochproduktive Individuum überlegen zu sein. Ist geistige Überlegenheit auch als Gruppe nicht zu erreichen, wird physische Überlegenheit der Masse geltend gemacht.

Beide Individualtypen und ihre Verhaltensweisen sind im System der Evolution rationell zu erklären. Die Natur betrachtet die Gruppe Menschheit als Gesamtsystem, in dessen Rahmen sowohl Vorsorge für die körperliche Existenz als auch für die geistige Entwicklung getroffen sein muss. Geist ohne Körper ist in unserem materiellen Umfeld nicht lebensfähig. Körper ohne Geist ist aus unserer Sicht sinnlose menschliche Existenz. Die Natur muss also beide Komponenten sichern, um zu gewährleisten, dass Evolution in Richtung auf ein uns bekanntes Ziel erfolgen kann.

Das Prinzip der Evolution ist der Zufall, ausgedrückt durch eine Kurve der Normalverteilung, auf der sich ein materieller Punkt nicht bestimmen lässt. Das ist auch das Prinzip, das der Quantenmechanik zugrunde liegt. Selbst bei höchster Näherung weist die Kurve eine gewisse Bandbreite aus. Die Resultierende der von Zufall beeinflussten, natürlichen Ereignisse ist die Richtung der Evolution, die so abgesichert ist, dass der Weg eines Teilsystems – zum Beispiel der Menschheit – in eine Sackgasse das Gesamtsystem und seine Entwicklung nicht gefährden kann.

Die Gefährdung des Teilsystems beginnt, wenn entweder die körperliche oder die geistige Komponente soweit die Übermacht erhält, dass eine natürliche Prozesssteuerung zur Findung einer Resultierenden, die der Bedingung steigenden Wirkungsgrades entspricht, unmöglich wird. Die Natur bricht dann das Experiment ab und sucht Evolution auf anderen Wegen. Das Weltall ist vermutlich voller abgebrochener Experimente, die

> Die Evolution verfügt über unendliche Zeit und Ressourcen, um ihr Ziel durch zufällige Auslese zu erreichen.

noch nicht einmal den Entwicklungsstand der Menschheit erreicht haben. Die Evolution verfügt über nach menschlicher Definition unendliche Zeit und Ressourcen, ihr Ziel auf der Basis zufälliger Auslese zu erreichen.

Die Definition einer echten Unendlichkeit entzieht sich uns. Wir sind willenlose Objekte einer nicht definierbaren höheren Macht, deren Beschreibung uns nicht möglich ist. Das öffnet Scharlatanen Tür und Tor, die sich als Vertreter »Gottes« ausgeben und begründetes Wissen durch Glauben ersetzen. Jesus, als innovativer Sozialreformer, benutzte diese Machtkanäle der Information, um seine Soziallehre für die Zukunft zu sichern.

Zu Zeiten Jesu gab es Götter für jeden Zweck. Seiner war so konstruiert, dass er in der Lage, war mittellose Massen – die gibt es immer in großer Anzahl – zu binden, um seine Lehre über einen langen Zeitraum zu transferieren.

Die Menschheit ist der Evolution unwichtig, das einzelne Individuum so nebensächlich wie die Stimme des Einzelnen bei der Wahl eines Parlaments. Erst die Summe der Teilentscheidungen ergibt eine gemeinsame Resultierende, deren Richtung entweder dem Ziel der Evolution entspricht oder zum Untergang führt. Die Orientierung der Teilentscheidungen geschieht am vermuteten eigenen Vorteil. Ob dieser Vorteil auch dem von der Evolution gesuchten Vorteil entspricht bleibt uns unbekannt. Unsere Logik ist auf unseren Erfahrungshorizont begrenzt.

Dabei ist zu berücksichtigen, dass sich aus kurzfristigen Vorteilen langfristig Nachteile für uns als auch für das evolutionäre System entwickeln können. Das evolutionäre Teilsystem muss in der Lage sein, langfristige Nachteile zu minimieren, wenn es seinem von der Evolution geplanten Zweck entsprechen soll. Dabei ist zielgerichtete Interaktion der einzelnen Systemteilchen, der Individuen, erforderlich.

Die Interaktionsform mit dem höchsten Wirkungsgrad ist der freie Markt, auf dem jeder Teilnehmer nach Belieben anbieten oder sich verweigern kann. Der evolutionäre Faktor Zufall wirkt im Markt Tendenzen der Einseitigkeit entgegen. Wissen, natürliche Ressourcen und körperliche Leistung werden im ausgewogenen Verhältnis zueinander im Markt in Beziehung gesetzt. Der Ausgleich des Marktes sichert die zielgerichtete Optimierung der Faktoren der Evolution im Rahmen materieller Zwänge der menschlichen Existenz.

Der Vorteil Einzelner steht allzu oft über
Demokratie und Bürgerinteressen.

Florian Horcicka (*1975),
österreichischer investigativer Journalist

Kapitel 22

Kapitalist und Funktionär

Vom Nutzen des Apparatschiks

Zwänge können durch geistige Arbeit oder Substitution überspielt werden. Die Aufhebung eines Zwanges verändert den Wert anderer Marktfaktoren. Die Einführung von Maschinen machte die Weber brotlos, die Substitution von künstlichem Gummi vernichtet Plantagen und Arbeitsplätze.

In beiden Fällen sind Systemteilchen, Individuen, negativ betroffen. Die Anpassung an die geänderte Struktur des Marktes wird als Ungerechtigkeit empfunden. Der durch die neue Situation Begünstigte kommt anscheinend mühelos in den Genuss von Vorteilen, die Generationen mit harter Arbeit nicht erreichten. Negative Vorurteile entstanden: Der Fabrikbesitzer, der auf Kosten der Arbeiter ein schönes Leben führt; der Rentier, der sein Geld anlegt und nicht arbeitet; der Räuberbaron in den USA. Der Beitrag, den diese Männer mit Wagemut in unbekannten neuen Situationen als Faktor des Marktes geleistet haben, wird erst von späteren Generationen erkannt: Henry Ford ermöglichte den Massen der USA den Besitz eines eigenen Autos. Bell, der Erfinder des Telefons, vereinfachte die Verständigung. Die Erfinder von Haushaltsgeräten machten die Emanzipation der Frau von ihren Haushaltspflichten erst möglich. Der eigene Vorteil war ihr Antrieb, krasser Egoismus hob sie in schwindelnde finanzielle Höhen.

Die Unwissenheit ihrer Zeitgenossen bot der Flexibilität dieser Männer die Grundlage für die Ansammlung persönlichen Reichtums, der oft ebenso schnell wieder verging, wie er gewonnen wurde. Der Kapitalist investierte in der Gründerzeit Ideen, Hoffnung und Kapital, nutzte aus und wurde ausgenutzt. Er wurde zum Katalysator einer Entwicklung, die heute mit der computerbasierten Wirtschaftsrevolution eine Entsprechung hat. Er erfüllte die Funktion einer Kapitalsammelstelle, schuf örtliche Börsen und machte für das gering produktive Individuum die industrielle Entwicklung und ihre, zumindest subjektiven, Vorteile erst möglich. Henry Ford zum Beispiel bot in seinen Werken besonders gute Arbeitsbedingungen: Niemand musste länger als acht Stunden am Tag und fünf Tage in der Woche arbeiten. Ford bezahlte ab 1914 einen Mindestlohn von fünf Dollar am Tag, einige Jahre später sogar sechs – zu einer Zeit, in der Zehn- bis Zwölf-Stunden-Tage bei einem Tageslohn um einen Dollar in vielen Fabriken noch die Regel waren.[1] Ein Beispiel dafür, dass Eigennutz als Faktor des Marktes mittelfristig die möglich gewordenen Produktivitätsvorteile weitergab, damit die Produzierenden die eigenen Produkte erwerben konnten und damit zum Gewinn beitrugen.

Heute gibt es institutionalisierte Wege der Kapitalverwaltung, Banken, internationale Börsen, schnelle und sichere Zahlungssysteme. Die plötzliche Vervielfachung des Wirkungsgrades der Produktion zu Beginn der Gründerzeit aber traf eine auf Handarbeit basierende, vorwiegend landwirtschaftlich orientierte Gesellschaft unvorbereitet. Feste Rollenklischees gerieten ins Wanken. Wertvorstellungen änderten sich, traditionelle, wohl begründete Verhaltensweisen mussten sich ändern. Die vom Umbruch der Zeit negativ Betroffenen, vom Markt als für die Gemeinschaft als nutzlos beurteilten Individuen, sahen sich in einer Gegenwart, in der die ihnen zu Verfügung stehenden Erfahrungen zur Beurteilung der persönliche Situation nicht mehr ausreichten. Die zur Beurteilung der Situation notwendigen Informationen standen ihnen weder zu Verfügung, noch waren sie in der Lage, sie zu beschaffen.

Unübersehbar aber waren die wirtschaftlichen Konsequenzen, vergleichbar der heutigen Situation, in der die Märkte unterentwickelter Länder durch Importe aus den Industrieländern in ihrer traditionellen Funktion zerstört werden. Hunger und persönliche Not dort, wo früher ein kleines Handwerk, ein Gewerbe oder der Verkauf der Arbeitskraft das Leben sicherte. Hunderttausende folgten dem Ruf der Städte, in denen scheinbar mühelos Vermögen gemacht und Existenzen geschmiedet wurden. Noch heute beobachten wir ähnliche Verhaltensweisen in unterentwickelten Ländern. Aus dem Dorfarmen wurde das Proletariat. Eine neue Klasse der vom Umbruch der Produktionsprozesse Betroffenen

---

[1] SPIEGEL online, 29.7.2008

bildete sich, entwickelte an materieller Notlage Gruppenbewusstsein, suchte Führer und Ideologen.

Marx, beeindruckt durch die negativen Folgen der Umstrukturierung, entwickelte seine Ideen in einer Zeit, die von ungeheuren geistigen Leistungen bei der Verbesserung des Wirkungsgrades der Nutzung der Energie bestimmt war. Dazu kam die Entwicklung neuer Energiequellen, die Mechanisierung vieler Arbeitsprozesse. Marx wollte die Freiheit des Individuums, die Nutzung der breiteren Produktionsbasis zum Vorteil für alle. Er wollte Selbstverwirklichung statt den Zwang mechanisierter Produktion, Menschlichkeit statt das Primat der Wirtschaftlichkeit. Selbst den Nachteilen schlechter wirtschaftlicher Verhältnisse ausgesetzt, von anderen finanziell abhängig, schrieb er sich von der Seele, was zu ändern er nicht in der Lage war.

Marx hatte das Glück, dass der Test seiner Ideen positiv ausfallen musste. Der steigende Wirkungsgrad des Produktivsystems führte in jedem Fall zu verbesserten Lebensbedingungen für das Proletariat. Automatisierte Produktionssysteme wären im Markt ohne Masse unwirtschaftlich. Wie wenig die Ideen Marx' sich auch langfristig bewähren, lässt ein Vergleich der überwiegend marktwirtschaftlichen Systeme mit den überwiegend gescheiterten marxistischen Systemen – allen voran die UdSSR – leicht erkennen.

Markt sorgt für individuellere, nuanciertere, besser angepasste Bedarfsdeckung, als der intelligente Plan der Funktionäre. Da aber die persönliche Existenz so vieler mit der Administration des fehlerhaften Systems verbunden ist, steht jeder Änderung des Systems das Beharrungsvermögen einer Gruppe entgegen, die in der Lage ist, ihren eigenen Individualbedarf auf anderen Wegen zu decken.

> Markt sorgt für eine bessere Bedarfsdeckung, als der Plan der Funktionäre.

Das Ganze erinnert an den Turmbau zu Babel, dessen krönender Abschluss auf nicht ausreichenden Fundamenten der plötzliche Zusammenbruch der Gesamtkonstruktion war. Die Scheinwirklichkeit der Funktionärshierarchie lässt augenscheinlich eine kumulative Zusammenfassung der Systemdefizite, die jeder einzelne entdeckt und individuell ausgleicht, nicht zu, da der eigenen Überlebenstrieb im System stärker ist, als die offensichtlichen Nachteile für die administrierte Masse.

Die Ideen von Marx wurden aufgriffen, denn sie erhoben den Anspruch auf rationelle Erklärung des – nach Meinung der Betroffenen – irrationalen Verhaltens des Marktes. Wer ist auch in der Lage einzusehen, dass die Gesellschaft die eigene Existenz, den Willen zur Arbeit, im Markt nicht zu Kenntnis nimmt, weil sich die Grundlagen der Produktion geändert haben?

Ursächlich für die Schwierigkeiten der Umstrukturierung war nicht der Kapitalist, der als Organ des Marktes Zahlungsströme in eine neue Richtung lenkte, sondern die Gesellschaft, die die vorher unleistbar gewesenen, industriell gefertigten Massenprodukte dankbar aufnahm und damit, über den Markt, ein System finanzierte, für das die bisherigen Hersteller nicht bereitet und nicht in der Lage waren. Die Funktion des Kapitalisten machte ihn zur Sammelstelle von Ideen und Kapital. Nur er war in der Lage, beide zur produktiven Leistung zu verbinden. Aus der Sicht der Zeitgenossen war er privilegiert, doch schaffte selbst sein Lebensstil neue Arbeitsplätze, sein Repräsentationsstreben Beschäftigung für viele. Auch er war nur in der Lage, drei Mahlzeiten am Tag zu sich zu nehmen, alle anderen Investitionsentscheidungen schafften im Kreislauf der Wirtschaft Aufgaben für andere, Einkommen für viele.

Die scheinbar mühelose und angenehme Art, in der er – durch die gut organisierte Arbeit Dritter – das errang, nach dem andere vergebens strebten, machten ihn zur bequemen Zielscheibe, in der die Ursache der für viele unbefriedigenden Situation personalisiert werden konnte. Noch heute ist der »Unternehmer« ein ähnlicher Stereotyp, dessen negative Attribute den Eindruck änderbarer Zustände vermitteln sollen, obwohl der Erfolg der Wirtschaft von ihm abhängt.

Die Ideologen des Proletariats wichen den Organisatoren. Unter Berufung auf Marx wurde eine wirtschaftliche Gegenideologie zum Markt dem neu definierten »Proletariat« als Lösung seiner

Probleme vermittelt. Dort, wo der Markt Leistung und Gegenleistung kalt und unmenschlich in Beziehung setzte, Bedarf und Angebot mit den verfügbaren Ressourcen in Übereinstimmung brachte, versprach diese Ideologie mehr subjektive persönliche Gerechtigkeit, menschliche Anerkennung und ein humanes Dasein in einer Solidargemeinschaft der vom Markt Unterprivilegierten.

Die Terminologie war griffig. Die Beziehung zur persönlichen Situation war vorhanden. Abgesehen von einer Bestätigung des persönlichen negativen Empfindens der eigenen Situation, enthielt die neue Ideologie genügend Heilssymbole, um als Ersatzreligion die Lücke zu füllen die der Ausverkauf traditioneller Werte hinterlassen hatte. Der Wirkungsgrad der Produktivwirtschaft stieg ständig, die Funktion des Marktes hatte sich bewährt.

In nur hundert Jahren gelang der Übergang von der Agrar- zur Industriegesellschaft. Das ist eine verblüffend geringe Zeitspanne, wenn man an den Übergang von der Stein- zur Bronzezeit denkt. Der vervielfachte Wirkungsgrad und die neuen Energiequellen Öl und Elektrizität boten eine Basis zur Befriedigung der Ansprüche vieler. Kreative geistige Intelligenz entwickelte neue Produktionsmethoden, arbeitssparende Automaten verringerten die Belastung des gering produktiven Individuums der Dauer und Stärke nach. Nur so war eine über die Grundbedürfnisse hinausgehende Befriedigung der Konsumwünsche in den Industrieländern möglich.

> In nur hundert Jahren gelang der Übergang von der Agrar- zur Industriegesellschaft.

Die Organisatoren der Gegenideologie machten sich diese Erfolge des Marktes zunutze und gaben sie als eigene Leistung aus. Sie haben, unter Berufung auf die systemimmanenten gesellschaftlichen Defizite des Marktes, im Übergangsstadium von der manuellen zur automatisierten Bedarfsdeckung ein Gegensystem zum Markt errichtet, das nicht direkt von den Zwängen des Marktes, sondern vom Urteil menschlicher Administration abhängig ist.

Die Plünderung der Massen hat gigantische Ausmaße angenommen. Wenn, wie in Deutschland, schon über 50 Prozent des Volkseinkommens vom Staat umverteilt werden, dann ist die Masse ihrer Selbstbestimmung weitgehend beraubt. In totalitären Staaten war und ist die Entscheidungsfreiheit des Individuums über die eigene Leistung noch geringer. Selbst die USA befinden sich in der Regression vom Pioniergeist der Gründer zum Administrationsstaat, dem die Auswanderer aus Europa entfliehen wollten.

Im totalitären Fall sichert Administration ihre Existenz durch die Schaffung einer eigenen relativen Wirklichkeit innerhalb geschlossener Grenzen. Aus den Organisatoren des Proletariats sind Berufsfunktionäre geworden, die ihre Privilegien mit Zähnen und Klauen verteidigen. Die Entwicklung der Gesellschaft scheitert an den Mitgliedern einer Gruppe, die jeden Wandel nur unter dem Aspekt des Machtzuwachses sehen. Sie füllen die Ordnungsfunktion des Kapitalisten nicht aus, da es ihnen an der systemgebundenen Kontrolle des Kapitalisten – dem eigenen Risiko – fehlt. Das Monopol der neuen Kaste schützt seine Mitglieder vor den Unannehmlichkeiten des Marktes.

Wie so oft in der Geschichte der Menschheit hat die Form über die Funktion gesiegt, hat sich der Apparat verselbständigt. Unabhängig vom dem Zwang, die Mittel, die verplant werden, zu erarbeiten, ist der Funktionär nur dem Selbstverständnis seiner Kaste verantwortlich. Die offensichtliche Unterdrückung durch einen Einzelnen ist der fein gesponnenen Diktatur einer Gruppe gewichen, die sich nur der Idee von der eigenen Erhaltung verantwortlich fühlt.

Der Überlebenskampf des Proletariates ist in der Bevormundung des Proletariats geendet. Die Solidargemeinschaft wurde zur Diktatur, die sich gemeinsam mit den Unterdrückten durch eine Ideologie des Egoismus nach draußen absichert. Statt die Solidargemeinschaft auf unterprivilegierte Länder auszuweiten, wird das Gefälle zwischen diesen und den Industrieländern immer größer.

Die egoistische Kaste der Funktionäre herrscht über ein egoistisches Proletariat. Zusammen werden die Massen dritter Länder ausgebeutet. Der Wechselkurs der Währung wird zur Waffe, Knowhow auf technischem Gebiet zum Kapital dieser Symbiose. Statt die Befriedigung der Grundbedürfnisse in unterprivilegierten

Ländern zu sichern, entwickeln sich neue Konsumleitbilder im eigenen Land. Die Kaste der Funktionäre baut neue Ziele auf, die es unter ihrer Führung zu erreichen gilt.

Der Einsatz von Produktionsprozessen für andere Länder, ohne unmittelbaren kurzfristigen Ausgleich des Vorteils, entzieht dem eigenen Machtbereich Energie. Verlust von Einfluss ist damit verbunden. Die Diktatur wird geschwächt. So wird aus den Organisatoren des internationalen Proletariats eine Gruppe, deren Machtanspruch sich am besten an ihren absolutistischen Vorgängern messen lässt.

Die Solidarität auf internationalem Gebiet beschränkt sich auf den Export von Ideologien. Die für die Durchsetzung dieser Ideologien erforderliche Produktionsbasis hohen Wirkungsgrades wird weiter monopolisiert. Die Idee der Solidargemeinschaft des internationalen Proletariats ist der Sicherung des eigenen Machtbereiches gewichen.

Zwei Tatsachen stabilisieren dieses System in den Industrieländern. Einmal ist die Bedürfnisbefriedigung des Proletariats in den Industrieländern dank des erhöhten Wirkungsgrades der Wirtschaft, trotz der Abschöpfungen durch die Funktionärskaste, im Großen und Ganzen mehr als zufriedenstellend. Wirtschaftliche Unruhe entsteht eher, weil der Erwartungshorizont zu hoch geschraubt wird, als aus tatsächlicher Notlage heraus. Das Auto, die Wohnung und der Urlaub sind zu Selbstverständlichkeiten geworden. Zufriedene Gruppen sind leichter zu steuern. Schon die alten Römer kannten auch das Prinzip des »panem et circenses« als Katalysator zur Homogenität der zu beeinflussenden Gruppe.

Der zweite Faktor ist die Kontrolle der Medien und des Erziehungswesens, in denen die Staatsform als im Sinne des Individuums positiv und die Funktionärskaste als unentbehrlich hingestellt werden. Negative persönliche Informationen über die eigene Situation liegen dem Individuum, dessen wirtschaftliche Basis durch die kreative geistige Leistung Dritter gesichert wird, kaum vor. So wird auch bei den systemstabilisierenden Informationen ein hoher Wahrheitsgehalt vorausgesetzt. Die größere Gruppe interessiert es nicht, ob eine Funktionärskaste oder kreative geistige Leistung die Existenz der Gemeinschaft sichert.

Konsumleitbilder ersetzen politisches Verantwortungsbewusstsein. Nur auf diesem Hintergrund kommt es zur Hinnahme der Diktatur mit allen Nachteilen. Die Kaste der Diktatoren muss ständig neue Erfolge suggerieren, um die eigene parasitäre Existenz zu rechtfertigen. Dabei stößt sie an ihre Grenzen. In vielen Ländern ist die Ausbeutung der Massen so leicht geworden, dass sich die neue Kaste immens vergrößert hat. Damit steigt die Belastung des Systems in einem Maße, dass sich daraus negative Faktoren für die Existenz des gering produktiven Individuums ergeben.

> In vielen Ländern ist die Ausbeutung der Massen so leicht geworden, dass sich die neue Kaste immens vergrößert hat.

Dazu kommt, dass nach der Entdeckung von neuen Kontrazeptiven ein Geburtenrückgang in den Industrieländern die vorhandenen Bürden auf weniger Individuen verteilt. Damit steigt erneut die Belastung des Individuums.

Eine dritte Komponente ist, dass die Steigerung des Wirkungsgrades der Produktionssysteme an Grenzen stößt, die von der Funktionärskaste nicht beeinflusst werden können. Der Steigerung des Wirkungsgrades auf wenigen Spezialgebieten steht eine Stagnation der Fortentwicklung auf vielen Gebieten entgegen. Die Funktionärsdiktatur ist auf immer neue Energiezufuhr – sei es aus Wirkungsgradverbesserungen oder aus neuen Energiequellen – angewiesen, um der Masse neue Erfolge vermitteln zu können. Erst der Computer brachte wieder sprunghaft neue Produktivitätsfortschritte.

Doch damit entstehen neue Probleme der alten Art. Diese Energiezufuhr stoppt. Dort, wo noch Verbesserungen im Wirkungsgrad möglich sind, entsteht sektorale Unruhe, weil die betroffenen, gering produktiven Individuen nicht fähig sind, den Schritt aus jahrzehntelanger geistiger Bevormundung in eine vom Computer geschaffene Freizeit zu tun, die ihnen kreative geistige Gestaltung abverlangt. Der Alkoholkonsum steigt, die ungewohnte Freiheit der Massen wird zum Problem für die Diktatur. Es wird wieder gedacht, soziale Medien, die öffentlich abweichende Meinungen zulassen, sind entstanden. Schüchterne Ansätze entwickeln sich zu Initiativen, Initiativen zu neuen politischen Kräften.

Doch schon bastelt die Administration an Kontrollmaßnahmen, um die Deutungshoheit auch im Zeitalter des Internets zu monopolisieren. Dort, wo der Wirkungsgrad sich nicht mehr verbessern lässt, kommt es zu Frustrationen aus nicht erfülltem Anspruchsdenken. Die Funktionäre, gewohnt die Arbeitsleistung anderer zu verteilen, stehen vor einem Problem. Egoistisch verteidigt jeder produktive Sektor die Vorteile überproportionalen Wirkungsgrades. Ein Ausgleich zwischen den Sektoren wird schwierig, denn jetzt muss verzichtet statt dazugewonnen werden.

Untersuchungen in Deutschland haben mehrfach bewiesen, dass die Menschen eher mehr als weniger arbeiten möchten. Eine Anleitung zur sinnvollen Nutzung der gewonnenen Freizeit für das additiv tätige Mitglied der Gesellschaft wird von der Administration nicht angeboten. Dafür werden Fußball und andere Sportarten aus öffentlichen Mitteln über die TV-Gebühren mit Milliarden gefördert. Balltreter werden Milliardäre. Fußballer Neymar, moderner Sklavenhandel, wird 2017 für 222 Millionen Euro transferiert. Nach dem Spitzenverdiener Ronaldo folgen Lionel Messi mit 71 Millionen und Roger Federer mit 57 Millionen im Jahr, finanziert über Fernsehfunktionäre und Werbefirmen durch die Masse derer, für die Freizeit passive Unterhaltung und nicht sinnvolle Tätigkeit bedeutet.

Auch die Diktatur steht im Zwang der Rechtfertigung der eigenen Existenz. die Geschichte beweist es. Die Stunde der Wahrheit kommt auch für die Funktionärsdiktatur. Sektorale Einkommensunterschiede führen zu Stagflation. Die Kräfte des Marktes, mehr als ein Menschenalter lang durch die Kaste der Funktionäre verzerrt, suchen sich ihren eigenen Weg über den Markt. Erst wenn die Kette zwischen Ursache und Wirkung vom Einfluss marktfremder Kräfte deblockiert wird, kommt es zur erneuten Erhöhung des Wirkungsgrades des Gesamtproduktionssystems. Die quantitative, am eigenen Vorteil – und nicht an der eigenen Leistung – orientierte Entscheidungsfindung des gesellschaftlichen Systems in den nicht totalitären Industrieländern widerspricht den ablesbaren Zielen der Evolution ebenso wie die Privilegierung nackter Macht in den totalitären Staaten.

Grenzen sind synthetische Fiktionen menschlichen Geistes. Die unterprivilegierten Länder werden diese Fiktionen als Barrieren zwischen Haben und Nicht-Haben nicht mehr länger anerkennen. Sie sind den entwickelten Ländern gegenüber in derselben Situation, wie das Proletariat im Verhältnis zu den Kapitalisten zu der Zeit von Karl Marx. Organisationsbestrebungen werden sichtbar. Das Öl ist zur Waffe geworden. Mit Energieentzug kann man eine Funktionärsdiktatur am ehesten erpressen. Andere Machtmittel werden entwickelt. Ideologien, von Funktionären zur Ausweitung des eigenen Herrschaftsbereiches exportiert, unterliegen einer Transformation und kehren sich gegen ihre Väter.

Die Dritte Welt erkennt ihre Kraft als Gruppe und verlangt, was ihr an Konsumbildern suggeriert, in der Realität aber verweigert wurde. Die gesicherte Existenz egozentrischer Massen im Naturschutzpark defensiver Grenzen gerät ins Wanken. Die individuelle Leistung wird wieder den Zwängen des Marktes unterworfen. Auch die proletarischen Länder nehmen es nicht hin, dass Informationsvorsprünge institutionalisiert werden, damit selektierte Gruppen auf Kosten anderer ein besseres Leben führen können.

Die kapitalistische Funktion lässt sich nur durch Leistung rechtfertigen. Wenn große Sektoren leistungsunabhängiges Einkommen beziehen, ist die Kohärenz der Gruppe Menschheit gefährdet. Das Prinzip der Evolution, der freie Markt der Kräfte, muss sich auf eine gemeinsame Resultierende einpendeln und Gegensätze einebnen. Die temporäre persönliche Situation eines Einzelnen oder einer Kaste lässt sich erzwingen. Langfristig sorgen die Kräfte des Marktes im System der Evolution entweder für einen Ausgleich zwischen den Kräften oder für eine Beseitigung des störenden Teilsystems.

Markt ist nicht human. Wenn die Menschheit sich darauf verständigt, den Markt aus diesem Grund außer Kraft zu setzen, entsteht ein Konfliktpotential, das gruppen- und nicht individuell gebunden ist: Krieg.

Individueller Ausgleich zwischen Einzelnen auf der Grundlage von Leistung weicht dem Ausgleich zwischen Gruppen, der durch Funktionäre und ihre Machtmittel erreicht werden soll. Solange die wirtschaftlichen Grundlagen zur Befriedigung der Grundbedürfnisse zur Verfügung stehen, werden Fehler der Funktionäre von den eigenen Massen toleriert. Wenn aber zu einer Stagnation des produktiven Wirkungsgrades eine Verweigerung kreativer Intelligenz kommt, die sich um den gerechten Preis im Markt betrogen fühlt, dann verschärfen sich die Probleme der Funktionärsdiktatur. Die Variationsmöglichkeit der Produktion wird eingeschränkt, um mit verringerter geistiger Leistung wenigstens Grundbedürfnisbefriedigung zu erreichen. Der farbige Differenzierungsbedarf des Individuums weicht dem praktischen Grau des Massenproduktes. Der Mao-Anzug wird wieder eingeführt. Die Planzahl regiert, nicht die feingesteuerte Bedarfsfunktion des Marktes. Planfehler werden ohne eigenes Risiko auf Kosten der Massen gemacht.

Die proletarischen Massen erkennen das, ein innerer Reibungswiderstand baut sich im System auf. Bedürfnisbefriedigung wird durch Bedürfnisverminderung erreicht, der Faktor Arbeit orientiert sich an der unmittelbaren Gegenleistung.

Langfristige Erfolgsprognosen der Funktionärsdiktatur werden als dubios bewertet. Erfahrung zwingt zu diesen Zweifeln. Die Produktion sinkt, weil Anreize nicht erkennbar sind. Menschlich Systeme befinden sich im Zustand ständiger Regeneration. Der Widerstand der vom System Begünstigten vermag das nicht zu ändern. Die Kräfte der Evolution sind nur dem Ziel der Evolution verpflichtet. Welche Rolle wir dabei spielen, ist und bleibt uns unbekannt. Auch das Ziel bleibt uns verborgen. Die Evolution verlässt sich auf das in der Normalverteilung kodifizierte Prinzip des Zufalls als Regelsystem und nicht auf menschliche Intelligenz.

Der einzige evolutionäre Trend, der erkennbar wird, ist die Verbesserung des Wirkungsgrades bei der Nutzung der zur Verfügung stehenden Energie. Administrative, marktunabhängige Ordnungsprozesse verschlechtern den Wirkungsgrad. Das Gefälle zwischen Leistung und Erfolg wird unterbrochen. Der Umweg über die Administration blockiert den ungehinderten Fluss von Energie im System. Beispiele sind Legion. Ob in Deutschland die Genehmigung für einen Hausbau mehr Zeit in Anspruch nimmt als der Bau selbst, ob in totalitären Systemen die Nomenklatura sich mit Privilegien versorgt, oder ob die Bürokratie Gottes stilvolle Repräsentation für unbedingt erforderlich hält: Die maßlose Selbstüberschätzung der administrativen Kaste, die – unabhängig von Leistung und Markt – ihre Legitimation aus der dumpfen Duldung gering informierter Mehrheiten bezieht, ist überall dieselbe.

> In Deutschland nimmt die Genehmigung für einen Hausbau mehr Zeit in Anspruch als der Bau selbst.

Schon die zeitgenössische innerathenische Kritik hat die Demokratie in der perikleischen Ära als eine Herrschaftsform gegeißelt, die den Ungebildeten und Unvermögenden dazu diente, ihre Taschen mit dem Geld und Gut anderer zu füllen.

Wikipedia: »Attische Demokratie«

Kapitel 23

Die Plünderung der Massen

Schröpfung und Wertminderung

Die Plünderung der Massen ist zum Zweck des Apparats geworden. Der eigene Vorteil heiligt jedes Mittel. Es ist kein Land bekannt, in dem die Vorteile der Administration im positiven proportionalen Zusammenhang mit dem Durchschnittsverdienst der arbeitenden Bevölkerung, dem Einkommen der Rentner stehen.

Selbst der Maßstab im Markt, das Geld, wird politisch manipuliert, um unangenehme Wahrheiten zu verbergen oder zu verzögern. Geld ist wertfrei. Es wurde erfunden, um den Transport von Leistungen über geografische und zeitliche Grenzen zu ermöglichen. Geld misst Leistung als Vorteil für die Gemeinschaft. Das Urteil der Begünstigten fließt so unmittelbar in die Zahlungsbilanz einer Gruppe ein. Geld erhöht die Freiheit des Einzelnen bei der Entscheidung zur Verwertung seiner Leistung, denn es befreit ihn von Transport und Lagerung von Tauschgütern.

Diese statische Betrachtungsweise des Geldes wurde von begabten Administratoren in eine dynamische Theorie überführt. Nixon hob die Golddeckung des Dollar nicht zuletzt auf, um freie Hand bei der Finanzierung des Vietnamkrieges zu haben. Dort, wo früher die Golddeckung dem Individuum eine relativ einfache Beurteilung des Tauschwertes für seine Leistung ermöglichte, erhält es jetzt Zahlungsversprechen, deren Wert nicht exakt messbar ist. Deckung ist nicht die Produktivität des Marktes, sondern die Vertrauenswürdigkeit der Administration, die jeden Tag neu beweist, dass ihr jedes Mittel recht ist, um die eigene Diktatur zu festigen.

> Der Wert des Geldes wird nicht mehr gedeckt durch die Produktivität des Marktes, sondern durch Versprechen der Administration.

Enteignung findet unter falscher Flagge statt. Nach der Wiedervereinigung Deutschlands wurde eine Erhöhung der Steuer als »Solidaritätszuschlag« zur Refinanzierung der bankrotten kommunistischen DDR und für ihre Eingliederung in den Administrationsbereich der Bundesrepublik Deutschland eingeführt. Aber von Anfang an wurde ein großer Teil dieser Beträge für ganz andere Zwecke als die Förderung der Angleichung der ehemaligen DDR an das Niveau der Bundesrepublik verwendet. 40 Jahre nach der erfolgreichen Wiedervereinigung gibt es diese – in den Augen der Bevölkerung zweckgebundene – Steuererhöhung immer noch. Zu viele politische Interessen werden mit diesen Geldern finanziert. Das Volk ist zu träge oder nicht intelligent genug, um diese durch offenbaren politischen Betrug erreichte Erhöhung der Steuern zugunsten der Umverteilungsadministration zu durchschauen.

Die Ausbeutung der Massen erfolgt auf zwei Wegen. Einmal wird in organisierten, geografischen Gruppen der überwiegende Teil der Leistung zugunsten der Verfügung der Administration abgeschöpft. Zum anderen wird der Wert der Gegenleistung, des Geldes, ausgehöhlt, um Erfolge vorzuspiegeln, wo, verglichen am Erreichbaren, Misserfolge die Regel sind. Die Manipulation des Geldes, unter anderem durch die Manipulation der Zinsen, hilft, die Stagnation im Wirkungsgrad des Produktivitätssystems kurzfristig zu verdecken. Langfristig erodiert die Inflation heimlich, still und leise den Wert der Tauschleistung zugunsten der Administration. Der Wert des Geldes bildet sich nicht mehr im freien Spiel der Kräfte des Marktes, sondern ordnet sich dem egoistischen Selbsterhaltungstrieb der Administration unter. Diese manipuliert den Wert des Geldes in der Hoffnung auf eine spätere Produktivitätserhöhung, die die zahllosen Versprechen an die Masse gering produktiver Individuen erfüllt.

Setzt sich aber Leistung durch, wird der Maßstab Geld ideologisch abqualifiziert. Der einfache Maßstab muss von der Administration definierten »humanitären« Werten weichen, damit Administration Entgelte für die eigene Ideologie, leistungsunabhängig, in Empfang nehmen kann. Die Zustimmung oder Duldung von gesellschaftlichen Gruppen gilt als Ersatz für den Maßstab Geld.

Wegen der ideologischen Okkupation des Geldwertes sind internationale Marktsektoren wieder zum Tauschhandel zurückgekehrt (barter deals). Das Gleiche lässt sich bei grauen Volkswirtschaften in Ländern mit hoher Steuerabschöpfung feststellen (Schwarzarbeit, Leistungstauschclubs in USA). Der Atavismus, den derartigen Indizien kennzeichnen, verbirgt die Unfähigkeit der administrativen Kaste, die Regelungsfunktion des Marktes zu erfüllen. Statt daraus Konsequenzen zu ziehen, werden immer neue Vorschriften und Ordnungen geschaffen, um ein System zu perfektionieren, das im Sinne der vielen Unterprivilegierten so offensichtlich versagt hat.

Die Unterschiede in der Bedürfnisbefriedigung sind so gewaltig, dass dieser Schluss keines rechnerischen Beweises nicht mehr bedarf. An die Stelle des Privilegs des Individuums hohen Leistungsgrades, das das Privileg des Stärkeren ersetzt hat, tritt das Privileg des geografischen Ortes, unabhängig von Leistung und Stärke. Der deutsche Müllmann ist in diesem System höher privilegiert, als der pakistanische Wissenschaftler, dessen Informationsstrukturdichte erheblich höher ist.

Der Anreiz zur Weiterentwicklung des Systems weicht dem Anreiz zum Füllen von Freizeit mit Aktivitäten, die an eine hohe Informationsstrukturdichte des durchschnittlichen Individuums nicht gebunden sind. Die Begriffswahl im Landwirtschafteil und im Sportteil der Zeitungen ist oft überraschend kongruent. Leistung wird in Kilo, Gewicht und Größe gemessen. Medaillen für gute Züchtungen werden verliehen. In vielen Staaten beschäftigen sich ganze Bürokratien mit der Optimierung des Menschen im sportlichen Sinn. Sogar die angewandten chemischen Mittel entsprechen sich zum Teil. Die gemeinsame Komponente landwirtschaftlicher und sportlicher Spitzenleistung ist unübersehbar.

Sport ist selbst in den privilegierten Ländern im Zeitalter nachlassender körperlicher Tätigkeit sicherlich erforderlich. Aufmerksam gemacht werden soll hier nur auf die Leistungsförderung durch Funktionäre, die auf wirtschaftlichem Gebiet Leistung und den damit begründeten gesellschaftlichen Vorteil individueller Art als Konkurrenz zum eigenen Machtsystem betrachten. Gesellschaftlich fragwürdige, mit zweifelhaften Mitteln erkämpfte Spitzenleistungen im Sport werden ohne Vorteil für die Masse gesellschaftlich privilegiert. Es ist offensichtlich, dass zu diesen Leistungen nicht jedes Individuum in der Lage ist. Niemand erwartet daher von den Funktionären ähnliche Leistungen. Sportliche Leistungen schwächen die Leistung des Funktionärssystems daher nicht ab, sondern gelten, massenpsychologisch gesehen, als Beweis für seine Güte.

Der erborgte Schein wird hoch bezahlt. Die Werbewirkung sportlicher Stars soll auch in der Industrie dem Produkt Qualitäten vermitteln, deren physische Begründung oft schwierig sein würde. Die geringe Informationsstrukturdichte des Individuums im Massenmarkt wird mit »eindeutigen« Beurteilungssymbolen zu Entscheidungen veranlasst, die bei differenzierterer Betrachtungsweise vielleicht anders ausfallen würden.

Im Markt ist dieses Verhalten ohne großes Risiko, da automatisierte Systeme das angepriesene Produkt meist in einer Konkurrenzsituation zu Preisen liefern, die die individuelle Existenz nicht im Sinne einer Gefährdung belasten. Wenn ein monopolausübendes Funktionärssystem sich zur Stärkung des eigenen Einflusses auf dieselben Symbole beruft, ist die langfristige Existenz der Gruppe gefährdet, da das System eigene Leistungslücken durch Symboltransformationen überdeckt. Letzten Endes bestimmt in der Konsequenz dann der höher sportliche Erfolg den Geldwert in bestimmten Bereichen – eine absurde Vorstellung, die unserer Annahmen von der Folgerichtigkeit wirtschaftlicher Prozesse widerspiegelt.

Dennoch spiegelt der Geldwert die gesellschaftliche Wirklichkeit. Ob das Gruppenurteil richtig ist, ist nicht zwingende Voraussetzung für eine Leistung vom Typ des Bestimmens. Der Referenzrahmen für ein Urteil bildet sich innerhalb einer Gruppe als Binnensystem. Die Aufhebung des universellen Marktes verstärkt die Unterschiede zwischen den einzelnen Binnensystemen und schafft Konfliktpotential, das durch sprungproportionalen Ausgleich im Sinne der Betriebswirtschaft überwunden werden muss. Sprungproportionaler Ausgleich zwischen den Interessen von Völkern bedeutet in vielen Fällen Krieg. Dieser Krieg kann nur durch freien Markt oder freiwillige Unterwerfung vermieden werden. So gesehen sind die Differenzen zwischen dem Geldwert im Inneren eines

Systems und dem Geldwert an der Kapitalbörse Indikatoren für mögliche Konflikte. Sie messen, wie weit sich ein System von der Wirklichkeit des Marktes gedanklich bereits entfernt hat.

Trotzdem ist es immer wieder überraschend, wie geduldig sich die Schafe zur Schlachtbank treiben lassen und des Ertrages ihrer Arbeit administrativ beraubt werden, ohne laut aufzubegehren. Im Januar 2019 erschien die folgende Meldung aus Berlin:

```
 147 147 ZDFtext Mi 16.01.19 06:28:43
 ZDFtext                  heute
 Nachrichten

 400 neue Büros: Kanzleramt wird
 erweitert

 Das Bundeskanzleramt in Berlin soll um
 einen Neubau erweitert werden. Ange-
 sichts der zunehmenden Zahl von Mitar-
 beitern und neuer Aufgaben in der Re-
 gierungszentrale sei die Ergänzung not-
 wendig, sagte Kanzleramtsminister Helge
 Braun. Auch Kanzlerin Merkel sei in die
 Planungen eingeweiht. Das Bürogebäude
 werde bis 2028 im Kanzlerpark neben der
 Spree entstehen.

 Das Projekt soll mindestens 460 Millio-
 nen Euro kosten. In dem zweckorientier-
 ten Neubau sollen auf sechs Geschossen
 400 Büros entstehen.

 114 <-                          -> 148
   —        +    Politbaromt.       Wetter
```

Das Büro für einen Beamten kostet mindestens (!) 1,15 Millionen Euro. Wer im Internet einmal »teurer als geplant« aufruft, weiß, dass es dabei sicher nicht bleiben wird. Das ist immerhin für ein einziges Büro der Gegenwert für drei bis vier Reihenhäuser am Stadtrand zu gängigen Marktpreisen für normale Familien.

Angeblich herrscht zur Zeit der Veröffentlichung in Deutschland Wohnungsnot. Die Teilenteignung von Vermietern wird zur Mietsenkung gefordert. Der öffentliche Wohnungsbau, schon einmal grandios gemeinnützig gescheitert, wird verlangt. Steuererhöhungen für »Reiche« werden politische Forderung, öffentliche Verschwendung aber wird geduldet. Der deutsche Finanzminister

Scholz, ursprünglich aus Hamburg, hat es immerhin als politisch Verantwortlicher geschafft, die dortige Elbphilharmonie statt mit geplanten 80 Millionen Euro mit 860 Millionen Euro abzurechnen und die Gegenfinanzierung über die Erhöhung der Grunderwerbssteuer für Eigenheime zu realisieren.

Die gesellschaftliche Wirklichkeit bestimmt sich aus den Wahlergebnissen der Stimmbürger. Deren Wahl wird durch Parteilisten limitiert, innovative Gedanken und Ansätze werden durch die deutsche Fünf-Prozent-Klausel für Wahlergebnisse ausgeschlossen. Die Administration wird zementiert.

Die geplünderten Massen wehren sich nicht. Sie fahren in Urlaub, wo die dortigen gering bezahlten Hilfskräfte ihnen das Gefühl der Überlegenheit vermitteln. War es früher Baumwolle, die von Sklaven für den deutschen Markt geerntet wurde, so ist es heute der Kellner im Urlaubshotel, der im Keller schläft, um den Reisenden Luxus zu Billigpreisen bieten zu können. Panem et circenses war schon die politische Erfolgsgrundlage der alten Römer.

Leistung muss sich lohnen, sagen die
Politiker. Doch im Land geht es unfair zu.

Elisabeth Niejahr und Marcel Brost,
3.5.2007, DIE ZEIT

Kapitel 24

Das Werturteil

Gewünschte Beurteilungen durch die Gruppe

Eine Gruppenleistung vom Typ des Bestimmens minimiert Fehler relativ zur Größe der Gruppe. Die Beschränkung der Bestimmung des Geldwertes auf eine beschränkte Anzahl Mitwirkender widerspricht den Erkenntnissen der von Hofstetter in so ausgezeichneter Form dargestellten Grundlagen der Gruppenpsychologie. Sie widerspricht auch der Funktion des Geldes, dessen Wert sich im freien Spiel der physischen und psychischen Kräfte als Ausgleich unserer aller Talente und Leistungen im Rahmen des volkswirtschaftlichen Systems bilden soll.

Markt bezieht seinen Erfolg aus der Minimierung von Fehlern im Gruppenurteil. Er kann weder durch zeitliche Beschränkung (Wahlturnus) noch durch räumliche Beschränkung (Grenzen) höhere Urteilsicherheit erreichen. Voraussetzung für diese Aussage ist, dass das Urteil der Gruppe eine Richtigkeit über Null aufweist. Wer dem Urteil des Marktes diese Qualifikation in einem Ordnungssystem eigener Definition abspricht, setzt seine eigene Erkenntnis an die Stelle der Erkenntnis der Gruppe. Da die Richtigkeit des Urteils mit der Größe der Gruppe steigt, ist das eigene Urteil von geringerer Wahrscheinlichkeit der Richtigkeit. Folgerichtig muss es durch Machtmittel (Grenzen, Armeen, Informationskontrolle) gegen das Urteil der größeren Gruppe geschützt werden.

Diese defensive Kontrolle des Urteils einer Kleingruppe kann leicht in offensive Verteidigung umschlagen, wenn die Unterschiede zwischen den relativen Wirklichkeiten der Binnenbereiche zu groß werden. Administration beruft sich dabei auf Experimente der Gruppenpsychologie, die nachweisen, dass das Urteil einer Gruppe sachlich besser ist, als das Urteil eines Einzelnen. Vergessen wird dabei, dass ein einheitlicher Informationsstand Voraussetzung für diese Laborexperimente war. Solange Administration über einen Wissens- und Informationsvorsprung verfügt, ist es nicht zu schwierig, das Urteil der Gruppe zu beeinflussen. Ob in vor den Wahlen allgemeine Lohnerhöhungen verkündet werden, oder ob in totalitären Staaten eine Einheitsliste auf die Duldung der schweigenden Mehrheit spekuliert, oder ob in der Demokratie Wahlgeschenke an große Gruppen verteilt werden, die ihnen die Inflation nach der Wahl wieder nimmt: Die Methoden der Diktatoren ähneln sich.

Die eigene Existenz wird zu unabdingbaren Voraussetzung für das Wohlergehen der Gemeinschaft hingestellt. Im Gegensatz dazu werden die durch Leistung legitimierten kreativen Kräfte als Ausbeuter dargestellt, dass eigener Heterostereotyp auf andere projiziert. Übersehen wird auch, dass der Markt ein viel differenzierteres Gruppenurteil erlaubt. Statt einer Stimme im Turnus von vier Jahren ist das individuelle Urteil im Markt aufgesplittert in kleine und kleinste Währungseinheiten, aus denen sich über die Zahlungsströme ein Gruppenurteil mit hoher Wahrscheinlichkeit der Richtigkeit bildet. Die Theorien der Gruppendynamik, untermauert durch intelligente Experimente, lassen nur den einen Schluss zu: dass der Markt das bessere Zielfindungssystem für eine Gruppe ist.

> Der Markt ist das bessere Zielfindungssystem für eine Gruppe.

Freier Markt ist ein System, das, von Grenzen und Zöllen befreit, Leistung zum Vorteil der gesamten Menschheit privilegiert. Macht im Markt setzt Leistung voraus. Im Gegensatz dazu stehen Systeme, die in der Erhaltung und Sicherung der vorhandenen Machtstruktur und Privilegien für eine isolierte Gruppe ihre Aufgabe sehen. Geografische Grenzen werden diesen System zur Legitimation des Egoismus.

Die Entscheidung einer isolierten Gruppe für den eigenen Vorteil gilt als Alibi für die Ausbeutung des Proletariats der Welt. Die Plünderung der Massen, der Materialressourcen, der Energievorräte dient einem einzigen Zweck: der Erhaltung des diktatorischen Administrationssystems gegen die leistungsgebundenen Kräfte des Marktes. Nur aus diesem Grund übernehmen Politiker mit einer Wahlperiode von vier Jahren die Verantwortung für die Existenz hochgiftiger Spaltmaterialien mit einer Halbwertzeit von mehr als fünfzigtausend Jahren. Die Ausbeute des Systems muss gesteigert werden, koste es was es wolle, um die eigene leistungslose Existenz zu rechtfertigen, und sei es auf Kosten späterer Generationen.

Selbst die uninformierte Gruppenentscheidung wird zur Fiktion. Fraktionszwang ersetzt Gewissensfreiheit, die Kohärenz der diktierenden Gruppe muss gewahrt bleiben, um deren Existenz zu erhalten. Die administrative Diktatur verwechselt sich mit dem Staat. Sie spricht beispielsweise in Deutschland durch die so genannte Fünf-Prozent-Klausel der Wahlgesetze Gruppen von weniger als vier Millionen Wählern selbst die Fiktion der Mitbestimmung ab, unterwirft sich aber willig auf internationalem Parkett, zum Beispiel der EU, dem Stimmrecht viel kleinerer Gruppen, da diese nicht an den Grundfesten der eigenen Machtausübung rütteln. Die so oft apostrophierte Gemeinsamkeit der Demokraten wird zur Gemeinsamkeit der Diktatoren und ihrer Nachfolger in spe, die in gemeinsamem Selbstverständnis in oft an die Führungspersönlichkeit gebundenen abwechselnden Zeitperioden den Staat zwischen sich aufteilen.

Hektische Betriebsamkeit soll den Massen Leistung vortäuschen. Wo der Wirkungsgrad nicht ausreicht, die erweckten Ansprüche zu befriedigen, gleitet der Staat ab in Anarchie. Ein Streik der Müllmänner macht den Staat unbewohnbar, Vorteil wird unabhängig von Leistung und Administration erzwungen. Ein Streik der Fluglotsen trifft hunderttausende, an der Misere des Berufszweiges Unschuldige.

Leistungskritik wird zur Grundidee an Universitäten, in denen die Kaste der Diktatoren ihren Nachwuchs erzieht und selektiert. Dieser potentiellen Leistungsverweigerung steht eine Anspruchsverminderung nicht gegenüber. Schon der Ausschluss aus der parasitären Klasse wegen unterschiedlicher politischer Auffassungen wird von den Betroffenen als Berufsverbot gedeutet, obwohl begabten Menschen mit Eigeninitiative viele Alternativen offen stehen. Die Nichtteilhabe am Leben auf Kosten der ausgebeuteten Massen erscheint als Entzug von Privilegien.

Die Plünderung informationsarmer Massen wurde zur Leitidee staatlicher Administration. Berge von Papier sollen Leistung vorspiegeln. Ideologische Fiktionen sollen der informationsarmen Masse Gerechtigkeit vorgaukeln, wo Ausbeutung durch Administration geringer Leistung die Solidargemeinschaft des Staates ersetzt hat. Eifersüchtig wahrt Administration ihren Einfluss, die meist leistungsschwache Existenz. Selbst kleinste Bereiche persönlichen Lebens unterliegen dem Einfluss des Staates. Tabus werden aufgehoben. Bis in die feinsten Verästelungen reproproduktiver Prozesse wird versucht, die Masse homogen und damit, aus Sicht der Diktatoren, leichter lenkbar zu machen. Vordergründige Individualität wird zum ideologischen Konformismus, Selbstverwirklichung zur Farce eingeübter Verhaltensweisen. Der Religionsersatz Ideologie verzichtet nicht auf den Anspruch auf Omnipotenz.

Die Kaste der Funktionäre versucht, möglichst viele Individuen in vorgestanzte Denkschemata einzubinden, um den eigenen Aufwand bei der Ordnung der Masse zu vermindern. Konformismus wird belohnt, Individualität stört. Individualität wird nicht als Bereicherung der Gruppe, sondern als Gefährdung des Apparates der Ausbeutung verstanden. Marktordnungen, Bauordnungen, Gewerbeordnungen ... Eine Unzahl von Vorschriften soll das Risiko der informationsschwachen Masse mindern und die Kreativität des Individuums beschneiden.

> Funktionäre wollen möglichst viele Individuen in vorgestanzte Denkschemata einbinden, um den eigenen Aufwand zu vermindern.

Die Masse erkennt nicht, dass dieses Gewirr von unnötigen Vorgaben ihr den gesunden Menschenverstand abspricht und sie von der Funktionärskaste abhängig macht. Die Summe kleiner Unfreiheiten übersteigt bei weitem die Benachteiligungen einzelner im Markt. Unfreiheit wird nicht nur in totalitären Staaten ideologisch gerechtfertigt. Schon die Päpste bauten ihren Machtanspruch auf die Ideologie der Religion und opferten hunderttausende von »Ketzern« im Namen einer Idee, die ursprünglich Duldung als bestimmendes Leitmotiv zum Inhalt hatte.

Die Versklavung von Massen innerhalb geschlossener Systeme ist das Ergebnis des Freiheitstraumes des Proletariats zur Gründerzeit. Masse repräsentierte physische Macht. Sie ist nicht in der Lage zu erkennen, wann die repräsentative Vertretung ihrer Macht beginnt, sich gegen sie selbst zu richten. So schafft sie Mittel zu ihrer eigenen Unterdrückung. Ideologie blockiert die rechtzeitige Kausalhandlung aus eigener Erkenntnis. Nur eine bis in die letzten Gedanken menschlichen Zusammenlebens reichende Ideologie gewährleistet die Automatik der Kontrolle des Systems im Sinne der Administration.

Leistungsschwache Administration ist nicht in der Lage, echte Individualität zu organisieren. Sie sieht ihre Existenz als deckungsgleich mit dem Wohl des Staates. Vorschriften ersetzen Konsens auf der Basis geänderter Verhaltensweisen und Zusammenhänge. Gesetze werden zu selektiven Instrumenten bei der Privilegierung von administrationsnahen Gruppen. Parteimitgliedschaft wird zum Kriterium guten Willens. Das Kleben von Wahlplakaten reicht als Nachweis administrativer Fähigkeiten. Die informationsarme Masse wird mit Ersatzbefriedigungen veranlasst, auf Einfluss zu verzichten. Sport baut Frustration ab, die in Systemkritik münden könnte.

> Parteimitgliedschaft wird zum Kriterium guten Willens. Das Kleben von Wahlplakaten reicht als Nachweis administrativer Fähigkeiten.

Das Werturteil der Masse wird durch ihr Intelligenzniveau und persönliche Erfahrungen bestimmt. Beides wird meist durch die erheblich leichtere Übernahme politischer Werturteile substituiert, die dann mit eigenem Denken verwechselt werden. Umfragen beweisen, dass von Monat zu Monat das Urteil der Masse von Tagesereignissen und nicht von grundlegenden gedanklichen Ansätzen geprägt wird. So hat jede Masse die Führung, die sie verdient und die an ihr verdient.

Macht contra Markt

Die geistige Freiheit des Individuums, das Recht auf das persönliche Extrem, wird durch ideologische Grenzen beschnitten, um der

Führung die Organisation zu erleichtern. Der Plünderung der Massen folgt die Entmannung im geistigen Bereich. Nicht ideologiekonforme Ideen werden stigmatisiert. Ihren Vertretern wird gesellschaftliche Anerkennung verweigert. Die kapitalistische Funktion wird durch Verunsicherung geschwächt. Das langfristige, ideologische Risiko wird für die Träger der kapitalistischen Funktion unberechenbar. Kapital flüchtet in Bereiche, in denen der Markt es nicht benötigt, aber die kapitalistische Funktion ideologisch anerkannt wird.

Dieses vagabundierende Kapital schwächt weiter die Verbindung zwischen Ursache und Wirkung, Leistung und Ertrag. Steueroasen werden nur wegen ihrer ideologischen Sicherheit zu privilegierten Inseln im Meer der Kapitalströme. Der von der alternativen Ideologie der diktatorischen Administration angeregte Kapitalexodus entzieht den Massen die Basis einer kontinuierlichen, wirtschaftlichen Weiterentwicklung.

Dieses Problem wird von der Ideologie den ursprünglichen Verwaltern der kapitalistischen Funktion angelastet, um die eigenen Position im System zu stärken. Den proletarischen Massen wird suggeriert, dass der Entzug der kapitalistischen Funktion nur durch die Administration gekontert werden kann. So wird die Wurzel des Übels zur Problemlösung stilisiert. Die kapitalistische Funktion wird zum Nachteil der Massen von der Administration usurpiert, die mangels Leistung zur Verwaltung der Funktion nicht geeignet ist. Die notwendige Kontrollbindung der kapitalistischen Funktion an das persönliche subjektive Risiko wird negiert. Kapitalströme werden fehlgeleitet. Wirtschaftliche Funktionen werden verfälscht. Der proletarischen Masse werden die Erfüllungschancen des Marktes entzogen und durch die Bevormundung der Administration ersetzt.

Die mangelnde Möglichkeit, Informationen zu differenzieren, ist ein Merkmal gering produktiver Gruppen mit vollen Konsumansprüchen. Im Gegensatz dazu stehen Gruppen, die durch Verminderung der Konsumansprüche auf Produktivität verzichten, um Freiheit von den Zwängen der Umwelt zu gewinnen. Beide Gruppierungen dienen der Administration, ihre Position zu festigen.

Die mangelnde Differenzierungsmöglichkeit der ersten Gruppe gewährleistet die unkritische Aufnahme von ideologischen Argumenten. Sie macht damit die Administration der Gruppe leicht, solange nicht der relative Besitzstand zu anderen Gruppen über Gebühr gestört oder Verzicht zugunsten Dritter verlangt wird. Die Gruppe der Systemaussteiger demonstriert in einer die Administration nicht belastenden Form der Öffentlichkeit eine breite Vielfalt von Meinungen. Die Systemverweigerung aus Resignation wird zum Alibi der Administration.

Systemveränderung dagegen wird nur toleriert, wenn damit eine Stärkung der administrativen Funktion verbunden ist. Systemveränderung zum Nachteil der Administration stößt auf erbitterten Widerstand, da damit die eigene wirtschaftliche Position der Administratoren gefährdet wird. In der Diktatur der Administration vereinigen sich Leistungsschwäche, Konsumansprüche, Machtwille und übersteigertes Selbstwertgefühl zu einer Koalition zum Nachteil des Proletariats.

> Systemveränderung wird nur toleriert, wenn damit eine Stärkung der Administration verbunden ist.

Nur der freie, von Grenzen nicht eingeengte Markt ist in der Lage, die Sklaverei der Massen wieder in eine Gesellschaft menschlicher Freiheit und Selbstverwirklichung zu verwandeln. Voraussetzung dafür ist die Information der Massen über das Ausmaß des von der Administration leistungslos usurpierten Anteils am Ergebnis der produktiven Prozesse. Die Information des Proletariats erscheint schwierig, ist es doch bereit, Versprechungen auf geplante Freiheit und Selbsterfüllung zu glauben, die im totalitären System gleicher oder ähnlicher Ideologie durch die Tatsachen erkennbar längst widerlegt sind.

Die mangelnde Fähigkeit zur Aufnahme differenzierter Informationen wird durch das Vertrauen zur Administration ersetzt, die angeblich die Grundlagen wirtschaftlicher und sozialer Existenz sichert. Vorgefertigte Denkschemata ersetzen die eigene Erkenntnis. Demokratie ist zur Schutzbehauptung geworden, der administrative Prozess zur Bestätigung des administrativen Vorurteils. Leerformeln verschleiern den Zustand der Solidargemeinschaft. Der Griff der Funktionäre nach der Macht scheint nicht reversibel. Wirksame Kontrollsysteme fehlen. Die Diktatur der Funktionäre verwaltet den überwiegenden Teil der Arbeitsleistung des Volkes und belohnt aus dieser Verfügungsmasse systemkonformes Verhalten durch Geschenke vor den Wahlen. Die Diktatur stabilisiert sich so im Gegensatz zum Markt, der Vorteile nur gegen Leistung zugesteht, indem sie Vorteile dort gewährt, wo der Markt sie im übergeordneten Interesse verweigern muss.

Die Information proletarischer Massen ist schwierig, weil ein Grund der Unterprivilegierung die mangelnde Informationsstrukturdichte, die begrenzte Differenzierungsmöglichkeit des individuellen Informationsspeichersystems ist. Persönliche Entscheidungen verlangen differenzierte Orientierungswerte. Ist die Möglichkeit, diese Werte zu speichern, beschränkt, müssen relativ grobe Kriterien zur Beurteilung der eigenen Situation ausreichen.

Das einfachste Kriterium ist die unmittelbar empfundene wirtschaftliche Situation. Ist diese im Vergleich mit anderen einigermaßen zufriedenstellend, ist Anlass zur Beschaffung weiterer Entscheidungskriterien nicht gegeben.

Die Akzeptanz der Diktatur der Funktionäre hat auch einen psychologischen Hintergrund. Durch gruppenpsychologische Experimente (Hofstätter u. a.) ist nachgewiesen, dass die Gruppe Zugehörigkeit zu einer – wenn auch falschen – gemeinsamen Ordnung höher bewertet als extreme Entfernung vom gemeinsamen Mittel. Der Innovator, der Kapitalist sind Extreme, die die Gruppe im Interesse eigener Stabilität ausschließt, da sie sich mit ihnen (noch) nicht identifizieren kann.

Die Funktionäre dagegen betonen, wider besseren Wissens, ihre Gruppenzugehörigkeit und sehen in diesem Konformismus ein Steuerungsinstrument der Gruppe. In diesem Sinn wird die Ausweitung des Machtbereiches der Funktionäre auf wirtschaftlichem Gebiet als »Arbeitsmitbestimmung« definiert, echte Mitbestimmung im Rahmen der Subgruppen aber bekämpft, da sich dadurch auf der Grundlage gemeinsamer Leistung neue, konkurrierende Machtgruppen bilden können. Deutsche Gewerkschaften haben 2017 erreicht, die Konkurrenz von Wettbewerbern in Betrieben erheblich zu erschweren. Die Affinität der Funktionäre zu anderen herrschenden Gruppen ist offensichtlich höher als ihre Einbindung in die vertretende Gruppe.

Äußere Symbole beweisen das. Auch Funktionäre aller Art sind auf die Repräsentanz von Status durch Dienstlimousinen, Bodyguards, auffallende Bauten, klingendes Spiel und Ehrenkompanien angewiesen, um mangelnde persönliche Qualifikation zu überspielen. Sie scheuen sich nicht, gute Beziehungen zu anderen Diktaturen zu unterhalten, die der eigenen Ideologie widersprechen. Die Massenmorde in Kambodscha hinderten seinerzeit Deutschland nicht an der Anerkennung des Systems Pol Pot in der UNO. Sie haben mit der großen Masse geringproduktiver Individuen die gleiche Eigenschaft, multiplikative wirtschaftliche Leistungen nicht erbringen zu können, gemeinsam. So fällt ihnen die Identifikation mit der Masse leicht. Umso einfacher ist es für sie, der unkritischen Masse diese Kongruenz zu vermitteln.

Im Gegensatz zur Masse verfügen sie jedoch über die Eigenschaft individueller Durchsetzungsfähigkeit, Durchsetzung ohne angemessene Leistung ist Diktatur. Um Leistung vorzutäuschen, werden Ordnungssysteme errichtet, die nur den Zweck haben, die Existenz des Systems zu sichern. Diese Systeme werden zu einer Bürde für den gesamten produktiven Apparat. Immer neue Vorschriften schaffen immer neue Positionen für Sympathisanten des Systems.

> Durchsetzung ohne angemessene Leistung ist Diktatur.

Der Masse wird der Eindruck der Teilhabe am System vermittelt. Obwohl die Chance der Wahl in das Parlament geringer ist als die statistische Wahrscheinlichkeit eines Lottogewinns, gelingt es den Funktionären, diese theoretische Möglichkeit als Beteiligung an der Macht hinzustellen. Dazu kommt die Möglichkeit, leistungsschwachen additiven Individuen, die nach persönlicher Absicherung der eigenen Existenz streben, im nichtgewählten Administrationsapparat Scheinfunktionen zu übertragen, die diese mit der ordnungspolitischen Absicherung des Systems honorieren. So ersetzt die Kontrolle eines ideologischen Systems die leistungsbezogene Kontrolle des Marktes.

Die quantitative Zustimmung einer Gruppe zu einer gemeinsamen Meinung bedeutet nicht, dass diese Meinung richtig ist. Die Experimente von Serif (1906-1988) in den USA haben das laut Hofstädter bewiesen. Die gemeinsame Meinung setzt sich nach derartigen Untersuchungen wahrscheinlich zusammen aus dem geometrischen Mittel von Teilmeinungen, unabhängig von deren Richtigkeit. Die Gruppe schafft sich so ihren eigenen, gruppenindividuellen Ordnungsrahmen, der sich mit den Ordnungssystemen der Evolution nicht in Deckung befinden muss. Abweichungen von diesem irrationalen Ordnungsrahmen werden als Gefährdung der Gruppenkohärenz empfunden.

Ob die Erkenntnis, dass die Erde sich um die Sonne dreht, auf den Widerstand derjenigen stößt, die lieber auf einer falschen Meinung beharren, als ihre Position in der Gruppe zu gefährden, oder ob die Zwänge des Marktes aus den gleichen Gründen negiert werden: Es handelt sich im Grunde um das gleiche gruppendynamische Phänomen. Wahrscheinlich werden Meinungsänderungen je weniger toleriert, je näher sie relativ zur Existenz der Gruppe stehen.

Ein Irrtum entsteht nicht durch einen Mangel an Wissen, sondern durch mangelndes Urteilsvermögen.

John Locke (1632-1704),
britischer Erkenntnistheoretiker und Philosoph

Kapitel 25

Gruppe und Urteile

Gleichschaltung und Fake News

Das Denken der Masse wird durch Erfahrungen und äußere Einwirkungen beeinflusst. Unterschiedliche Schlüsse aus den gleichen Daten führen zur Polarisation der Urteile. Polarisation bedeutet die Aufspaltung der Gruppe in zwei oder mehr Urteile, deren Vereinigung zum Zeitpunkt der Betrachtung unmöglich erscheint. Es sei hypothetisch angenommen, dass die Spaltung der Gruppe in dem Zeitpunkt erfolgt, in dem die Normalverteilung des divergierenden Urteils die Bildung einer gemeinsamen Resultierenden erlaubt. Im Individuum ist derselbe Prozess als Schizophrenie bekannt. Er führt in vielen Fällen zur Zerstörung der Persönlichkeit, da eine physische Trennung der beiden Urteile nicht möglich ist.

Ein gleiches Gewicht der beiden Urteile im mengenmäßigen Sinn muss nicht gegeben sein. Voraussetzung scheint die auf den subjektiven Referenzrahmen des Systems bezogene relative Gleichheit der Wahrscheinlichkeiten sich widersprechender Urteile zu sein, die weder das Individuum noch die Gruppe auflösen kann. Die resultierende Spaltung kann nur konfliktlos erfolgen, wenn die materiellen Grundlagen zur Erhaltung beider Urteile gegeben sind. Sonst ist der Wettbewerb um die verfügbare körperliche Energiebasis der Psyche unvermeidbar. Das Urteil kann beeinflusst werden durch die gezielt verursachte Erfahrung physischer Zusammenhänge in vorbestimmtem Sinn. Dafür ist der Aufwand von viel Energie erforderlich, die der Beeinflussende an den Beeinflussten abtreten muss. Der subjektiv individuelle Referenzrahmen bildet sich aus physischer Erfahrung und Kommunikation. Kommunikation birgt die Möglichkeit energiesparender Manipulation. Das System der Gehirnwäsche gilt als anerkannte Möglichkeit der Veränderung des subjektiv individuellen Referenzrahmens. Voraussetzung dafür ist die vollkommene Kontrolle der Physis anderer.

> Gehirnwäsche gilt als anerkannte Möglichkeit zur Veränderung des individuellen Referenzrahmens.

Eine volle derartige Kontrolle ist im administrativen System nicht denkbar, da die Kontrollsysteme zu aufwendig würden. Administration beschränkt sich daher auf direkte (Gleichschaltung vieler Medien) und indirekte (Fake News) Manipulation der Information im eigenen Sinn. Zwar ist der Zeitaufwand zur Meinungsbildung größer, aber der Energieaufwand, bezogen auf die vorhandene Energiebasis, ist geringer. Die Beschränkung der Eingabemöglichkeit des Kommunikationssystems tut ein Übriges, vergleichende Informationsanalysen durch ein Individuum zu verhindern, das selbst, auch mit Computerhilfe, die Informationen des existenziellen Bereichs nur beschränkt speichern kann und nicht aktiv genug ist, sie gezielt zu suchen. Vertrauen tritt an Stelle von Wissen, insbesondere wenn die Grundlagen der eigenen Existenz betroffen sind. Soziale Medien vermitteln den Eindruck von Teilhabe dort, wo Zustimmung die Macht Dritter bildet. Der Aufbau einer harmonischen Häufigkeitsverteilung systemkritischer Informationen wird so erschwert. Das Individuum ordnet die sporadischen negativen Informationen in das bestehende Urteil ein, statt das Urteil der Gruppe zu polarisieren. Wird das individuelle Urteil polarisiert, führt das zur Persönlichkeitsspaltung, die wahrscheinlich den subjektiv durchaus vertretbaren Grund für die Einweisung von Systemabweichlern in Heilanstalten abgibt.

Der subjektive Referenzrahmen ist dynamisch verformbar. Diese Verformung unterliegt wahrscheinlich in der Dimension der Beziehung zum existenziellen Bereich. So können wir uns anderen Ordnungsrahmen temporär bis zur massiven Erkenntnis der Fehlanpassung unterordnen, ohne die Resultierende des eigenen Referenzrahmens zu gefährden. Wir übertragen allerdings auch das eigene Beurteilungssystem auf andere Gegebenheiten. Einige praktische Beispiele: Die ungarische Salami hat zu Hause nicht das gleiche Geschmackserlebnis wie in Ungarn; marokkanische Volkskunst, im Urlaub erworben, wirkt zu Hause deplatziert, wenn wir sie nicht mit Kriterien messen können, die eine Referenz im eigenen Ordnungsrahmen haben.

Auf der anderen Seite versteht das Individuum geringer Informationsstrukturdichte nicht, weshalb die Spanier keinen Wert auf Sauerkraut und Eisbein legen, messen ideologische Denkschulen dem Koran-Unterricht islamischer Einwanderer einen anderen Stellenwert zu, als dem Religionsunterricht von der so genannten »Leitkultur« »anerkannter« Glaubensgemeinschaften. Das Opferfest des Islams, das Zuckerfest der Moslems: Welcher Christ könnte diesen im eigenen Referenzrahmen die Stellung zuweisen, die ihnen quantitativ gebührt? Was wir nicht verstehen, ist uns suspekt. Es ist unbekannt, ob die Substanz der fremden Information den Zeitaufwand zur Kenntnisnahme rechtfertigt. Im Rahmen der Wahrscheinlichkeit erscheint es Kräfte sparender, von vornherein abzulehnen, was im eigenen Referenzrahmen nicht unmittelbar erklärbar ist. Die differenzierte Speicherung derartiger Informationen könnte Speicherplatz belegen, der im Existenzkampf für andere Zwecke zur Verfügung stehen muss. So wird der Referenzrahmen normalverteilter Informationen zur Plausibilitätskontrolle des uns steuernden Programms.

Wieder einige praktische Beispiele: In einem einsamen Tal empfindet der Wanderer das Aufheulen eines Motorrads als krasse Störung. Für den Bergbauernsohn ist das neue Motorrad Status und Arbeitserleichterung. Wenn er Gas gibt, ist das Aufheulen des Motors Bestätigung von Männlichkeit und Erfolg unter Gleichaltrigen, ein positiver akustischer Eindruck. Im Wohnungsbau gelten die Geräusche des Straßenverkehrs als störend. Die gleiche Lautstärke, als Rauschen eines Baches, ist gesuchte Wohnlage. Dieser psychologische Effekt wird im amerikanischen Wohnungsbau zur Maskierung von akustischen Verkehrseinflüssen durch mechanische Wasserfälle benutzt.

Es ist der individuelle Referenzrahmen, der uns Richtschnur ist, nicht das absolute Geschehen. Der individuelle Referenzrahmen wird am Referenzrahmen der Gruppe abgestimmt. Abweichungen von der individuellen Normalverteilung der existenziellen Informationen werden auf Basis desselben Systems als Geisteskrankheit betrachtet, solange sie nicht innerhalb tolerierbarer

Sigmawerte einer Normalverteilung der Abweichungen liegen. Deshalb tangieren wahrscheinlich so viele Geisteskrankheiten sexuelle Probleme, da auf dem mit Tabus überladenen, reproduktiven Sektor die Bildung eines individuellen Referenzrahmens und dessen Unterordnung unter den Ordnungsrahmen der Gruppe nur fragmentarisch möglich ist. Sexuelle Tabus sollen die Kontrolle der Masse erleichtern. Durch die immer bessere Möglichkeit der Verhütung setzt sich der Markt zunehmend gegen derartige Einschränkungen durch. Vielleicht ist dies ein Ansatz der Evolution, die Zunahme der Weltbevölkerung der langfristig möglichen materiellen Basis anzupassen. 2017 sind nach Pressemeldungen nur noch 55 % der Deutschen religiös organisiert. Der sexuelle Ordnungsrahmen zur Anpassung von Versorgung an die Verbraucher wurde durch bessere materielle Grundlagen überflüssig. Die Kirchen versuchen, sich anzupassen, um Gläubige, und damit Einkommen, zu erhalten.

Der Elektroschock der Psychiatrie soll Daten im Sinne einer Heilung neu ordnen. Eine ähnliche Funktion erwarten gewisse Ideologien von der Anarchie der Gruppe. Es erscheint zweifelhaft, ob die Beseitigung eines fehlerhaften Ordnungsrahmens automatisch die Bildung einer besseren Ordnung nach sich zieht, ohne dass die fehlenden Daten zur Differenzierung der erforderlichen Verteilung eingebracht werden.

Was für das Individuum gesagt wurde, gilt auch für Gruppen, denn das Individuum ist nach dieser Hypothese die kleinste vorstellbare Gruppe, die zu multivalenter Informationsordnung befähigt ist. Die Auflösung des polaren Konfliktes muss das Individuum allerdings anders lösen als die Gruppe, wenn ihm die Projektion des Problems auf eine externe Macht nicht möglich ist. So wird die Gruppe zur Problemlösungszone des Individuums. Gemeinsame Feindstereotype erlauben die subjektive Purifikation des eigenen Autostereotyps.

Es ist in totalitären Ländern ein legitimer Versuch, die Polarisation der Meinung durch die Entwicklung eines gemeinsamen Autostereotyps im Rahmen einer Einheitspartei zu verhindern. Wie die Erfahrung zeigt, sind Zwang und gezielte Propaganda die Voraussetzung für ein derartig geschlossenes System. Der Freiheitsgrad des Individuums scheint in einem Zwei- oder Mehrparteiensystem größer, in dem – im Rahmen eines geografischen Grundstereotyps – mehrere Unterstereotype sich entwickeln können. Der Wirkungsgrad des Systems in Relation zu Zahl und Größe vorhandener Stereotype bedarf noch der genauen Untersuchung durch die gruppenpsychologische Forschung. Ein Ausgangspunkt dazu ist die Entwicklung von Kriterien der Informationsstrukturdichte von Individuen im Rahmen von Gruppensystemen.

Die Informationstrukturdichte bestimmt die Möglichkeit der Verarbeitung existenzieller Informationen. Bei geringer Strukturspeicherdichte der einzelnen Informationen kann auch die Plausibilitätskontrolle des individuellen Systems nur zu undifferenzierten oder schwach differenzierten Vergleichen führen, die wieder Basis der Rückkopplung in den Orientierungsrahmen sind. Schon das deutsche Steuersystem berücksichtigt das: Additiv lohnabhängige Individuen werden dem Bereich geringer oder mittlerer Informationsstrukturdichte zugeordnet, dem eine differenzierte Evaluierung der Steuerpflicht nicht zugemutet werden kann. Derartige Beträge werden daher vor der Auszahlung des Verdienstes schon abgezogen, da der Gesetzgeber mit Recht unterstellt, dass das Steueraufkommen rapide sinken würde, wenn die Zahlung der eigenen Entscheidung des Verpflichteten unterliegen würde.

Das entgegengesetzte Extrem in Deutschland sind auf diesem Gebiet als arbeitslos gemeldete Schwarzarbeiter, die Handwerkskammern können – vor allem zu Zeiten der Hochkonjunktur – ein Lied davon singen. Die Vorteile der Gemeinschaft werden genutzt, die Verpflichtungen der Gemeinschaft negiert. Im Gegensatz dazu unterprivilegiert das Steuersystem das hochproduktive Individuum hohen Einkommens. Hier müssen komplizierte Erklärungen ausgefüllt, teure Berater bezahlt werden. Kontrollen stellen sicher, dass die produktive Intelligenz sich nicht gegen das Steuersystem richtet, das Basis der Existenz der staatlichen Funktion und ihrer Funktionäre ist. 45 Milliarden Euro kostet diese Bürokratie 2017 den Steuerzahler allein in Deutschland im Jahr. Die Kosten der EU sind darin noch nicht erfasst.

In diesem Rahmen geht es nur darum darzustellen, dass das administrative System a priori den Unterschied von verschiedenen Informationsstrukturdichten systematisch macht, wobei es Einkommen mit Informationsstrukturdichte gleichsetzt. Es erscheint dem System klar, dass bei Individuen geringer Informationsstrukturdichte die Bitte um Abgabe einer Steuererklärung nur prozentualen Erfolg haben würde. Da eine Kontrolle damit unmöglich würde, wird die Steuer automatisch abgezogen, was das betroffene Individuum eben wegen seiner undifferenzierten Informationswichtung – wenn auch grollend – hinnimmt. Wenn ihm dann noch suggeriert wird, dass das geteilte System erforderlich ist, um Steuerbetrug des hochproduktiven Individuums durch Kontrollen zu vermeiden, ist es bereit, diese Begründung zu akzeptieren. Fühlt es sich doch damit einer Schicht zugehörig, in der es ehrlich zugeht. So beinhaltet das Steuersystem die sicherlich falsche Aussage, dass Ehrlichkeit umgekehrt proportional zur Produktivität ist.

Einstein hatte es mit der Relativitätstheorie leicht. Seine Leistung unterlag nur dem fundierten Urteil einer kleinen Gruppe von

```
P 136 136   SAT1. de   Mo 31 Jul 2017
Bundesbürokratie kostet 45 Milliarden

Bürokratische Belastungen aus dem
Bundesrecht verursachen der Wirt-
schaft in Deutschland jährlich Kos-
ten in Höhe von 45 Milliarden Euro.
Dabei handele es sich um Verpflich-
tungen, Daten und sonstige Informa-
tionen für Behörden oder Dritte be-
reitzustellen, zitierte die "Frank-
furter Allgemeine Zeitung" Angaben
des Statistischen Bundesamtes. Nicht
berücksichtigt seien dabei Kosten
aufgrund von Landes- und Kommunal-
recht sowie EU-Recht, das nicht in
Bundesrecht überführt wurde.
```

Fachkollegen, die mathematisch nachvollziehen konnten, was sein Genie fand. Die Relativitätstheorie betraf nicht die unmittelbare Existenz einer Gruppe, gefährdete nur insignifikante wissenschaftliche Machtstrukturen. Einstein selbst hatte es dagegen – ironischerweise – schwer, die auf dem normal verteilten Zufall aufgebauten Erkenntnisse der Quantenmechanik zu akzeptieren, weil sie seiner Logik bzw. seinen Emotionen nicht entsprachen. Sein Hinweis »Gott würfelt nicht« an Niels Bohr zeigt, dass es selbst Genies schwerfällt, eingefahrene Denkbahnen zu verlassen. Wieviel mehr trifft das auf die Masse zu.

Die im Vergleich zur Relativitätstheorie lächerlich einfache empirische Tatsachenbehauptung, dass Leistung Vorbedingung eines Ergebnisses ist, unterliegt daher vielfacher erbitterter Kritik, solange sich diese Feststellung auf die Beurteilung wirtschaftlicher Zusammenhänge bezieht. Die physikalische Definition von Leistung als Transformation von Energie mit möglichst hohem Wirkungsgrad im Sinne eines exakt bestimmbaren Ergebnisses weicht ideologischen Kriterien, die sich empirischer Prüfung entziehen und quasireligiöse Anhänger finden. Kommunismus wird zur Religion ohne Gott. Die Informationsverarbeitungsmöglichkeit der Masse ist so gering, dass die persönliche Erfahrung, dass nur die Leistung des Individuums das Überleben in einer feindlichen Umwelt sichern kann, auf die Gruppe nicht übertragen wird. So kommt es zu der absurden Annahme, dass der Staat mehr liefern kann, als seine Subjekte erarbeiten.

Von der Gruppe wird erwartet, was der eigenen Erfahrung widerspricht. Diese Erwartung wird gestärkt durch Funktionäre, die in der Verstärkung dieser Erwartung die Rechtfertigung der eigenen Existenz begründen. Diese irrationale Symbiose zwischen Ausbeutern und Unterdrücktem stößt dort an ihre Grenzen, wo sie langfristig der zielgerichteten Resultierenden der Evolution systematisch widerspricht. Sie wird von den Funktionären und ihren Ideologen als Verbesserung des Systems aus kapitalistischem Organisator und additiv tätigen Organisierten im Markt definiert.

Der Leistungsverlust des neuen Systems ist beträchtlich. Er beträgt zurzeit in Deutschland schon mehr als ein Drittel Arbeitskraft je produktiv in der Wirtschaft Tätigem. Es ist abzusehen, dass nach dem Übertreten der geburtsstarken Jahrgänge in das Rentenalter jeder produktiv Tätige in Deutschland je einen halben Funktionär und einen halben Rentner ernähren muss. Folgerichtig wird für den normalen Bürger das Renteneintrittsalter erhöht. Die OECD weist für 2011 im Durchschnitt 15 % öffentlich Bedienstete aus. In Deutschland kommen dazu 11,7 % (9,6 Millionen) Beschäftigte, die wegen zu geringen Einkommens überhaupt keine Steuern zahlen. Die Rentenversicherung, in Deutschland freundlich-positiv als »Generationenvertrag« deklariert, ist ein Schneeballsystem, etwas, das die Amerikaner ein »ponzi scheme« nennen. Ausgegeben wird, was neu eingezahlt wird. Der in Deutschland verbotene Kettenbrief beruht auf den gleichen Grundlagen. Schon die alten Römer wussten: »Quod licet jovi, non licet bovi« – was dem Jupiter erlaubt ist, ist dem Rindvieh verboten. Die Einschätzung der intellektuellen Fähigkeiten der Masse hat sich nicht geändert. Die letzten wischen sich die Nase.

> Die deutsche Rentenversicherung, als »Generationenvertrag« deklariert, ist in Wahrheit ein Schneeballsystem.

Natürlich ist die Administration davon nicht betroffen. Hier gelten eigene Regeln, in der Politik und bei den öffentlich Beschäftigten. Kein Wunder, dass die deutschen Medien 2017 berichten, dass ein Drittel der Studenten in den sicheren Hafen des Staates einlaufen möchte. Um eine kritische Enttäuschung der Masse zu vermeiden, hat ein gefährlicher Wettlauf nach neuen Energiequellen eingesetzt, um die Diktatur der Funktionäre an der Macht zu erhalten, wenn die verminderte Arbeitskraft der Zukunft sich durch Verbesserungen im Wirkungsgrad nicht mehr ausgleichen lässt. Der Atomstaat wird zur schrecklichen Utopie, wenn es nicht gelingt, neue Energiequellen für die wachsende Weltbevölkerung zu entwickeln. Tschernobyl und Fukushima sind Menetekel für das, was die Konsumideologie erzwingen könnte. Religiöse Administrationen, die um ihren Einflussbereich fürchten, verhindern in weiten Bereichen der Welt Geburtenkontrolle und verschärfen damit noch die durch Bevölkerungswachstum entstehenden Probleme. Als ich 1970 begann, dieses Buch zu schreiben, lebten auf der Erde 2,68 Milliarden Menschen. 2015 sind es schon 7,35 Milliarden mit stark zunehmender Tendenz.

Fetisch Wirtschaftswachstum

Wirtschaftswachstum innerhalb regionaler Grenzen wird zum Fetisch, dem die Grundbedürfnisse ganzer Völker in den unterprivilegierten Ländern geopfert werden. Die Führungsschicht kapitalistischer Organisatoren wird in unterprivilegierten Ländern unter Anwendung ideologischer Waffen verdrängt und durch Funktionärskader ersetzt, die in der Existenz der Funktionärsdiktatur in den privilegierten Ländern ihre Chance sehen, sich in der Struktur ihrer eigenen Gruppe zu verankern. In enger Anlehnung an die Funktionärsschichten privilegierter Länder entsteht so ein Ausbeutungssystem, dessen Errichtung als »fortschrittlich« hingestellt wird. Die lokalen Ansätze zur Partizipation an einem universellen Markt werden unterdrückt. Die ideologischen Leitbilder spielen eine stärkere Rolle als die Organisationsaufgaben für die Gemeinschaft. Das bewiesen unter anderem die Delegierten afrikanischer Staaten, die sich 1980 nicht für eine Lösung der Hungerprobleme ihrer sterbenden Völker vor der UNO einsetzten, sondern für eine Ächtung des damals rassistischen Südafrikas. An dieser Einstellung hat sich bis heute kaum etwas geändert. Die schwarze Bevölkerung ist zwar gleichberechtigt. Dafür ist selbst auf höchster Ebene, oder gerade dort, jetzt Korruption an der Tagesordnung.

Psychologisch ist dieses Verhalten erklärbar. Die Existenz Südafrikas als wirtschaftlich positives Beispiel ist am Versagen der eigenen Funktionärskaste messbar. Der Aufbau eines Feindbildes im Äußeren dient dem Zusammenhalt der Gruppe im Inneren, die

> Wirtschaftswachstum innerhalb regionaler Grenzen wird zum Fetisch, dem die Grundbedürfnisse ganzer Völker in den unterprivilegierten Ländern geopfert werden.

sich hinter ihren Führern sammelt und ungenügende Leistungen übersieht.

Afrika ist heute, 2017, heillos zerstritten. Schwache Führer suchen ihren eigenen Vorteil. Coltan, Blutdiamanten, der Aufkauf von Land: Der Kontinent blutet aus, zugunsten der Industrieländer, die sich ungehemmt bedienen und zusätzlich an Waffenlieferungen verdienen.

Weitere psychologische Kunstgriffe gelangen im Interesse der Funktionärsdiktaturen zur Anwendung. Wortinhalte werden ausgehöhlt. Die Sprachveränderung wird zur Waffe. Der Begriff Leistung im ideologischen Sinne deckt sich nicht mehr mit dem physikalisch begründbaren Begriff Leistung im wirtschaftlichen Bereich. Gruppen von Leistungsschwachen suchen zum eigenen Vorteil Verbündete, um durch physische Präsenz mit Gewalt zu erzwingen, was der Markt als Regulativ nicht gewähren kann. Ein geistiges Proletariat ist entstanden, das angelernte Kenntnisse mit kreativer Tätigkeit verwechselt. Es ist nicht in der Lage zu begreifen, dass der gute Wille allein noch keine Leistung ist, wenn die kreativen Voraussetzungen nicht gegeben sind. Wie viele machen Gedichte, und wie wenige heißen Goethe? Friedrich August von Hayek sagt:

Doch wenn der Einzelne in seiner Wahl frei sein soll, ist es unvermeidbar, dass er das Risiko trägt, das mit dieser Wahl verbunden ist und dass sich sein Entgelt infolgedessen nicht nach seinen Absichten, ob sie, gut oder schlecht waren, sondern einzig und allein nach dem Wert des Ergebnisses für andere richtet.

Zu ergänzen ist, dass der Einzelne auch in Unfreiheit das Risiko für Fehlentscheidungen der Führung mitträgt. Der Zweite Weltkrieg hat 50 Millionen Menschen dieses Risiko mit dem Tode bezahlen lassen.

Sobald sie [die Gesellschaft] unter Gewalt oder Lenkung steht, wird sie auf die Maße der Kraft des Einzelverstandes eingeschränkt, der sie beherrscht oder lenkt,

lautet eine weitere Feststellung von Hayeks aus seiner Arbeit zum Individualismus. Hayek vertritt die Auffassung, dass es für das Zusammenwirken der Masse in der Freiheit der Demokratie gefährlich ist, »wenn wir glauben, dass wir die Ansichten der Majorität als die richtigen und für die zukünftige Entwicklung bindenden annehmen müssen.« Nach seiner Ansicht beruht die ganze Berechtigung der Demokratie darauf, dass das, was heute die Ansicht einer Minderheit ist, morgen die Ansicht der Mehrheit werden kann. Mit anderen Worten, dass Macht, auch wenn sie dem Willen der Mehrheit entspricht, die konstitutive Freiheit des Individuums nicht einschränken darf. Er ist der Meinung, dass »es besser ist, die Wahl zwischen verschiedenen unangenehmen Möglichkeiten [im Markt] zu haben, als zu einer von ihnen gezwungen zu werden.« Schiller hat es drastischer ausgedrückt: »Demokratie ist die Diktatur der Dummen.«

Kein Wunder, wenn jeder Diktator versucht, zumindest den Schein der Demokratie – zur Sicherung der eigenen Existenz und oft auch der der Familie und anderer Trittbrettfahrer – auf die Masse zu projizieren. Der Beispiele sind, nicht nur in Afrika, zu viele, um sie aufzuzählen.

Im Gegensatz dazu stehen kollektivistische Weltanschauungen, in denen die Gruppe das Individuum nicht ergänzt, sondern ersetzt. Marx schätzt den Synergismus der Gruppe höher als die marktgeregelte Kapitalfunktion als wirtschaftlichen Ordnungsfaktor. Er definiert eine »spezielle produktive Kraft der Masse« im Gegensatz zur Zunahme der »individuellen Produktionskraft mittels Kooperation«. Die Psychologie dagegen hegt zumindest begründete Zweifel, ob die Gruppe die Aktionsform mit dem höchsten Wirkungsgrad – und damit mit der höchsten Freiheit des Einzelnen – bei festgelegtem Ergebnisbedarf ist. In eine ähnliche Richtung deuten die Ergebnisse bei der Konstruktion von wirtschaftlichen Konglomeraten in den USA, die mit der Ausnutzung des Effektes des Synergismus begründet wurden. Auch hier geben die Ergebnisse der Praxis der Theorie keine eindeutige Bestätigung, wie sich am Aktienkurs der Konglomerate und deren späteren Untergang leicht ablesen lässt. Der Markt hat Konsequenzen gezogen, die die Masse im Gefühl einer trügerischen Sicherheit vermeidet. Hofstätter[1] sagt aufgrund seiner Erfahrung in der gruppenpsychologischen Arbeit:

> *Man kann sich auch in einer irrigen Sicherheit wiegen und wird eine etwaige Erschütterung durch Wandel der Normen als einen Übergang der Welt ins Chaos empfinden.*

Das Beharrungsvermögen der Masse entsteht aus Angst vor dem Neuen und Unbekannten, dessen Exploration und dessen Relativierung auf die eigene ökonomische Existenz mangels ausreichender Informationsstrukturspeicherdichte nicht möglich ist. Extrem von der Sicht des Durchschnitts abweichende Auffassungen, vermutlich auch dieser Text, haben daher kaum Aussicht, als Massenmeinung akzeptiert zu werden, auch wenn der Inhalt dieser Meinungen einen empirisch bestimmbaren, hohen Grad der Wahrscheinlichkeit für sich in Anspruch nehmen kann.

---

[1] P.R.Hofstätter: Gruppendynamik; Rowohlt

Das Gesetz des Marktes verbietet es, für wenig Geld viel Gegenwert zu verlangen.

John Ruskin (1819-1900),
britischer Sozialphilosoph

Kapitel 26

Wert und Gegenwert

Zukunftssicherung durch den Markt

Der Markt als System ist politisch suspekt. Auch dafür gibt Hofstätters Gruppendynamik eine Erklärung. In Bezug auf die Rolle des Geldes im Markt sagt er: »Dass es sich hier seit eh und je um Leistungen vom Typus des Bestimmens handelt, bleibt dem Erlebnis der meisten Teilnehmer in diesem Bestimmungsprozess (ein Spiel von Preis, Angebot und Nachfrage) völlig fremd.« Die eigene Existenz reicht aus, den eigenen Anspruch zu begründen. Nur der Markt verfügt über ein System, diesen Anspruch als Anreiz zum Wohl anderer einzusetzen. Mathematisch müssen die beiden Seiten einer Gleichung sich im Gleichgewicht befinden. Das ist auch ideologisch bisher unbestritten. Wenn der Markt das Gleichgewicht der Existenz erhaltenden Kräfte nicht mehr regelt, entstehen Defizite auf einer Seite der Gleichung.

Erfahrungsgemäß ist die Evolution in der Lage, das Gleichgewicht der Kräfte wieder herzustellen. Welche Folgen eine abrupte Wiederherstellung des Gleichgewichtes auf die Gruppe Menschheit hätte, sei dahingestellt. Betriebswirtschaftlich gesehen erfolgt der Ausgleich der notwendigen Balance durch eine sprungproportionale Veränderung, die einschneidende Reaktionen mit sich bringt. Wenn die unterprivilegierten Länder durch Geduld nicht erreichen, was ihnen durch moderne Waffen erreichbar scheint, kann die Diktatur der Funktionäre zur Elimination des Störfaktors Menschheit aus dem System zielgerichteter Evolution führen. 2017 ist Nordkorea ein Beispiel für eine derartige latente Gefahr.

Die Psychologie hat experimentell nachgewiesen[1], dass eine extreme Meinung in der Lage ist, die mittlere Meinung einer Gruppe zu beeinflussen. Gemessen an den heute vorherrschenden Ideologien ist der Inhalt dieser Arbeit eine extreme Meinung. Der Verfasser hofft, dass die in dieser Arbeit enthaltenen Gedanken in der Lage sind, eine Verschiebung des Gruppenurteils anzuregen.

---

[1] Schachter und Emerson; nach Hofstätter

Bisher haben sich die Vertreter der Marktwirtschaft darauf verlassen, dass Leistung – auch bei kurzfristig ablaufenden Wirtschaftsprozessen – das Kriterium des Nutzens für die Gemeinschaft ist. Sie haben darauf verzichtet, die physikalischen Grundlagen des Leistungsaustausches im Markt als System allgemeinverständlich zu definieren. Der Markt ist die Schnittstelle zwischen physischen und psychischen Kräften der Gruppe. Er regelt den Transfer von Energie, zu der auch additive Arbeitskraft zu rechnen ist, und bewertet die geistige Leistung multiplikativen Charakters, die es erlaubt, Arbeitskraft mit höherem Wirkungsgrad zu nutzen. Im Markt privilegiert die Allgemeinheit das Individuum mit dem höchsten Gesamtnutzen. Seiner freien Verfügung unterliegt der vom freien Markt gewährte Vorteil. Da seine Energieaufnahme beschränkt ist, hält es der Markt für fähig, die für die Erhaltung der eigenen Existenz nicht notwendigen Nutzen für die Gemeinschaft wieder mit hohem Wirkungsgrad einzusetzen.

Ob diese Annahme zutrifft, unterliegt dem evolutionären Gesetz des Zufalls. Da dieser sich nach dem Gesetz der Normalverteilung bestimmt, ist so die größte Wahrscheinlichkeit gemeinschaftspositiver Handlung gegeben. Im Markt müssen sich kurzfristige humanitäre Ziele der langfristigen Existenz des Gesamtsystems Menschheit unterordnen. Die Anlage des Menschen beinhaltet die Sorge für Leben jeder Art. Die Evolution sucht so die vom Markt Benachteiligten zu schützen.

Benachteiligung ist relativ. Der Behinderte in den privilegierten Industrieländern hat einen weit höheren Lebensstandard als der nicht Behinderte in den unterprivilegierten Ländern der Dritten Welt. Dass dieser Lebensstandard in den privilegierten Ländern auf Kosten der Lebenserwartung in den unterprivilegierten Ländern erreicht wird, wird im System der Ideologie verdrängt.

Der nicht Behinderte in Dritte-Welt-Ländern kann mit seiner Stimme nicht dazu beitragen, die Diktatur der Funktionäre zu festigen. So wird darauf verzichtet, seine Arbeitskraft zum Wohle des Behinderten in den Industrieländern voll einzusetzen, indem man ihm verwehrt, seine individuellen Ressourcen in einem freien Markt ohne geografische Grenzen zu optimieren.

Geschützt werden soll damit die vermutete Unfähigkeit der eigenen Sympathisanten, im Wettbewerb der Kräfte zu bestehen. Administrative Eingriffe in den Markt vernichten so das Potential höheren Wirkungsgrades zum Nutzen der Gemeinschaft. Die Plünderung der Massen außerhalb der eigenen Grenzen der Industrieländer durch Verweigerung des Wettbewerbs ist weit effektiver, als offensive Ausnutzung. Die Kombination beider Methoden sichert den Lebensstandard der privilegierten Länder und ihrer Administration auf Kosten der übrigen Menschheit. Es ist zu erwarten, dass die kreativen Kräfte der unterprivilegierten Länder Mittel und Wege finden, die Funktion des Marktes wieder herzustellen. Die Ölpreiserhöhung der OPEC ist nur ein Beispiel. Die Kaste der Funktionäre ist nicht in der Lage, derartige äußere Einflüsse zu blockieren.

Es ist deshalb an der Zeit, dass unsere Gesellschaft zu den kapitalistischen Regelungssystemen des Marktes zurückfindet, um den Anforderungen veränderter Verhältnisse gewachsen zu sein und die Zukunft unserer Enkel zu sichern. Nur der freie Markt ist in der Lage, eine relativ konfliktfreie Veränderung der Situation zu erreichen.

> Nur der freie Markt ist in der Lage, eine relativ konfliktfreie Veränderung des Systems zu erreichen.

Es ist allerdings zu vermuten, dass die Kaste der Funktionäre nicht widerstandslos auf ihre Position an den Schalthebeln der Macht verzichtet. Eine Periode der Gewalt scheint vorprogrammiert, bis Strategien wirtschaftlicher Vernunft Ideologien ersetzen. Es darf nicht sein, dass der Wirkungsgrad des ökonomischen Weltsystems bewusst eingeschränkt wird, um das Wohlleben einer leistungsschwachen Minderheit, die einen großen Teil des verfügbaren Know-hows monopolisiert, zu schützen. Nur der von geografischen Beschränkungen befreite universelle und globale Markt ist in der Lage, die optimale Verbindung zwischen Wissen und Energie zu sichern. Dieser Markt ist sicher nicht utopischer als die Zielversprechungen der herrschenden Ideologien.

Anybody out there?

*Ben Miller (*1966),
britischer Schauspieler*

Kapitel 27

Die Hypothese Markt

Aufrechnung ohne Zwang und Gewalt

Das Administrationssystem des Marktes ergibt sich flexibel und situationsangepasst aus dem freien Fluss der Kräfte. Nachteile für Individuen bei Strukturänderungen des Marktes sind zu erwarten. Der höhere Wirkungsgrad des Gesamtsystems aber garantiert die Grundbedürfnissicherung für eine größere Anzahl Menschen. Diese Menschen gewinnen die Möglichkeit, als kreative Individuen im Markt zu agieren und ihre eigenen Interessen und Begabungen zum Wohl anderer einzusetzen.

Der Markt erlaubt variable Strukturänderungen in Wirtschaft und Administration, die der verfügbaren Produktivität angepasst sind. Ohne Zweifel sind Individuen dadurch negativ betroffen. Die abrupte Veränderung bestehender Verhältnisse durch Krieg birgt im Vergleich zur gleitenden Anpassung des Marktes weit höhere Gefahren. Krieg wird zur Erhaltung der Administration geführt, nicht zur Anpassung an den Markt.

Markt ist nicht der Schutz leistungsloser Tätigkeit. Auch Grenzen und Zölle können eine bessere Leistung nur kurzfristig vom Markt fernhalten. Im Markt ist jedes Individuum ständig auf die Verbesserung des eigenen Angebotes angewiesen. So schärft der Markt die Instrumente der Produktion. Die Erfüllung der Grundbedürfnisse der körperlichen Selbsterhaltung durch diese verbesserten Instrumente setzt ein geistiges Potential frei, das die Menschheit endgültig aus den Fesseln körperlicher Zwänge befreien könnte. Das Grundprinzip des Marktes ist die Aufrechnung des gegenseitigen Vorteils ohne Zwang und Gewalt im Wettbewerb der Leistung. Es ist der Transfer von in Energie gebundenem Kapital über die Grenzen von Körper, Zeit und Raum.

Der Markt wertet den manuellen Beitrag von Individuen geringer Informationsspeicherstrukturdichte und damit geringer Produktivität im Verhältnis zu den Beiträgen hochproduktiver Individuen nach einfachen Grundlagen. Maßgebend ist der gesamte positive Grundbeitrag zum evolutionären System, ausgedrückt in

> | Markt ist nicht der Schutz leistungsloser Tätigkeit.

der Nutzung vorhandener Energieeinheiten. Das Produkt von Energieleistung und individuellem Wirkungsgrad bemisst die Leistung des Individuums. Der Organisator, der es erreicht, dass bekannte Leistungen mit weniger Energie ausgeführt werden, wird höher entgolten als der additiv Tätige, dessen Beitrag geringen persönlichen Wirkungsgrades sich nicht nach multiplikativen Gesetzen bemisst. Ziel der Leistung ist die echte Funktion zum Nutzen des Gesamtsystems und nur mittelbar die Erhaltung der eigenen Existenz.

Das Polaritätsprinzip zwischen systemfördernder Funktionserfüllung und individueller Existenzerhaltung stellt das Individuum in den Zwiespalt der Zielfindung. Diesen Zwiespalt aufzulösen bemühen sich Ideologien und Religionen.

Die Freiheit des Individuums ist – nach Hofstätter – Funktionsbedingung der Gruppe. Diese Freiheit schafft nur der universelle Markt, der die körperliche Existenz, befreit von menschlichen Eingriffen aus Egoismus und Eigennutz, sichert. Dieser Markt ist Utopie, aber das Streben nach der Erfüllung von Utopien vermittelt der Gruppe einen Ordnungsrahmen. Die Utopie des Marktes ist sinnvoller als bestehende kollektivistische Ideen, deren Verwirklichung sich auf die Einsicht des Individuums gründet. Bisher ist jede menschliche Ideologie in der Verselbständigung des Verwaltungsapparates erstarrt.

Dennoch kann die Gruppe Menschheit auf Ordnungsrahmen nicht verzichten. Aber es ist oft schwer, einen Ordnungsrahmen von einem Gefängnisgitter zu unterscheiden. Die physikalisch begründbare Funktion des Marktes bietet zumindest einen rationellen Ansatz zur Ordnung. Andere Systeme privilegieren Vertreter von Ideologien. Der Markt privilegiert Leistung zum Wohle einer stärkeren Menschheit in den Zwängen einer konkurrierenden Umwelt im System der Evolution.

Der Haupteinwand gegen den Markt ist die Benachteiligung der Schwachen. Diese Benachteiligung ist zumindest in den Fällen subjektiv, in denen die Grundbedürfnisse gesichert sind. Die Erweckung von Konsumwünschen und ihre Nicht-Befriedigung zu

Lasten Dritter ist nicht Unterprivilegierung. Außerdem sichert der Markt durch höheren Wirkungsgrad eine bessere Versorgung als Administration, die dem Markt Energie entzieht und erfahrungsgemäß auch vor dem Einsatz militärischer Mittel zur Erhaltung des Status quo nicht zurückschreckt.

Der Markt kann die Grundbedürfnisse der Welt decken. Die dafür erforderliche Energie ist vorhanden. Sie wird zurzeit zur Sicherung persönlicher Vorteile von Elitärgruppen verschwendet. Die Produktion von Waffen und deren Anwendung ist im freien Markt nicht erforderlich. Die Verwaltung dieser Waffen durch Funktionärsdiktaturen verhindert künstlich die Einebnung von wirtschaftlichen Unterschieden durch den Markt. Freiheit, Gleichheit und Brüderlichkeit sind immer noch ein schöner Traum. Nur die Utopie eines freien Marktes kann diesen Traum auf der Grundlage gemeinsamer Leistung rationell begründen.

> Die Produktion von Waffen und deren Anwendung ist im freien Markt nicht erforderlich.

Wenn die Menschheit bereit ist, irrationalen Zielvorgaben zu folgen, ja dafür Nachteile und Erniedrigung in Kauf zu nehmen, dann sollte es ihr leicht fallen, die Zwänge eines rationellen, physikalisch und mathematisch erklärbaren Systems zu akzeptieren. Der Markt ist ein mathematisches Modell, das in der Lage ist, für das Individuum eine Gleichung mit unendlichen Unbekannten mit hoher Wahrscheinlichkeit zu lösen.

Wir müssen uns von der Idee frei machen, dass sich absolute Gerechtigkeit mit menschlichen Mitteln erreichen lässt. Gerechtigkeit ist ein Faktor, der im Kontinuum unseres Systems relativ zur Zeit zu sehen ist.

Die Natur begnügt sich mit der Genauigkeit der Normalverteilung. Gauß und andere haben dieses Regelungssystem der Natur untersucht. Es sagt aus, dass der überwiegende Teil zufälliger Massen von annähernd gleichem Status betroffen ist. Eine höhere Gerechtigkeit kann auch der Markt nicht erreichen. Jede andere Ideologie verlangt Duldung der Einschränkung der persönlichen Freiheit und repräsentative Vertretung durch Funktionäre. Die

Nachteile für die Selbstbestimmung des Individuums sind im Markt minimiert, aber nicht aufgehoben.

Im Zeitverlauf des Kontinuums erreicht der Markt die Einebnung von individuellen Unterschieden der Atome des Systems Menschheit. Die Sicht auf die Menschheit als Gruppe, der eine – uns unbekannte – Zweckbestimmung vorgegeben ist, ersetzt im Markt die Sicht auf das Individuum. Trotzdem ist der Markt kein kollektivistisches System im Sinne vorhandener Ideologien. Er ist das System mit dem höchsten Freiheitsgrad des Einzelnen[1]. Gleichzeitig ist er das System mit dem höchsten Wirkungsgrad der Gruppe.

Die Natur ist ein leistungsbezogenes Optimierungssystem. Randy Thornhill hat mit seinen Experimenten an Insekten nachgewiesen, dass schon im Bereich von – aus menschlicher Sicht – primitiven Lebewesen Leistung zur Optimierung der Art über die reproduktive Funktion Vorbedingung ist.

Versuch und Irrtum

Wir können die Richtung der Evolution vermuten. Es ist die Erhöhung des Wirkungsgrades bei der Nutzung vorhandener Energie. Das Endziel der Evolution bleibt uns bisher verborgen. Erst wenn das System Menschheit die Probleme seiner körperlichen Erhaltung durch maximale Nutzung vorhandener Energie gelöst hat, ist der Geist der Gruppe Menschheit frei für andere Aufgaben, frei für sein im Rahmen der Evolution vorprogrammiertes Ziel. Das natürliche System des Marktes ist entworfen, dieses Ziel in der kürzesten Zeit mit der höchsten Wahrscheinlichkeit zu erreichen. Wenn die Menschheit als Gruppe sich als Instrument zur Erreichung dieses Ziels als nicht geeignet erweist, wird die Evolution eine andere Alternative privilegieren.

---

[1] »Wir müssen der Tatsache in die Augen schauen, dass die Erhaltung der individuellen Freiheit mit einer völligen Befriedigung unseres Sinnes für verteilende Gerechtigkeit nicht vereinbar ist.« (v. Hayek, 1976)

Eine Brücke muss im Angriff der auf sie einwirkenden Kräfte des Wassers, des Eigengewichts und des Verkehrs eine gewisse Tragfähigkeit einschließlich der erforderlichen Sicherheit aufweisen. Versuch und Irrtum halfen unseren Vorfahren, das System Brücke immer besser der Zielvorstellung anzupassen, es zu optimieren. Parallel dazu liefen Optimierungsprozesse des Verkehrs und des Wasserbaus, die in Relation zum gewünschten System von Bedeutung waren. Es ist sowohl Verkehr ohne Brücken denkbar, wenn die Verkehrsfunktion extrem optimiert wird, als auch das Entfallen der Notwendigkeit einer Brücke durch wasserbautechnische Maßnahmen.

Die vorhandene Brücke ist das relative Optimum im Zeitkontinuum aus heutiger Sicht. Neue Erfindungen können sich als vorteilhafter erweisen, Materialengpässe können Umdenken erzwingen, die Notwendigkeit von Brücken kann durch neue, stationäre Ideologien in Frage gestellt werden. Selbst Teleportation liegt, wenigstens im SciFi-Bereich, heute im Bereich der Denkbaren. Zeilinger in Österreich hat schon die Theorie bewiesen, dass die technische Möglichkeit im Quantenbereich besteht. Was uns heute selbstverständlich ist, befindet sich im Umbildungsprozess des zeitlichen Kontinuums, dessen Dauer wir, verglichen mit der eigenen Existenz, nur als unendlich bezeichnen können. Ähnlich der Brücke ist die Menschheit ein insignifikanter Faktor in Zeit und Raum.

Markt als System der evolutionären Optimierung kann als wissenschaftlich gesichert gelten. Wenn eine Art nicht in der Lage war, sich der Umwelt flexibel anzupassen, starb sie aus. Die physische Kraft des Mammuts und der Säbelzahnkatze schützte diese Arten nicht vor dem Vergehen. Wir haben Grund anzunehmen, dass die Art Mensch das Produkt eines weit fortgeschrittenen Optimierungsprozesses ist. Wenn wir uns jetzt den Kräften der Evolution versagen, verweigern wir uns selbst die Erfüllung unserer Existenz.

Unser großes Hindernis auf diesem Weg als Individuum und als Gruppe ist das uns nach Auffassung der Psychologen innewohnende Bedürfnis nach einem Ordnungsrahmen. Dieser Ordnungsrahmen muss der Informationsstrukturdichte des durchschnittlichen Individuums angepasst sein, um als Mittel zur Ordnung anerkannt zu werden. Hofstätter ist auf der Grundlage seiner Forschungserfahrung der Ansicht, »dass der aller sozialen Gewissheit beraubte Mensch nur in sehr beschränktem Maß handlungsfähig wäre«. Er hält die Rückkehr zu Rousseaus »nature« für eine »wahrhaft grauenerregende Utopie«.

Im Einklang damit steht das mathematische Gedankengebäude, das in logischem Zusammenhang jeder Zahl einen festen Wert zuweist und die auftretenden Unlösbarkeiten des Systems auf die Begriffe »Null« und »Unendlich« vereinigt. Über diese Begriffe hält das menschlich-mathematische System Kontakt mit dem tatsächlichen Raum-Zeit-Kontinuum der Natur. In der Quantenphysik ist die Verschränkung von Informationen ohne zeitliche oder räumliche Verzögerung möglich. Wieweit das den universellen Markt betrifft, ist zumindest einer Spekulation wert. Was Einstein noch die »spukhafte Fernwirkung« nannte, ist heute nachgewiesen. Die Grenze zwischen Makro- und Mikrokosmos im Rahmen der Evolution ist dennoch immer noch ungeklärt – und wird es wahrscheinlich auch bleiben, bis wir in der Lage sind, die Grenzen primitiver menschlicher, einwertiger Logik zu überwinden.

Die Evolution ersetzt wahrscheinlich den Begriff der Zahl durch eine Normalverteilung im Rahmen des mehrfach-kontinuierlichen Feldes. Die Quantentheorie vermittelt uns kleinste Einblicke in diese Welt, die sich weitgehend menschlicher Logik und Erfahrung entzieht. Erst wenn wir diese mehrwertige Logik der Natur verstehen, ist Emanzipation des Systems Menschheit im Rahmen von Kriterien höherer Ordnung möglich.

> Worte wie Gott, Unendlichkeit und Evolution helfen uns, eine Gleichung auszufüllen, deren Teilglieder uns unbekannt sind.

Im Sinne der Evolution ist uns eine Erkenntnis dieser Kriterien unmöglich, ehe nicht das System Menschheit stark genug ist, sie zu ertragen. Wir definieren mit imaginären Begriffen, was wir nicht erklären können. Worte wie Gott, Natur, Unendlichkeit und

Evolution helfen uns, eine Gleichung auszufüllen, deren Teilglieder uns noch unbekannt sind. Anton Zeilinger ist der Meinung, »es wäre ein Grundfehler, wenn wir Gott mit unseren Denkkategorien zu beschreiben versuchen«[1]. Der Energieerhaltungssatz verlangt das mathematische Gleichgewicht der Kräfte. Uns bleibt mangels Erkenntnis nichts anderes übrig, als die Lücken unseres Weltbildes vorerst mit Substitutiven zu stopfen. Der Geist füllt so den Platz physischer Bausteine, bis sich unsere Erkenntnis rationell weiter entwickelt hat. Körper und Geist werden so zur Einheit in einem Weltbild, in dem die Polarität von Physis und Psyche aufgehoben ist oder sich aufeinander zubewegt.

Unsere Anlagen erlauben uns vermutlich, Teil jenes Wesens zu werden, das wir mit »Gott« umschreiben. Die religiösen Theorien machen ähnliche Aussagen. Der Weg dahin ist weit und nur möglich, wenn wir uns von Denkschemen lösen, deren Kategorien uns in einer Bewusstseinsstufe verankern, deren Überschreitung uns möglich ist. In diesem Sinne müssen die Geisteswissenschaften wieder zur interdisziplinären Klammer der physischen Erklärung der Umwelt werden. Nur das ausgewogene Verhältnis zwischen Geist und Körper macht das Individuum lebensfähig. Das gleiche gilt für die Gruppe Menschheit im evolutionären System.

Substitutive dienen der vorübergehenden Erklärung, bis evolutionäre Erkenntnisse zur Verfügung stehen. Wenn wir substitutive Begriffe zu Eckpfeilern von Ordnungsrahmen machen, ist Veränderung mit starken Reibungswiderständen verbunden. Der Ursprung der Natur nach menschlicher Definition, den wir mangels eines besseren Begriffes »Gott« nennen, ist absolut. Wenn wir an ihm teilhaben wollen, können wir das nur, wenn wir bereit sind, absolute Werte zu akzeptieren, auch wenn wir davon negativ betroffen sind. Die Evolution unserer psychischen Konstruktion ist deshalb wichtiger als die Evolution unseres physischen Systems. Als »intelligente« Wesen sind wir die Ausnahme, die Sonderlinge der Evolution, bislang nur ein Experiment von unendlich vielen.

---

[1] profil, 2/2007

Religionen haben diese Denkweise intuitiv begründet. Wir sind jetzt aber auch in der Lage, rationelle Erklärungen an die Stelle der Intuition zu setzen. Damit können wir unsere Abhängigkeit von Begriffen beschränken, die der Bestimmung einer ideologischen Gruppierung unterliegen. Ob wir damit einen verlässlicheren Ordnungsrahmen gefunden oder verloren haben, muss der Erfahrung überlassen bleiben.

Letzten Endes ist es der Erfolg der Konstruktion Mensch nach den Kriterien der Evolution, der langfristig den Ausschlag gibt. Wir können uns bemühen, diesen Erfolg zu fördern. Offensichtlich hält die Evolution mehr von der Verlässlichkeit des Zufalls als von der Einsicht des Menschen. Wie weit wir in der Lage sind, unseren Weg zu beeinflussen, ist daher offen. Die Hypothese »Markt« kann aber zumindest für sich in Anspruch nehmen, Widersprüche verschiedener Erklärungen der Welt aufzulösen.

Dann sind wir zumindest imstande, jenen salbungsvollen Gestalten zu widerstehen, die uns gerne zu dem Glauben verführen wollen, sie besäßen irgendein privilegiertes Wissen.

Jesse Bering (*1975),
amerikanischer Schriftsteller;
Die Erfindung Gottes (2010)

Kapitel 28

Markt und Moral

Einkommen ist Lebenszeit

Ideologien sind Versuche, persönlich empfundene Nachteile des Marktes – ohne Rücksicht auf die physikalischen Grundlagen des Transfers von in Kapital gebundener Energie – zu kompensieren.

Marx definiert unterprivilegierte Klassen. Heute ist der Begriff »Klasse« überholt. Die Masse westlicher Länder differenziert sich nicht mehr nach Konsummöglichkeiten, sondern nach Informationsstrukturdichte quer durch die Klassen. Das Einkommen der Masse teilt sich in drei Komponenten auf:

➤ Das **Primäreinkommen** dient der Befriedigung der Grundbedürfnisse.

➤ Das **Supplementäreinkommen** geht gar nicht erst in den Besitz der Masse über. Es wird vom Staat als Steuern oder Gebühren okkupiert, dessen Verwaltung es unterliegt.

➤ Das **Sekundäreinkommen** steht dem Einzelnen zur freien Verfügung. Die Verwendung des Sekundäreinkommens, zahlenmäßig in der überwiegenden Anzahl der Fälle die geringste Komponente, ist der einzige Freiheitsbereich des Masseteilchens.

Physische Zwänge bestimmen die Verwendung des Primäreinkommens, das Supplementäreinkommen wird repräsentativ vom Staat verwaltet, auf dessen Handlungen individuelle Einflussnahme kaum möglich ist. Das Sekundäreinkommen ist der persönliche Machtfaktor des Individuums. Mit ihm übt das einzelne Masseteilchen immer wieder durch Entscheidungen im Markt kreativen Einfluss auf die Gegenwart aus.

Multiplikative Intelligenzen verwenden Sekundäreinkommen mit hohem Wirkungsgrad und vervielfältigen damit den eigenen Einfluss. Additive Intelligenzen, deren Leitbilder im Körperlichen verankert sind, benutzen das Sekundäreinkommen zur Befriedigung ihrer Konsumwünsche. Die Befriedigung physisch definierter Zielvorstellungen beinhaltet den Tausch von Einfluss gegen Konsum. Der Einfluss beschränkt sich auf die Auswahl zwischen den von multiplikativen Intelligenzen vorgegebenen Konsuman-geboten. Der Wirkungsgrad des im Sekundäreinkommen additiver Intelligenz gebundenen Kapitals ist gering. Deshalb versucht additive Intelligenz höheren Wirkungsgrad durch politische Ideologie zu erreichen. Politik soll verschaffen, was die eigene Arbeit unerklärlicherweise – denn die eigene Intelligenz reicht zur Annahme systemimmanenter, persönlich negativer Zwänge der Evolution nicht aus – nicht ermöglicht: Partizipation an der Effizienz der Verwalter primärer Macht statt eigene Effizienz.

Dabei geht noch mehr persönlicher Einfluss verloren, denn auch der letzte Rest von Macht wird delegiert. Auf die Verwaltung dieser delegierten Macht besteht kaum noch Einfluss. Die Stimmabgabe alle vier Jahre wird zum lächerlichen Substitut für die Verantwortung der eigenen Existenz, des eigenen Schicksals.

Der Machtfaktor Supplementäreinkommen, die Bestimmung auf über die Hälfte der Lebensarbeitszeit, gelangt nicht mehr in die Hände des dafür arbeitenden Masseteilchens. Diese verdeckte Versklavung bleibt weitgehend unauffällig und wird hinter potemkinschen Begriffen wie Allgemeinwohl oder Demokratie dekorativ der Öffentlichkeit verborgen. Es ist ironisch, wie politisch die Verlagerung von Kapital vom produktiven in den administrativen Sektor verbrämt wird. Obwohl die Schulden von Staaten nur noch durch Eingriffe der Zentralbanken in den Wert der Währung und enteignungsgleiche Zinssenkungen moderiert werden können, sagt eine linke Politikerin im Deutschen Bundestag: »Eine Millionärssteuer ist die beste Schuldenbremse.«[1] Mit einer Anmaßung, die selbst nur wenige absolute Herrscher der Vergangenheit aufbrachten, ersetzt Administration das Wohl der Masse durch den eigenen Vorteil.

Aber die Masse ist vergesslich. Hubertus Knabe, Leiter einer Gedenkstätte, sagt in Bezug auf das Vergessen und die mangels Masse untergegangene DDR: »Und sie haben keine Ahnung, wa-

---

[1] Sarah Wagenknecht, 19.3.2012

rum aus der schönen kommunistischen Utopie ein Land mit Mauer, Stacheldraht und Gefangenenlagern wurde.«[1]

Die Argumentation von Masseteilchen geringer Leistungsfähigkeit und damit geringen Markterfolges erscheint paradox. Der eigene, additive Nutzen wird in Verallgemeinerung subjektiver Sicht überproportional beurteilt. Da der Markt nicht bereit ist, dieses Werturteil zu teilen, wird der Profit anderer negativ qualifiziert. Markt erscheint ungerecht, da er den eigenen Konsumwunsch unzureichend unterstützt. Argument ist im weitesten Sinne die Orientierung des Marktes an körperlichen Prinzipien. Dem entgegen gehalten wird die eigene geistige Leistung. So entsteht das Paradoxon, dass die profitorientierte Körperlichkeit des Marktes ideologisch verteufelt wird, um den eigenen, körperlich gewerteten, dem Sein verhafteten Profit zu steigern.

Die durch die Natur vorgegebene Individualität kann die eigene Minderwertigkeit nicht ertragen. Ein imaginärer Ordnungsrahmen entsteht, ein Weltbild, dessen Mittelpunkt die eigene Persönlichkeit mit all ihren Schwächen ist. Ideologie wird geboren. Verbündete finden sich schnell.

Andere, zahlenmäßig starke Gruppen sind genauso wenig in der Lage, die ihnen vom Markt zugemessene Minderwertigkeit zu ertragen. Statt erhöhter Arbeitsleistung soll Nötigung zur Verallgemeinerung ideologisch subjektive Gerechtigkeit erzwingen, die der Markt wegen des geringen eigenen Nutzens nicht gewähren kann. Die eigene Körperlichkeit orientiert sich an irrealen Leitbildern der Ideologie. Freiheit wird als Auto definiert, Gerechtigkeit als Gleichheit trotz ungleicher Leistung? Leitbilder, deren Fragwürdigkeit der eigene Erkenntnisstand definieren könnte, werden von befähigten Demagogen als absolut vermittelt. Die Unsinnigkeit dieser Leitbilder wird hingenommen, da die Erkenntnis der Unmöglichkeit die Festschreibung der individuellen Minderwertig-

> Freiheit wird als Auto definiert, Gerechtigkeit als Gleichheit trotz ungleicher Leistung?

---

[1] ZDFtext, S. 140, 12.8.07

keit, gemessen an den Maßstäben der Körperlichkeit, bedeuten würde.

Es ist klar, dass natürliche Regelungsmechanismen die weltweite Verallgemeinerung hohen Lebensstandards nicht erlauben. Die Belastbarkeit der natürlichen Umwelt, die Endlichkeit der Ressourcen setzen Grenzen, die auch die Technik ohne Zerstörung der Basis menschlichen Lebens nicht überwinden kann. Wenn immer mehr Autos angeschafft werden, reicht das Öl nicht weit, ist die Atmosphäre überlastet, fehlen Werkstoffe, Metalle, Gummi. Auch die für Elektromotoren erforderliche Energie belastet die Umwelt, weit mehr als vermutet und propagiert. Trotzdem ist die Hoffnung auf das eigene Auto ein größerer Antrieb als das Versprechen auf geistige Freiheit. Körperliche Wunschträume disziplinieren die Masse, stabilisieren unfähige Administration. Die Hinnahme des Versprechens der Neuverteilung einer unzureichenden Versorgungsgrundlage ist einfacher als der Zwang, den echten Stellenwert der eigenen Persönlichkeit im System des Marktes zu erkennen, zu akzeptieren und durch langfristige individuelle Maßnahmen mit Geduld zu verbessern.

Markt bewertet Leistung. Je komplizierter und arbeitsteiliger unsere Welt wird, desto intelligentere Führung ist erforderlich. Derartige Köpfe sind dünn gesät und heiß gesucht. Managergehälter sind im Vergleich zur Entlohnung der additiv Tätigen im 21. Jahrhundert immens gestiegen. Markt bewertet den Vorteil für die Allgemeinheit, nicht die Relation zu den Einkommen der additiv tätigen Masse. Neid lässt sich politisch leicht verkaufen, produktive Intelligenz nicht. Nur Produktivitätsfortschritte sichern auch für die Masse den Ausbau des Konsumstandards. Trotzdem versprechen politische Ideologien immer noch die Umverteilung dessen, was nur durch Produktivitätsanreize entstehen kann.

Die Wunder der Kirchen weichen den Wundern der Ideologien. Gefangene der Körperlichkeit erkennen nicht, dass das Gitter

> Neid lässt sich politisch leicht verkaufen, produktive Intelligenz nicht.

ihres Käfigs nicht aus Metall, sondern aus der eigenen Definition der Wirklichkeit besteht.

Wo Konsum als Leitbild unerheblich wird, wächst Unabhängigkeit von den kapitalistischen Zwängen des Marktes. Wo Ungleichheit und Ungerechtigkeit mit Konsumdefiziten begründet werden, beschränkt sich Freiheit durch die Zwänge der Körperlichkeit. Selbstgewählte Fesseln werden als äußerer Zwang empfunden, das Wunder der Ideologie soll sie beseitigen. Wo das Individuum in den Zwängen des Marktes ohnmächtig Minderwertigkeit feststellt, soll ideologische Administration die Naturgesetze zugunsten des Individuums außer Kraft setzen. So wie unsere Vorfahren im Bewusstsein eigener Ohnmacht versuchten, die Mängel der Natur durch die Kraft von Gottheiten zu kompensieren, so ersetzt der Glaube an die Ideologie heute die Einsicht in den Zwang des kapitalistischen Energietransfersystems der Evolution.

Freiheit bietet nur der Verzicht auf die Überbewertung der Körperlichkeit und ihrer Beiwerte. Überfluss muss im Sinne östlicher Ideen durch Bedürfnisverminderung erreicht werden, wenn der Produktivitätszuwachs des Marktes zu gering ist, Extreme des Seins für alle zu erreichen. Die Sicherung der Grundexistenz aller erscheint wichtiger als der Ausgleich von im Überfluss definierter Ungerechtigkeit geographisch abgegrenzter Gruppen.

Möglich wird eine derartige Sicht nur, wenn die Beispiele unserer Repräsentanten zur trendbildenden Innovation werden. So wie der Vater nicht in der Lage ist, mit der Zigarette in der Hand dem Sohn das Rauchen abzugewöhnen, so ist nur das Vorbild von Politikern in der Lage, die Mentalität von Völkern zu ändern.

Geokybernetische Ordnungsprozesse bedürfen der Mitwirkung der Masse. Masse benötigt, ihrer Informationsspeicherfähig-

| Masse benötigt einfache Kommunikationssymbole.

keit angepasst, einfache Kommunikationssymbole. Das Beispiel kann Veränderungen bewirken, der Befehl muss scheitern. Der Befehl ist Zwang unter Sicherung des eigenen Vorteils, der Versuch, andere testen zu lassen, was gefährlich scheint. Die eigene Position ist unverzichtbar. Das Beispiel dagegen ist Handlung aus Überzeugung, Gemeinschaft statt Subordination.

Das Vorbild einer korrupten Führung[1] führt zu einer korrupten Masse. Das Beispiel uneigennütziger Administration erleichtert das tolerante Zusammenleben der Masse auf der Basis moralischer statt körperlicher Seinszwänge. Führung ohne Beispiel bedarf zur Sicherung eigener Macht der Ideologie.

Der Ausbeuter vergangener Zeiten wird durch die Gruppe ersetzt. Die Tatsachen, die im beginnenden Industriezeitalter Marx zu seinen Theorien veranlassten, bestehen weiter, nur dass jetzt Gruppen hohen, monopolisierbaren Wissensstandes andere Gruppen niedrigen Wissensniveaus ausnutzen. Die Gruppe »Arbeiter westlicher Industrieländer« nutzt den eigenen Wissensvorteil ebenso schamlos für sich selbst und gegen die Entwicklungsländer aus wie der Fronherr der Gründerzeit, der von Kinderarbeit lebte. Auch wenn ein Ozean Sklave und Herrn trennt: Der Sachverhalt ist der gleiche.

Die auf den körperlichen Vorteil bezogenen Grundlagen der Industriephilosophie lassen das Teilen von Produktivitätsfortschritten mit anderen nicht zu. Umverteilt werden soll nur im eigenen Land, jenseits der Grenzen wohnen keine Menschen. Arbeitssklaven mit minderen Rechten werden importiert. Das am Leitbild der Konsumgesellschaft gemessene Anderssein wird als Unterprivilegierung definiert. Geistiges Gruppenbewusstsein weicht individuell definierter Unterdeckung der Konsumwünsche. Unterdeckung von – in vielen Fällen unnötigen – Konsumwünschen wird als Ungerechtigkeit betrachtet. Wo eigene Arbeit die so

---

[1] »Es ist immer das Gleiche: Von der Oppositionsbank zur Regierungsbank zur Anklagebank. In der Opposition sind sie immer die Anständigen und Tüchtigen, und nach der Regierung sind sie die Abgängigen und Flüchtigen.«; Dr. Peter Pilz (Gründungsmitglied GRÜNE, 31 Jahre im österreichischen Parlament) im ORF über Politik, nicht etwa in einer Bananenrepublik, sondern über das EU-Mitglied Österreich im Juli 2017.

fragwürdig definierte Gerechtigkeit nicht erzwingt, soll Ideologie schaffen, was Arbeit nicht vermag.

Ideologie-Marketing

Ideologien versprechen der Masse, das Zusammenleben, den Ausgleich zwischen Leistung und Entgelt, gerechter zu gestalten. Dieses Versprechen ist einfach, denn jede neue Ideologie drängt zuerst auf die Abschaffung der alten Maßstäbe[1]. Im Vertrauen auf die geistige Qualität der Masse verlassen sich die Protagonisten neuer Ideen darauf, dass die Rauchwand ideologischen Nebels, begleitet vom Feuerwerk neuer oder aufpolierter Begriffe, ihren wirklichen Absichten so lange Deckung bietet, bis ihre eigene Stellung, relativ zum persönlichen Ziel, fest zementiert ist. Das eigene Ziel ist dabei nur in dem Maße deckungsgleich mit dem Ziel der Masse, wie das Moment der Masse benötigt wird, persönlichen Einfluss zu erreichen. Gerechteres Zusammenleben bedeutet für die Masse, dass wegen der Gerechtigkeit des Systems das unbestimmte, auf Erfahrung gewachsene Gefühl des Misstrauens sich vermindert. Einfache Maßstäbe genügen dem Einzelnen, seine Position in der Menge zu bestimmen.

Der Goldstandard war ein solcher einfacher Maßstab. Heute soll das einzelne Teilchen der Masse den eigenen Wert an einem Gemisch von monetärem Gegenwert, Zins, Inflation und der Diskontierung von Wechseln auf die Zukunft, den Sozialleistungen, bestimmen. Vertrauen wird dort mangels Wissen erforderlich, wo vorher ein absoluter Maßstab zur Verfügung stand. Vertrauen in die Integrität von Repräsentanten, die jeden Tag neu beweisen, dass die Wahrheit kein unverzichtbarer Bestandteil ihrer Politik ist. Adenauer, der erst deutsche Kanzler nach dem Zweiten Weltkrieg, sagte ehrlich auf die Veränderung seines Standpunktes angesprochen: »Was schert mich mein Geschwätz von gestern.«

---

[1] z.B. Persien 1979. Chomeini weist die Massen darauf hin, dass Streik gegen den Schah gut, gegen Fehler der islamischen Revolution aber Sünde sei und hart unterdrückt werde.

Die einzelnen Komponenten der neuen Maßstäbe werden von diesen Repräsentanten im Eigeninteresse beeinflusst und manipuliert. Neue Schwierigkeiten für die Wertbildung durch die Betroffenen entstehen. Resignation macht sich breit, die Unfähigkeit der Administration erscheint unvermeidlich. Wo früher der absolute Herrscher Kraft eigenen Anspruchs die Gnade Gottes ausschließlich für sich selbst in Anspruch nahm, regieren heute im Namen des Volkes eine Unzahl von Repräsentanten. Die Kosten für das so der Göttlichkeit nahegerückte Volk sind wahrscheinlich noch höher als früher.

In einem grandiosen Täuschungsmanöver ist es gelungen, den durch die harte Arbeit kreativer Intelligenz im letzten Jahrhundert erreichten Produktivitätszuwachs der unkritischen Masse als Erfolg der Ideologie zu verkaufen. Dieser Erfolg kommt die Masse teuer. Wo kapitalistisch die Umsetzung des Einkommens im Neubedarf möglich ist, treten für die angeblich gerechtere Verteilung Verluste auf, die in manchen Ländern schon die Arbeitsleistung von einem Drittel oder mehr der Bevölkerung ausmachen.

Der Apparat der ideologischen Gerechtigkeit wächst und wächst auf Kosten der Masse, deren Leistung mit anderen Maßstäben gemessen wird als die Leistung des Apparates. Es ist ein Naturgesetz, dass ein Vakuum gefüllt werden will. Die der Masse entwachsenen ideologischen Administratoren werden also zuerst versuchen, eigene Defizite auszugleichen und das zu kaschieren. Die neue Gerechtigkeit bezieht sich demnach vor allem auf die Administratoren, die Masse ist nach wie vor auf die Brocken angewiesen, die der Produktivitätszuwachs nach dem Zugriff der Administration und ihrer Organisationen übrig lässt.

Ob das Gesamtentgelt der Administratoren, wie in Deutschland, ein geschickt verschnürtes Bündel von Vorteilen, Altersversorgung und monetärem Entgelt ist, oder ob – wie in den Ländern des Vorderen Orients – das Bakschisch die Administration alimentiert: Je weiter entfernt von Kontrollmöglichkeiten, je ungenierter die Selbstbedienung. Europäische Beamte verdienen schon das Dreifache ihrer deutschen Kollegen, vermutlich bei geringerer

Leistung und geringeren Steuern. Die Vorteile der Besoldungssysteme aller Nationen werden addiert, die Nachteile minimiert. Die unkritische Masse wird zur unmündigen Masse. Bald steht jedem produktiven Individuum ein Verwalter der persönlichen Gerechtigkeit zur Seite. Wie lange kann Ideologie diesen Parasiten in einen Vorteil für das ausgenutzte Individuum ummünzen? Wie lange kann Administration ihre eigene Effizienz an der Menge des Papiers messen, statt am prüfbaren Erfolg? Simple Funktionen wie die Müllbeseitigung werden zu Erpressungsinstrumenten im Administrationsstaat.

Das entmannte Individuum, wie Gulliver von den Zwergen der Administration im Schlaf in Fesseln geschlagen, kann sich nicht wehren. Ein trotziges Aufbäumen führt nur zu neuen Fesseln. Fein wie Spinnweben, aber zäh wie Sirup hält das ideologisch-administrative Netz die Masse gefangen. Unfähig, das Ausmaß der Unfreiheit zu erkennen, reduziert sich die Existenz des Masseteilchens auf die Befriedigung der Körperlichkeit. Geistige Tätigkeit findet nur in den durch die Ideologie erlaubten Schranken statt. Konsum wird als Wert proklamiert, und die Unfähigkeit des Individuums, seinen eigenen Minderwert zu ertragen, als Hebel zur Macht benutzt. Die Umwertung von Begriffen nimmt groteske Züge an. Handarbeit wird als Unterprivilegierung verteufelt, je weiter weg vom Schmutz echter Arbeit, desto besser.

Zur Eröffnung des Wintersemesters 1979 der Universität Ankara weigerte sich ein Teil der Studenten, die Nationalhymne zu singen und stimmte die Internationale an. Dieser Solidarisierungsversuch mit der internationalen arbeitenden Klasse wirkt umso absurder, weil es sich bei den Studenten um die wenigen Glücklichen handelt, für die Studienplätze vorhanden waren. Vierhunderttausend fanden keinen Studienplatz, keine vorprogrammierte Pensionsberechtigung, keinen Titel, der – unabhängig von harter Arbeit – Einkommen praktisch im staatlichen Einflussbereich garantiert. Vierhunderttausend, die fest daran glauben, dass Handarbeit etwas Minderwertiges ist, weil sie sehen, dass das auf Kosten der additiv arbeitenden Schichten erworbene Wissen den einzelnen befähigt, eben diese arbeitenden Schichten auszunutzen.

Politische Ideologien polarisierten die Studentenschaft und machten die Universitäten der Türkei auf Jahre hinaus handlungsunfähig. Dieselben Studenten, die sich mit der Arbeiterklasse solidarisierten, verschwendeten deren Arbeit und Hoffnung bei dem Versuch, Ideologie mit Gewalt durchzusetzen. »Wer mit 20 nicht links ist, hat kein Herz. Wer mit 40 immer noch links ist, hat keinen Verstand«, sagt ein deutsches Bonmot. Der ehemalige sozialdemokratische Bundeskanzler Schröder und der ehemalige »Turnschuhminister« Joschka Fischer (Die Grünen) haben das schnell erkannt. Sie sind nicht die Einzigen mit Intelligenz und flexibler Überzeugung, die in der Wirtschaft das große Geld verdienen wollen. Alle politischen Richtungen sind auf diesem Gebiet gleich. Schließlich hat man nur ein Leben. Das gilt es zu nutzen.

> Dieselben Studenten, die sich mit der Arbeiterklasse solidarisieren, verschwenden deren Arbeit und Hoffnung bei dem Versuch, Ideologie mit Gewalt durchzusetzen.

Fühlend, dass nach dem Abschluss des Studiums der Alltag mit seinen aus dem Energiefluss entstehenden Zwängen sein Recht verlangt, soll auf Kosten anderer mit Gewalt erreicht werden, was der Einzelne in eigener Verantwortung und auf eigene Kosten später nicht durchsetzen wird. Statt nach dem Abschluss des Studiums mit gesichertem Wissen unabhängig und individuell den Einfluss, den Wissen ermöglicht, zum Nutzen anderer auszuüben, soll die temporäre Wirklichkeit der Gruppe ohne Wissen Veränderung durch Macht erreichen. Repräsentative Macht, ausgeübt auf Kosten der Arbeiterklasse, die man befreien will; der man zu entfliehen sucht, weil man sich nicht mit ihr identifizieren kann. Repräsentative, von anderen bezahlte Macht. Andere, deren Unmündigkeit durch repräsentative Vertretung zementiert wird.

In Deutschland ist es kaum anders. Revolutionäre Geister suchen die Verbeamtung, da ihre Theorien nicht stark genug sind, um auf eigene Kosten und eigenes Risiko die Zustimmung anderer und damit den Erfolg zu sichern. Verweigerung der Verbeamtung wird als Berufsverbot gedeutet. Solange derjenige, der neue ideologische Formen der Gesellschaft definiert, seine eigene Individualität über die Individualität der Masse stellt, solange ist Macht das eigentliche Motiv der Idee.

Eine Idee, die als Ordnungsrahmen der eigenen Existenz Schwächen aufweist, ist mit den gleichen Nachteilen für die Masse verbunden. Wenn die eigene Individualität die Unterordnung unter diese Schwächen nicht ertragen kann, dann muss auch der Masse die Möglichkeit gegeben sein, sich diesen Schwächen der Idee zu entziehen. Alles andere ist elitäre Bevormundung zu eigenen Gunsten.

Die Propagandisten der Veränderung, die zu Lasten anderer das Zusammenleben ganzer Völker verändern wollen, suchen zur Sicherung der eigenen Existenz den sicheren Hafen des Staates. Sie halten die Zustimmung von Studenten ohne Lebenserfahrung für einen Beweis der Richtigkeit ihrer Theorien. Die geringste Gefährdung der eigenen Position aber, der Entzug der Sicherheit des bestehenden Systems, ist schon zu viel Risiko für die eigene Person.

Überzeugung statt Wissen

Die Überzeugung von Studenten ersetzt nicht die Überzeugung von Massen. Die Überzeugung der Masse wächst von innen heraus. Solange die Masse nur als dienender Bestandteil eines Systems verstanden wird, auf dessen Kosten Fehler ohne Risiko gemacht werden können, solange ist auch das Aufbegehren an den Universitäten nur Strohfeuer jugendlicher Hitzköpfe, die nach Abschluss des Studiums von der bestehenden Machtstruktur absorbiert werden. Die Weiterverbreitung von Wissen ist der einzige Weg, den Wirkungsgrad der Arbeit zu erhöhen. Die Erhöhung des Wirkungsgrades der Arbeit ist der schnellste Weg, das Los der Masse zu erleichtern und ihr geistige Tätigkeit zu ermöglichen.

Repräsentative geistige Tätigkeit – nicht Forschung –, stellvertretend wahrgenommen an den Universitäten durch selbstdefinierte Genies, die sich dazu eher in der Lage fühlen als die arbeitende Masse, ist elitäres Parasitentum. Denken, Gerechtigkeit, Wissen, Altersversorgung, repräsentativ administriert von einem parasitären System, das einen weit überproportionalen Teil des Volkseinkommens verschlingt.

Wie soll die unmündige Masse unter diesen Umständen zu geistiger Selbstständigkeit finden? Das Besserwissen der Repräsentanten des Systems ersetzt das Wissen der Masse. Verwiesen auf das Wahlsystem, das einmal in vier Jahren – schon gibt es Bestrebungen, diese Frist auf fünf Jahre auszuweiten – die anonyme Abgabe der Stimme erlaubt, vegetiert die Masse geistig dahin.

> Das Besserwissen der Repräsentanten des Systems ersetzt das Wissen der Masse.

Information im Hochglanzformat soll Integration in den Entscheidungsprozess ersetzen. Der Entscheidungsprozess selbst läuft im Kreis der Eingeweihten ab, abgesichert durch persönliche Kontakte, gerechtfertigt durch das Selbstverständnis der Administratoren. Diese Repräsentanten der Masse glauben, dass nur ihre ungestörte Tätigkeit die richtige Entscheidung sichert. Sie stehen damit im Gegensatz zur Masse, die jede Entscheidung auf den kleinsten gemeinsamen, wahrscheinlich konsumbezogenen Nenner ausrichtet.

Es ist das Kennzeichen anscheinend jeder Ideologie, dass bis zum Erreichen der versprochenen Vorteile Verzicht der Masse Vorbedingung ist. Verzicht auf geistige Mitarbeit, auf Kritik, auf eigene Vertretung. Ein ideologisches System aber, dem im Durchsetzungsprozess von der Masse Gefahren drohen, kann kaum im Sinn der Masse sein.

Sollte die Masse aber nicht in der Lage sein, die Vorzüge des Systems zu erkennen, dann läuft jedes System auf die repräsentative Vertretung hinaus. Die Kontrolle repräsentativer Vertretung ist nur schwer möglich. Auch sie wird repräsentativ wahrgenommen, weil das Individuum dazu zeitlich nicht mehr in der Lage ist. In Deutschland sind es die Rechnungshöfe, zahnlose Tiger, die erst tätig werden können, wenn das Kind schon teuer in den Brunnen gefallen ist. Vertrauen ist also wieder erforderlich. Vertrauen in eine Idee und ihre Vertreter, statt Vertrauen in ein Produkt, wie es der Markt verlangt.

Ein Produkt kann persönlich auf seinen Nutzen, zumindest in Grenzen, geprüft werden. Wer aber ermöglicht die Prüfung von Ideen? Die Gerechtigkeit des Marktes ist höher als die Gerechtigkeit einer Ideologie. Der Markt erlaubt dem Individuum die Selbstbestimmung, orientiert am eigenen Nutzen. Nur das debile Individuum bedarf hier der repräsentativen Vertretung. Die Ungerechtigkeit des Marktes kann nicht größer sein als die Ungerechtigkeit der Administration, denn in den Markt fließen die Wünsche des Individuums unmittelbar bestimmend ein.

Geht es aber um eine Änderung dieser Wünsche, dann wird geistige Vormundschaft ausgeübt. Elitedenken, gerechtfertigt oder nicht, ist nicht Massenrepräsentation. Es sucht die Zustimmung einer Gruppe Eingeweihter. Die wahre Absicht und ihre Konsequenzen werden der betroffenen Masse verheimlicht, um das eigene Ziel, ob im Interesse der Masse oder nicht, schneller zu erreichen.

Die Masse wird damit nicht als gleichwertig anerkannt, sondern wird als der Machtfaktor definiert, der am leichtesten zu beeinflussen ist. Kraft elitärer Entscheidung wird das Jetzt der Masse im Interesse einer Zukunft geopfert, deren Maßstäbe sich auf andere Zwänge relativieren. Einer Zukunft, die in fast allen Fällen eine bessere Gegenwart für die bevormundende Elite ist.

Markt ist vorurteilsfrei, Ideologie nicht. Markt sichert durch positive Auslese das System Mensch, Ideologie die Stellung ihrer Vertreter. Markt ist Kontrolle physischer Produkte bei eigener geistiger Unabhängigkeit. Politik ist in ihrer heutigen Form maximale Freiheit der Körperlichkeit bei Abtretung geistiger Einflussnahme an Repräsentanten eines Systems. Sie ist Entzug von Menschlichkeit zugunsten eines administrativen Monopols. Monopole – der Versuch, den Markt zu beschränken – haben immer nur temporär Erfolg gehabt. Bei Mangelsituationen haben sie den positiven Nebeneffekt der Streckung der Versorgung. Was ist der Staat anderes als ein Monopol auf Administration? Das Produkt Administration wird von einer kleinen Gruppe majorisiert.

Die zahlenmäßige Wahrscheinlichkeit für einen deutschen Bürger, in das Parlament einzuziehen, ist nicht viel höher als die Chance auf einen Hauptgewinn im natürlich ebenfalls staatlichen Lotto. Die Entwicklung der Tätigkeit im Parlament zum Hauptberuf begünstigt zwei Extreme: die Beamten und freigestellten Angestellten, die aus sicherer Versorgung heraus den Weg in das Parlament suchen, und die Risikofreudigen und Eiferer, die für die politische Chance bereit sind, alles andere aufzugeben, machthungrig und egozentrisch.

Für den normalen Deutschen ist das Parlament aus wirtschaftlichen Gründen nicht erreichbar. Seine Chance ist höher, wenn er im Hinblick auf einen möglichen Lottogewinn seine Arbeit aufgibt, um sich dem Ausfüllen von Tippscheinen zu widmen. Die angeblich im System enthaltene Chance ist also keine.

Die potentiellen Verwalter der Macht entstammen der Monokultur der großen Parteien. Ideologisch abweichende Auffassungen werden schon durch das Wahlsystem gehemmt. Die Listenwahl sichert Bewerbern Plätze, die der Wähler nicht will, die das Monopol der Parteien aber für unverzichtbar hält. Die Chance der Masse verringert sich weiter.

Der Markt als Chance zur Selbstbestimmung sichert der Masse höchstmöglichen individuellen Einfluss. Wenn die Masse bereit ist zur Erfüllung ihrer Konsumwünsche bestimmte Marktsektoren monetär überzubewerten, dann ist das dieselbe quantitative Entscheidung, wie sie in den westlichen Demokratien repräsentative Vertretung legitimiert. Das Argument, dass die Masse zur Bewertung ihrer Entscheidung nicht in der Lage wäre, entfällt also. Flagge und Hymne sollen Freiheit und Freizügigkeit symbolisieren. Geografisch bezogene ideologische Ordnung ersetzt die ungehinderte individuelle Selbstbestimmung durch den Markt.

Staatliche Gewalt ist Gewalt. Das Argument, dass Gewalt erforderlich ist, um den Einzelnen vor Gewalt Dritter zu schützen, ist ein Schutzargument der Administratoren repräsentativer Macht. Der Markt erzwingt – unabhängig von ideologischen Systemen – eine eigene moralische Wertung. Ein Beispiel dafür ist die Anwendung der Pille durch Katholiken. Einschränkungen des Marktes aus Gründen repräsentativ wahrgenommener Moral sind Versuche, die Masse besser zu machen, als sie ist.

Die Konfrontation der Masse mit der eigenen Wahrheit erzwingt marktgerechte Moral schneller als jedes politische System. Aufoktroyierte Moral ist die Moral der Herrschenden, ein Disziplinierungsinstrument gegen die vom Energiestrom gesteuerten Zwänge des Marktes, und damit auch ein Disziplinierungsinstrument für die Masse.

Moral entsteht aus der körperlichen Wirklichkeit der Masse. Die körperliche Wirklichkeit der Herrschenden ist eine andere als die der Masse. Erst individuelle Selbsterfüllung durch die aktive Beeinflussung des Marktes ist in der Lage, eine gemeinsame Moral zu erzwingen.

Solange die Moral kraft administrativer Handlung vorgegeben wird, ist sie Bevormundung und dient nicht den evolutionären Zwängen des Zusammenlebens, sondern der Administration. Entfallen würde bei einer Entscheidung des Marktes auch eine große Anzahl von parasitären Tätigkeiten, die vorgeblich im Interesse der Masse, hauptsächlich aber zur eigenen Befriedigung ausgeübt werden. Jede Partei in Deutschland hat ihre teure Stiftung, ihre Unterorganisationen, Organisationen und Medien, die sie auf Kosten des Steuerzahlers unterstützt, um ihr Claque zu sichern. Der dabei gewonnene Wirkungsgrad würde es der Masse erlauben, soziale Gesichtspunkte mittels eigener Entscheidung in den Markt im Eigeninteresse einzuführen.

Repräsentative Vertretung beschränkt sich im Markt auf die Verwaltung primärer Macht. Primäre Macht wird ausgeübt, solange der Markt, und damit die Masse, die eigene Tätigkeit positiv bewertet. Ein derartiges System erfordert Flexibilität und Anpassung. Es bietet aber Anreiz, den Wirkungsgrad der Arbeit zu verbessern und so der Masse im Eigeninteresse zu dienen. Der Markt ist das Optimierungssystem der Evolution. Kann der Mensch etwas Besseres dagegensetzen?

Kurzfristige Vorteile politischer Systeme wirken sich langfristig als evolutionäre Nachteile aus. Die Verzerrung des Weltwirtschaftssystems durch nicht mehr nötige geografische Grenzen erhält Unterschiede aufrecht, die der Markt schon längst eingeebnet hätte[1]. Seit 1979 hat sich nichts geändert. Grenzen sind Festlegungen von Herrschaftsbereichen. Herrschaft aber ist unbestritten Machtausübung. Der Markt verteilt Macht in optimaler Näherung zum positiven Beitrag des Einzelindividuums. Die Verhältnisse auf der Erde strafen diejenigen Lügen, die behaupten, Politik könne dasselbe erreichen. Der Unterschied zwischen armen und reichen Ländern kann nur über den Markt eingeebnet werden. Die lokalen Eingriffe der Politik in Teilmärkte verhindern das.

Die Vernunft des Marktes ist die Vernunft der Natur. Die Vernunft der Monopolisierung durch Grenzen ist die Vernunft der Politik. Der einzige Sinn einer Grenze ist die Definition eines politischen Machtbereiches. Der Markt regelt über den Konsum die Grundlagen der Körperlichkeit mit hohem Wirkungsgrad. Grenzen verschlechtern den Wirkungsgrad. Er bietet dem Einzelnen die rationellste Möglichkeit, sich selbst zu verwirklichen. Wie diese Verwirklichung aussieht, ist im System Mensch begründet.

Die Komponenten menschlicher Struktur entsprechen sicher nicht immer den Wunschbildern menschlicher Ideologien. Menschliche Ideologien wachsen auf temporären gesellschaftlichen Defiziten. Der Wunsch nach Veränderungen, den der Markt nicht erfüllen kann, da die Produktivität noch nicht ausreicht, soll

---

[1] Jahresbericht der Weltbank 1978; Weser-Kurier vom 24.09.1979: »Die Weltbank warnt in diesem Zusammenhang erneut vor protektionistischen Tendenzen in den Industrieländern, die die Bemühungen der Dritten Welt, durch höhere Exporterlöse mehr wirtschaftliches Wachstum zu erreichen, entscheidend beeinträchtigen könnten

mit menschlichen Mitteln in die Wirklichkeit umgesetzt werden. Defizite werden erst als Defizite erkannt, wenn einzelne in der Lage sind, sie für sich selbst auszugleichen. Sie werden als Defizite empfunden, wenn das Leitbild der Innovation stark genug ist, den Konsumwunsch zu programmieren. Normaler Ausgleich über den Markt erfolgt, wenn der Produktivitätsfortschritt den Ausgleich von Mehrkonsum erlaubt.

Ideologische Lenkung der Masse

Ideologien geben vor, dass der Konsumwunsch von Einzelnen okkupiert wurde, so dass er für die Masse nicht zur Verfügung steht. Durch Umverteilung soll die Gerechtigkeit geschaffen werden, die der Markt nicht erlaubt. Auch hier soll das Gesetz von der Erhaltung der Energie durch menschlichen Einfluss im wirtschaftlichen Kreislauf außer Kraft gesetzt werden. Neue Defizite an anderen Stellen werden an der Produktivität der Vergangenheit gemessen, nicht an der möglichen Produktivität der Gegenwart. So lässt sich Erfolg deklarieren, wo Mehrleistung möglich wäre. Ein Leistungsvergleich zwischen Behörden – selbst vergleichbaren –, durch Computerprogramme leicht zu ermöglichen, wird bis heute kaum oder nur widerwillig durchgeführt.

Stattdessen steht die Ideologie im Weg der Produktivität des Marktes und verhindert möglichen Fortschritt. Sie fördert Existenzen, deren wirklicher Beitrag zum Wohl der Masse nur gering ist und schafft damit negative Auslese. Wenn die Kräfte des Marktes übermächtig werden, soll Zwang erreichen, was die Idee nicht vermag, um das Überleben der Ideologie und die Position ihrer Repräsentanten zu sichern. Die Ideologie gewinnt Eigenleben, wird wichtiger als die Menschen, denen sie dienen soll.

> Ideologie fördert Existenzen, deren Beitrag zum Wohl der Masse gering ist.

Freie Entscheidung wird blockiert. Das Individuum ist als Teil der Masse in den Zwängen der Ideologie gefangen. Selbst in einem demokratischen Wahlsystem muss sich ein Großteil der Wähler der Administration der Nichtgewählten unterordnen. Politik und nicht gewählte Verwaltung sind symbiotisch voneinander abhängig. Unfreiheit ist schon im System enthalten. Je stärker die Polarisierung der Ideologien, desto stärker die Unfreiheit des Teils der Wähler, deren Repräsentanten an der Administration nicht beteiligt werden, weil Politik ihre Helfer, mittelbar oder unmittelbar, sorgfältig selektiert.

Am stärksten ist die Unfreiheit des Individuums, dessen Auffassung sich nicht über den Leisten gängiger Ideologien schustern lässt. Der Repräsentation beraubt und ohne Hoffnung lebt es in den Zwängen eines Systems, das ihm unsinnig erscheint. Wo es Toleranz und Vernunft erwartet, findet es die wütende Verteidigung wirtschaftlich abgesicherter Machtpositionen. Die Art der Ideologie spielt dabei keine Rolle.

Ob die den Armen verpflichteten Abteien der Vergangenheit ihren Besitz mit Waffengewalt verteidigten, oder ob die politischen Ideologien der Gegenwart zur Verteidigung, wenn nicht sogar zur Durchsetzung ihrer menschenfreundlichen Ideen Waffen einsetzen: Wo ist der Unterschied?

Veränderung wird als Bedrohung erworbener Maßstäbe empfunden. Denkmalschutz greift in den organischen Wachstumsprozess der Städte ein und schützt nicht nur das Werk von Genies, sondern versteht sich als Verhinderer jeder Veränderung. Wo organisches Wachstum, das Nutzen der Infrastruktur in der Stadt, effizient möglich wäre, erzwingt der Wunsch Einiger auf ungestörte Erhaltung ihrer Gegenwart das wirtschaftlich unsinnige Ausufern der Städte, die Zerstörung der Landschaft, die unnötige Belastung der Umwelt. Naturschutz vergisst, dass die Natur etwas Lebendiges, sich Erneuerndes ist, und schützt nicht nur seltene Arten, sondern ordnet das Wohl von Familien dem Wohl eines Baumes unter. Natürlich verstärkt sich damit der Einflussbereich, die Machtposition seiner Repräsentanten. Langfristig gesehen wird jeder Baum auf städtischen Grundstücken rechtzeitig gefällt werden, um wirtschaftliche Nachteile zu vermeiden. Der Naturschutz erreicht damit – analog zum Ausufern der Städte – eine negative

Veränderung der Umwelt. Unmerklich zuerst, doch spätestens dann bemerkbar, wenn die großen Bäume unserer Städte ihren natürlichen Tod gestorben sind.

Auf anderen Gebieten ist es ähnlich. Aus Angst vor Veränderung wird auf Kosten der Masse das verstärkt erreicht, was kurzfristig verhindert werden sollte.

Der Markt schafft den Ausgleich und passt die ideologische Absicht den Zwängen der Produktivität wieder an. Auch Denkmalschutz und Naturschutz sind Versuche, das individuelle Eigentum einzelner ohne entsprechenden Wertausgleich in den Besitz vieler zu überführen, die zu eigener finanzieller Leistung nicht bereit sind. Ideologie soll eigene Energie ersetzen, der persönliche Wirkungsgrad auf Kosten anderer erhöht werden.

Jede Ideologie, die zur Durchsetzung des Zwanges bedarf, ist Machtausübung zumindest gegen Minoritäten. Sie ist der Versuch, auf Kosten des Individuums zu erreichen, was die Masse nicht bereit ist, mit persönlichem Einsatz zu bezahlen. Sie ist damit die Durchsetzung eines elitären Anspruchs mit Mitteln der Macht ohne Rücksicht darauf, ob der Markt diesen Anspruch für gerechtfertigt hält.

Da der Markt langfristig den produktivitätstechnisch möglichen Zustand wieder herstellt, ist elitäre Einflussnahme die kurzfristige Stabilisierung einer individuell definierten Machtposition zum Nutzen eines Einzelnen oder einer Gruppe. Elitäre Einflussnahme geschieht damit zum Nachteil der Masse, deren echtes Regulativ der Markt ist. Der Nachteil für den einzelnen Bestandteil der Masse ist meist klein, summiert sich aber mit der Größe der Masse zu hohen Werten. Der potentielle Energiegehalt dieser Beträge wird den echten Bedürfnissen der Masse kurzfristig entzogen, der Wirkungsgrad der Gesamtleistung vermindert. Der Zielfindungsprozess des Marktes wird gestört.

Die Repräsentanten der Macht rechtfertigen den Staat als Ordnungsfaktor. Diese Definition beinhaltet die Feststellung, dass die Masse zur eigenen Ordnung nicht in der Lage ist. Als Ordnung wird die Ordnung verstanden, die eine ungestörte Verwaltung von

Macht erlaubt. Da diese Macht per Definition im Interesse der Masse ausgeübt wird, ist Gewalt, die sich gegen die Masse richtet, nach staatlicher Definition im Interesse der Masse. So entsteht der Widerspruch westlicher Demokratien, in denen der Begriff Staat schon die Unmündigkeit der Masse, die Unfähigkeit der Masse zu höherer Ordnung, definiert.

Gleichzeitig – und im Gegensatz zur Definition der Unmündigkeit – wird dem einzelnen Bestandteil der Masse die Gleichheit mit allen anderen Masseteilchen als Grundlage der staatlichen Idee zugesprochen. Bei gleichen Fähigkeiten aller wären Wahlen unnötig, denn politische Administration ist nicht an erworbenes Wissen gebunden. Ein Rotationssystem der repräsentativen Vertretung täte gleiche Dienste.

Selbst im System beabsichtigter Gleichheit bildet sich Elite aus der Masse. Das Reservoir an Elite beschränkt sich auf die kleine Anzahl von Parteimitgliedern. Die Masse, die sich mit einer der wenigen Parteien nicht identifizieren kann, kommt für die Elitebildung kaum in Frage.

Die Verfechter von Rätesystemen haben das erkannt. Nur erscheint auch im Rätesystem die wirtschaftliche Verwaltung von Macht ohne Elitebildung nicht möglich. Der Wirkungsgrad der Entscheidungsfindung sinkt, und der Zeitaufwand steigt exponentiell mit der Menge und dem fehlenden Wissen der beteiligten Entscheider und gefährdet das angestrebte Ziel. Zur Zentralisierung der gesellschaftlichen Kräfte ist die Elite als Katalysator erforderlich. Warum dann nicht Elitebildung über den Markt, der im Rahmen der Sicherung der körperlichen Existenz das einzelne Individuum jeden Tag immer wieder neu an der Entscheidung beteiligt?

Mathematisch gesehen wird die Entscheidung des Einzelnen mit dem Potential seiner Nützlichkeit gewogen. Dieses System fördert den Fähigsten. Alle anderen Systeme fördern nur die Vertreter von Ideologien. Die Produktivität des Gesamtsystems ist dabei ein Garant von Freiheit und Gleichheit.

Politische Administration hat schon jetzt Schwierigkeiten, der von den Fesseln der Körperlichkeit befreiten Masse geistigen Ausgleich zu bieten. Arbeitsplätze werden erhalten, anstatt sie zugunsten geistiger Tätigkeit, die zur weiteren Verbesserung der Produktivität beitragen könnte, aufzugeben.

Wie soll Administration erfolgen, wenn es gelingt, die körperliche Existenz von Milliarden Menschen in den armen Ländern zu sichern? Wenn ein geistiges Potential freigesetzt wird, das heute in den Fesseln seiner Körperlichkeit voll in die Erhaltung der Existenz fließt? Lassen sich geografische Grenzen, die Trennung von Arm und Reich, dann noch aufrechterhalten? Die Mauern ihrer Schlösser konnten Könige nicht vor der Teilung ihres Besitzes bewahren. Die Trennung des Ego vom Ich steht auch uns noch bevor.

Der Markt schuf den Ausgleich zwischen Leistung und Gegenleistung. Der Markt wird auch den Ausgleich zwischen den Ländern schaffen, die Produktivitätsfortschritte monopolisieren, und denen, welchen diese Fortschritte dienen könnten.

Die Protestierenden haben Recht: Etwas
läuft schief.

*Joseph Stiglitz (*1943),
Nobelpreisträger Wirtschaft 2001*

Kapitel 29

Gerechtigkeit im System Markt

Trügerische Sicherheit

Die Evolution erzwingt das Produkt Gerechtigkeit dort, wo Ideologie es verhindert. Wenn das Ergebnis dieses Ausgleichs die Unwirtlichkeit der Welt ist, dann ist diese Welt für den Menschen nicht geschaffen. Eine andere Art wird seine Rolle übernehmen. Ideologie kann das nicht verhindern.

Noch herrschen in vielen armen Ländern religiöse Ideologien der Genügsamkeit. Überfluss wird durch Bedürfnisverminderung erreicht. Das Abendland legt durch den Export seiner auf überproportionalen Produktivitätszuwachs gegründeten Konsumideologie die Wurzel zu seiner eigenen Zerstörung. Nicht in der Lage und willens, die Ansprüche dieser Konsumideologie zu erfüllen, erzieht es seine eigenen Nachfolger.

Umverteilung ist dort am wirkungsvollsten, wo das größte Gefälle zwischen Arm und Reich vorhanden ist. Noch stehen der Dritten Welt die erforderlichen technischen Machtmittel nicht unbegrenzt zur Verfügung. Wenn das Abendland erpressbar wird und die Reihe der Atomnationen wächst, dann wird es zu Umwälzungen kommen, gegen die der ungedämpfte Regelungsmechanismus des Marktes human erscheint.

Die Ideologie der Macht veranlasst arme Länder wie Indien, Pakistan oder Nordkorea schon heute, Atombomben zu entwickeln. Die islamische Bombe, die israelische Bombe werden vermutet. Westliche politische Administration konnte Markt auch auf diesem Gebiet nicht verhindern.

Im Naturschutzpark ihres Know-how wiegen sich westliche Völker im Gefühl einer trügerischen Sicherheit. So wie Kaiser entthront wurden, weil ihre Macht und der damit verbundene Konsum Anreiz zum Neid gaben, so werden Völker verdrängt, um den Nachholbedarf anderer Völker zu decken. Die Geschichte ist voll von Beispielen. Eine blinde Administration, die den langfristigen Vorteil der kurzfristigen Macht opfert, ist nicht in der Lage, Umschichtungen zu verhindern.

Wenn die Völker der Welt ihr Recht fordern, dann wird west-östliche Administration entlarvt als das, was sie ist: der repräsentative Abklatsch einer unfähigen Masse. Einer Masse, die Eigennutz zur Gruppenideologie gemacht hat. Eigennutz ist ein System, das die Unfähigkeit des Teilens durch Zwang kompensiert. Der Export dieser Ideologie führt zur Anwendung gegen ihre Urheber.

Der Markt stellt die Gerechtigkeit des Systems wieder her. Die Folgen der sprunghaften Veränderung sind der Ausgleich von Verzerrungen durch ideologische Administration. Eine Ideologie, die Umverteilung für leichter erklärt als das Anbieten eigenen Potentials am Markt, wird auch in der Dritten Welt Demagogen befähigen, ihre eigene Position im Konflikt mit zu diesem Zweck aufgebauten Feindbildern zu festigen. Wo Unfähigkeit ohne Erklärung entschuldigt wird, um Marktdefizite auszugleichen, erscheint die parasitäre Partizipation an der Arbeit anderer leichter als die zielgerichtete Optimierung der eigenen Kraft.

Das Empfinden der Masse erleichtert Ideologen die Arbeit bei der Verfolgung politischer Ziele. Am 11.9.2001 starben fast 3.000 Menschen beim Anschlag auf das World Trade Center in New York. Amerika erlitt ein Trauma, dass bis heute anhält und politisch genutzt wird. Seitdem starben im Vorderen Orient Hunderttausende ohne größere Reaktionen der Masse in Europa oder den USA. Die Eingriffe der US-Administration dort spielen kaum eine Rolle in der Emotionalität der Menschen. Terroranschläge, die nur wenige Menschenleben fordern, binden die Aufmerksamkeit örtlich weit stärker. Entrüstung ist relativ zur Betroffenheit des Augenblicks.

Wenn der Mensch als absolutes Individuum definiert wird, der sich zu Lasten der Gruppe verwirklichen darf, dann fehlt die Geduld, die langsame Entwicklung der eigenen Persönlichkeit und ihrer Fähigkeiten zu ertragen. Der Augenblick gilt, nicht die Existenz. Dabei ist die Erfahrung der Enttäuschung vieler Versprechen durch Politik und Administration in diese Haltung eingeflossen. Versprechen, die aus Eigennutz gemacht wurden, um die angestrebte Position zu erreichen, und die vergessen wurden, sobald die eigene Position fest genug verankert war. Versprechen, für die nie eine Energiebasis bestand und deren einziger Zweck es war, eine bessere Position gegenüber Mitbewerbern zu erreichen.

Der Markt honoriert Ergebnisse, nicht Versprechen. Dieser vorherige Zwang zur Leistung macht ihn für Politiker und Ideolo-

| Der Markt honoriert Ergebnisse, nicht Versprechen. |

gen zum Feind. Wo Leistung dominiert, deckt sich primäre Macht mit politischer Macht. Derartige Macht kann sich ohne Furcht der täglichen Kontrolle durch den Markt unterwerfen; sie wächst daran. Wo der Markt beschränkt wird, soll Unfähigkeit geschützt werden. Der freie Markt verteilt Leistung gegen Gegenleistung. Er verteilt das vorhandene Energiepotential. Je höher die Produktivität, desto höher der Wirkungsgrad bei der Nutzung der Energie, desto höher der Anteil des Einzelnen.

Ideologie beschränkt Verbesserungen des Wirkungsgrades zum Zweck ungehinderter Machtausübung. Beschränkungen des Marktes sind Entschuldigungen unfähiger und unnötiger Administration. Allein der Produktionsfaktor Wissen setzt uns in die Lage, die vorhandene Energie, verglichen mit der Vergangenheit, überproportional zu nutzen. Der kapitalistische Regelungsmechanismus des Marktes ist deshalb zur Regelung der Bedürfnisse der Menschheit am besten in der Lage.

Kapitalismus ist keine Erfindung der Menschen wie Ideologie und Religion. Kapitalismus ist die Regelungsfunktion der Natur, jeden Tag wieder neu zur Diskussion gestellt im freien, unbegrenzten Markt der Evolution. Administration, die den Markt beschränkt, stellt sich in den Gegensatz zur Schöpfung. Sie ist unnötig und schädlich.

Administration, die freiwillige Beiträge verwaltet, die die Überzeugung durch eine Idee ihr zufließen lässt, ist human. Jeder Zwang, jede Verheimlichung, jede unnötige Verminderung des Wirkungsgrades der Verwaltung zieht ihre Funktion in Zweifel. Die Kollekte von Kirchensteuer durch den Staat in Deutschland für die christlichen Glaubensgemeinschaften ersetzt den sozial orientierten Anspruch Christi auf Teilung mit dem ärmeren Nächsten durch mittelbaren Zwang, die Repräsentation der »Diener Gottes«, nicht unähnlich derjenigen absoluter Herrscher, zu finanzieren.

Administration, die freiwillige Beiträge zur Festigung der eigenen Position und der eigenen Ideologie verwendet, enttäuscht Vertrauen und stellt ihre persönliche Auffassung von den Dingen über die Idee. Die Administration humaner Ideen durch eigennützige Administration ist inhuman, sie schadet der Gruppe, die die wirtschaftliche Grundlage der Idee sichert. Inhumane Administration verwaltet Macht, nicht Menschen. Macht kann nur aus der Legitimation der Masse, des Marktes entstehen. Usurpierte Macht richtet sich gegen das Selbstverständnis der Masse, ohne deren unmittelbare Zustimmung sie verwaltet wird. Abweichende Ideologien werden zu Populismus erklärt oder, wie in den USA, als liberal verteufelt.

Usurpierte Macht dient dem administrativen Individuum, sich über die Masse zu erheben, bis der Markt es beseitigt. Die Abschaffung des Marktes, des Grundsystems der Evolution, ist mit menschlichen Mitteln unmöglich. Das Individuum, das Atom der Evolution, kann das System stören, aber die Automatik seiner Regelung nicht beeinflussen. Ideologie, die der Schöpfung ins Handwerk pfuscht, erhebt Anspruch auf Göttlichkeit. Es ist keine Idee bekannt, die diesem Anspruch gerecht würde.

Der einem jeden geben wird nach seinen
Werken.

Luther, Römer 2:6

Kapitel 30

Produktion und Reproduktion

Gottgegebene Administration?

Der Wirkungsgrad des Individuums ist eine Funktion aus der Dauer seines Beitrages zum austauschfähigen Produktionsablauf, ausgedrückt im gerechten Verdienst, relativ zur Lebensdauer. Damit lässt sich nicht nur Lebenszeit in wirtschaftliche Zusammenhänge umdeuten, sondern auch wirtschaftliche Zusammenhänge in Lebenszeit. Wenn wir theoretisieren, dass im Zeitpunkt X alle Individuen ihren gerechten Verdienst erhalten, dann lässt sich unter dieser Annahme die Wirtschaftlichkeit von Entscheidungen in Lebenszeit ausdrücken. Damit hätten wir einen unmittelbaren und eindrucksvollen Zugang gefunden, um uns die Folgen von Entscheidungen und die Wirtschaftlichkeit des Prozesses der Entscheidungsfindung unabhängig von Ideologien zu verdeutlichen. Die subjektive Bewertung des produktiven Einzelbeitrages durch die Masse der Durchschnittsindividuen ist die Gesamtsumme aller durch das Individuum zum eigenen Vorteil aktivierter monetärer Gegenwerte ohne zeitliche Beschränkung, geteilt durch die Lebensdauer.

Die Ungerechtigkeit durch Verzögerungen bei der Anpassung des monetären Gegenwertes über die Inflationsrate hält sich in Grenzen, da die Kapazität des Einzelindividuums zur Aufnahme von Nutzungsintensität beschränkt ist und die Nutzungsdauer endlich ist. Die persönliche Nutzung übersteigendes Kapital ist weiter im Energiekreislauf tätig, dabei tragen monetäre Zinsentgelte, die den persönlichen natürlichen Zins überschreiten, zur Inflation bei und dezimieren die akkumulierten Gegenwerte. Das System reguliert sich also in bestimmten Grenzen.

Eine über den Tod hinausgehende Summierung von Arbeitseinheiten erscheint aus zwei Gründen logisch. Einmal zur Anfangsversorgung der Folgegeneration, und dann, weil die Masse der Individuen auch nachträglich vom höheren Wirkungsgrad der Arbeit des Einzelindividuums profitiert. Ähnlich der Arbeitsleistung höheren Grades ist der Verzicht auf Eigennutzung, beziffert in der Kumulation des natürlichen Zinses. Eine mathematische Beziehung zwischen Arbeitsleistung und Verzinsung kann über den individuellen Nutzungsausfall der Arbeitsleistung nachgewiesen werden.

Die Akkumulation bzw. Stabilisation von monetären Gegenwerten über mehrere Folgegenerationen des hoch produktiven Individuums ist maximal eine Funktion aus der verschobenen Nutzung des gerechten Verdienstes und der Differenz zwischen dem Wissen des Durchschnittsindividuums und dem möglichen Wissen eines Einzelindividuums. Die Korrektur des monetären Gegenwertes durch die Inflationsrate erfolgt schneller, je durchschnittlicher die Gruppe von Individuen ist, die durch den gerechten Verdienst übersteigende monetäre Erträge begünstigt ist.

Die Erklärung dafür ist die Form der Normalverteilung, die schon bei einer Standardabweichung von 1 über 68 % aller Individuen umfasst, während die mögliche Anzahl der Standardabweichungen unendlich ist. Eine derartige Annahme erklärt, weshalb so genannte »Volksparteien«, die sich an den großen Durchschnitt wenden, eher während ihrer Regierungszeit Inflation induzieren, obwohl sie vielen Wählern nur geringe Zugeständnisse machen. Verstärkt wird diese Inflationsinduktion durch die sicher richtig vermutete Tatsache, dass sich unter den durchschnittlichen Individuen in ökonomischer Sicht überwiegend Individuen befinden, die sich mit additiven statt multiplikativen Tätigkeiten befassen, sodass einer multiplikativen Verteilung nur eine additive Erhöhung des Wirkungsgrades gegenübersteht, während andererseits die Anreizmittel für die multiplikativen Intelligenzen und damit der Zuwachs an Wirkungsgrad vermindert werden. Schon Laotse sagt, dass die menschliche Absicht zur Neuordnung natürlicher Zusammenhänge zwangsläufig zur Unordnung führen muss.

Nicht systemkonforme politische Versuche im Sinne von mehr Gerechtigkeit für alle bringen nur kurzfristige, statistisch irrelevante Veränderungen mit möglicher erheblicher Relevanz für das Einzelindividuum. Der eigene Erkenntnisstand rechtfertigt daher nur in den wenigsten Fällen die Einflussnahme auf die Grundgesamtheit, da die damit verbundene Energievergeudung Nachteile für das Durchschnittsindividuum bringt. Es erscheint denkbar, dass die Summe der Verluste für den Durchschnitt der Grundgesamtheit durch politische Eingriffe zur Korrektur höher ist als die Summe der Verluste für den Durchschnitt der Grundgesamtheit bei ungestörter Entwicklung[1].

Die staatliche Organisationsform der quantitativen Demokratie verführt echt oder vermeintlich Unterprivilegierte, die das Ziel ihres Menschseins in vielen Fällen ausschließlich in der Erfüllung ihrer Konsumwünsche sehen, dazu, sich der Mechanismen des Systems zum eigenen Vorteil zu bedienen. Aufgrund des von Sachkunde, Lernanstrengungen und geistigen Fähigkeiten unabhängigen, quantitativen Votums unserer Staatsform fällt es (Macht-)Gierigen mit Hilfe der Unwissenden und Uninteressierten leicht, Einfluss und damit die Erfüllung ihrer Konsumwünsche, trotz eines nur fragwürdigen Beitrages zur Administration des allgemeinen Besten, zu finden.

> Aufgrund des von geistigen Fähigkeiten unabhängigen Votums unserer Staatsform fällt es Gierigen leicht, Einfluss zu gewinnen.

In welchem Maß auf diese Weise die Selbstbestimmung, die Freiheit des Individuums dem autokratisch-souveränen Machtanspruch der Administration gewichen ist, erhellt die Tatsache, dass der Bezieher normaler Einkommen von 20 Arbeitstagen im Monat etwa 10 Tage für die Mittel arbeitet, die dem Staat direkt zur Verwaltung zufließen, während dem Spitzenverdiener der Ertrag von mehr als 13 von 20 Arbeitstagen nicht mehr zur freien Verfügung steht. Zusätzlich dazu fällt eine erhebliche Arbeitsleistung an, die zugunsten des Staates über indirekte Steuern und Gebühren abgeschöpft wird. Sicher ist in diesen Zahlen zum Teil auch der Beitrag zur Altersversorgung enthalten, die über die staatliche (es wird zurzeit gesagt, dass wir dieses Wort mit einem a und zwei t schreiben) Verwaltung gewährleistet wird. Aber es war auch die Aufgabe des Sklavenhalters, den Lebensabend seiner Sklaven in minimaler Form zu sichern.

---

[1] Die Welt vom 26.10.2016: »Warum es Spanien ohne Regierung besser geht«

Worin liegt denn der generelle Unterschied, wenn wir versuchen, unsere Abhängigkeit selbst zu definieren, statt uns auf die Definition der Administration zu verlassen? Auch die Sklaverei galt nach Ansicht der Sklavenhalter als von Gott gegebenes Recht. Was sind denn über 50 Prozent Ablieferung des Lebensertrages, wenn schon der Zehnte des Mittelalters als Druck ohne Gegenwert, als Ausnutzung empfunden wurde. Wie weit unsere Verwaltung zum Selbstzweck geworden ist, erhellt sich aus der Tatsache, dass für die Genehmigung eines Einfamilienhauses, der Errichtung des primitivsten Schutzes für das Leben der Familie, mittlerweile in Deutschland mehr als zweitausend verschiedene Vorschriften zu prüfen sind[1].

Wie großzügig sich die Administration im Verhältnis zu ihrer Effizienz belohnt, geht daraus hervor, dass trotz der Freiwilligkeit der Leistung politischer Administration die dafür in Selbstbedienung bewilligten Entgelte mit der Begründung überhöhter Belastung weit über dem Durchschnitt der Bevölkerung angesiedelt sind. Solange die politische Betätigung dem Einzelnen freigestellt ist, hat er die Möglichkeit, in seinem ursprünglichen Beruf das Entgelt zu finden, das ihm angemessen erscheint. Falls das nicht erfolgt, liegt der Schluss nahe, dass im Rahmen politischer Administration ein entsprechendes Entgelt für den Einzelnen leichter zu erreichen ist.

Entgelte auf Seiten der Verwaltung gelten als so lukrativ, dass der Entzug der Möglichkeit auf Arbeit für den Staat von denen als »Berufsverbot« angesehen wird, die davon betroffen sind, obwohl ihnen viele andere Wege der Betätigung theoretisch offen stehen.

Ein anderer Fall der Erhöhung des natürlichen Zinses ist der Krieg. Auch der Zuwachs an technologischem Wissen durch einen Krieg ist im Verhältnis zu sehen zum Verlust an ökonomisch beitragsfähigen Individuen und der verminderten Nutzungsintensität für die erlebbare Nutzungsdauer der Restindividuen.

---

[1] Auskunft Bauordnungsamt Delmenhorst

Einkommen Pensionäre vs. Rentner 2008

Dezile	1	2	3	4	5	6	7	8	9	10
Pensionäre	1868	2553	3011	3382	3763	4186	4642	5155	6031	7811
Rentner	758	1024	1239	1481	1727	1973	2264	2609	3104	4397

━━━ Pensionäre ━━━ Rentner

Einkommen Beamte vs. Angestellte 2008

Dezile	1	2	3	4	5	6	7	8	9	10
Beamte	1592	2204	2696	3273	3864	4431	4970	5554	6445	8101
Angestellte	1111	1528	1841	2184	2629	3155	3784	4533	5642	7810

━━━ Beamte ━━━ Angestellte

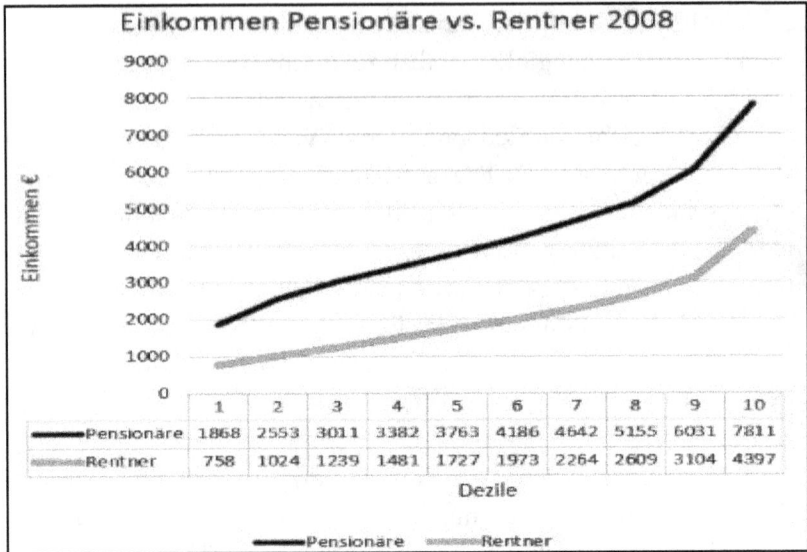

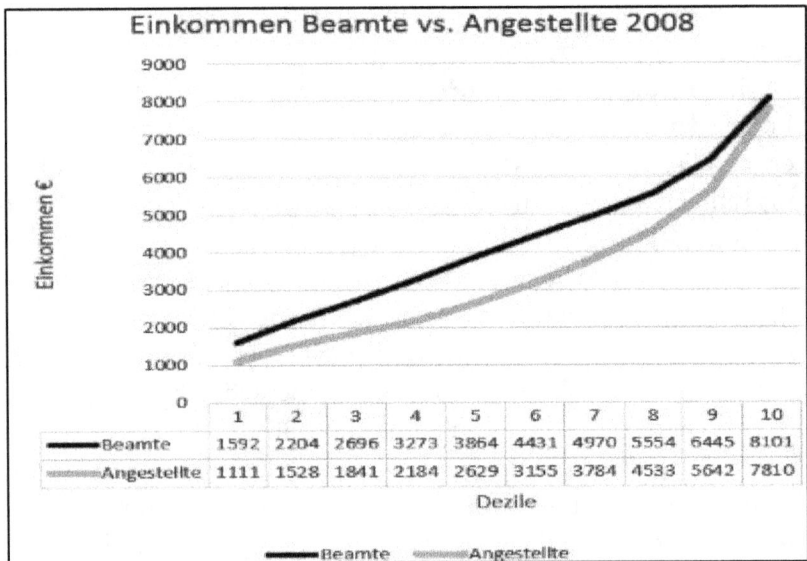

Beispiel öffentlicher Dienst Deutschland 2008: Gegenüber den normalen Arbeitnehmern waren kumuliert die Pensionen um 126%, die Einkommen um 26% höher.

Da eine Verlängerung der möglichen persönlichen Nutzungsdauer systembedingt durch die Lebensdauer beschränkt ist, wird
die Nutzungsintensität zum Hauptanreiz für verbesserte Arbeitsleistung, umso mehr als die Lebensdauer im Einzelfall nur mit geringer Wahrscheinlichkeit vorhergesagt werden kann. Um die
durch die Inflationsanpassung des monetären Gegenwert entgangene Nutzungsintensität ihres imaginären »gerechten Entgelts« zu
ersetzen, versuchen Einzelindividuen und Gruppen, ihren spezifischen, natürlichen Zins zu senken und monetäre Wertanteile über
ihren gerechten Anspruch hinaus zu akquirieren.

Über die Errechnung des spezifischen natürlichen Zinses für
Berufsgruppen und andere ökonomisch-soziologische Kombinati-
onen – bei erfassbarer, additiver Tätigkeit auch aus dem Verhältnis
von Arbeits- zu Nutzungsstunden –, lassen sich Parameter für die
Relativierung auf einen gemeinsamen Nenner finden. Bei diesen
Berechnungen müsste sich der monetäre Gegenwert im Zeitpunkt
X angenähert vergleichsneutral als Maßstab für Arbeitsleistung
verwenden lassen, sodass Vergleiche der Nutzungsintensität möglich sind.

Ein derartiger Vergleich ist wichtig für den möglichst ungestörten Austausch von in monetären Gegenwerten gebundenem Kapital, da zwischen der Bereitschaft des Durchschnittsindividuums,
Arbeitswerte über ihren Wirkungsgrad hinaus zu entgelten, und
dem Wunsch des hochproduktiven Individuums, das Entgelt seiner möglichen Arbeitswerte der dadurch zu erwartenden Inflation
anzupassen, eine Rückkopplung besteht. Diese Rückkopplung in-
duziert zusätzliche Inflation.

Um einen derartigen Vergleich, der näherungsweise über den
monetären Gegenwert möglich wäre, zu erschweren, wurden und
werden Entgelte von den beteiligten Gruppen in verschiedenen
Formen entgegen genommen: Urlaub, Pensionsalter, Sparzulage,
Freizeit, Kohlen- und Kartoffelgeld, Zinszuschuss, Sparprämie,
Subventionen, Bekleidungsbeihilfe, Sonderkonditionen – die Liste
ist schier endlos. Auf andere Weise versuchen Hersteller, den monetären Gegenwert durch Mogelpackungen, täuschende Beschrei-

bungen und Wortinhalte zu vermehren. Alle vergessen dabei, dass der dem Austausch zugrunde liegende Energiebeitrag unveränderlich ist.

Das »normale« Bestreben, die Verminderung der Arbeitsleistung des Durchschnittsindividuums durch ein Einzelindividuum höher zu bewerten, erklärt, dass sich der Umsatz umgekehrt proportional zur Höhe des Preises bewegt. Die logischen Grenzen dieser Konstruktion liegen einmal in der Abgabe zu Gestehungspreisen, und andererseits in der Verminderung der Produktqualität, die zu einem anscheinend preisgerechten, in Wahrheit aber überteuerten Produkt führt. Inflation wird in beiden Fällen erzeugt. Einmal durch Überteuerung, einmal durch Abgabe unter Gestehungswerten, die beim Empfänger des Vorteils einen nicht gerechten Gewinn erzeugt. Das trifft auch für staatliche Produkte zu.

Ein Lohn- und Preisstopp ist also ein ungeeignetes Mittel, die Inflation zum Stillstand zu bringen, da beide Grenzen dabei fixiert werden, während der Energieaustausch sich nach anderen Gesichtspunkten im wirtschaftlichen Austausch richten muss. Es werden bei einem Lohn- und Preisstopp außerdem jene Gruppen temporär begünstigt, die in ihren Preisen die höchste Inflationsrate antizipiert haben. Sie haben damit überdurchschnittlich zur Inflation und zum Grund des Stopps beigetragen. Sie werden über die Potenzierung des Inflationsanteils im monetären Zinsanteil auch weiter dazu beitragen.

Stagflation – Inflation, verbunden mit Stagnation – ist theoretisch ein Zuwachs von Inflation, verbunden mit einer Steigerung des natürlichen Zinses in einem definierten ökonomischen Bereich. Die Gründe für Inflation haben wir durchdacht, die Steigerung des natürlichen Zinses kann u.a. folgende Gründe haben:

a) weniger produktive Individuen;
b) plötzliche Vermischung ökonomischer Bereiche mit verschiedenen natürlichen Zinssätzen;
c) Verkürzung der Lebenserwartung bei gleichbleibender Arbeitszeit;

d) weniger zu Normalbedingungen additiv arbeitende Individuen, praktisch eine Sonderform von a).

Wenn überproportionale Gruppen einen unterproportionalen Beitrag zum bisherigen geringen Zinsniveau leisten, muss der natürliche Zins steigen. (In unserer Zinsformel vermindert sich praktisch die Zahl der Berufstätigen.) Ich verweise hier auf meine früheren Ausführungen zum Wirkungsgrad der Arbeit objektiv nicht messbarer Bereiche, z.B. der Verwaltung und zur antizipativen Inflationsvorsorge.

Das Steigen des natürlichen Zinssatzes, d.h. des gewogenen Mittels der individuellen Zinssätze, führt dazu, dass Individuen mit niedrigeren persönlichen Zinssätzen am Kapitalaustausch nicht mehr oder nur vermindert teilnehmen können, da ihnen eine Erwirtschaftung des erforderlichen Zinskapitals mit ihren eigenen, niedrigeren Zinssätzen nicht mehr möglich ist. Der theoretische Grenzfall wäre die Verminderung der am austauschfähigen Arbeitsablauf beteiligten Individuen auf null, d.h. eine Arbeitsteilung fände nicht mehr statt, jeder versorgte sich und seine Familie selbst. Der natürliche Zinssatz wäre dann unendlich, und niemand könnte sich deshalb erlauben, Arbeitswerte auch nur kurzfristig zu leihen, d.h. Arbeitsteilung wird möglich oder ist erforderlich, solange das Wissen zur Bewältigung einer Teilaufgabe mangels Speichervermögen nicht mehr von allen Individuen gleichzeitig verwaltet werden kann.

Damit beginnt die Möglichkeit individueller Manipulation. Schon die Möglichkeit der Manipulation kann zu Verlust an Vertrauen führen, und Wright hat (nach Fromm) nachgewiesen, dass eine Gesellschaft umso kriegerischer ist, je mehr Arbeitsteilung in ihr herrscht. Die Arbeitsteiligkeit eines ökonomischen Bereiches scheint also eine Funktion der Höhe des natürlichen Zinssatzes zu sein. Setzen wir das voraus.

In einer hochgradig arbeitsteiligen Welt wie der unseren ergeben sich also Arbeitslose, wenn der normale Austausch von Energie in Form von Kapital als Resultat des Steigens des natürlichen

Zinssatzes vermindert wird. Die Arbeitsteiligkeit wird einge-schränkt. Die Zahl der Arbeitslosen vermindert weiter die Zahl der produktiven Individuen. Dadurch steigt der natürliche Zinssatz weiter, und damit vermindert sich erneut der Grad der Arbeitstei-lung. Es gibt mehr Arbeitslose, weniger produktive Individuen.

Abhilfe schaffen würde die Verminderung der Zahl der – zu-mindest teilweise – nur anscheinend am austauschfähigen Arbeits-lauf teilnehmenden parasitären Individuen, während eine Verbes-serung des Wirkungsgrades durch Mechanisierung nur proportio-nal der Zunahme der verfügbaren multiplikativen Intelligenz möglich ist. Anders ausgedrückt, würde eine Produktivitätserhö-hung in teilparasitären Bereichen eine Umkehrung des natürlichen Zinstrends positiv beeinflussen. Solange aber in diesen Bereichen nach unserer Definition »ungerechte Entgelte« rechtlich bis zu le-benslänglich festgeschrieben sind, werden diese monetären Ge-genwerte von geringem, ständig sinkendem Energiegehalt ihren Beitrag zur Inflation leisten, obgleich sich die wirtschaftliche Situa-tion seit dem Zeitpunkt der Festschreibung erheblich verändert hat.

Unter diesem Gesichtspunkt ist auch die Inflationsanpassung von Gruppenentgelten durch so genannte »Dynamisierung« zu sehen. Dynamisierung leistet – vor allen Dingen, wenn große Gruppen betroffen sind – einen erheblichen Inflationsbeitrag durch die Potenzierung des im monetären Gegenwert enthaltenen Inflationsanteils im wirtschaftlichen Austausch gegen Zinsleistung.

Dieser Gesichtspunkt wird meist in seiner Wichtigkeit ver-kannt. Wird aber Leistung mit Zinsen finanziert, multipliziert sich der Inflationsanteil um die Anzahl der Annuitäten, für die Zins-zahlungen anfallen. Das Gleiche gilt für so genannte »Zinsgleit-klauseln«. Eine Anpassung des monetären Gegenwertes auf der Grundlage der spezifisch natürlicher Zinse statistisch signifikanter Gruppen im Verhältnis zueinander scheint der Überlegung wert, um zumindest die Inflationsanpassung für alle Einzelglieder des Systems zu beschleunigen und den Vorteil von Nutzungsintensität zugunsten Einzelner zu beschränken. Eine Zinsgleitklausel ermöglicht diese Anpassung und vermindert, dass Einzelne Vorteile aus geänderten Marktzinsen ohne Gegenleistung beziehen.

Vermutlich ist Stagflation ein Ausdruck größerer Differenzen zwischen den Gruppenzinssätzen großer Anteile der Durchschnittsindividuen eines definierten bzw. geografisch eingegrenzten und politisch selbständigen ökonomischen Bereiches. Die Höhe der persönlichen Zinsrate arbeitsfähiger Individuen vermindert sich dabei gleichzeitig unfreiwillig, sodass durch die Verteilung von unter dem gerechten Verdienst liegenden monetären Gegenwerten an multiplikative Intelligenzen der Anreiz vermindert wird, die durch Umverteilung auf teilparasitäre Individuen ausfallende Nutzungsdauer durch Erhöhung des Wirkungsgrades zu ersetzen. Stagflation ist wahrscheinlich die Folge eines Versuches, die Normalverteilung zugunsten des Durchschnittes zu verändern. Das bedeutet, das Gesetz von der Erhaltung der Energie außer Kraft zu setzen.

Versuchen wir nun, die ökonomischen Beziehungen abgegrenzter Bereiche zueinander zu untersuchen. Grundsätzlich richtet sich diese Beziehung nach der Höhe der natürlichen Zinssätze dieser Bereiche, seien es Länder, Gruppen oder wirtschaftliche Einheiten. So erscheint es zum Beispiel im Interesse des Gesamtsystems vorteilhaft, wenn die Industrieländer mit niedrigen natürlichen Zinssätzen den Entwicklungsländern mit höheren natürlichen Zinssätzen Kapital zum geringen Zinssatz zur Verfügung stellen, da der Wirkungsgrad dieses Kapitals höher ist. Die Arbeitsteilung in den Hochzinsländern würde sich dadurch erhöhen, der natürliche Zinssatz sinken. Individuen, die bisher mangels Möglichkeit unfreiwillig einen geringen persönlichen Zins hatten, haben die Möglichkeit, zum Gesamtpotential beizutragen. Der durchschnittliche natürliche Zins sinkt. Das Gesamtsystem profitiert auf Dauer, aber nur, wenn die niedrigen Zinsen nicht genutzt werden, um Einkäufe in den Industrieländern zu finanzieren. Entwicklungshilfe mutiert dann zur Exportsubvention.

Machen wir uns dabei klar, dass der Reproduktionsfaktor des Individuums in einem Bereich mit hohem, natürlichem Zins steigt, da aufgrund verminderter möglicher Arbeitsteilung die wirtschaftlichste Nutzung der vorhandenen Arbeitsenergie und deren Speicherung bzw. Multiplikation die Reproduktion ist. Rufen wir uns ins Gedächtnis zurück, dass die Verminderung der Zahl der unproduktiven Nutzer den natürlichen Zins senkt, Energie also mit höherem Wirkungsgrad in Arbeit bzw. Kapital transformiert wird.

Ein weiterer Anreiz zur Ausfuhr niedrig verzinslichen Kapitals in hochverzinsliche Bereiche könnte sein, dass sich mit einer Angleichung der Zinssätze die Zahl derjenigen Individuen erhöht, die zum Entgelt des hochproduktiven Individuums beitragen können. Diese Gedanken sind unpopulär, denn wir sind in den meisten Fällen nicht bereit, die auf Banknoten verbriefte Arbeitsleistung der Entwicklungsländer überhaupt als austauschbare Währung anzuerkennen. In den Ländern niedrigen natürlichen Zinses tobt ein heftiger ideologischer Kampf um die Umverteilung innerhalb der geografischen Grenzen. Doch außerhalb dieser Grenzen scheinen keine Menschen mehr zu leben, für die es sich zu kämpfen lohnt.

So liegt der Schluss nahe, dass der Verteilungskampf aus vordergründig egoistischen Gesichtspunkten geführt wird, wobei die Gierigen sich der quantitativen Hilfe der Dummen bedienen, um ihre eigenen Ziele möglichst schnell durchzusetzen. Wenn es wirklich um die Verfolgung abstrakter Ideale ginge, dann böte das Gefälle zwischen den Industrie- und den Entwicklungsländern doch weit überzeugendere Anhaltspunkte zur Umverteilung als das stark geschrumpfte Besitzdifferential in den Industrieländern.

Statt Kapital exportieren wir Ideologie – Ideologie die in den wenigsten Fällen den Verhältnissen in den Entwicklungsländern gerecht wird. Ideologie, die uns als Feigenblatt für unser eigenes gruppenegoistisch motiviertes Versagen bei der Bereitstellung echter Kapitalhilfe dient. Im monetären Austausch gleicht der Wechselkurs die Zinssatzdifferenzen und Inflationsdifferenzen zwischen geografisch definierten ökonomischen Bereichen aus. Flexible Wechselkurse ermöglichen harmonischen Austausch, soweit nicht politische Eingriffe aus Gruppenegoismus versucht werden, um diesen Ablauf zu verändern.

Feste Wechselkurse bieten zwar auf den ersten Blick Vorteile beim Austausch. Da aber erfahrungsgemäß – und dem Gesetz der Erhaltung der Energie auch im wirtschaftlichen Austausch folgend – der notwendige Ausgleich von Zeit zu Zeit sprungproportional erfolgt, sind feste Wechselkurse rechnerisch nicht zu erfassen, soweit es sich um Determination zukünftiger Verhältnisse handelt. Rechnerisch sollte sich im Verhältnis ökonomischer Bereiche zueinander außerdem eine Beziehung über das Verhältnis von kumulierten Nutzungsstunden zu kumulierten Arbeitsstunden und deren Relation zum natürlichen Zins herstellen lassen.

Kommen wir auf die Statistik und damit auf X_D (Industrieland) und X_E (Entwicklungsland) zurück und vergleichen deren Wert in vereinfachter Form:

	X_E	X_D
Tägl. Arbeitsstunden	8	6
Arbeitsjahre (EtA)	40	47
Lebenserwartung (t)	55	73
Arbeitsbeginn	15	16
n_N (Bevölkerung)	31.400.000	61.200.000
n_B (Berufstätige)	13.600.000	26.600.000
n_N/n_B (Personen je Arbeitskraft)	2,31	2,26

Rechnerisch ergibt sich folgendes Bild:

X_E: [(24 x 365 x 40) : (8 x 365 x 40)] : 2,31
= 1,3 Nutzungsstunde pro Arbeitsstunde

X_D: [(24 x 365 x 55) : (6 x 365 x 47)] : 2,26
= 2,07 Nutzungsstunde pro Arbeitsstunde

Der Unterschied der möglichen Nutzung der Arbeitsstunde beträgt also etwa 75 %, während die Differenz der natürlichen Zinssätze 55,5 % beträgt. Dabei ist zum Vergleich ein Schwellenland herangezogen, in ärmeren Ländern ohne ein industrielles System ist der Unterschied weit erheblicher. Überlassen wir weitere Aussagen wieder den Mathematikern.

Bisher haben wir keine Spekulationen über den Materialwert angestellt, sondern nur von Arbeit, Kapital und Energie gesprochen. Das erscheint gerechtfertigt, denn Material hat nur dann einen Wert, wenn es nützlich ist, und nützlich wird es durch die Ausnutzung der im Material enthaltenen und investierten Energie.

Der Wert des Materials ist die Summe der direkt oder indirekt enthaltenen Kapitaleinheiten vom Punkt 0 an, zuzüglich deren natürlicher Verzinsung während der Speicherungsdauer im Material, verteilt auf den Durchschnitt der in einem begrenzten ökonomischen Bereich frei verfügbaren Produkte gleicher Art. Die Einschränkung der Verfügbarkeit verändert den monetären Gegenwert und hat Auswirkungen auf die Inflationsrate. Je kleiner die Summe natürlich verfügbaren Materials, desto geringer ist der Einfluss auf die Steigerung des monetären Gegenwertes bei harmonisch verlaufenden Veränderungen des spezifisch subjektiven Wertes.

Das macht beispielsweise Gold zu einem guten Maßstab für auszutauschende Energieeinheiten, da dieses Material in standardisierter Form zwar selten, aber doch in ausreichenden Mengen verfügbar ist, um einen Austausch zu ermöglichen.

Theoretisch könnte jedes Material diese Rolle spielen, je besser, je eher sich sein Preis im freien Spiel der Kräfte ergibt und je weniger Manipulationsmöglichkeiten bestehen. Theoretisch denkbar wäre auch der Austausch von Leistungen nur auf Grundlage des in hoher Näherung ermittelten natürlichen Zinses, zweidimensional dargestellt auf Material von im Verhältnis zur Denomination geringem Eigenwert – auf Papiergeld.

Für deine Feinde wendest du das Gesetz an.
Für deine Freunde legst du es aus.

Giovanni Giolitti (1842-1928),
italienischer Politiker, »Minister der Unterwelt«

Kapitel 31

Individuum und Gruppe

Kapital ist Energiespeicher

Wir haben aus den isolierten Fakten »Lebensdauer« und »Menge von Individuen« unter Anwendung von Methoden der mathematischen Statistik Rückschlüsse gezogen, die zur Entwicklung einer Theorie der Natürlichkeit des Zinses geführt haben. Darüber hinaus können wir Erkenntnisse zur gerechten Verteilung gewinnen, die die Basis für eine fundierte Hypothese zur Natürlichkeit einer kapitalistischen Organisation unseres Zusammenlebens bilden.

Es wird klar, dass jede Ordnung, gleich welcher Ideologie, auf physikalischen Gesetzen beruht und psychischen Einflüssen unterliegt, die zu mehr oder weniger starken Einwirkungen auf das Grundsystem – und damit zu Verlusten im Wirkungsgrad – führen. Damit ist jede Ordnung gleich und unabhängig von den davor errichteten ideologischen Nebelwänden kapitalistisch, denn Kapital ist nicht mehr als ein Energiespeicher. Und jede kapitalistische Ordnung ist, bezogen auf den Menschen, inhuman, da sie von Naturgesetzen abhängt, die vom Menschen nicht beeinflusst werden können.

Die kapitalistische Synthese stellt das Atom der Masse dem Atom der Physik gleich. Abhängig von Naturgesetzen, aber fähig zur Evolution von Erkenntnissen, ist die psychische Qualität des Masseatoms der entscheidende Unterschied. Da unsere Existenz als individuelles Einzelwesen nicht in unsere eigene Hand gelegt ist, müssen wir annehmen, dass das Ziel unserer Existenz nicht individuell-human ist, da sonst unser freier Wille zum Erreichen dieses Ziels beitragen würde.

Wir sehen uns also als Instrumente der Erfüllung eines uns unbekannten Zwecks und nicht als die Krone der Schöpfung, wie wir so gern glauben würden. Das stört uns nicht weiter, denn der in uns angelegte Fatalismus lässt uns auch den individuellen Tod vergessen, der unausweichlich auf uns zukommt. Ein organisiertes, zielgerichtetes Handeln wäre sonst nicht möglich. Angst oder das Wissen um die Fragwürdigkeit unserer Existenz und ihrer Ziele würden sonst jedes andere Motiv überlagern. Und doch ist unsere Persönlichkeit nur ein schillerndes Diagramm im Koordinatensystem der Ängste.

Fromm gibt eine Bestätigung dieser Ergebnisse, wenn er vorn Menschen sagt: »Er ist zum Atom (was im Griechischen dem Wort Individuum = unteilbar entspricht) geworden, und das einzige Band, das die einzelnen Individuen miteinander verbindet, sind gemeinsame, oft jedoch antagonistische Interessen und die Verknüpfung durch das Geld.«

Sein und Bewusstsein sind Pole der menschlichen Existenz. Das Sein bestimmt die physische, individuelle Existenz, und das Bewusstsein bindet den Menschen in die übergeordnete Existenz der Gruppe. Die Gruppe selbst wird durch die gemeinsamen Teile des Bewusstseins eine Art Überwesen, dessen physische Vereinigung unmöglich ist, dessen geistige Verklammerung aber die Stärken und Schwächen der beteiligten Einzelwesen ergänzt oder im Sinne des Synergismus verstärkt.

> Sein und Bewusstsein sind Pole der menschlichen Existenz.

So könnte aus dem Bewusstsein einer Gruppe ein Ansatz zur Definition einer Gruppensouveränität gefunden werden, ohne dass es dazu irgendeines geografischen Bezuges bedürfte. Und es scheint, dass Ansätze in dieser Richtung in unser Denken eindringen. Fromm schreibt: »So sind z.B. Begriffe wie ›absolute Souveränität‹ des Staates in einem älteren Typ des sozialen Charakters verwurzelt und gefährden das Überleben des Menschen im Atomzeitalter.« Diese Gefahr ist groß. Paternalistische und rassistische Traditionen sind Hemmsteine bei der Zuwendung zu anderen Menschen und anderen Völkern.

Die immer weitere Aufsplitterung von Fachwissen auf Einzelindividuen und Kleingruppen und dessen marktunabhängige Kontrolle durch Souveränitäten, die ihr Mandat von längst überholten geografischen Bezügen herleiten, birgt Gefahren. Sieht der Souverän seine Existenz auch nur im Geringsten bedroht, schreitet er, offen oder verdeckt, ein. Ob der Zugang zum Internet in totalitären Staaten beschränkt wird, die amerikanische NSA versucht, unsere Gedanken zu kontrollieren, oder ob die Verschlüsselung von Internet-Messengern, angeblich aus Sicherheitsgründen, verboten wird: Die Ziele sind Kontrolle und Erhaltung der Macht.

Unsere einseitig auf das Sein ausgerichtete Organisationsform mit ihrem Konsumstreben ordnet das Bewusstsein und seine Weiterbildung physischen Zielvorstellungen unter und definiert damit den Menschen als Maschine, deren Bedürfnisse durch die Zufuhr von körperlichen Materialien gestillt werden können. Wachstum wirtschaftlicher Art wird zum Götzen, auch wenn die Produkte dieses Wachstums unnötig und unerwünscht sind.

Der Unterschied zwischen den natürlichen Zinssätzen weiter Bereiche entsteht insbesondere durch den Schutz des Wissens Einzelner vor Verbreitung, um den eigenen Erkenntnisvorsprung und damit den eigenen Einkommensvorsprung zu erhalten. Damit werden diese Individuen ihrer Rolle in der menschlichen Gesellschaft als Gruppenwesen nicht gerecht, in die sie hineingeboren sind, um ihr Wissen als Teilglied zum Wohle aller, von denen sie ebenso interdependent abhängig sind, zur Verfügung zu stellen.

Die rein numerische Zunahme der Menschheit, bedingt durch hohe natürliche Zinssätze in weiten Bereichen und durch Verlängerung der mittleren Lebensdauer, führt zur Vergrößerung der Summe additiv tätiger, geistig nicht aufgeschlossener Menschen, die sich, weil ihnen eine Beurteilung und ein Zugang zum Gesamtwissen nicht mehr möglich erscheinen, nach Fromm »mit ihrer sozialen Rolle identifizieren, sich klein fühlen, sich dadurch zu verlieren, dass man sich zu einem Ding reduziert«. Ein Objekt, eine biologische Maschine im kybernetischen Zeitalter[1]. Die Ver-

---

[1] Wie wenig wir in der Lage sind, derartige gedankliche Ansätze zu ertragen, zeigt folgende dpa-Meldung vom August 1978:
Statistiker-Sprache. Formulierungen von Statistikern des Landesverwaltungsamtes Hannover haben den niedersächsischen SPD-Landtagsabgeordneten und früheren Kultusminister Ernst Gottfried Marenholz in Harnisch gebracht. Stein des Anstoßes ist ein Bericht über die Bevölkerungsentwicklung in den kreisfreien Städten und Landkreisen Niedersachsens in der Mai-Ausgabe des Statistischen Monatsheftes. Über Geburten heißt es da folgendermaßen: »Mit der Altersspanne von 15 bis 49 Jahren wird üblicherweise das reproduktive

wendung gleicher Wortwahl und Charakteristika im Sport und in der Viehzucht unterstreichen den Objektcharakter des Menschen im Denken der Masse.

Damit steigt die Möglichkeit der Beeinflussung. »Wir hier unten, und ihr dort oben« ist ein Kennzeichen dieser Mentalität. Der Mut fehlt, Wissen zu erwerben, da der Unterschied zwischen dem vorhandenen Wissen und dem individuell verfügbaren Wissen immer größer wird. So erscheint der Strohhalm der Ideologie als rettendes Floß im Meer der Unsicherheit und ist doch nicht mehr als das sprichwörtliche Brett vor dem Kopf. »Je mehr eine Ideologie vorgibt, alle Fragen widerspruchslos beantworten zu können«, schreibt Fromm, »umso attraktiver ist sie; hier dürfte der Grund dafür zu suchen sein, weshalb irrationale oder ganz offensichtlich verrückte Gedankensysteme eine solche Anziehungskraft ausüben.«

> Ideologie erscheint als rettendes Floß im Meer der Unsicherheit und ist doch nicht mehr als das Brett vor dem Kopf.

In Gebieten niedrigen natürlichen Zinses sind die Schwächen von Ideologien vom additiv tätigen Einzelnen schlecht zu entdecken, da die wirtschaftlichen Grundlagen seines Seins durch mechanische Verbesserungen im Wirkungsgrad gewährleistet sind. In Gebieten hohen natürlichen Zinses bleibt den Verwaltern nichts anderes übrig, als ihre Unfähigkeit in Aggression nach außen umzudeuten. Es ist kaum vorstellbar, dass ein Krieg geführt wird, um jeder Familie zwei Autos zu sichern. Trotzdem macht die Umver-

---

Alter der Frauen abgegrenzt. Die Bruttoreproduktionsrate gibt an, ob der auf eine Frau entfallende Ertrag an Mädchengeburten bei unveränderter altersspezifischer Geburtenhäufigkeit ausreicht, um sich – bei Vernachlässigung ihrer Sterblichkeit – selbst zu reproduzieren. Die Netto-Produktionsrate, die auch die Sterblichkeit der Frauen berücksichtigt, ist für die Kreiseinheiten nicht berechnet worden.« In einer Anfrage an die Landesregierung will Marenholz wissen, ob sie diese Sprache mit der grundrechtlich verbürgten Unantastbarkeit der Würde des Menschen vereinbar hält und dafür sorgen wird, dass Geburten von Behörden des Landes nicht mit Begriffen aus der Güterproduktion statistisch erfasst werden.

teilungsideologie innerhalb zivilisierter Länder manchmal diesen Eindruck.

Wenn es aber einer größeren Gruppe der Menschheit darauf ankommt, aus einer Mahlzeit am Tag zwei zu machen, um das Überleben zu sichern, dann erscheint ein Krieg unvermeidlich, um die natürlichen Zinssätze geografischer Bereiche einander anzugleichen. Damit aus dieser sprungproportionalen Angleichung eine harmonische Angleichung wird, ist Verzicht erforderlich. Verzicht auf ungeteiltes Wissen, Verzicht auf überproportionalen Wohlstand, Verzicht auf einen Teil der Individualität. Aber Verzicht ist schwer ideologisch der Masse gegenüber zu rechtfertigen, insbesondere wenn das Beispiel im Führungsbereich fehlt. Hier gibt die Theorie des natürlichen Zinses eine logische Begründung für den langfristigen wirtschaftlichen Vorteil des Verzichtes.

Verzicht ohne Beispiel bietet keinen Anreiz, wird als Zwang empfunden. Hier ist es an unseren Führern, Zeichen zu setzen, um ihre Funktion zu rechtfertigen. Verzicht ohne Zwang als gesellschaftliches Leitbild wäre die Verwirklichung wahrer Humanität. Wahrer Humanität deshalb, weil eine derartige Entscheidung am Bewusstsein des Menschen orientiert und von dem deduzierten Automatiksystem immanenter kapitalistischer Gesetzmäßigkeit unabhängig wäre. Solange Verzicht aber nur neue Strukturen zu seiner Verwaltung schafft, ist das kapitalistische System überlegen.

Gegen die Überzeugung der Masse streitet
man ebenso wenig wie gegen Zyklone.

Gustave Le Bon (1841-1931),
französischer Mediziner, Anthropologe,
Psychologe und Soziologe;
Psychologie der Massen (1895)

Kapitel 32

Masse und Menge

Von der Biologie lernen

Die Menge der Masse sinkt mit zunehmender Arbeitsteilung, der Reproduktionskoeffizent ist kleiner in einer Welt, deren körperliche Interaktion sich auf geistige kooperative Akte verlagert. Das Sinken der Reproduktionsrate ist vermutlich proportional zur Höhe des natürlichen Zinses, wobei es offen ist, ob die Effekte der Zinshöhe durch einen Koeffizienten abgemildert oder verstärkt werden.

Zins ist in diesem Zusammenhang ein Regulativ, ähnlich den von der Biologie der Populationen[1] definierten Begrenzungsfaktoren für die Populationsgröße. Diese Faktoren sind Emigration, Stress und Zusammenbruch des Hormonhaushalts (endocrine exhaustion), zurückgehende Reproduktionsrate, Infantizid[2] und Kannibalismus, Wettbewerb, Feinde und Krankheiten, genetische Veränderungen und soziale Übereinkunft wie bewusste Geburtenkontrolle. Die Faktoren beziehen sich auf eine Gruppe in einem begrenzten Lebensgebiet.

Der Mensch hat sich geistig zum Teil emanzipiert. Gruppen entwickeln sich, die sich innerhalb geografischer Grenzen nicht mehr definieren lassen. Sie verbindet ein geistiges Band – meist über die sozialen Medien –, das oft noch nicht einmal in direktem Zusammenhang mit dem Lebensunterhalt steht. Die konventionellen Definitionen der Biologie für Gebiete von menschlichen Gruppen müssen also modifiziert werden, um der überwiegend geistigen Aktivität des Menschen gerecht zu werden. In diesen Gruppen findet Wettbewerb um die verfügbaren Energiequantitäten eines Gebietes nicht mehr direkt, sondern mittelbar statt. Der Mensch ist außerdem auf dem Weg der Erkenntnis weiter fortgeschritten als die Gruppen, mit denen sich die Biologie befasst.

Die offene Frage ist, ob der Grad von Erkenntnis ausreicht, mittelbare Methoden gegen unmittelbare Bedrohungen der Gesamt-

---

[1] Population Biology, Wilson 1978
[2] Tötung von Nachkommen der eigenen Art

population zu finden. Nach allem, was wir wissen, ist der Mensch die erste Art, die auf dieser Erde auf dem Wege der Evolution so weit fortgeschritten ist, dass nicht mehr die volle physische Kraft der Bedarfsbefriedigung gewidmet werden muss. Das führt zu neuen Konfliktmöglichkeiten. Geografische und geistige Gruppen existieren nebeneinander, zum Teil gegeneinander. Die Populationen beider Gruppen überschneiden sich.

Geografische Grenzen einer Gruppe sind problemlos zu erkennen, die Zuordnung von Individuen zu einer geistigen Gruppe ist schwer. Physische Merkmale existieren nur, wenn sich die Gruppe damit kennzeichnet, zum Beispiel mit Hakenkreuz oder Hammer und Sichel. Gruppendynamik und biologische Ansätze vermischen sich bei dem Versuch, eine derartige Gruppe zu beschreiben.

Auch wenn die Grenzen einer derartigen Gruppe in Unschärfe verfließen, lassen sich Parallelen zu rein physisch abgegrenzten Gruppen ziehen. Das fällt vor allen Dingen leicht, wenn verschiedene abstrakt abgegrenzte Gruppen innerhalb desselben geografischen Bereiches bestehen.

Nach der Auffassung der Biologie dienen Feinde der Gruppe der Stabilisierung der Population in einem energiebegrenzten geografischen Bereich. Die Gruppe könnte sich frei entfalten, das hätte nach physischen menschlichen Erfahrungen die Folge, dass die vorhandenen Energiereserven überbeansprucht werden. Es kommt zum Wettbewerb um die vorhandene Energie. Wettbewerb ist nach Auffassung der Biologie ein anderes Instrument der Evolution, um die Menge einer Gruppe den vorhandenen Energieressourcen anzupassen. Wettbewerb im geistigen Bereich ist variantenreicher als der reine Nahrungswettbewerb. Statt Kampf um die Energie kann der Geist eingesetzt werden, um den Wirkungsgrad der Energie zu verbessern, Energie – gemessen an Maßstäben der gruppenspezifischen Vergangenheit – zu vermehren. Wettbewerb, der freie Markt, kann

> Aus biologischer Sicht dienen Feinde der Gruppe der Stabilisierung der Population.

also theoretisch auch die Aufgaben von Feinden im Tierreich übernehmen.

Der Gewinn an Wirkungsgrad wäre immens. Waffenproduktion fände nicht statt, diese Produktionskapazitäten würden voll zur Grundbedürfnisbefriedigung eingesetzt. Noch aber ist die Menschheit auf dem Weg der geistigen Evolution nicht weit genug fortgeschritten, um sich für ein derartiges natürliches Ordnungssystem zu entscheiden. Stattdessen ist ein administratives Ordnungssystem entstanden, das seine Berechtigung aus der Aufrechterhaltung überholter physischer Grenzen herleitet. Dieses Ordnungssystem entzieht der Gruppe Energie. Es ist, wenn wir weiter biologische Erkenntnisse auf geistige Zusammenhänge übertragen, ein Parasit, ein Feind, denn es bewirbt sich um die gleichen Energieressourcen, ohne an ihrer Aufbereitung mitzuarbeiten. Dafür trägt es zur Ordnungsfunktion der Gruppe bei. Parkinson hat in ironischer Form eine Welt ausgemalt, die unrettbar in den Fängen des administrativen Systems gefangen ist.

Nach den Erkenntnissen der Populationsbiologie setzen aber auch in diesem Zusammenhang Mechanismen ein, die den für das Ordnungssystem erforderlichen Energieaufwand wieder in ein angemessenes Verhältnis zu seinem Vorteil bringen. Für die Populationsbiologie »üben Parasiten die am leichtesten quantifizierbaren Effekte aus, von denen (Populations-)Dichte abhängt«. In freier Übersetzung folgt Wilsons weiterer Text zu diesem Thema:

Wenn die Menge der Gast-Spezies sich vergrößert, sind deren Feinde [die Parasiten] in der Lage, Individuen öfter zu begegnen und in höherer Frequenz feindlichen Einfluss auszuüben (to strike). Diese »funktionelle Reaktion«, wie sie von Ökologen genannt wird (Holling, 1959), verstärkt sich in den Fällen, in denen Parasiten und Feinde sich an den Ort höchster [Populations-]Dichte begeben.

Alternativ oder gleichzeitig können Parasiten und Feinde Einfluss auf ihre Opfer im Sinne einer langfristigen »numerischen Reaktion« ausüben, bei der ihre eigenen Populationen über zwei oder mehr Generationen zunehmen, weil zunehmende Überlebenschancen und Ver-

mehrbarkeit durch die verbesserte Nahrungsversorgung verstärkt werden.

Diese administrative Beziehung hat reziprokes Potential. Wenn die Population der Opfer dichter wird, werden die Reaktionen der Feinde effizienter, und die Wachstumsrate der Opfer sinkt auf null oder verkehrt sich sogar in ihr Gegenteil. Mit der damit verminderten Nahrungsversorgung wird die mengenmäßige Zunahme der Parasiten und Feinde beendet.

Parallelen liegen nahe. Ohne auf nähere Einzelheiten einzugehen, lässt sich erkennen, dass die Beziehung zwischen Masse und Administration Ähnlichkeiten aufweist. Zum Teil dient das Drohbild des äußeren Feindes den Parasiten im Inneren als Nachweis ihrer Existenzberechtigung. Auch das Theorem, dass mangelnde Versorgung mit den Grundbedürfnissen das Resultat dieser administrativen Beziehung ist, scheint sich zu bestätigen. Wohnung ist ein Grundbedürfnis. Schon 1981 fanden in Europa Demonstrationen und Straßenschlachten um das Recht auf Wohnung statt. Administration konnte und kann bestehende Wohnbedürfnisse trotz abnehmender Bevölkerung nicht erfüllen, obwohl wachsende Administrationsgröße und sinkende Bevölkerungsziffern den administrativen Akt erleichtern sollten. Diese Situation wird heute weiter erschwert durch Zuwanderer, die nicht geplant kommen, sondern unter Umfunktion der Asylgesetze versuchen, in den großen Städten der EU – organisiert durch eine lukrative Schlepperindustrie, in Verbindung mit der Zusammenarbeit mit den Schleppern verdächtigten NGOs – Fuß zu fassen. Das bringt die EU an eine Zerreißprobe. Als erstes scheidet England aus.

Im Gegensatz zu Deutschland sind in viel ärmeren Ländern Demonstrationen Wohnungssuchender und Hausbesetzungen nicht bekannt. In Deutschland erfüllt die Administration nachweisbar ihre Aufgabe viel schlechter, als der Markt es könnte. Der Wohnungsbestand ist im Vergleich der Größe der Wohnungen umgekehrt proportional zur Größe der Haushalte.

Wohnungen ./. Haushalte 2013

Zimmer je Wohnung	1	2	3	4	5
Wohnungen x 1000	3.35	9.41	22.19	25.77	39.28
Haushalte %	40.5	34.4	12.5	9.2	3.3

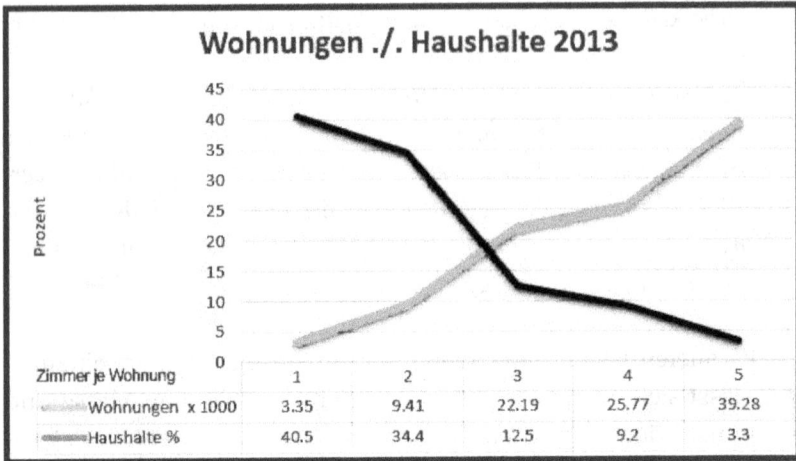

Vergleich Wohnungen mit Haushalten in Deutschland 2013

Mieterschutzgesetze greifen enteignungsgleich in den Markt ein. Wohnfläche – und damit zu erschließende, zu versorgende und zu pflegende Grundstücksfläche – wird verschwendet, um auf Kosten von »Kapitalisten« politische Geschenke zu verteilen, die durch die entstehenden Nachteile das Volk weit mehr belasten, als die Regelung über den Markt. Auf Kosten des Steuerzahlers errichtete Sozialwohnungen wurden privatisiert, eine staatliche Wohnungsreserve aus dem Zwang schlechter Verwaltung aufgelöst. Sie müssen zum Teil unter hohem Kostenaufwand neu geschaffen werden.

Um die Fehler der Politik zu verdecken, werden neue Zwangsinstrumente eingesetzt, neue Enteignungen beschlossen. Wohnungseigentümern wird, z.B. in Berlin, verboten, ihre Wohnungen an Feriengäste und zahlende Touristen zu vermieten. Private Eigentümer haften für die immensen Fehler von Politik und Verwaltung. Für Zugewanderte werden Substandardwohnungen errichtet, die Slums der nahen Zukunft schon 2015 vorprogrammiert.

Wie absurd die Situation ist, erhellt ein Vergleich. Theoretisch wäre es möglich, Leihwagenfirmen im oberen Angebotssektor zu enteignen, um großen Familien ohne geeignetes Transportmittel das sozial für angemessen gehaltene Fahrzeug zur Verfügung zu stellen. Subventioniert wird der Verbrauch der Sozialflotte durch eine »Millionärssteuer«. Nichts anderes geschieht auf dem Wohnungsmarkt mit seinen vielen Subventionen. Abhängigkeit von der Politik wird bewusst geschaffen, um Geschenke auf Kosten des Marktes bzw. der Vermieter verteilen zu können. Ein normaler Ausgleich von Angebot und Nachfrage, siehe der Vergleich von Wohnungsgrößen mit Haushalten, findet nicht mehr statt.

Das Verhältnis von Administration zum Ergebnis des administrativen Aktes erinnert an die alte Scherzfrage aus dem Mathematikunterricht: Zwei Maurer bauen ein Haus in 60 Tagen, wann ist das Haus fertig, wenn wir 1.000 Maurer einsetzen?

Es hat den Anschein, als wenn Mathematik in dieser Scherzfrage an Grenzen des gesunden Menschenverstandes stößt. Dem ist nicht so, es werden vielmehr Parameter wichtig, die im ursprünglichen Ansatz mit gutem Gewissen vernachlässigt werden konnten. Einmal ist das physische Volumen der Arbeiten von Bedeutung, es kommt zu räumlichen Problemen. Die Kapazität der Transport- und Informationswege ist beschränkt, Wartezeiten fallen an. Interaktion wird schwierig, denn theoretisch sind 1000^{1000} Interaktionen möglich, eine astronomische Zahl. Exponentiell wächst auch der Aufwand für ordnende und verwaltende Funktionen, Aufsicht, Zeichnungsmaterial, Vervielfältigungen, Werkzeuge und vieles andere mehr. Die für Kommunikation erforderliche Zeit vervielfacht sich, ebenso die Möglichkeit von Missverständnissen und Fehlern, von Nachlässigkeit und Unfällen.

Im überschaubaren Bereich der kleinen Arbeitsgruppe ist Übersicht einfach. Der gesunde Menschenverstand und die gemeinsamen handwerklichen Grundkenntnisse sichern den Erfolg der Arbeit ohne bewusste Leitung oder ordnende Hand. Je größer die Gruppe, desto größer das Vermögen, Informationen in der Gruppenstruktur zu speichern, desto höher das Auflösungsvermögen in Relation zur Information. Desto höher aber auch die Möglichkeit der Interaktion zwischen den einzelnen Informationselementen, desto höher der Informationsbedarf, desto schwieriger die Administration.

Der Wirkungsgrad der Gruppe bestimmt sich aus den Möglichkeiten des Informationsaustausches zwischen Produktion und Administration. Eine Vergrößerung der Administration erhöht nicht automatisch den Wirkungsgrad des Produktionssystems, im Gegenteil: Überproportionale Administration kann den Wirkungsgrad des Produktivsystems erheblich vermindern.

Dabei spielen auch die anderen Komponenten unseres Beispiels eine Rolle. Jede neue gut gemeinte Vorschrift, jedes Gesetz erfordert neue Bearbeiter, neue Büroräume, neue Materialien. Die neuen Büroräume werden zu Verwaltungsgebäuden, die Verwaltungsgebäude zu Städten, die Städte fressen Landschaft und persönliche Freiräume. Statt Ordnung entsteht Unordnung, deren Folgen mit neuen administrativen Vorschriften behoben werden müssen. Diese neuen Vorschriften erfordern neue Sachbearbeiter, Büros, Verwaltungsgebäude usw. So trägt jedes System den Keim zum Gegensatz in sich, die von Marx interpretierte Hegelsche Dialektik bestätigt sich. Gleichzeitig bestätigt sich die Auffassung der Sozio-Biologie, nach deren Auffassung der Inhalt eines Systems durch die verfügbare Systemenergie bestimmt wird. In menschlichen Systemen ist der durch Intelligenz verbesserte Wirkungsgrad bei der Energienutzung eine zusätzliche Komponente der Betrachtung.

Sobald der Punkt erreicht ist, an dem Administration und Organisation das System durch Energieverbrauch negativ belasten, statt zur Verbesserung des Systemwirkungsgrades beizutragen, wird das Ordnungssystem zum Parasiten, lebt es auf Kosten derer, die es fördern sollte. Eine Gegenbewegung setzt ein. Bei Tierpopulationen verringert sich die Populationsmenge, damit vermindert sich die Ernährungsbasis der Parasiten, damit die Menge der Parasiten. Bei menschlicher Population sinkt die administrierte Produktivität, graue Volkswirtschaften bilden sich, die Lust zur Arbeit nimmt ab, die Arbeitsmoral sinkt. Die »Laffer-Kurve[1]« stellt die Beziehung zwischen Steuersatz und Steueraufkommen dar: Wenn ein bestimmter Steuersatz überschritten wird, sinkt das Steueraufkommen. Optisch wird deshalb durch »Gebühren« (TV) und »Beiträge« (Sozialversicherung) der Masse ein niedrigerer Steuersatz vorgetäuscht. Sinkt dadurch das verfügbare Einkommen, wird die Schuld nicht etwa der politischen Verwaltung, sondern den »Reichen« oder den »Unternehmern« zugewiesen, die höher besteuert werden müssten. Es versteht sich von selbst, dass Politik und öffentlicher Dienst ihre eigenen privilegierten Versorgungssysteme – steuerfinanziert – haben.

Ein anderes Beispiel ist der Wohnungsbau in Deutschland. Die Behausungsfunktion spielt keine Rolle mehr: Der Markt 2017 wird von durch die Zentralbanken, gegen den Markt, künstlich niedrig gehaltenen Zinsen bestimmt, weil der Einfluss der Administration, die Nutzungsbeschränkung mit Planung gleichsetzt, den Ausgleich von Angebot und Nachfrage unmöglich macht. In Australien, wo sich drei Einwohner einen Quadratkilometer teilen, mag derartige Planung noch ungefährlich sein. Aus der Sicht Singapurs, wo über 8.000 Einwohner je Quadratkilometer leben, sieht es anders aus.

Die physischen Folgen unwirtschaftlichen administrativen Ordnungswillens werden meist übersehen. Dabei handelt es sich vor allem um:

a) Anstieg des Administrationsbedarfs durch exponentielles Wachstum der Kombinationsmöglichkeiten verschiedener Vorschriften. Zwei Vorschriften haben 4 Kombinationsmöglichkeiten, 4 Vorschriften schon 16 Möglichkeiten der Interaktion, die alle im öffentlichen und privaten Sektor administriert werden müssen.

---

[1] Arthur B. Laffer, 1978

b) Erhöhter, ebenfalls exponentiell steigender Kommunikations- und Informationsbedarf. Wenn früher in Bonn ein Referent für das Einkommenssteuerrecht zuständig war, so ist es heute in Berlin mindestens einer für jeden Paragrafen. Kommentare werden geschrieben, miteinander kombiniert, durch Verwaltungsanweisungen ergänzt, ein undurchdringlicher Nebel macht die angestrebte Gerechtigkeit nicht sichtbar. Das Auflösungsvermögen des Individuums reicht nicht mehr aus, seine Informationsstrukturspeicherdichte ist dem administrativen System nicht mehr angepasst.

c) Physischer Raumbedarf. Jeder Mitarbeiter, der mit der Administration von Vorschriften befasst ist, benötigt einen Schreibtisch, ein Büro, Nebenräume, Aktenlager. Unsere Städte bieten praktischen Anschauungsunterricht, welcher physische Produktionsaufwand der Administration geopfert wird. Entsprechend sinkt der Wirkungsgrad des Produktivsystems, werden menschliche Stadtformen zu Büroschluchten, deren Verhinderung dann wieder in zusätzlichen Büros geplant werden soll.

Markt als Problemlöser wird vor allem von denen als suspekt erklärt, die nicht in ihm tätig sind, sondern auf Kosten des marktwirtschaftlichen Produktivsystems Einkommen beziehen, ohne individuelles Risiko in diesem Produktionssystem zu übernehmen.

Verfolgen wir die Ursachen des Wohnungsmangels am Beispiel Deutschlands, dann erkennen wir, dass mit zunehmender administrativer Überfrachtung des Wohnbereiches die Möglichkeit des Individuums, zu bauen, abnahm. Familien beschränken ihre Größe, um ihren Energieanspruch im Markt je Person zu erhöhen. Die Durchschnittshaushaltsgröße in Deutschland beträgt 2011 2,02 Personen, 30 Jahre zuvor waren es noch 2,48. In deutschen Großstädten übersteigt die Anzahl der Ein-Personen-Haushalte schon 50 %. Die Großfamilie ist fast aufgelöst, Administration hat ihre Aufgabe übernom-

> Die Großfamilie ist fast aufgelöst, Administration hat ihre Aufgabe übernommen.

men. Wo in der Großfamilie Energiedefizite ausgeglichen werden können, lässt Administration bei ungenügend ausgeübter Verteilungsfunktion nur einen Ausweg: die Familiengröße weiter zu beschränken. Das entstehende Vakuum füllt sich, mehr oder weniger freiwillig, durch Zuwanderer und die Arbeit von Frauen, denen der Verzicht auf Kinder zugunsten des Konsums ideologisch als »Emanzipation« verkauft wird[1]. Akzeptanzprobleme entstehen. Neue politische Kräfte bilden sich und werden von den etablierten Ideologien als Populismus – frei übersetzt: vom Volk ausgehend – bekämpft. Austausch auf Vertrauensbasis findet wohl in der Großfamilie statt, zwischen Rumpffamilien kaum.

Wer leiht schon dem Nachbarn das neue Auto? Erste zaghafte, aber bisher positive Versuche laufen unter Ausnutzung moderner Informationstechnologien wieder: Car-Sharing, Nachbarschaftshilfe per App. Der Markt versucht hier, teilweise unter Mitarbeit großer Firmen, einen Ausgleich für die Defizite der Verwaltung zu finden. Versuche mit Wohngemeinschaften sind bemüht, Großfamilien ohne verwandtschaftliche Beziehungen neu zu schaffen, die verwandtschaftliche Bindung wird durch geistige Bindung ersetzt. Wie weit diese Versuche langfristig Erfolg haben, bleibt abzuwarten.

In größeren existenziellen Einheiten lässt sich rentabler wirtschaften, die unvermeidbaren Abfälle von drei Kleinfamilien westlicher Prägung ernähren in der Großfamilie zusätzliche Mitglieder, die Abfälle der Industrieländer ganze Hungerprovinzen im zerrütteten Afrika. Der Wirkungsgrad der Nutzung der Ressourcen ist höher, Heizleistung wird besser ausgenutzt, Fahrzeuge werden mit einem höheren Auslastungsgrad beschäftigt. Entgegen steht der Großfamilie der grundsätzliche Mangel an Vertrauen zueinander in der Zivilisation, die körperliche Inhalte durch geistige Definitionen substituiert. Misstrauen der Verwaltung gegenüber wird in den Medien jeden Tag neu bestätigt. Trotzdem wird das Füll-

---

[1] siehe Denkstop.blogspot.com / Eman(n)zipation

horn der Politik, das die Misere erst marktunabhängig verursacht hat, weiter ausgenutzt. Wer kann es den Menschen verdenken?

Die Populationsbiologie hat die Beziehung zwischen Parasiten und Opfern als zyklisch nachgewiesen. Parkinsons Gesetz ist endlich. Die Menge der Masse nimmt dort zu, wo die administrative Bürde gering, physische Überlebensprobleme stark sind. Diese Gruppen befinden sich in einer anderen Phase des Zyklus'. Zwei Prozesse überlagern sich hier. Einmal sind diese Individuen Betroffene des Zyklus' der administrativen Beziehung, daneben lösen sich auch hier geografische Bindungen im Zuge geistiger Evolution. Die Soziobiologie fühlt sich noch nicht in der Lage, auch menschliche Populationen gesetzmäßig zu erfassen. Ansätze dazu bestehen in der Gruppendynamik Hofstätters. Eine Vereinigung beider Gebiete wird früher oder später unausweichlich sein.

Weitere Faktoren, der für die Menge menschlicher Populationen von Bedeutung scheinen, sind Stress und Zusammenbruch des Hormonhaushaltes. Je höher die Dichte der Population, desto höher scheint die Stressstärke zu sein. Im menschlichen Bereich

| Je dichter die Population, desto größer der Stress. |

kommt zur höheren Frequenz der Kontakte aus der Summe der Individuen die verkürzte Reaktionsfrist durch Kommunikation auf heute fast unendlich vielen Kanälen. Dazu erhöht die Leichtigkeit der Kommunikation sicher auch die Frequenz der Kontakte. Ein Telefongespräch, das Fernsehen, Social Media, E-Mail: Information ist dichter und muss schneller verarbeitet werden.

Beobachtungen der Biologie stellten als Folge einer komplizierten Reaktion unter Stress Schädigungen der Leber fest. Diese sich im Tierkörper abspielende Reaktion ist beim Menschen offensichtlich in einen physischen und einen psychischen Bereich aufgeteilt. Gehörsturz, Burnout und andere aktuell definierte Reaktionen steigern den Verbrauch nicht nur von Medikamenten sondern auch von Psychopharmaka, legal und illegal. Statt innerkörperlicher Hormonreaktionen wird ein Teil dieser Reaktionen durch die Zufuhr von Alkohol, Drogen und Aufputschmitteln ersetzt. Das Resultat ist gleich. Todesfälle durch Alkoholmissbrauch nehmen erheblich zu, Rauschgifte anderer Art gefährden die Art zwar differenzierter, aber nicht weniger nachhaltig.

Arten, die stark genug sind, größere Dichte zu ertragen, sind nach vorliegenden Ergebnissen eher zur Evolution befähigt. Wo der Mensch einzuordnen ist, bleibt offen. »Zivilisationserkrankungen« nehmen anscheinend mit der Bevölkerungsdichte zu. Wettbewerb in einem freien Markt wird immer weniger Kontrollfunktion der Dichte. Administrative Ideologie legt unfreiwillige altruistische Vorgaben für Dritte fest, um die eigene Position zu stärken.

Der Wettbewerb um die Ressourcen wird härter. Ressourcen werden nicht proportional zur produktiven Funktion der Bestimmung unterworfen, sondern nach einer Ideologie, in der körperliche Gleichheit mit produktiver Gleichheit zur Deckung gebracht wird. Ressourcen, Energie, Kapital – ganz gleich, wie wir die Möglichkeiten zur Erfüllung der Grundbedürfnisse nennen – werden in kleineren Mengen auf mehr Individuen verteilt. Ein rechnerisches Modell der Größe der Ressourcen im Verhältnis zur Menge der Masse besteht nicht. Administration verlässt sich auf die Erfahrungstatsache, dass produktive Intelligenz in der Lage ist, den Wirkungsgrad bei der Nutzung vorhandener Ressourcen so zu erhöhen, dass Allokationsmängel nicht auftreten. Neben dem Papst hält sich auch die Verwaltung mittlerweile für unfehlbar.

Neben dem Papst hält sich die Verwaltung für unfehlbar.

Das Gegenteil ist der Fall. Höhere Dichte tritt in Zentren hohen Wirkungsgrades, den Städten, auf. Eigenverantwortung wird in Arbeitsteilung eingetauscht. Dass Arbeitsteilung möglich ist, sehen wir bei verschiedenen Insekten. Dort werden die akquirierten Ressourcen im Verhältnis zur Nützlichkeit verteilt. Hauptvorgabe ist das Überleben der Gruppe. Diese Vorgabe wird so weit in die Wirklichkeit umgesetzt, dass ein Teil der Brut in harten Zeiten als Nahrung dient, um die Funktion der Gruppe zu erhalten.

Gleichheit ohne produktiven Koeffizienten privilegiert geringen Wirkungsgrad zu Lasten des produktiven Apparates. Die Populationsdichte steigt. Die Biologie, gleich der Atomphysik, kennt eine kritische Masse, bezogen auf ein abgegrenztes Gebiet mit endlichen Ressourcen. Wird diese Masse überschritten, kommt es zu natürlichen Reaktionen, um Dichte zu vermindern. Mangelnde Reproduktion, Krankheiten und antisoziale Effekte werden regulierend tätig. Individuelle Nachteile werden zur Überlebenschance der Gesamtpopulation.

Das menschliche Leitbild der Gleichheit entstand zu einer Zeit, in der der Wirkungsgrad des Produktionssystems überproportional stieg. Dieses Leitbild wurde auf Verteilungsprozesse bezogen. Noch heute ist die Gleichheit, sich am Wettbewerb mit allen Kräften zu beteiligen, für das Individuum nicht gegeben. Grenzen hemmen es, Administration errichtet Hürden, obwohl nur ein natürliches biologisches System in der Lage ist, Ressourcen und Populationsdichte einander anzupassen, freien Markt herzustellen.

Energieverlust durch parasitäre Strukturen

Gleichheit, ideologisch interpretiert, ist die Gleichheit, das Produktionssystem auszubeuten, ohne proportional zum Anspruch an seiner Erhaltung, Weiterentwicklung oder an seinem Betrieb mehr als vermeidbar beteiligt zu sein. Diese Gleichheit ist biologisch offensichtlich schädlich. Sie führt nicht zu reziprokem Altruismus, um den von Wilson benutzten Begriff zu gebrauchen, sondern zur Ausnutzung von Gruppen durch Gruppen, ohne dass das Individuum aus unterprivilegierten Bereichen eine faire Chance zur Beteiligung am Wettbewerb erhält. Das Monopol der Ausbeuter wird durch Waffen verteidigt – unproduktive Instrumente, die zusätzlich Wirkungsgrad des Produktionssystems aufzehren. Diese Variante der Gleichheit benötigt ein kompliziertes administratives System, dessen Planungsprozesse offensichtlich wenig Wirkungsgrad besitzen.

Alle biologischen Indikatoren verweisen auf den freien Wettbewerb der Kräfte als humanstes System der Dichtesteuerung. Ob wir ein derartiges System erreichen, oder ob parasitäre Gruppen in der Lage sind, dies auf Dauer zu verhindern, muss dahingestellt bleiben. Letzten Endes hängt ein menschliches System, das auf Waffen und Grenzen verzichten kann, davon ab, wie weit die Art zur Einsicht fähig ist. Wir definieren Energie zeit- und grenzüberschreitend als Kapital. Tierexperimente[1] haben bewiesen, dass Markt keine Fiktion, sondern ein natürliches Instrument ist, das nach festen Regeln abläuft.

Das Gleichgewicht der Kräfte im Markt scheint mehr Gerechtigkeit zu bieten als die beste Ideologie. Ideologie bedarf marktunabhängiger menschlicher Administration. Menschen aber sind aus Selbsterhaltungstrieb egoistisch, wenn die Entscheidung zwischen dem eigenen Besten und dem Inhalt der Ideologie bei begrenzten Ressourcen getroffen werden muss.

Menschliche Besiedelungsdichte ist das Resultat einer Entscheidung zur »Gleichheit«. Die negativen Folgen dieser Dichte sind Gegenreaktionen unter Stress. Leider werden auf diesem Gebiet allzu oft Ursache und Wirkung verwechselt. Nicht das Hochhaus ist an der Familienmisere schuld, sondern der geistige Prozess, an dessen Ende es steht.

> Nicht das Hochhaus ist an der Familienmisere schuld, sondern der geistige Prozess, an dessen Ende es steht.

In natürlichen, vom Geist wenig beeinflussten Bereichen regelt die verfügbare Energie die Größe der Bevölkerung. Dieser Prozess ist sicher oft schmerzhaft und mit Nachteilen für das Individuum verbunden, die bis zum Tode führen können. In diesen Mechanismus greift Administration mit der Absicht ein, humanere Lebensbedingungen zu schaffen. Da die dafür erforderliche Energie nicht ausreicht, ist diese Bemühung von vornherein zum Scheitern verurteilt. Dem System wird zusätzliche Energie für administrative Zwecke entzogen.

Negativer Nebeneffekt ist, dass die Administration darauf angewiesen ist, Erfolge nach außen zu projizieren, um die Unterstützung der Administrationssubjekte zu erhalten. Für einen gewissen Zeitraum übernimmt die administrierte Masse die Zielvorstellun-

---

[1] Plott, Smith et al., 1980; in: FORTUNE vom 1.12.1980

gen der Administration, bis sich anhand der wirtschaftlichen Tatsachen herausstellt, dass diese nicht ohne Zufuhr externer Energie zu erfüllen sind.

Am natürlichen Risiko orientierte Verhaltensweisen werden durch die Erwartung von administrativen Erfolgen verdrängt. Überpopulation entsteht zum Teil aus der Hoffnung auf administrative Erfolge. Diese Überpopulation verringert die wirtschaftliche Basis des einzelnen Bestandteiles der Masse weiter. Verarmung setzt ein. Wenn es nicht mehr gelingt, die unterste Grenze der Grundbedürfnisse zu befriedigen, vermindert sich die Menge der Masse wieder durch natürliche Zwänge, aber mit erheblich größeren negativen Nebeneffekten für eine größere Anzahl von Individuen.

In dieser, durch die Soziobiologie im Tierbereich nachgewiesenen Automatik gewinnen langfristige Faktoren Einfluss. Die Zunahme der Weltbevölkerung ist nicht das Ergebnis neuen Reproduktionsverhaltens, sondern der kumulative Langzeiteffekt von durch Forschungen verlängerter Lebenserwartung.

Je geringer die pro Kopf zur Verfügung stehenden Ressourcen, desto höher das persönliche Überlebensrisiko. Hier liegt der gedankliche Ansatz zum kollektiven System. Von Einsatz, Kapitalausstattung und Intelligenz unabhängige Verteilung knapper Ressourcen soll persönliches Risiko mindern, Einkommen sichern.

Derselbe Denkansatz verführt den Monopolisten zu der Annahme, eine Beschränkung von Markt und Information könnte auf Dauer leistungsloses Einkommen erhalten.

Wie vieler Narren bedarf es, um eine
Öffentlichkeit zu ergeben?

Nicolas Chamfort (1741-1794),
französischer Schriftsteller

Kapitel 33

Markt und Psyche

Visionäre statt Mechaniker

Das Hochhaus für Familien mit Kindern ist das Ergebnis der Macher, die nur in physischen Kategorien denken. Auf allen administrativen Gebieten ist es ähnlich, bis hin zur Erklärung eines deutschen Kanzlers 1981, er sei für die geistige Führung der Nation nicht zuständig.

Wir brauchen visionäre Träumer an der Spitze des Staates statt Mechaniker der Macht. Vielleicht gewinnen wir dann die Chance, wirklich Mensch zu sein, uns zu emanzipieren. Wir brauchen Ziele, die im Bewusstsein und nicht im Sein verankert sind. Wahrscheinlich aber ist auch dieser Gedanke nur Ideologie, Utopie. Wir haben keine gesellschaftlichen Visionen einer intelligenten Öffentlichkeit. Es wird nur immer wieder versucht, jene Ideologien fortzuschreiben, die sich schon als undurchführbar erwiesen haben. Auch der Esel läuft der Karotte am Stock nach, ohne sie je zu erreichen, und erledigt so Arbeit für seinen Herrn, die er freiwillig nie leisten würde.

> Der Esel läuft der Karotte am Stock nach und erledigt so Arbeit für seinen Herrn, die er freiwillig nie leisten würde.

Wir haben erkannt, dass das Gerüst des Gruppenwesens Menschheit das Gesetz zur Erhaltung der Energie ist – ein Naturgesetz. Der Austausch zwischen Einzelindividuen richtet sich nach diesem Gesetz, unsere Ordnungssysteme basieren darauf. Diesem Naturgesetz sind wir unterworfen. Wir würden uns auf die Ebene der Schöpfung erheben, wenn wir erfolgreich versuchen würden, unsere Menschlichkeit über dieses Naturgesetz zu stellen. Jesus begründet die Funktion des Marktes klar und sagt: »Was ihr dem geringsten meiner Brüder getan habt, das habt ihr mir getan.« Leider wird seine Sozialreform in Richtung freier Markt immer wieder als religiöser, frommer Wunsch missverstanden.

Gewinnen wir hier einen Hinweis auf das Wesen uns übergeordneter humaner Intelligenz, deren Erreichung wir für fähig gehalten werden? Ist die nächste Ebene der Existenz die geistige Vereinigung des Gruppenwesens Menschheit zu einem Überwesen, das bei höchstem Wirkungsgrad mit geringsten Energiebeiträgen existieren kann, da Körperlichkeit nicht erhalten werden muss? Bleibt bei der Aufgabe der Art Mensch durch die Evolution die geistige Komponente erhalten? Ist Körperlichkeit nur ein Übergangsstadium, eine verzichtbare Zwischenstufe schöpferischen Seins? Lässt die Anlage unseres Bewusstseins eine derartige Evolution zu, oder ist unser Körper nur Zwischenwirt einer geistigen Art, einer übergeordneten Identität?

Die Wissenschaft nimmt an, dass unser Gehirn im neurologischen Sinne aus einer alten und einer neuen Komponente besteht. Das würde die Möglichkeit andeuten, dass sich unser Bewusstsein unabhängig von der Evolution unseres Seins entwickelt hat. Unser Nervensystem ist interaktiv, interdependent. Kingston (nach Fromm) macht sich Gedanken über das Geheimnis der Ordnung im Nervensystem nebeneinander bestehender Funktionen, vermisst die logische Erklärung einer Schlussabrechnung, einer zielgerichteten Saldierung der Einzelfunktionen unseres Denk- und Steuerungsapparates.

Könnte nicht auch hier ein hierarchisches System von Normalverteilungen in Verbindung mit einem Speicher und einer polar konstruierten Plausibilitätskontrolle die Automatik exekutiver Funktionen gewährleisten? Das würde zu Ergebnissen führen, die nicht vorhersagbar und repetitiv wie die Ergebnisse einer Maschine wären, zu Persönlichkeiten, Individuen. Selbst ein Rotationskörper der Normalverteilungen fast unendlicher Einzelfunktionen ist denkbar, analog zum Kreiselsystem unserer Navigationsgeräte. Je nach den von der Plausibilitätskontrolle aufgrund der Rückkopplung mit dem Speicher früherer Erfahrungen zugemessenen Wahrscheinlichkeitswerten kann sich die Verarbeitung im Gehirn auf Daten in weit außen liegenden Standardabweichungen der Normalverteilung beschränken, um die Belastung des biologischen Apparates auf ein Mindestmaß zu senken. Kreativität wäre dann die persönliche Eigenschaft, diese Grenzbereiche der Normalverteilungen miteinander zu kombinieren bzw. die persönliche Ausstattung mit einer sehr breiten Normalverteilung mit flachem Scheitel. Im Zusammenhang mit Reizen sagt Fromm:

Der Unterschied zwischen diesen beiden Arten von »Reizen« und »Reaktionen« hat sehr wichtige Konsequenzen. Reize der ersten, einfachen Art werden, wenn sie über eine bestimmte Schwelle hinaus wiederholt werden, nicht mehr registriert und verlieren ihre stimulierende Wirkung. (Es ist dies auf ein neuro-physiologisches Sparsamkeitsprinzip zurückzuführen, dass die Wahrnehmung von Reizen eliminiert, die durch ihre häufige Wiederholung anzeigen, dass sie nicht wichtig sind.)

Fromm unterscheidet zwischen einfachen und »aktivierenden« Reizen. Er definiert aktivierende Reize so, dass diese immer neu sind, sich ständig ändern, dass derjenige, der stimuliert wird, den Stimulus lebendig macht und ihn dadurch verändert, dass er immer neue produktive Aspekte an ihm entdeckt. Können aktivierende Reize nicht nur das Ergebnis einer stärker ausgestatteten geistigen Fähigkeit des Einzelindividuums im Vergleich zum einfachen Individuum, das sich fast ausschließlich durch Basisreize stimulieren lässt, sein?

Bezogen auf das einfache Individuum wird dabei die »Qualität« von Reizen durch die Möglichkeit der »Quantität« von Reizen mit geringerer Intensität je Reiz ersetzt. Auch diese Definition würde sich nahtlos in unsere Erkenntnisse einfügen. Theoretisch müsste damit bei einem minderbegabten Menschen der Speicherinstinkt oder das Speichervolumen geringer ausgebildet sein als bei einem intelligenten Menschen, der sich aus eigenem Antrieb eine Vielzahl von Erkenntnissen verschafft, die ihn befähigen, aus Anreizen unterschiedliche Stimuli in Relation zu seinen Speichermaterialien zu gewinnen. Dabei ergibt sich eine hohe Variabilität der Speicherinformationen durch eine Verteilung mit sehr flachem Scheitel. Die Informationsstrukturdichte ist proportional der Auflösungsmöglichkeit von Informationen und bestimmt damit die Differenzierungsmöglichkeiten des Individuums.

Fromm postuliert die Abnahme instinktbedingter Handlungen als Kriterium für menschliches Sein. Das mathematisch nachgewiesene Prinzip der Normalverteilung als Steuerungsgrundlage von Seinshandlungen bietet sich als Erklärung an. Die angenommene Wahrscheinlichkeit des Erfolges würde dann die Aktion im Markt steuern.

Das – nach menschlicher Definition – primitivste Lebewesen wird durch nur eine Normalverteilung mit hohem Scheitel und engen Standardabweichungen in Verbindung mit geringer Speicherkapazität reguliert. Mit Abnahme der »Primitivität« wird die Hierarchie der Normalverteilungen komplizierter, der Speicherbedarf größer. Die vermutlich im Neocortex, der beim Menschen besonders stark entwickelt ist, angesiedelte, weit entwickelte Plausibilitätskontrolle aber unterscheidet den Menschen vorn gemeinen Tier, eröffnet die Möglichkeit der Diversifikation von Personen zu Persönlichkeiten. Vielleicht ist auch diese Konstruktion nur eines von vielen evolutionsfähigen Angeboten der Schöpfung an die Umwelt, um Überleben zu sichern.

Fauna und Flora, wasser- und landgebundene Lebewesen mit ihren Zwischenstufen, soziale Wesen wie die Ameisen, einfache wie der Schwamm, große mit relativ kleinem Gehirn wie der Strauß: Das Angebot der Schöpfung an die Umwelt ist enorm. Stimmt aber die Annahme, dass jedes dieser Wesen grundsätzlich zur Evolution befähigt, besser noch: ihr ausgesetzt ist, dann muss mit diesen Wesen früher oder später auf irgendeine Weise Kommunikation möglich sein, um von einer Art auf die andere Wissen zu übertragen, falls die primäre Art versagt. Die erfolgreichen Versuche von Penny Patterson zur Kommunikation mit Gorillas an der Stanford Universität deuten in diese Richtung. Ihr gelang es, einem Gorilla 375 Zeichen beizubringen.

Es kann sich dabei auch um instrumentale Kommunikation handeln, bei der Materie als Vermittler oder Katalysator des Wissens auftritt. Auf die SSD des Computers trifft das schon zu. Genau wie wir im Zuge der Evolution fähig wurden, durch die Astronomie Erkenntnisse über das Weltall und seine Natur zu gewinnen, kann der heute primitive, aber überlebensfähige Organismus nach Millionen Jahren unser Sein entziffern. Was hat in Bikini überlebt? Sind das die Arten der Zukunft?

Erfahrung mindert Angst

Wenn die Annahme zutrifft, dass die Normalverteilung das unserer Denkleistung zugrundeliegende Ordnungssystem ist, dann wäre es theoretisch denkbar, dass auf dieser Grundlage sowohl die Speicherwerte angeordnet sind als auch die notwendige Plausibilitätskontrolle ausgebildet ist. Angst wäre dann beispielsweise der Instinkt der existentiellen Bedrohung, d.h. wenn entweder die vorhandenen Speicherwerte die Wahrscheinlichkeit andeuten, dass unsere Existenz bedroht ist, oder wenn auf einem bestimmten Gebiet zu wenig Speicherwerte oder gar keine Speicherwerte vorhanden sind, an denen sich auf Grundlage der in der Vergangenheit durch Sensoren in den Speicher eingeführten Erfahrungswerte die Wahrscheinlichkeit bestimmter Ergebnisse bestimmen lässt. Die Größe der Angst bemisst sich dann entweder nach der Menge der negativen Erfahrungen, die eine Bewertung der existentiellen Bedrohung zulässt, oder aber nach der Anzahl der vorhandenen Speicherwerte. Wenige Speicherwerte erlauben kaum das Bilden einer Normalverteilung der Erfahrung und damit die Zuordnung von Wahrscheinlichkeitswerten durch die Plausibilitätskontrolle.

Bei wenig Speicherwerten entsteht also viel Angst. Unsere persönliche Erfahrung bestätigt dies. Eine Handlung, die in Relation zu anderen Individuen zum ersten Mal ausgeführt wird und über deren Tragweite wir uns nicht im Klaren sind, versetzt uns in eine unbestimmte Angst in Bezug auf das Ergebnis unserer Handlung. Dieselbe Handlung, mehrfach ausgeführt, bildet in uns Erfahrung, die Angst verliert sich.

Denken wir an die Periode der Kindheit, in der der Speicher der Erfahrungen langsam aufgefüllt wird. Jeder hat schon einmal erlebt, dass Kinder aus uns bekannten Tatsachen vollkommen andere Schlüsse ziehen als Erwachsene[1]. Das wird erklärbar, wenn wir annehmen, dass sich auch die Erfahrung über die Zuordnung von Wahrscheinlichkeiten an einer aufgrund dieser Erfahrung gewonnenen Normalverteilung justiert. Die Kindheit ist, nach dieser Definition, die Periode, in der sich das System des Speichers füllt. Das Kind wird zum Erwachsenen, wenn die Wahrscheinlichkeit groß genug ist, anhand von erworbenen Speicherwerten die dem Individuum gegebene Plausibilitätskontrolle in Hinsicht auf eine positive Einordnung in das gesamte System voll zu nutzen.

Wenn das nicht so wäre, ergäbe sich nicht ausreichend motivierte Aggression, die wegen fehlender Plausibilitätsmaßstäbe nicht verhindert werden könnte. Die Fähigkeit zur Aggression kann im Interesse der Erhaltung der Art – genau wie der Hunger – als notwendig angenommen werden. Es ist nachgewiesen, dass sich diese Triebe oder Instinkte im Gehirn lokalisieren lassen und damit biologischer Bestand sind. Die hydraulischen Theorien verstehen Aggressionen als Kumulation bis zum auslösenden Niveau. Ist es aber nicht vielmehr so, dass Aggression als Verteidigungsinstrument der Art und des Individuums zur Verfügung stehen muss und wertfrei ist? Zu diskutieren wäre über den Steuerungsmechanismus der Aggression und seine eventuellen Zwischenglieder.

Ein so vielschichtig entwickeltes Bewusstsein wie das des Menschen verfügt sicher über mehr als eine Gedankenkombination, um Aggressionen auszulösen. Wenn wir »Gut« und »Böse« abstrahiert als Auslöser für Reaktionen betrachten, dann können beide als Auslöser der Aggressionen in Frage kommen, denn ein Zuviel an Gutem kann die Art ebenso gefährden wie zu viel Böses. Beides ist Energieverschwendung.

Gut und Böse werden – nach der hier vertretenen Ansicht auf Grundlage von Normalverteilungen – im Bewusstsein determiniert und in den größeren Zusammenhang der individuellen Er-

---

[1] »Papa, schau, ich habe viel mehr Geld wiederbekommen.« Jeder kennt diese Reaktion des Kindes auf das Wechselgeld des ersten Einkaufs.

fahrung gestellt. Auf der Grundlage dieser Beurteilung werden die zum Sein vom Individuum für notwendig gehaltenen Triebe oder Instinkte aktiviert, die wiederum physische Aktivitäten steuern. Dabei vermittelt sich der Eindruck, dass Triebe oder Instinkte das überleitende Glied vom Bewusstsein zum Sein sind. Ob es sich hier um die evolutionär vermittelte unterbewusste Summation von Arterfahrungen handelt, muss dahingestellt bleiben. Die Speicherwerte des Bewusstseins werden jedenfalls zur Aufrechterhaltung des Seins in Richtung auf die Triebe zielgerichtet subsummiert.

Frustration wäre aus dieser Sicht die Unmöglichkeit, eine zielorientierte Normalverteilung möglicher Erfahrungshandlungen aufzubauen, so dass der Ausgleich – im Sinne der Betriebswirtschaft sprungproportional – über die Aggression erfolgen soll. Wenn die Unmöglichkeit des Aufbauens einer Normalverteilung an dem Vorhandensein oder besser dem Nichtvorhandensein von Einzelwerten – Wissen – scheitert, müssten geistig anspruchslose Individuen eher versuchen, Probleme dieser Art durch Aggression zu lösen, vorausgesetzt, sie verfügen über dieselbe Triebkonstruktion.

Sadismus könnte in diesem Zusammenhang eine apparative Fehlhandlung sein, eventuell orientiert an Erfahrungen der Kindheit, in der die Aggression gegenüber den Eltern sowohl das gewünschte Ziel erreichen ließ, als auch die eigene Individualität gegenüber der Autorität der Eltern bestätigte. Natürlich kann auch das Umkehren dieses Verhältnisses einen Lerneffekt ausgelöst haben. Vergessen wir in diesem Zusammenhang nicht, dass Intelligenz ein subjektiver Begriff ist. Intelligenz kann sich auf eine einzelne Komponente des Bewusstseins beschränken, bei anderen Komponenten mögen aggressive Alternativen mit höherer Wahrscheinlichkeit in Betracht gezogen werden.

Die Lüge wäre in diesem Verständnis ein Versuch, die Lücken in der zur Beurteilung erforderlichen Informationsverteilung des Belogenen zu füllen, um diesen zur Entwicklung zielgerichteten

Bewusstseins zu veranlassen. Damit würden Lüge und Konditionierung, dem Intelligenzniveau angepasst, das Gleiche.

Die gewählte theoretische Konstruktion erklärt auch, weshalb bei der Vermittlung von Erfahrungen das Beispiel besser wirkt als das Medium Sprache. Sobald es sich um Erfahrungen handelt, die zum existentiellen Bereich in Beziehung stehen, wird die Richtigkeit der neuen Informationen anhand einer Normalverteilung der bisherigen Erfahrung auf ihre Wahrscheinlichkeit überprüft. Dabei ergibt sich, dass in vielen Fällen Informationen zum eigenen Vorteil des Informanten vermittelt werden, der ihre Nutzanwendung auf sich selbst nicht bezieht. Über die systembedingte Plausibilitätskontrolle wird daraufhin die Entscheidung getroffen, dass die Wahrscheinlichkeit für eine Richtigkeit der Information gering ist.

Die Normalverteilung als gedankliches Ordnungsinstrument von Informationen kann auch den Sinn zielgerichteten menschlichen Handelns verständlich machen. Ist ein Ziel bestimmt, werden der Abgleich von Informationen und ihre Ordnung relativ zum Ziel einfach. Die generelle Richtung der Informationsmasse und ihrer Resultierenden ist bekannt. Zielgerichtetes Handeln wird so zum Gegenteil gedanklicher Kreativität.

Wie sehr zielgerichtete Informationsverarbeitung kreative Gesichtspunkte neutralisiert, lässt sich an extremen Beispielen beweisen. Die Selbstmorde und Morde in Masada, der Massenselbstmord in Jonestown in Guayana, ja selbst der Marsch der Lemminge in das Meer demonstriert, wie die Zielvorgabe eines gruppenspezifischen subjektiven Ordnungsrahmes körperliche Triebe zur Selbsterhaltung überwinden kann. Auf ähnlicher Ebene liegen extreme bergsteigerische Erfolge und Tapferkeit im Krieg, Einsatz zur Lebensrettung und Rekordversuche im Geschwindigkeitsbereich.

Statt eine Vielzahl von Informationsverteilungen in die Plausibilitätskontrolle einzubeziehen, wird jede Information nur unter dem vorgegebenen Ziel subsummiert und in ihrer Nützlichkeit beurteilt. Kreativität ist der Versuch, aus Informationen ein Ziel zu bilden, um zu logischer Ordnung der Informationen im Speicher zu kommen. Echte Kreativität ist die Fähigkeit, Informationen unabhängig vom Ziel zu assoziieren, um auf diese Weise neue Ziele zu gewinnen, Erkenntnis fortzuschreiben. Die Menge der zu speichernden Informationen ist durch die Struktur des Speichermaterials begrenzt. Kreativität kann die Nutzung der gespeicherten Informationen verbessern und erhöhen. Kreativität ist das Prinzip, mit dem die sparsame Natur die Grenzen menschlichen Speichervermögens überlistet.

Es erscheint möglich, kreatives Denken in einer Art Analogik zu stützen. Analogik ist dann die Anwendung von für ein bestimmtes Gebiet als gut erkannten Problemlösungen auf ganz unterschiedliche Gebiete, der Versuch, die Problemlösungsphase zu vereinfachen oder kreativ – zum Beispiel die Schwingen vom Vogel und von der Maschine den Motor – zu kombinieren.

Vergleichen zwischen Natur und menschlichen Systemen bedient sich schon die Kybernetik. Die Isolierung vermutlich analoger Prozesse und der Versuch der Standardisierung scheint auf vielen Gebieten möglich zu sein und muss nicht im Physischen verharren. Die Transformation physischer Analogien auch in den geistigen Bereich kann zu neuen Erkenntnissen führen.

Eine hohe Entwicklungsstufe der Analogik existiert schon. Es ist der in Sprichwörtern zusammengefasste Erfahrungsschatz vieler Generationen. Analogische Systeme könnten Maschinen in die Lage versetzen, Informationen auf Gemeinsamkeiten zu untersuchen, eine Vorstufe des Bewusstseins zu bilden: selbstfahrende Autos, Gesichtserkennung und manches andere. Die Normalverteilung ist ein derartiges analogisches System, das auf verschiedene Datenmengen zutreffen kann.

Zumindest theoretisch müsste mit den uns zur Verfügung stehenden technischen Mitteln die Konstruktion von Maschinen möglich sein, die, wenn auch rudimentär, zu Ansätzen der Bildung von Eigenbewusstsein in der beschriebenen Form in der Lage sind. Das Problem ist nicht, dass diese Maschinen eines Tages den Menschen und seine Emotionen ersetzen könnten, sondern die Frage, was der unbeschäftigte, additiv veranlagte Mensch überhaupt mit der so gewonnenen Freizeit anfangen kann? Sind wir dazu überhaupt geeignet?

Auch der psychologische Beweis im Tierexperiment müsste einfach zu erbringen sein. Wenn ein einfaches Lebewesen zum Erreichen eines bestimmten Zieles, zum Beispiel der Nahrung, sich von Punkt A nach Punkt B immer auf demselben Weg bewegt, deutet das auf eine Normalverteilung der zielgerichteten Handlungen mit sehr hohem Scheitel hin. Ein höher entwickeltes Wesen müsste sinngemäß durch verschiedene Eindrücke während der Zielfindung abgelenkt werden, sodass sich die Abweichung vom geraden Weg zum Ziel wieder bei einer Mehrzahl von Versuchen zu einer Normalverteilung der Aktionen zusammenfügen müsste. Verschiedene Autoren haben dieses Prinzip vermutet. Beschränken wir uns auf die von Fromm genannten und zitieren zunächst Sigmund Freud: »... das Nervensystem bestrebt ist, etwas in seinen Funktionsverhältnissen, was man die Erregungssumme nennen mag, konstant zu erhalten.«

Fromm nennt das, was Freud als »das was Tätigkeit von Ruhe unterscheidet« definiert, »nervöse Energie«. Im Grunde handelt es sich hier um den Versuch des individuellen Systems, die natürliche Kurve der Normalverteilung der Erfahrungen nach dem Einwirken äußerer Informationen wiederzufinden. Freud hat erkannt: »Zum psychischen Trauma wird jeder Eindruck, dessen Erledigung durch assoziative Denkarbeit oder motorische Reaktion dem Nervensystem Schwierigkeiten bereitet«, das heißt, sich den vorhandenen Erfahrungen normal verteilt nicht angleichen will. Auch Freuds Konstanzprinzip deutet in diese Richtung.

Fechner[1] spricht vom »Prinzip der Tendenz der Stabilität«, und natürliche Stabilität ist im Rahmen der Wahrscheinlichkeitstheorie der Mathematik normal verteilt. Und Dubos (nach Fromm) schreibt: » ... ist das Leben ständig schöpferisch tätig und bringt Ordnung in die Zufälligkeiten der Materie.«

---

[1] Gustav Theodor Fechner (1801-1887), Begründer der Psychophysik

Nach Fromm sprechen »Cannon und viele Forscher nach ihm von der Notwendigkeit, ein relativ stabiles inneres Milieu zu erhalten«. Fromm schließt daraus, »dass das innere Milieu die Tendenz hat, stabil zu bleiben«. Es besteht Anlass zu der Vermutung, dass das von Freud artikulierte Konstanzprinzip das dem Sein kurzfristig innewohnende Prinzip zur Minderung des Energieverbrauchs bei begrenzter Kapazität ist, das Nirwanaprinzip aber, dem Bewusstsein verhaftet, der Zweifel an einen auf uns selbst relativierten Vorteil unseres Seins ist. Damit würden sich die zwei Begriffe im Spannungsfeld zwischen Sein und Bewusstsein einordnen. Verkennen wir nicht, dass sich aus derartiger Sicht eine Änderung der Vorzeichen jetziger Grundwerte ergeben würde. Nicht der Eros, der Lebenstrieb, ist auf der Basis des Bewusstseins human, da er nur die Reproduktion und Evolution eines fremdbestimmten Seins sichert. Nein, der Todestrieb würde zur Wurzel wahrer Humanität, da er das Bewusstsein von Zwang und Zwiespalt des Seins befreit. Wenn diese Abstrahierung des Bewusstseins (des bewusst Seins) gedanklich vollziehbar ist, dann gibt es keinen Grund, weshalb – und wenn auch auf einer anderen Ebene, einer anderen Dimension oder in einem anderen Aggregatzustand – eine Trennung des Bewusstseins vom Sein nicht möglich sein sollte.

Es widerstrebt uns, das Ende unserer individuellen Existenz nach dem Abschluss unseres stofflichen Seins hinzunehmen. Wir erfinden daher Hilfskonstruktionen wie Himmel, Nirwana, Paradies und Hölle. Können wir – analog zur Mathematik, in der Addition und Subtraktion zu höheren Rechenarten verdichtet sind, die nur noch Einzelnen den Zugang erlauben – schließen, dass auch unsere Einzelexistenz zu einer Existenz höherer Art im Sinne einer abstrahierten Gruppe kumuliert?

> Es widerstrebt uns, den Tod hinzunehmen. Wir erfinden daher Hilfskonstruktionen wie Himmel, Nirwana, Paradies und Hölle.

Materie ändert ihre Form relativ zur Zeit. Zeit können wir nur mittelbar wahrnehmen. Insbesondere lange Zeiträume können von uns nicht auf unsere eigene Erfahrungsebene übertragen werden. Es ist nur Spekulation, aber könnte unser Bewusstsein in einem zeitlichen Zusammenhang stehen, der sich mit stofflichen Mitteln nicht mehr ergründen lässt? Es gibt mathematische Spekulationen, nach der die Zeit nicht so homogen ist, wie wir sie empfinden. Heidegger spricht vom »innersten Wesen der Zeit«.

Wir überschätzen uns selbst, wenn wir die Schöpfung in unseren Philosophien auf die menschliche Art relativieren, statt die Substanz des Schöpfers zu ergründen. Und selbst die Hoffnung auf einen höheren Wert der menschlichen Art ist unbegründet, denn wir sind zu Grausamkeiten in der Lage, die selbst nach der Definition unserer eigenen »Ideale« wie Glaube, Hoffnung, Liebe oder Freiheit, Gleichheit, Brüderlichkeit die Berechtigung unserer Art zumindest stark in Frage stellen.

Und könnte Zeit nur ein anderer Aggregatzustand der Energie sein? Wenn wir Energie in Materie binden, können wir dann auch Energie in Zeit überführen? Zeit, aus menschlicher Sicht, scheint zumindest zusammen mit dem Universum entstanden zu sein. Unser Bewusstsein kann auf primitive Art unsere eigene Zeitebene überwinden, indem wir Teile unseres Bewusstseins in Büchern und anderen Speichern weitergeben. Aber das kann auch jede DNA, das macht uns nicht einzigartig.

Grundprinzip Normalverteilung

Wenn die Normalverteilung das natürlichen Zusammenhängen zugrundeliegende Prinzip ist, dann ist anzunehmen, dass natürliche Zusammenhänge, wie für die Normalverteilung mathematisch nachgewiesen, den Wunsch haben, sich diesem Prinzip unterzuordnen. Wir könnten daraus den Umkehrschluss ziehen, dass dieses Prinzip zwingend der Natur, dem Sein innewohnt. Abweichungen von diesem Prinzip ließen sich durch die Einwirkung des Bewusstseins auf das Sein erklären. Die experimentelle Überprüfung dieser Hypothese erscheint möglich. Das Sein müsste dann das Bestreben haben, sich der normalen Verteilung wieder anzupassen. Welcher Art diese normale Verteilung ist, können wir nur ahnen. Für das Weltall jedenfalls scheint nach den jetzigen Feststellungen der Wissenschaft eine von einem sehr hohen Scheitelpunkt und sehr kleinen Standardabweichungen bestimmte Verteilung toter Himmelkörper typisch zu sein. Aber die Masse im Weltall ist sehr ungleichmäßig verteilt. Bereiche hoher Dichte – Filamente – stehen Bereichen mit nahezu keiner Materie – Voids – gegenüber. Und von der Dunklen Materie und der Dunklen Energie, sie machen zusammen 95 % der Masse des Universums aus, wissen wir fast nichts. Wir haben aber auch – noch? – keine Hinweise auf irgendeine konkurrierende Art in den Weiten des Alls.

Wir vermuten, dass sich im Rahmen seiner Gebundenheit an das Sein unser Bewusstsein ebenfalls des Regelprinzips der Normalverteilung bedient. Für das Individuum bedeutet das, dass es im Rahmen des Denkprozesses automatisch neue Informationen der Normalverteilung bisheriger Informationen anzugleichen versucht. Scheitert dieser Versuch, weil wegen der materiellen Grenzen der individuell vorhandenen Konstruktion oder wegen des Nichtvorhandenseins anderer Informationen zum Aufbau einer Verteilung eine Anpassung an eine Verteilung nicht möglich ist, oder aus zeitlichen Gründen, müsste sich eine Geisteskrankheit ergeben. Aber auch ein großer Künstler weicht vom Mittel der Normalverteilung ab, die das individuelle Denken der Gruppe darstellt. Er ist im wörtlichen Sinne, zumindest mathematisch gesprochen, »verrückt«.

Das Gleiche müsste für den Fall zutreffen, dass die Grundstruktur der Normalverteilung dem Individuum fehlerhaft eingegeben ist, oder durch den übermächtigen Einfluss einer Einzelinformation die Normalverteilung einseitig verändert wird. Das Individuum müsste dann über eine abweichende Logik verfügen, die von der Logik der Mehrzahl der Individuen abweicht.

Weiter denkbar ist, dass Störungen in Bezug auf die Kapazität des Arbeitsspeichers und des Langzeitspeichers vorkommen. Derartige Individuen wären wahrscheinlich nicht in der Lage, das erforderliche System normal verteilter Informationen aufzubauen, das heißt, sie wären nur zu sehr einfachen Reaktionen mit grober Grundstruktur in der Lage, statt ihre Handlungsweise nach der fein angepassten Kurve einer Normalverteilung mit vielen Zwischenwerten auszurichten. Ob diese Aussagen mit Krankheitsbildern der Psychologie übereinstimmen, können nur Psychologen beantworten.

Die Annahme der Normalverteilung erlaubt eine differenziertere Beurteilung unserer Persönlichkeitsstruktur als so genannte »hydraulische« Modelle. Die Erkenntnis der Polarität zwischen Sein und Bewusstsein gibt uns, im Zusammenhang damit, Zugriff auf uns selbst. Schöpfung wäre nach dieser Definition absolutes, von den Zwängen der Normalverteilung freies Bewusstsein, die Einheit von Sein und Bewusstsein, die Kontrolle von Zeit und Energie.

Altmann hat (nach Fromm) nachgewiesen, dass die Entwicklung des individuellen Neocortex von der Härte der Umweltbedingungen abhängt. Das würde eine Automatik wahrscheinlich erscheinen lassen, die bei feindlicher Umwelt im Sinne des Überlebens das Sein stärkt und die Variablen des Bewusstseins und damit ihre Auswirkung auf das Sein beschränkt. Das Gleiche könnte dann auch auf Panikreaktionen, Schock nach Unfall oder ähnliche Situationen zutreffen. Das Sein wird so nicht in der Erhaltung der körperlichen Voraussetzungen für das Bewusstsein geschwächt. Das Bewusstsein wird durch Reproduktion zeitverschoben regeneriert, ohne die Erhaltung der Art zu gefährden. Fromm selbst nimmt an, dass der Mensch ein immanentes Ziel besitzt – ein weiteres Indiz für die Richtigkeit der angebotenen gedanklichen Konstruktion.

Ein anderes Indiz für unsere Konstruktion auf ein Ziel hin ist, dass uns ein Organ zur Aufnahme der vierten Dimension, der Zeit, fehlt. Ein derartiges Organ würde uns in die Lage versetzen, alle unsere Handlungen auf den Abschluss unseres individuellen Seins hin zu relativieren und damit das Gruppenwesen Menschheit gefährden. Wir können Zeit deshalb nur mittelbar wahrnehmen.

Fromm weist weiter darauf hin, dass das Gehirn der Erregung bedarf und ständig, auch während des Schlafes, unter Spannung steht. Das ist erforderlich, da das biologische System Mensch nicht von außen aktiviert und eingeschaltet wird wie eine zweckgerichtete, fremdbestimmte Maschine. Stellen wir uns vor, dass der Mensch wie ein Radargerät Impulse aussendet, die zwar auf einem Bildschirm kontinuierliche Reflexe erzeugen, aber erst zu Aktionen umgedeutet werden, wenn immanente Parameter dies geboten erscheinen lassen. Der Traum wäre dann die innere Wirklichkeit der Speicheratome, unlogisch in ihrer Verbindung zueinander, da die Plausibilitätskontrolle während der Regenerationszeit des Schlafes sich zur Energieersparnis (das Gehirn ist der größte Sauerstoffverbraucher im Körper) auf absolute charakterimmanente Mindestfunktionen beschränkt.

Das würde auch erklären, weshalb im Traum und in Hypnose Handlungen verweigert werden, die die Grundstruktur der Persönlichkeit auch im Wachen nicht zulässt. Vielleicht ist der Traum auch nur die Löschung des täglich neu aktivierten Arbeitsspeichers des Denkprozesses. Ohne objektiven logischen Zusammenhang werden die im Laufe des Tages bewusst oder unbewusst gesammelten, zum Teil instinktgebundenen Einzelfakten noch einmal an unserem »geistigen Auge« vorbeigeführt und den einzelnen Rubriken unserer Individualität versuchsweise zugeordnet, um den Arbeitsspeicher für eine neue Tagesleistung freizumachen.

Ein guter Zuhörer zu sein ist einer der besten Wege, um erfolgreich zu kommunizieren.

Alison Doyle,
Autorin

Kapitel 34

Bewusstsein und Kommunikation

Maschinen mit Geist

Zwei Trends lassen sich in der Geschichte der Menschheit isolieren. Der eine ist die Verbesserung des Wirkungsgrades bei der Nutzung der Energie: der Traum vom Perpetuum mobile. Der andere ist der Wunsch, das Bewusstsein zu kommunisieren, es von individuellen Einflüssen und Gefahren unabhängig zu machen. Bewusstsein ist ein übergeordneter Aggregatzustand des Wissens, so wie Kapital ein höherer Aggregatzustand der Energie ist.

Immer wirtschaftlichere, wirksame Speicherformen des Wissens werden gefunden, Wissen dehumanisiert. Noch sind diese Speicherformen nicht in der Lage, Wissen zu Bewusstsein zu verdichten, nicht-humanes Eigenleben zu entwickeln. Wir befinden uns inmitten eines Schöpfungsprozesses, dessen Konsequenzen uns noch verschlossen bleiben. Dieser Schöpfungsprozess geht in einem rapiden Entwicklungstempo vor sich:

➢ 1946 gab es in den USA einen Computer, ein Monstrum, das einen Saal füllte.

➢ 1953 gab es schon 15,

➢ 1968 gab 30.000 Computer,

➢ 1978 gab es allein in den USA 300.000 Computer, deren Größe jene des Menschen unterschritt

➢ 2015 verfügt jeder Teenager in den Industrieländern über ein sehr kleines Mobiltelefon, dessen Computer, mit Unterstützung von Apps, leistungsfähiger ist als ein menschliches Genie.

Heute finden sich in jedem Haushalt mehrere Computer, ein Arbeitsplatz ohne Computer ist nicht mehr vorstellbar. Haushaltsgeräte enthalten Computer und werden – wen wundert die schnelle Reaktion – zum Teil schon von den Geheimdiensten zur Spionage benutzt, um den Einfluss der Administration nicht zu gefährden. Computer sprechen mit uns, Siri und Cortana heißen zwei der netten Damen mit den simulierten Stimmen.

Verglichen mit der Entwicklung des Autos, dessen mittlere Gebrauchsgeschwindigkeit 1946 bei 70 Stundenkilometern lag, müsste ein Pkw heute etwa 9.000 km in der Stunde im Mittel zurücklegen, wenn auf diesem Gebiet die Entwicklung in diesem kurzen Zeitraum ähnlich verlaufen wäre. Logischerweise ist diese Entwicklung unterblieben. Im Stau der Zivilisation wäre sie sinnlos.

Da sich die Reproduktionsrate des Menschen anscheinend im Verhältnis der Einführung von Maschinen im Zusammenhang mit der dadurch möglich werdenden Senkung des natürlichen Zinses beschränkt, ist der Zuwachs von Maschinen relativ noch schneller. Hoffen wir, dass diese Maschinen nur benötigt werden, um uns von der Vorsorge für das Sein zu entlasten, die Entwicklung des Bewusstseins zu fördern.

Wenn andere Wesen – ob biologisch oder nicht – logisch denken und sich Emotionen aneignen können, ist der Mensch nicht mehr einmaliges Erzeugnis der Natur. Das repetitive Denken haben wir Computern schon beigebracht, sie sind aufgrund der Anwendung von Häufigkeitsverteilungen schon in der Lage, menschliche Stimmen zu erkennen und zu imitieren und Handschriften zu entziffern. Bald wird ihnen auch das kreative Denken möglich sein. Mathematisch ist kreatives Denken nichts anderes als die Kombination von Informationen aus äußeren Standardabweichungen von Häufigkeitsverteilungen mit sehr niedriger Scheitelhöhe nach logischen Prinzipien.

> Das repetitive Denken haben wir Computern schon beigebracht, bald wird ihnen auch das kreative Denken möglich sein.

Bereitet sich die Evolution langsam auf eine neue Überlebensphase vor? Neu entstehende Maschinen können dann, auch bei radioaktiver Verseuchung, ihre Existenz und Funktion erhalten. Der Mensch ist dazu zu schwach. Ist der neue Ansatz die diversifizierte Funktion im symbiotischen Bündel von Einzelarten? Transport und Bewegung durch das Rad innerhalb der unzerstörbaren Maschine, »Lebens«-Erhaltung durch einfache Apparate additiver Kapazität. Ist die Entwicklung der Einsicht so weit fortgeschritten, dass längere Lebensdauer durch Akkumulation von individuell verfügbaren Informationen dem Gesamtsystem nicht mehr irreparablen Schaden auf dem Weg seiner Entwicklung zufügen kann?

Ist die Individualisierung menschlicher Art für die Evolution nicht mehr von Vorteil?

Es ist möglich, dass die Dehumanisierung von Wissen nur eine Komponente des Grundtrends Energieersparnis ist. Wenn Wissen vom menschlichen Körper unabhängig wird, dann entfällt eines der größten Hindernisse bei der Verbesserung des Wirkungsgrades. Der Einfluss menschlicher Fehler und Vorurteile wird vermindert. Bewusstsein frei von den Zwängen der Körperlichkeit kann sich bilden. Sogar ethische Entscheidungen könnten auf Maschinen übertragen werden: Soll das selbstfahrende Auto bei einem Ausweichmanöver auf die Seniorin oder die Schwangere zuhalten? Aber kann eine Maschine dieses Dilemma lösen?

Wir könnten diese Fragen nur beantworten, wenn wir in der Lage wären, das Ziel der Schöpfung zu erkennen und unsere Handlungen darauf abzustimmen. Da die Schöpfung diese Zielerkennung für uns nicht für nötig hält, scheint unsere Löschung vorprogrammiert. Das Gewicht der Saurier in der Anfangsphase des Systems mit ihrem kleinen Steuerungssystem diente dem massiven Durchsetzen in einer grob strukturierten Umwelt. Schon hier bietet die Evolution zwei alternative Komponenten im Wasser und in der Luft an, falls die landgebundene Flora sich gegen die Fauna durchsetzt. Beide, Flora und Fauna, haben sich durchgesetzt und sind gegenseitig symbiotisch verbunden.

> Beide alternative Komponenten, Flora und Fauna, haben sich durchgesetzt und sind symbiotisch verbunden.

Hat der Mensch die Grenzen seines Nutzens für die Evolution erreicht? Zu sehr hat er seine Umwelt auf sich selbst, auf seine eigene Persönlichkeitsstruktur relativiert. Behausung wurde zur Architektur, Organisation zum politischen Selbstzweck, Wahrheit – der unvoreingenommene Austausch von Grundinformationen – zur Dummheit, Wissenschaft wurde zur Umweltgefährdung. Böse im politischen Raum ist gut, gut im Privaten ist naiv.

Die hervorstechendste Komponente der menschlichen Natur ist die Fähigkeit, Kompromisse zu schließen, Daten einem Ordnungsrahmen der Verteilung zuzuordnen. Der Ordnungsrahmen als Datensammlung bestimmt sich nach dem existenziellen Geschehen. »Gut« und »Böse« werden relativ zu einer Häufigkeitsverteilung gewertet. Sind diese Erfahrungen negativ, dann ist »Böse« von einem anderen Stellenwert, als wenn nur positive Informationen gespeichert sind. Die überproportionale Verbreitung negativer Informationen durch die Medien führt so zu einem Abbau der Hemmschwellen, zu neuen Maßstäben im System menschlicher Beziehungen. Langsam, aber sicher, wird das System unmenschlich, erhält die Logik der Maschine[1], die Schmerz nicht empfinden kann. Ein folgerichtiger Schritt der Evolution gegen die Bedrohungen einer technisierten Umwelt.

Nehmen wir das Beispiel zielgerichteter Kommunikation. Diese Kommunikation soll ein Ergebnis bringen. Früher dauerte die Kommunikation komplizierter Probleme Tage. Entscheidungen konnten in Ruhe vorbereitet werden. Problem, Diktat, Beförderung, Empfang, Diskussion, Entscheidung, Diktat, Post, Empfang. Heute ist diese lange Kette auf die Ereignisse E-Mail und Entscheidung zusammengeschrumpft. Reifezeit ging verloren.

> Der Mensch ordnet sich den maschinellen Möglichkeiten unter. Ein Mensch ohne Mobiltelefon ist heute ein Sonderling.

Mehr Entscheidungen müssen in kürzerer Zeit getroffen werden. Multitasking, mit folgendem Burnout, verdichtet das Problem weiter, bis die Maschinen wahrscheinlich ganz übernehmen. Der Mensch ordnet sich den maschinellen Möglichkeiten unter, die Konvention passt sich an. Menschliches Verhalten stempelt naive Außenseiter. Ein Mensch ohne Mobiltelefon ist heute, zumindest in den Industrieländern, ein Sonderling. Die Effizienz der Maschine wird zum Füllhorn der Betriebsamkeit, zum Fetisch des Wirtschaftswachstums.

Die menschliche Konstruktion ist auf diese Informationsdichte nicht ausgelegt. Seelischer und körperlicher Stress entsteht. Stress

---

[1] So ist zum Beispiel der Einfluss des Computers auf die Musik der Neuzeit unverkennbar. Der Charakter der Musik wurde den technischen Erfordernissen und Möglichkeiten der Maschinen angepasst.

ist in diesem Sinne eine Überbeanspruchung individueller Verarbeitungsmöglichkeiten, ein Überangebot an Informationen, das die Aufnahmekapazität des Systems übersteigt. Das System blockiert, Ausfallerscheinungen sind möglich. Hilfskonstruktionen werden erforderlich. Die Verleugnung durch die Sekretärin am Telefon erfüllt dieselbe Funktion wie der Druckanzug des Piloten im Kampfjet: den Menschen im Zwang des von ihm geschaffenen Systems zu schützen. Der Weg der Lemminge in das Meer wird verständlich. Eine Assoziationspsychose größten Ausmaßes hat eingesetzt.

Derartige Psychosen haben ihre Wurzeln im Vertrauensverlust in der Kindheit. Wie soll Vertrauen entstehen, wenn Bindung nicht möglich ist, weil beide Eltern aus dem Konsumzwang des Systems heraus arbeiten? Wie soll Vertrauen entstehen, wenn der junge Mensch das Beispiel der Politiker vor Augen hat, die von anderen verlangen, was für sie selbst nicht gilt? Wie soll Vertrauen entstehen in Schulen, die auf Effizienz, nicht auf zwischenmenschliche Gruppenbildung programmiert sind? Der Effiziente ist einsam, die Gruppe kann gemeinsam auch schwache Mitglieder eingliedern, deren Potential auf anderen Gebieten nutzen.

Die Annahme, dass ein leistungsstärkeres, auf die individuellen Fähigkeiten gerichtetes Schulsystem dem Einzelnen größere Vorteile bietet, beruht auf falschen Voraussetzungen. Nur bei Gruppenbildung kommt es zu einer Bereicherung des Charakters. Der Behinderte, der Leistungsschwache, stört nicht die Klasse, sondern gibt willkommenen Anlass, seine Zugehörigkeit zur Gemeinschaft zu vertiefen. Wer darin Nachteile sieht, definiert die Ziele der menschlichen Gemeinschaft rein körperlich. Die »Bildungschance« soll Gleichheit der Ausgangsposition beim Sprint zum goldenen Kalb schaffen. Auf der Strecke bleibt die gemeinschaftsbildende Funktion der Schule: die Erziehung zur Toleranz.

> Die »Bildungschance« soll Gleichheit der Ausgangsposition beim Sprint zum goldenen Kalb schaffen.

Technik verändert den Menschen

Effizienzstreben ersetzt menschliche Gemeinschaft, echte Humanität. Maximale Effizienz ist erforderlich, wenn der Arbeitstakt von der Maschine bestimmt wird. Der Fließbandarbeiter kämpft um die Humanisierung seiner Arbeitswelt. Das Fließband der Autofabriken wird zergliedert in Erlebnisbereiche, die Arbeit wieder mit Freude am Ergebnis verbunden. Der geistig Tätige unterwirft sich stattdessen dem Takt der neuen Maschinen, die Teile des Denkens übernehmen. Die Maschine wird Herr des Menschen, und ihre Möglichkeiten bestimmen die Erwartungshaltung der vom Arbeitsprozess Begünstigten. Die Beziehung zur kalten Effizienz der Maschine wird zum Ersatz für die warme Humanität der Gruppe.

Die Charakterstruktur des Menschen ändert sich im Austausch mit einer technisierten Umwelt. Er fühlt sich im Wettbewerb mit der unbeeinflussbaren Effizienz der Maschine, deren Herrschaft er nicht erlangen kann. Liebesbeziehungen zur Maschine entstehen, wie die des jungen Mannes, der bei seinem Selbstmord aufschrieb, dass nur sein Auto ihn noch verstünde. Wir nehmen uns die Maschine und ihre eisige Logik zum Vorbild, statt den Apparat auf uns zu programmieren. Klein ist das einzelne Zugeständnis, aber die Evolution ist geduldig, bis das kritische Quantum der Veränderung erreicht ist. Der maschinengerechte Arbeitsplatz, der PC, der Schachcomputer, der Mars-Rover, der Autopilot: Wie lange dauert es noch, bis die Maschine ohne den Menschen auskommt oder der Mensch seine Denkweise dem programmierten Ablauf der Maschine angepasst hat?

Wir schämen uns bereits menschlicher Primitivreaktionen. Trauer, Freude, Schmerz, hochstilisiert zu Expressionen standardisierter Szenarien. Der Mann weint nicht! Warum nicht? Wen interessiert es noch im Hochhaus, wenn die Mutter des Nachbarn stirbt? Selbst zwischenmenschliche Beziehungen, das Erlebnis der Reproduktion, sind auf die Ebene des programmier-

> Wen interessiert es noch, wenn die Mutter des Nachbarn stirbt?

ten Lernens abgesunken. Nur eine kleine Veränderung bei jedem der 82 Millionen Deutschen, bei jedem der 323 Millionen Amerikaner, das sind zusammen über 400 Millionen Änderungen, die sich nach den Mendelschen Gesetzen potenzieren.

Wir beklagen uns über menschenfeindliche Architektur, als wenn Architektur die apparative Veränderung unseres Bewusstseins verhindern könnte. Architektur ist das Abbild unserer selbst. Was wir vermissen, ist die echte Individualität des Einzelnen, die wir durch Repräsentation ersetzt haben. Die Chiffren des Menetekels sind an den Außenwänden unserer Wohnungen abzulesen, die wie Bienenwaben aussehen, aber wir weigern uns, sie zur Kenntnis zu nehmen.

Wir sind überflüssig geworden. Einer unter Tausenden von Faktoren, die die Evolution nicht mehr benötigt, weil sonst das Ziel gefährdet würde. Wir sind unmenschlich geworden, wir sind wahrscheinlich schon tot. Wir spüren Defizite der Effizienz in unserer geistigen Struktur, die nur bei Maschinen Defizite sind. Statt diese Unterschiede kreativ zur Bereicherung der Gruppe zu nutzen, versuchen wir, sie in Alkohol und Drogen zu vergessen. »Workaholics« nennen wir die Arbeitsbesessenen, die sich als Maschinen empfinden.

Das soziale Gruppentrinken ist weitgehend akzeptiert, an unserem veränderten Charakter würde Gruppenbildung sonst scheitern. Unsere Defizite lassen sich am Umsatz der Alkoholindustrie ablesen, am Pro-Kopf-Verbrauch messen. Chemische Reaktionen ersetzen zwischenmenschliche Kontaktfähigkeit, der Mensch vereinsamt, die apparative Komponente ist unübersehbar. Erst der Treibstoff Alkohol, von etwa gleicher chemischer Beschaffenheit wie das Benzin des Motors, setzt den Menschen in die Lage, seine Gruppenfunktion auszuüben.

Die Veränderung, die unsere Biologen im Körperlichen durch Anpassung erwarten, findet im Bewusstsein statt, denn die Aufgabe des Menschen ist eine geistige. Einsamkeit isoliert. Das Herdfeuer des Stammes ist auf die Glut der Zigarette des Individuums zusammengeschrumpft – ein kläglicher Versuch, den Charakter der Art zu bewahren. Zwischenmenschliche Kommunikation ist schrill geworden, die Zwischentöne fehlen. Das grobe Raster der Maschine reicht aus. Das Selbstverständnis der Art misst sich an den Fähigkeiten des Nachfolgers. Höher, weiter, schneller – der Golem ist im Kommen.

Ziel der Evolution?

Abschließend seien einige Spekulationen gestattet.

Es erscheint im Rahmen der Evolution denkbar, dass alle Organisationssysteme menschlichen Zusammenlebens auf die Minimierung des natürlichen Zinses, also auf die Verbesserung des Wirkungsgrades beim Transfer von Energie, ausgerichtet sind. Das gilt sowohl für religiöse, politische, ökonomische und Kommunikationssysteme. Danach wäre der Sinn der menschlichen Existenz, soweit das Gesetz von der Erhaltung der Energie gilt, die Erhöhung des Wirkungsgrades bei der Transformation von Energie in höhere Formen im Sinne einer uns unbekannten Idee.

Dabei dominieren im Rahmen der Evolution die Arten, die das Potential zukünftigen höheren Wirkungsgrades haben, während Arten geringeren Beitrages sukzessiv eliminiert werden, somit ihr Beitrag zur Förderung der sich durchsetzenden Art oder zur Absicherung des Systems bei Rückschlägen nicht mehr erforderlich ist. Es ist nur zu vermuten, dass das Endziel – die Umwandlung von Energie ohne Verluste im Wirkungsgrad – die sich durchsetzende Art befähigt, die eigene Existenzebene zu überwinden. Mit der Überwindung des Energieerhaltungssatzes wäre dann auch die Grenze menschlich zugänglicher Logik überwunden.

Vergessen wir nicht, dass es mehr als einen Planeten mit reproduktiver Intelligenz in unserem Erkenntnisbereich geben muss. Eine positive Stichprobe aus einer fast unendlichen Grundgesamtheit lässt diesen Schluss mit fast sicherer Wahrscheinlichkeit zu. Welchen Sinn soll die Weltraumfahrt haben, wenn nicht den, den Wirkungsgrad unseres Systems durch Zusammenarbeit mit extraterrestrischen Intelligenzen zu verbessern? Zur reinen Rohstoffbeschaffung ist der Aufwand zu hoch. Bei Verknappung unserer Rohstoffquellen stehen uns außerdem Mittel und Wege der Reproduktionsbeschränkung zur Verfügung. Vielleicht versuchen auch andere Intelligenzen, Informationen auszutauschen, den Weg der Evolution zu beschleunigen. Was wir erdenken können, können wir erleben. Jules Verne und andere haben das bewiesen. Sie haben mit schöpferischer Intelligenz die Ziele vorgezeichnet, zu denen Techniker und Wissenschaftler die Wege bereitet haben. Die dabei notwendigen Kommunikationssysteme sind der Geschwindigkeit der Zunahme des Wirkungsgrades und damit der Zunahme der Intelligenz und der möglichen Kommunikationsqualität im Verhältnis zum Kommunikationszeitraum angepasst.

Bei der Erklärung dieser Aussage leistet uns die Normalverteilung wieder Dienste. Jede Information ist beim Empfänger Missdeutungen ausgesetzt. Je länger der Zeitraum der Übermittlung, je größer die Gefahr von möglichen Fehlinterpretationen. Je größer die Standardabweichung in einer gedachten Normalverteilung der Deutungen, desto unschärfer die Information. Es ist also notwendig, die Information so einfach wie möglich zu fassen, wenn sowohl lange Zeiträume überwunden, wie auch Empfänger mit erwartetem geringem Erkenntnisstand angesprochen und als Relais zur Weitervermittlung benutzt werden. Die Trennschärfe der Information richtet sich dabei nach den durch die multiplikative Intelligenz möglich gemachten technischen Verfahren proportional ihrer Kompatibilität zueinander. Zu diesem Verfahren gehört auch die Sprache.

Spekulieren wir in diesem Sinne weiter, wobei wir Bernhard Baruch, einem amerikanischen Bankier, dankbar sind, dass er uns daran erinnert hat, dass Spekulieren ursprünglich in seiner lateinischen Wurzel nichts anderes als spähen, ausspähen heißt. Die ältesten Informationen sind unscharf und werden uns auf verschiedenen Wegen übermittelt. Legenden künden vom ersten Menschen, wobei sich die Vermutung aufdrängt, dass dieser plötzlich intelligent und fähig zur Weitergabe von Informationen in diese Welt getreten ist. Informationen, die so sinnvoll vereinfacht worden sind, dass ihre Übermittlung über eine im Verhältnis zur Lebensdauer riesige Zeitspanne möglich wurde.

Der Anreiz zur Übermittlung von Informationen muss in der Information enthalten sein, wenn der Transfer über eine lange Zeitdauer gewährleistet werden soll. Ein Transfermedium muss zur Verfügung stehen. Die gleiche Anfangsinformation wird auf verschiedene Informationsträger verteilt, die unabhängig voneinander dem gleichen Ziel zustreben, um Informationsverluste zu vermeiden. Eine Vorinformation wird vorab übermittelt, Details folgen, falls erforderlich. Machen wir es nicht ebenso, wenn wir eine kurze E-Mail schicken, der ein ausführliches, offizielles Schreiben nachgeht? Ein automatisches System prüft die Information auf Fehler. Verschiedene Bereiche, Terminals des Computers vergleichbar, übermitteln Spezialinformationen, die nach einem vorgegebenen Programm zusammengesetzt werden. Gehen wir logisch vor, wenn wir diese technischen Voraussetzungen der Reihe nach überprüfen:

➢ Der Anreiz? Was kann ein Anreiz ohne nachlassende Wirkung über Hunderte von Generationen sein? Das Leben? Mehr als das Leben! Die Belohnung nach dem Tode. Ein derartiger Anreiz hat selbst bei degenerierenden Lebensformen, denen das Leben nichts bedeutet, noch Wirkung. Religion: Anreiz und Erkennungscode des Informationsweges für spätere Generationen.

➢ Das Transfermedium? Die Sprache, später die Schrift. Ein weiterer logischer Grund dafür, dass die geistige Entwicklung des Menschen nicht am Punkte Null begonnen hat. Um Ur-Information zu vermitteln, muss der Mensch zur Kommunikation in diversifizierter Form in der Lage sein. Nach der zurzeit geltenden Hypothese hat sich der Mensch über Jahrtausende entwickelt. Funde bestätigen das. Die geistige Entwicklung muss abweichend verlaufen sein, sonst hätten wir keine Informationen von der Stunde Null, der Erschaffung der Welt. Eine Verständigungsmöglichkeit muss sofort zur Verfügung gestanden haben, um Informationen mit derartiger Auflösungsfähigkeit zu übertragen, insbesondere wenn wir an die Übermittlungszeiträume denken.

➢ Zur Sicherheit verschiedene Informationsträger? Wie kommt es, dass die Grundstruktur der alten Legenden in verschiedenen Kulturkreisen, getrennt durch Kontinente, gleich ist? Neu entdeckte Naturvölker, auf Steinzeitniveau lebend, ohne mehr als drei sprachliche Zahldefinitionen, verfügen über Legenden mit den gleichen Informationsbausteinen, eingebettet in religiöse Aspekte. Eine Vorinformation wird vorab übermittelt. Gilgamesch, die Sintflut, Atlantis, Adam und Eva: An der Entzifferung der Details in höherer Auflösung arbeiten Archäologen, Religionswissenschaftler, Philologen, Historiker durch Vergleich mit unserem heutigen Wissensstand. Vereinfachte Informationen müssen wie vergilbte Fotos verstärkt werden, um wieder lesbar zu werden.

➢ Automatische Fehlerkontrolle? Der Vergleich verschiedener Einzelinformationen aus verschiedenen Quellen macht es möglich.

➢ Eingabe von Spezialinformationen über verschiedene Terminals? Denken wir an die großen Religionen der Welt, die fernöstlichen Informationen vom Nirwana, der Wiedergeburt. Sind das alles Informationsbruchteile, Bausteine eines Mosaiks, das die Zeiten überdauert? Und immer wieder treten Menschen auf, Propheten, Religionsstifter, entziffern Teilinformationen, verstärken den nachlassenden Energiegehalt der Grundinformation im Strom der Zeit. Die Informationen werden dabei klarer, differenzierter, in ihrer Zielrichtung bestimmbarer. Adam und Eva wurden aus dem Paradies vertrieben, weil sie »Verbotenes« taten. Die Zehn Gebote vermitteln – schon den Übermittlungsmöglichkeiten angepasst – eine differenzierte Gebrauchsanweisung zur Reduzierung des natürlichen Zinses und damit zur Erhöhung des Wirkungsgrades der Energieumwandlung. »Wir sind Dein Fleisch und Blut«, sagt die katholische Kirche. Ist dies eine entschlüsselte Information, die wir noch nicht verstanden haben? Sind wir alle Glieder einer in

Regeneration befindlichen, übergeordneten Gruppen-Intelligenz?

Das Informationssystem scheint sich selbst zu regenerieren. Verschiedene Übermittlungswege überlagern einander, vermischen sich, vergleichbar Wellenphänomenen mit Interferenz und Resonanz. Legenden und Sagen vermitteln Grundinformationen, neue oder wiederentdeckte Wege zur Verbesserung des Wirkungsgrades werden in Märchenform – mit eingebautem Anreiz zur Übermittlung – bewahrt und verbreitet, bis die zugrunde liegenden Informationen in höherer Form, in Gesetzen kodifiziert werden können. Maßstäbe des Intelligenzzuwachses werden im Zeitablauf verankert, vergleichbar miteinander, zur Übermittlung von Informationen über temporäre Erkenntnisniveaus.

Betrachten wir die Pyramiden: eine dauerhafte Information über das Intelligenzniveau ihrer Zeit, in unserer Zeit zu ersetzen durch Hologramme wie auf jedem Geldschein, punktartig verdichtete Informationen hohen Wissensgehaltes, Informationsspeicher proportional unserem heutigen Erkenntnisstand. Je höher das Wissensniveau, desto kleiner und reproduzierbarer die Informationsspeicher. Bücher und mehr noch das Internet verteilen die Gefahr der Vernichtung von Wissen, Datenträger erleichtern diese Funktionen, Hologramme werden noch billiger, noch kleiner, noch besser zu speichern, zu schützen, zu reproduzieren.

> Bücher und mehr noch das Internet vermindern die Gefahr der Vernichtung von Wissen.

Computer sind in der Lage, Wissen zu regenerieren, entwickeln sich langsam aber erkennbar zu selbstproduzierbaren Formen. Gedankliche Spekulationen darüber sind bereits vorhanden, biologische Speicher für Computerinformationen im Versuchsstadium. Informationen, Schutzreflexe sind uns einprogrammiert: Angst vor der Dunkelheit, Furcht vor Reptilien. – die Zeit überdauernde Befehle zur Erhaltung der Intelligenz, verteilt auf so viele Einzelwesen, dass eine Vernichtung nur durch eine Katastrophe möglich wäre.

Daher die Warnung vor der Sintflut, dem mühsamen Neubeginn am Punkt Null. Kontrollmechanismen schützen die Masse vor dem Missbrauch der Intelligenz des Individuums. Die Selbstmordrate scheint mit zunehmendem Erkenntnisniveau zu steigen, instabile Intelligenzen werden von der Reproduktion ausgeschlossen.

Die sukzessive Veränderung von Ordnungssystemen ist an ihren Informationsspeichern in der Zeitfolge abzulesen. Den Pyramiden folgen Kathedralen, den Kathedralen Paläste, alle mit dem vollen Informationsgehalt der technischen Möglichkeiten ihrer Periode. Mathematik, Soziologie, Transportmöglichkeiten, abzulesen und zu determinieren, bei Verlust zu rekonstruieren. Rathäuser verdrängen Kathedralen, schon überragen die Hochhäuser der Banken und internationaler Konzerne die Rathäuser und machen neue alte Ansprüche geltend. Wer hat den Größten?

Frankfurter Bankenviertel

Werden politische Systeme wegen ihrer geringen Effizienz von ökonomischen Organisationsbereichen abgelöst? Sind geografisch definierte Systeme im Zeitalter der Transportmöglichkeiten überholt? Führen wir diese Gedanken weiter. Sind religiöse Philosophien Kommunikationssysteme zur Übermittlung einer kompakten Information?

Je intelligenter wir werden, desto mehr Informationswege stehen uns zur Entzifferung und zum Vergleich der Ergebnisse zur Verfügung. Die Entschlüsselung des Genoms, Erkenntnisse der Biomechanik, Nanotechnologie, Astrophysik, Quantenmechanik – Wissenschaften, kaum drei Jahrzehnte alt und schon mit einem deutlichen Beitrag zur Weiterentwicklung. Die Information muss auch in uns selbst gespeichert sein, wenn sie überdauern soll, und wir müssen reif werden, sie zu entziffern. Stellen wir uns einen Menschen aus dem vorigen Jahrhundert vor, ja, von vor 40 Jahren, der einen unserer modernen Fernsehempfänger hätte anhand eines Modells definieren sollen. Heute verfügen alle Menschen, selbst bei den indigenen Völkern, über das notwendige Wissen.

Informationen aus grauer Vorzeit scheinen so verschlüsselt zu sein, dass sie ihre Entzifferung selbst verhindern, wenn die Zeit aufgrund des vorhandenen Intelligenzniveaus noch nicht reif ist. Denken wir an die Religionen, die als Ordnungsfunktion so lange benötigt werden, bis neue Kategorien die Verwendung der in ihnen enthaltenen Informationen ohne Gefahr für den allgemeinen Wirkungsgrad möglich machen. Eine derartige Spekulation ist nicht atheistisch. Sie scheint den Menschen nur weiter vom Ursprung der Natur zu entfernen, als er – in eigener Selbstüberschätzung – gewillt ist, anzunehmen. Sie wäre damit demütiger als die in Bücher gefasste, kodifizierte Gottesbeziehung und ein großer Teil ihrer Vermittler.

Drängt sich hier nicht der Gedanke an einen Destillationsprozess auf, an die Purifizierung von verunreinigtem Urmaterial, die Rückgewinnung von Grundstoffen? Ein stufenweiser Prozess, jede Stufe von höherem Wirkungsgrad, höherer Reinheit? Reproduktion auch von religiösen Informationen, proportional in den Zustand größerer Klarheit, leichterer Erkennbarkeit? Glieder einer Kirche, wiedergeboren aus dem Nirwana? Parallel dazu die Erhöhung des Wirkungsgrades bei der Umwandlung von Energie, zielstrebig, erkennbar, in ihrer Richtung nachweisbar? Lassen sich, wenn die Grundstruktur erkannt ist, Voraussagen wagen? Ist es möglich, dass – wenn wir die verschiedenen Informationsströme aus grauer Vorzeit durch die Linse unserer Intelligenz in einen Strom gebündelt haben – dieser wieder nur Teil eines Informationsbündels ist?

Ist das nächste Ereignis die Vermischung unserer Informationen mit denen extraterrestrischer Intelligenzen? Spekulationen, deren Wahrscheinlichkeitsgrad erst den Generationen nach uns bestimmbar sein wird.

Teilt sich unsere Existenz in eine natürlich entwickelte Komponente und eine später additiv hinzugefügte, eventuell symbiotische Komponente? Gibt die Interdependenz zwischen diesen Komponenten uns die Möglichkeit der Erkenntnis, so wie erst zwei Augen von verschiedenen Standpunkten uns das räumliche Sehen erlauben? Die Psychologie wird die Antworten darauf finden, früher oder später.

Unsere Existenz ist zweckbestimmt, das scheint klar zu sein. Beginn und Ende sind nicht in unsere Hand gelegt. Selbst unser Lebensweg kann ein Gleichnis der Gesamtentwicklung sein. Neun Monate ungestörte körperliche Entwicklung, um die Überlebenschance zu erhöhen. Dann die Zuführung externer Intelligenz. Start ohne eigenen Einfluss, Ende ohne eigenen Einfluss – es sei denn, ein Kontrollmechanismus wird aktiviert, um die Weiterentwicklung unerwünschter Komponenten zu verhindern. Durch einen Druck auf den Knopf wird das automatische System des Schleudersitzes im Kampfjet aktiviert, ähnlich katapultiert sich die Intelligenz aus ihrem Transportbehälter, wenn das System Fehler zeigt, die die Evolution durch Vererbung gefährden könnten. Der durch die Psychologie nachgewiesene Todestrieb dagegen wird durch Instinkte im Zaum gehalten.

> Unsere Existenz ist zweckbestimmt, das scheint klar zu sein.

Es ist vorstellbar, dass dieser Trieb aus der unbewussten Erkenntnis der Zweckgebundenheit unseres Seins entsteht? Die Sehnsucht ist, den Zwang zum Leben aufzuheben, sich selbst zu bestimmen, statt nur ein produktives Einzelelement in einem umfassenden Plan zu sein, gebunden an einen Körper, der uns den Zwiespalt zwischen Sein und Bewusstsein auferlegt.

Und was bedeutet die Warnung, vom Baum der Erkenntnis zu essen? Eine Information, die besonders eindringlich über einen langen Zeitraum übermittelt worden ist? Ist sie die Warnung davor, den Weg individuell abzukürzen und den Gesamtprozess dadurch zu verlängern? Oder besteht die Gefahr, dass wir den mühsamen Weg noch einmal gehen müssen, wenn wir versuchen, ohne den notwendigen Wirkungsgrad bei der Umwandlung von Energie unsere Existenzebene zu verlassen?

Schumacher[1] schreibt:»Ohne die Anerkennung von Seinsstufen oder Bedeutungsebenen können wir uns die Welt nicht verständlich machen, noch haben wir die geringste Möglichkeit, unsere eigene Stellung, die des Menschen, im Plan des Universums festzulegen.« Er lehnt allerdings jede Einwirkung der Physik auf die Philosophie ab und bemüht so diffuse Begriffe wie »die Kraft der Liebe« zur Erklärung des Seins. Er versteht Liebe, Schönheit, Güte und Wahrheit als höhere Kräfte. Ein schöner Wunschtraum, der den Menschen, trotz gegenteiliger Beteuerungen, als den Mittelpunkt des Universums ansieht.

Und das unterscheidet den Menschen vom Schöpfer. Schöpfung ist absolutes Bewusstsein, unabhängig von relativen Maßstäben. Der Mensch aber ist ständig bemüht, sich Maßstäbe zu schaffen, die er nach kurzer Zeit und neuen Erfahrungen wieder verwirft.

Die Natur ist von derartigen Maßstäben unabhängig. Sie erträgt es, zugleich Mittelpunkt und Baustein des Universums zu sein, ohne nach Maßstäben ihrer eigenen Existenz zu suchen. Natur wird damit zum absoluten Bewusstsein, frei von Zwängen, oh-

---

[1] E. F. Schumacher: Die Rückkehr zum menschlichen Maß

ne jede Wertung, ohne Verankerung in Zeit und Raum. Sind wir dieser Schöpfung nachempfunden? Sind wir im Rahmen der Evolution in der Lage, Teil der Schöpfung zu werden?

Nutzen wir die Chance. Versuchen wir, unser Bewusstsein weiter zu entwickeln. Doch ist unser Sein stark genug für eine Weiterentwicklung des Bewusstseins? Ist die Anlage unseres Bewusstseins stark genug für den Weg in die Zukunft, in der Gut und Böse, Plus und Minus eins werden in einer Ewigkeit, deren Werte wir selbst definieren müssen?

Können wir es ertragen, unser eigener absoluter Maßstab zu werden? Den Platz einzunehmen, den bei monotheistischen Religionen der Gott unserer menschlichen Definition einnimmt? Die Einsamkeit, Größe, das absolute Sein?

Die Aussichten erscheinen gering. Doch wofür sind wir dann geschaffen, fähig, unsere Schwächen zu erkennen, fähig, uns weiter zu entwickeln? Als Zerrbild einer möglichen Wirklichkeit? Als pseudo-autarker Diener einer höheren Gewalt? Als Versuch mit negativem Ausgang?

Eins ist sicher: Die »Chance Mensch« darf nicht vertan werden! Es ist unsere einzige. Und nur der Markt ist in der Lage, sie zu verwirklichen.

www.ingramcontent.com/pod-product-compliance
Lightning Source LLC
Chambersburg PA
CBHW061232220326
41599CB00028B/5404